T0288831

DESCARGA
GRATUITA

Editorial CLIE

HISTORIA DE LA CONQUISTA DE AMÉRICA

Evangelización y violencia

Luis N. Rivera Pagán

EDITORIAL CLIE
C/ Ferrocarril, 8
08232 VILADECAVALLS
(Barcelona) ESPAÑA
E-mail: clie@clie.es
http://www.clie.es

Historia de la conquista de América. Evangelización y violencia
ISBN: 978-84-18204-51-7
Depósito Legal: B 10929-2021
Historia cristiana
Historia
Referencia: 225161

Impreso en Estados Unidos de América / *Printed in the United States of America in USA*

NOTA SOBRE EL AUTOR

Luis N. Rivera Pagán obtuvo un doctorado en filosofía, con concentración en estudios religiosos, en la Universidad de Yale (1970) e hizo estudios posdoctorales en la Universidad de Tubinga (Alemania). Es catedrático jubilado de la Universidad de Puerto Rico, profesor emérito del Seminario Teológico de Princeton y catedrático emérito del Seminario Evangélico de Puerto Rico.

Ha escrito y editado varios libros, entre ellos: *A la sombra del armagedón: reflexiones críticas sobre el desafío nuclear* (1988), *Senderos teológicos: el pensamiento evangélico puertorriqueño* (1989), *A Violent Evangelism: The Political and Religious Conquest of the Americas* (1992), *Los sueños del ciervo: Perspectivas teológicas desde el Caribe* (1995), *Entre el oro y la fe: El dilema de América* (1995), *Mito exilio y demonios: literatura y teología en América Latina* (1996), *La evangelización de los pueblos americanos: algunas reflexiones históricas* (1997), *Diálogos y polifonías: perspectivas y reseñas* (1999), *Fe y cultura en Puerto Rico* (2002), *Essays From the Diaspora* (2002), *God, in your Grace... Official Report of the Ninth Assembly of the World Council of Churches* (2007, editor), *Teología y cultura en América Latina* (2009), *Peregrinajes teológicos y literarios* (2013), *Ensayos teológicos desde el Caribe* (2013), *Essays from the Margins* (2014), *Voces teológicas en diálogo con la cultura* (2017, editor), *Evocaciones literarias y sociales* (2018) y *Historia de la conquista de América. Evangelización y violencia* (2021).

Dedicatoria

A la memoria de mis padres,
Luis N. Rivera Pérez y Ana L. Pagán Colón,
de quienes aprendí el valor de la fe y la honestidad.

Contenido

Segunda parte
Libertad y servidumbre en la conquista de América

Tercera parte
Hacia una crítica teológica de la conquista

Prólogo

> Hoy la teología supera la excesiva concentración epistemológica, dependiente de las tradiciones filosóficas occidentales, típica de los debates clásicos. La empresa teológica se refiere más bien a algo de mayor arraigo: la *plenitud existencial del ser humano*. Versa, en diálogo continuo con las diversas ciencias humanas, históricas y sociales, sobre conjuntos complejos e históricos de convicciones, símbolos, tradiciones, valores, rituales y lenguajes litúrgicos cruciales para configurar la identidad de toda persona y su comunidad.
>
> L.R.P., "La teología en los albores del siglo veintiuno"

El Dr. Luis N. Rivera Pagán es, desde hace varias décadas, parte central de la vanguardia teológica del protestantismo caribeño y latinoamericano, y de manera amplia, de la teología que se produce en el subcontinente. Desde los años 70 del siglo pasado, su pluma ha enriquecido el ambiente eclesial con aportaciones que abarcan la preocupación por la hecatombe nuclear en los años de la "guerra fría", la lucha por la liberación, sin olvidar el análisis teológico de la literatura de la región. El arco cronológico de su producción, que inició con *A la sombra del Armagedón* (1988, su "primer libro grande") y ha llegado hasta *Voz profética y teología liberadora* (2020), demuestra cómo ha sabido articular teología, historia y crítica sociorreligioso. Su magnífica caracterización de la producción teológica puertorriqueña, así como la atención que ha prestado a la cultura latinoamericana, complementan el panorama de su labor. Particular interés le ha generado la poesía de León Felipe, sobre quien ha escrito páginas luminosas.

En esta oportunidad, su trabajo escritural ha cruzado los mares y, gracias a los buenos oficios de CLIE, aparece una de sus obras más representativas y agudas, que incluso podría decirse, por causa de sus derivaciones cronológicas, es quizá la que con mayor intensidad y pasión ha trabajado.

Con el título definitivo y contundente, *Evangelización y violencia. La conquista de América*, que ha permanecido, lo que comenzó alrededor de 1992 ha alcanzado su plenitud gracias a la incorporación de nuevos capítulos, hasta un total de 14. Sus acercamientos sucesivos y cada vez más penetrantes a la figura de fray Bartolomé de las Casas han conseguido una mayor percepción de las realidades latinoamericanas en su devenir complejo y hasta frustrante. Los elementos liberadores, auténticos hitos presentes en los momentos más complejos, han sido expuestos en otros abordajes concisos y directos con un fuerte énfasis profético: *Entre el oro y la fe: el dilema de América* (1995) y *La evangelización de los pueblos americanos: algunas reflexiones históricas* (1997).

Las tres partes de este volumen manifiestan la solidez del análisis: Descubrimiento, conquista y evangelización; Libertad y servidumbre en la conquista de América; y Hacia una crítica teológica de la conquista. Esa apasionada revisión histórico-teológica le permite llegar a conclusiones dignas de destacarse para comprender lo sucedido: "La reflexión escrupulosa sobre esta historia es de mayor provecho que celebrar la conquista armada de unos poderosos sobre unos débiles. Lo propio, para cristianos fieles al crucificado, es develar la sangre de Cristo derramada en los cuerpos de los americanos nativos y de los negros maltratados y sufridos, sacrificados en el altar dorado de Mammón". Con ello puede advertirse la enorme pertinencia de su perspectiva teológica para las necesidades de nuestro tiempo.

Bienvenida sea esta aportación fundamental a la lectura histórica de la presencia cristiana en América Latina.

Leopoldo Cervantes-Ortiz
Teólogo y escritor
Comunidad Teológica de México
Oaxaca, junio de 2021

Introducción

> La Conquista no acaba, pero tampoco el dolor de los muertos. La historia no ilumina a nadie si no toma en cuenta sus gritos y silencios.
>
> Eduardo Lalo

Este libro se concibió y nació en medio de los intensos debates sobre el quinto centenario del "descubrimiento de América", a conmemorarse en octubre de 1992. Esos debates estimularon y fertilizaron la investigación histórica sobre el surgimiento de los pueblos americanos. Algunos se enmarcaron dentro de la tradicional elegía a la epopeya ibérica de "civilizar" y "cristianizar" un vasto y hasta entonces ignoto continente. Otros se encarrilaron en la estéril línea de lo que Edmundo O'Gorman aptamente ha llamado "bizantinismo monográfico", que gira sobre detalles de relativa poca importancia para elucidar la significación histórica de los eventos en cuestión. O'Gorman, nunca reservado en la mordacidad de su pluma, tilda esta historiografía de "miopía microscópica".

Sin embargo, también se propició la edición y publicación de los grandes textos sobre el descubrimiento y la conquista, algunos inéditos durante varios siglos, a la vez que provocó la recuperación crítica de los debates fundamentales que por innumerables años sacudieron la conciencia ética de España: la justicia de la toma de posesión armada de pueblos y tierras; la equidad de la servidumbre impuesta sobre los pobladores precolombinos del Nuevo Mundo; su racionalidad o "bestialidad"; la cristianización, pacífica o forzada, de los indígenas; y, finalmente, las causas de su trágico colapso demográfico, que incluyó la extinción de diversos grupos étnicos nacionales. Sin olvidar la temprana presencia del esclavo africano, importado en manadas para sustituir al aborigen cuya quebrantada existencia oscilaba entre su libertad teórica y su avasallamiento concreto.

Los debates ibéricos del siglo dieciséis tuvieron una particularidad que el historiador debe respetar, so pena de distorsionarlos. Se expresaron mayoritariamente en terminologías y conceptualizaciones religiosas y teológicas. Quizá el defecto principal de muchos estudios modernos sobre esas disputas estriba en no reconocer la primacía del discurso religioso y teológico en la producción ideológica del siglo dieciséis. El presente trabajo nació como un intento académico de repensar el descubrimiento y la conquista de América en su contexto ideológico propio, sin imponer esquemas foráneos.

A eso se debe la sustancial cantidad de citas y referencias directas. Los protagonistas de los debates exhibieron inusitada claridad al articular sus distintas, y no pocas veces antagónicas, comprensiones de los problemas implícitos en la conjunción histórica de la expansión europea y la globalización del cristianismo. No creo decir nada novedoso al indicar que no existe paralelo histórico a la rigurosa manera en que la conciencia cristiana debatió el destino de las tierras descubiertas y los pueblos conquistados. Por ello, al grado máximo de lo posible, permito a los interlocutores expresarse mediante sus acentos y matices propios.

No se trata, ciertamente, de un esfuerzo intelectual moralmente aséptico. ¡Todo lo contrario! Las páginas que siguen son un tributo de respeto y honor a unos pueblos conquistados y diezmados, martirizados ante el altar de un peculiar providencialismo imperial que unió la conciencia mesiánica religiosa y el culto a Mammón. También a aquellos europeos que compartieron su amargo via crucis. Solo que para ello no me parece necesario imponer principios morales ajenos a los debates mismos. Indeleble honor cabe a España por haber producido ella misma los más severos y rigurosos críticos de sus hazañas imperiales. ¿Podría acaso un Frantz Fanon enseñar algo nuevo y distinto sobre la devastadora violencia imperial a un Bartolomé de Las Casas?

El libro se divide en tres partes, a manera de tres círculos concéntricos alrededor de la gran epopeya que marcó el inicio de la cultura hispanoamericana. La primera parte —*Descubrimiento, conquista y evangelización*— relata los hechos desde una perspectiva crítica, ante la cual se devela el vínculo íntimo entre el descubrimiento y la conquista, como una toma de posesión de tierras y personas, legitimada por conceptos, imágenes y símbolos bíblicos y evangélicos. La segunda —*Libertad y servidumbre en la conquista de América*— analiza los elementos centrales de la gran porfía teórica de la conquista: la licitud de la abrogación de la autonomía de los pueblos y naciones aborígenes y los sistemas de trabajo forzoso —esclavitud y encomienda— que se les impuso, tanto a ellos como a las comunidades africanas que se importaban en gran número, como seres desprovistos de libertad política y autonomía personal. La tercera —*Hacia una crítica teológica de la conquista*— intenta desarrollar justamente lo que su título sugiere: una evaluación no panegírica de la conquista a la luz de los conceptos, imágenes y símbolos evangélicos que ella misma enarboló como su paradigma de legitimidad.

De ese proyecto nació este libro, el cual disfrutó inicialmente de tres ediciones en años corridos (1990, 1991 y 1992). También se tradujo y publicó en inglés.[1] Ahora se vuelve a publicar, tras una intensa relectura y revisión. A mi esposa Anaida Pascual Morán debo, además de innumerables sugerencias editoriales, el apoyo en la lectura cuidadosa de las diversas versiones de este libro, tanto en su nacimiento original como en esta, su resurrección.

Luis N. Rivera Pagán
Profesor Emérito
Seminario Teológico de Princeton

[1] *A Violent Evangelism: The Political and Religious Conquest of the Americas*. Louisville: Westminster/ John Knox Press, 1992.

PRIMERA PARTE

Descubrimiento, conquista y evangelización

1
Descubrimiento de América: mito y realidad

> En treinta y tres días pasé a las Indias con la armada que los ilustrísimos Rey e Reina, Nuestros Señores, me dieron, donde yo fallé muy muchas islas pobladas con gente sin número, y de ellas todas he tomado posesión por sus Altezas con pregón y bandera real extendida.
>
> Cristóbal Colón

> Es lícito llamarlo un nuevo mundo. Ninguna de estas regiones fue conocida por nuestros antecesores, y para todos los que se enteren será algo novísimo... Mi último viaje lo ha demostrado, pues he encontrado un continente en esa parte meridional, más habitado de poblaciones y animales que Europa, Asia o África.
>
> Américo Vespucio

La mitología del descubrimiento

España e Hispanoamérica celebraron en 1992 el quinto centenario del "descubrimiento" de América. Eso motivó un intenso debate.[2] Dos preguntas se reiteraron de diversas maneras. ¿Se puede hablar propiamente de un "descubrimiento"? ¿Hay algo que realmente se deba "celebrar"?

¿Se trató realmente de un descubrimiento? Solo si adoptamos la perspectiva provincial de la cristiandad, enclaustrada en el continente europeo, a fines del siglo decimoquinto. En esencia, sin embargo, la propiedad de este concepto es harto problemática. Los territorios a los

[2] A la polémica mexicana, probablemente la más enconada en todo el continente latinoamericano, la reseña Juan A. Ortega y Medina, *La idea colombina del descubrimiento desde México (1836-1986)*. México, D. F.: UNAM, 1987, 127-171.

que arribaron los españoles habían sido descubiertos, encontrados y poblados muchos siglos antes, por quienes moraban en ellos (sin aludir a los enigmáticos viajes de los normandos en el siglo once). Las naves que arribaron, el 12 de octubre de 1492, a Guanahaní no encontraron una isla desierta. Hablar de descubrimiento, en sentido absoluto y trascendental, supondría la inexistencia previa de historia humana y cultural en las tierras encontradas, algo absurdo que revelaría un arraigado y anacrónico etnocentrismo.

Además, todo el proceso está matizado por la sublime ironía de que Cristóbal Colón no alcanzó lo que realmente buscaba y llegó a donde no pretendía. Jamás el Almirante entendió la naturaleza de su famoso "descubrimiento". Hasta el fin de sus días, en 1506, se aferró obsesivamente a la noción, para entonces ya obsoleta, del carácter asiático de sus hallazgos.[3] Colón "muere creyendo haber alcanzado su sueño... navegar de Europa a la India"[4].

Su intención es descrita así por fray Bartolomé de Las Casas:

> Lo que se ofrecía a hacer es lo siguiente: Que por la vía del Poniente, hacia el Austro o el Mediodía, descubriría grandes tierras, islas y tierra firme, felicísimas, riquísimas de oro y plata y perlas y piedras preciosas y gentes infinitas; y que por aquel camino entendía toparse con tierra de la India, y con la gran isla de Cipango [Japón] y los reinos del Gran Khan[5].

[3] Carl Ortwin Sauer muestra cómo en su cuarto y último viaje, Colón se enfrentó a muchos indicios que ponían en duda sus concepciones cosmográficas y geográficas, pero se resistió a alterarlas. "El último viaje conservaba las ideas preconcebidas del primero... La prueba de su error no llegó a penetrar en la mente de Colón". Reproduce mapas que el hermano de Colón, Bartolomé, llevó a Roma después de la muerte del Almirante; ingeniosamente intentan mantener la noción asiática de las tierras americanas, mediante la hipótesis de la unidad geográfica entre lo ya conocido y China. Sauer, *Descubrimiento y dominación española del Caribe*. México, D. F.: Fondo de Cultura Económica, 1984, 216-222.

[4] Consuelo Varela, "Prólogo", *Textos y documentos completos: Relaciones de viajes, cartas y memoriales*. Madrid: Alianza Editorial, 1982, xxiii. Esta afirmación de Varela es demasiado categórica. La correspondencia final de Colón revela una profunda melancolía ante su incapacidad de encontrar las fabulosas riquezas que añoraba o de toparse con los grandes imperios orientales y retornar a los contactos establecidos por Marco Polo. Unido a su ostracismo forzado, y dolorosísimo, de La Española, es difícil sostener que el Almirante murió "creyendo haber alcanzado su sueño".

[5] *Historia de las Indias*, libro 1, capítulo 28. México, D. F.: Fondo de Cultura Económica, 1986, tomo 1, 174 (en adelante H. I.). Colón, en su primer viaje, llevó cartas de presentación de los reyes españoles al Gran Khan, monarca del imperio tártaro. Cf., *Ibíd.*, l. 1, c. 33, t. 1, 174. Beatriz Pastor ha analizado de manera muy provocadora la "ficcionalización" que hace Cristóbal Colón de la realidad de las tierras a las que arriba, en obstinada identificación con lugares fabulosos y cuasi-míticos de Asia. *Discurso narrativo de la conquista de América* (Premio de ensayo de Casa de las Américas, 1983). La Habana: Casa de las Américas, 1984, 17-109.

Es absurdo celebrar un evento que en la mente de su principal protagonista revistió un significado sustancialmente diferente de lo ocurrido. Se desembocaría en la extraña condición de festejar una colosal incoherencia entre evento y conciencia, realidad e interpretación, lo que Consuelo Varela ha catalogado de "claro desajuste entre la capacidad cognoscitiva [de Colón] y el mundo circundante [americano]"[6].

Esa disparidad entre lo encontrado y la percepción colombina aumentó con el tiempo, como lo demuestran su posterior teoría de encontrarse muy cerca del paraíso terrenal del Génesis bíblico (en el lugar por él nominado "Isla de Gracia")[7]; su febril carta de julio de 1503, perdido en Jamaica, cuando tras reiterar su convicción de la cercanía del Edén, asevera también estar próximo a las legendarias minas del rey Salomón, de donde se obtuvo el oro para edificar el templo a Dios[8]; y su obstinada insistencia en el carácter peninsular, y, por tanto, de tierra firme asiática, de Cuba.[9]

Colón parece haberse mantenido inmerso en la medieval concepción del carácter triádico del orbe terrestre, el *orbis terrarum*. Esta noción es,

---

[6] *Textos y documentos*, xxxii.

[7] *Los cuatro viajes. Testamento* (ed. de Consuelo Varela). Madrid: Alianza Editorial, 1986, 238-247. La obsesión por localizar el paraíso edénico en América perduró. En el siglo diecisiete (1650-1656), Antonio León Pinelo, un peculiar personaje, residente en Lima, escribió un trabajo, con abundancia de textos bíblicos, pretendiendo demostrar que se ubicaba entre el Marañón y el Amazonas. Reeditado como *El paraíso en el Nuevo Mundo. Comentario apologético, historia natural y peregrina de las Indias Occidentales* (ed., Raúl Porras Barrenechea). Lima: Comité del IV Centenario del Descubrimiento del Amazonas, 1493.

[8] *Los cuatro viajes*, 292-293. Más buscadas que el paraíso terrenal fueron las legendarias minas del rey Salomón, la bíblica Ofir o Tarsis. Los biblistas y teólogos discutieron su posible ubicación en el Nuevo Mundo. El franciscano Bernardino de Sahagún la afirmó, mientras el jesuita José de Acosta la negó. Sahagún, *Historia general de las cosas de Nueva España* (1582) (ed., Ángel María Garibay). México, D. F.: Editorial Porrúa, 1985, 719. Acosta, *Historia natural y moral de las Indias* (1590). México, D. F.: Fondo de Cultura Económica, 1985, l. 1, cs. 13-14, 40-43. El franciscano fray Toribio de Motolinia afirma que muchos españoles dejaban su tierra natal y se embarcaban para América buscando las minas "de donde el rey Salomón llevó el oro muy fino"; Motolinia (Fray Toribio de Benavente), *Historia de los indios de la Nueva España: Relación de los ritos antiguos, idolatrías y sacrificios de los indios de la Nueva España, y de la maravillosa conversión que Dios en ella ha obrado* (ed. de Edmundo O'Gorman). México, D. F.: Porrúa, 1984, trat. 3, c. 11, 167.

[9] "Información y testimonio de cómo el Almirante fue a reconocer la isla de Cuba quedando persuadido de que era tierra-firme (12 de junio de 1494)", del escribano Fernand Pérez de Luna, en Martín Fernández de Navarrete, *Colección de los viages y descubrimientos que hicieron por mar los españoles, desde fines del s. XV*. Buenos Aires: Editorial Guarania, 1945, Vol. II, 171-178. Tras prestar juramento todos los miembros de la expedición exploradora que Juana (Cuba) no era isla, sino "tierra-firme al comienzo de las Indias y fin á quien en estas partes quisiere venir de España por tierra", impuso Colón una multa de 10 000, cien azotes y el corte de la lengua a quien luego contradijese lo así certificado. Véase Georg Friederici, *El carácter del descubrimiento y de la conquista de América: Introducción a la historia de la colonización de América por los pueblos del Viejo Mundo*. México, D. F.: Fondo de Cultura Económica, 1986 (original alemán de 1925), Vol. I, 269-270.

en realidad, de carácter más teológico que cosmográfico. Pertenece a la larga lista de reflejos o imágenes de la trinidad divina, que ocupó a tantos teólogos medievales.

Edmundo O'Gorman ha desarrollado brillantemente una aguda crítica a la idea del "descubrimiento de América"[10]. Puede aprobarse esta mordaz crítica sin necesidad de aceptar la posterior tesis de O'Gorman, inmersa en arraigado etnocentrismo occidental, de que la "invención de América", junto al desarrollo del hemisferio septentrional de esta, sea "el doble paso, decisivo e irreversible, en el cumplimiento del programa ecuménico de la Cultura de Occidente... único con verdadera posibilidad de congregar a los pueblos de la Tierra bajo el signo de la libertad"[11].

Monumento indeleble a la incoherencia de la tesis del "descubrimiento" colombino es el hecho de que las tierras supuestamente descubiertas por Colón se nominaron no en honor a su supuesto primer encontrador, sino a quien por primera vez las concibió como *mundus novus* o Nuevo Mundo: Américo Vespucio. Lo que dice Vespucio, en carta fechada en 1503, es lo siguiente:

> Es lícito llamarlo un nuevo mundo [*novum mundum*]. Ninguna de estas regiones fue conocida por nuestros antecesores, y para todos los que se enteren será algo novísimo. La opinión de la mayoría de los antiguos era que allende la línea equinoccial y hacia el meridiano no había tierra, sino mar, que llamaban Atlántico; y si alguno afirmaba haber ahí algún continente, argumentaba con diversas razones que debía estar inhabitado. Pero esta opinión es falsa y opuesta a la verdad. Mi último viaje lo ha demostrado, pues he

---

[10] *La idea del descubrimiento de América: Historia de esa interpretación y crítica de sus fundamentos.* México, D. F.: Universidad Nacional Autónoma de México, 1951, 42: "La hazaña de Colón es un 'hecho' que nada tiene que ver con el 'descubrimiento de América'". *Ibíd.*, 357: "La tesis historiográfica moderna de ese 'hecho', a saber, que Colón descubrió América fortuitamente y sin nunca darse cuenta, entraña una contradicción interna insoluble".

[11] *La invención de América: Investigación acerca de la estructura histórica del Nuevo Mundo y del sentido de su devenir.* México, D. F.: Fondo de Cultura Económica, 1984, 159. Me parece correcta la siguiente apreciación que de la visión de O'Gorman hace Enrique Dussel: "La interpretación de la 'invención de América' toma, en primer lugar, a Colón y el ser-ahí europeo como centro del mundo. Y, en segundo lugar, toma a lo encontrado en el Mar Océano como ente. Esto es exacto en la historia y en la realidad de los hechos. En efecto el hombre europeo consideró a lo encontrado como un ente, como una cosa. No lo respetó como 'el Otro', como un mundo, como el más allá de toda constitución de sentido posible desde el mundo colombino". Enrique D. Dussel, "Otra visión del descubrimiento: El camino hacia un desagravio histórico", *Cuadernos americanos*, nueva época, Año II, Vol. 3, Núm. 9, mayo-junio 1988, 36. Dussel propuso que el quinto centenario, en vez de ser ocasión festiva y celebratoria —que implicaría consagrar la victoria militar de los poderosos sobre los débiles—, fuese ocasión de penitencia y desagravio hacia los indígenas por los descendientes de los invasores. Desde una perspectiva lascasiana, ¿no habría además que pensar en algún tipo de restitución?

> encontrado un continente en esa parte meridional, más poblado y lleno de animales que Europa, Asia o África[12].

Fue esta la primera vez que se identificaron las tierras encontradas como un Nuevo Mundo, un cuarto continente distinto a los tres ya conocidos. En 1507, la cartografía de Martín Hylacomilus Waldseemüller, incluida en el texto científico titulado *Cosmographiae introductio*, que también reproduce correspondencia de Vespucio, consigna, a manera de sugerencia, por primera vez el nombre de **América** para las tierras encontradas: *"Et quarta orbis pars, quam, quia Americus invenit, Amerigam quasi americi terram sive Americam nuncupare licet"* ("Y la cuarta parte del mundo, ya que Américo la ha descubierto, sería lícito llamarla Amériga o América")[13]. Por su parte, Colón nunca tuvo una idea clara y cierta de lo que había encontrado. Las tierras halladas por el Almirante, y sus habitantes, se mezclaron confusamente con sus fantasías, mitos, utopías, ambiciones y su febril providencialismo mesiánico.

La carta *Mundus Novus* se hizo extremadamente popular y se editó y tradujo repetidamente. De ella escribe el historiador Stefan Zweig varias líneas que ameritan extensa cita:

> [Tuvo] una influencia histórica mucho más trascendental que la de todas las demás relaciones, incluso la de Colón; pero la verdadera celebridad y la verdadera trascendencia del diminuto folleto no se deben a su contenido... El suceso propiamente dicho de esa carta es —cosa extraña—, no la carta misma, sino su título, las dos palabras, las cuatro sílabas, que produjeron una revolución sin precedentes en el modo de considerar el cosmos... Estas palabras, pocas pero decisivas, hacen del *Mundus Novus* un documento memorable de la humanidad; constituyen la primera proclamación de

[12] Carta titulada *Mundus Novus* (según la primera edición latina de 1504, en Augsburgo). Reproducida en Henry Vignaud, *Americ Vespuce, 1451-1512*. París: Ernest Leroux, Éditeur, 1917, 305 (mi traducción). Véase también la traducción hispana incluída en Américo Vespucio, *El Nuevo Mundo, cartas relativas a sus viajes y descubrimientos* (textos en italiano, español e inglés; estudio preliminar de Roberto Levillier). Buenos Aires: Editorial Nova, 1951, 171-195.

[13] Francisco Esteve Barba, *Historiografía indiana*. Madrid: Gredos, 1964, 42. El famoso mapa de Waldseemüller, perdido y reencontrado en 1901 en un castillo alemán, se reproduce en Rodney W. Shirley, *The Mapping of the World: Early Printed World Maps, 1472-1700*. London: The Hollander Press, 1983, 30-31. El concepto de "nuevo mundo" se impuso gracias, en buena medida, a la popularidad de la obra de Pedro Mártir de Anglería, *De orbe novo* ("Del nuevo mundo"), publicada en latín por primera vez en su totalidad en 1530, de la cual hay dos traducciones al español: *Décadas del nuevo mundo* (vertidas del latín al castellano por Joaquín Torres Asensio en 1892). Buenos Aires: Editorial Bajel, 1944; y *Décadas del nuevo mundo* (2 vols.) (est. de Edmundo O'Gorman y trad. de Agustín Millares Carlo). México, D. F.: Porrúa, 1964-1965.

> la independencia de América, formulada doscientos setenta años antes que la otra. Colón, que hasta la hora de su muerte vive en la ilusión de haber llegado a las Indias al poner el pie en Guanahaní y en Cuba, hace, mirándolo bien, que el cosmos se presente más estrecho a sus contemporáneos, a causa de esa ilusión suya; Vespucio, que invalida la hipótesis de que el nuevo continente sea la India, afirmando categóricamente que es un nuevo mundo, es el que introduce el concepto nuevo y válido hasta nuestros días[14].

A los cronistas y juristas españoles les hizo poca gracia la rápida popularidad del nombre **América**, que se adoptó inicialmente por los países no hispanos y por siglos fue resistido por los castellanos. Incluso Bartolomé de Las Casas truena contra el hábito creciente de llamar América a las "Indias"[15]. "Se le usurpó lo que era suyo, al Almirante D. Cristóbal Colón... cómo le pertenecía más a él, que se llamara la dicha [tierra] firme Columba, de Colón, o Columbo que la descubrió... que no de Américo denominarla América". No parece darse cuenta de que el elemento crucial no fue quién llegó primero, sino quién la concibió inicialmente como un continente distinto al medieval triádico *orbis terrarum* Europa-África-Asia[16].

---

[14] *Américo Vespucio: Historia de una inmortalidad a la que América debe su nombre*. Buenos Aires: Editorial Claridad, 1942, 52-54.

[15] Las Casas explica por qué se llamó "Indias" a las tierras encontradas (nombre que en la terminología oficial española persistió largamente): "Infería Cristóbal Colón... que pues aun no era sabido el fin oriental de la India, que este tal fin sería el que estaba cerca de nosotros por el Occidente, y que por esta causa se podían llamar Indias las tierras que descubriese... porque eran la parte oriental de la India *ultra Gangem*". *Ibíd*., l. 1, c. 5, t. 1, 38. El vocablo "Indias" perduró en el uso jurídico y político español, a pesar de que temprano en el siglo dieciséis Juan López de Palacios Rubios, jurista y consejero del rey Fernando, indicó lo inadecuado del término. "El vulgo, en su ignorancia, llama Indias a dichas Islas. No son Indias, sin embargo". Palacios Rubios, *De las islas del mar océano* y Matías de Paz, *Del dominio de los reyes de España sobre los indios* (tr. Agustín Millares Carlo e intr. de Silvio A. Zavala). México, D. F.: Fondo de Cultura Económica, 1954, 6. Ejemplo de la persistencia de este erróneo topónimo, y no solo en el "vulgo", es el acta consistorial de la conversión de la parroquia de México en catedral: "La iglesia fundada en la ciudad de México, en la India, [*in civitate Mexicana in India*] se erigió en catedral". En William Eugene Shiels, S. J. *King and Church: The Rise and Fall of the Patronato Real*. Chicago: Loyola University Press, 1961, 341-342.

[16] H. I., l. 1, c. 139, t. 2, 40. También c. 163, t. 2, 114-119. Buena parte de la discusión gira sobre la veracidad de los relatos de Vespucio. El problema lo apunta certeramente Vignaud en la primera oración de su texto: "Nous ne connaissons les voyages de Vespuce que par lui-même". *Americ Vespuce*, 3. Pero, incluso si partes esenciales de su narración fuesen fraudulentas, como aseveran sus detractores, comenzando por Las Casas, la innegable verdad es que fue el primero en señalar públicamente que las "islas y tierra firme del mar Océano" constituían una realidad distinta, un "mundo nuevo". Al hacerlo contribuyó a estimular la imaginación utópica europea. Sus relatos constituyeron una importante influencia en la redacción de *Utopía* (1515), de Tomás Moro. Cf. Luis Alberto Uncein Tamayo, "El humanismo y las Indias," *Revista de historia de América*, No. 92, julio-diciembre de 1981, 94-97; y, sobre todo, el provocador trabajo de Henri Baudet, *Paradise on Earth: Some Thoughts on European Images of Non-European*

El descubrimiento como posesión

No hubo, además, de parte de Colón, ni de sus sucesores, acto alguno de "descubrir nuevas tierras" que no estuviese acompañado de otro distinto, de significativa naturaleza jurídica: su toma de posesión. "En treinta y tres días pasé a las Indias con la armada que los ilustrísimos Rey e Reina, Nuestros Señores, me dieron, donde yo hallé muy muchas islas pobladas con gente sin número, y **de ellas todas he tomado posesión** por sus Altezas con pregón y bandera real extendida"[17].

En su diario, Colón describe la toma de posesión de la primera isla encontrada, Guanahaní/San Salvador. A dos escribanos que lo acompañaron "dijo que le diesen por fe y testimonio cómo él ante todos tomaba, como de hecho tomó, posesión de la dicha isla por el Rey e por la Reina sus señores"[18]. No fue un acto particular. Expresa la voluntad del Almirante de tomar posesión de las tierras que encontrase. "Mi voluntad era de no pasar por ninguna isla de que no tomase posesión"[19].

"Descubrir" y "tomar posesión" se convierten en actos concurrentes. La historiografía tradicional destaca lo acontecido el 12 de octubre de 1492 como un "descubrimiento", eludiendo lo central en él. El encuentro entre europeos y pobladores de las tierras halladas es, en realidad, un ejercicio de extremo poder de parte de los primeros. Es un evento en que los primeros se a-**poder**-an de los segundos, sus tierras y personas. Francisco de Vitoria lo expresa así, al iniciar su famosa relección *De indis*: "Toda esta controversia... ha sido tomada por causa de esos bárbaros del Nuevo Mundo, vulgarmente llamados indios, que... hace cuarenta años han venido a **poder** de los españoles"[20]. La toma de posesión, como acto

Man. New Haven and London: Yale University Press, 1965, 32-42, quien destaca la vinculación histórica entre la imagen del "noble salvaje", presente en los relatos de Colón y Vespucio, sobre los indígenas americanos, y el concepto de "utopía" desarrollado en el Renacimiento tardío. La defensa moderna más importante de la veracidad de los viajes de Vespucio y la autenticidad de las cartas y relatos atribuídos a él la ha realizado el argentino Roberto Levilier, "Américo Vespucio: Concordancia de sus viajes y cartas con los mapas de la época", en Vespucio, *El Nuevo Mundo*, 13-92. Levillier no aborda, sin embargo, un aspecto importante de la cuestión: la veracidad de lo relatado por Vespucio. Algunas informaciones que suple el navegante florentino sobre la vida indígena rayan en lo fantasioso, como, por ejemplo, las extrañas técnicas que, según él, utilizaban las lujuriosas hembras aborígenes para inflamar el órgano viril masculino. *Ibíd*., 181. En general, es difícil separar, en Vespucio, la descripción etnográfica de la fantasía literaria; resultando en una temprana manifestación de lo que hoy se llama "realismo mágico".

[17] *Textos y documentos completos*, 40 (énfasis añadido).

[18] Cristóbal Colón, *Los cuatro viajes*, 62.

[19] *Ibíd*., 67.

[20] *Obras de Francisco de Vitoria: Relecciones teológicas. Edición crítica del texto latino, versión española, introducción general e introducciones con el estudio de su doctrina teológico-jurídica* (ed. Teófilo Urdanoz, O. P.). Madrid: Biblioteca de Autores Cristianos, 1960, 642.

formal y jurídico, fue la incuestionada premisa de los interlocutores en el intenso debate sobre la naturaleza de la relación imperial entre castellanos e indígenas. Solo el iconoclasta Bartolomé de Las Casas la cuestionó radicalmente e insistió en su nulidad jurídica, sobre todo en su tardía —y por casi cuatro siglos inédita— obra, *De los tesoros del Perú*[21].

El acto, pleno de simbolismo, pero de naturaleza estrictamente jurídica, que realiza Colón —"de ellas todas he tomado posesión por sus Altezas con pregón y bandera real extendida"— no lo entienden inicialmente los moradores de las islas antillanas. Eso no resulta problemático para el Almirante; en realidad, no se dirige a ellos. La toma de posesión, como acto público y registrado oficialmente ante un escribano, tiene como posibles legítimos interlocutores a los otros príncipes cristianos europeos. Se trata de dejar sentado que las tierras han adquirido dueño y que ningún otro soberano occidental tiene derecho de reclamarlas. Al añadir Colón, a la cita antes referida, la expresión "y non me fue contradicho", no se refiere a los caudillos indígenas (que no tenían la menor idea de lo que sucedía), sino a probables competidores europeos.

Como símbolo de la toma de posesión, Colón va poniendo cruces en lugares estratégicos de las islas que visita. "Y en todas las tierras adonde los navíos de Vuestras Altezas van y en todo cabo mando plantar una alta cruz"[22]. La cruz tiene una doble referencia: el territorio así marcado pertenece, desde entonces, a la cristiandad y es propiedad, específicamente, de los Reyes Católicos. En La Española, por ejemplo: "Puso una gran cruz a la entrada del puerto... en un alto muy vistoso, en señal que Vuestras Altezas tienen la tierra por suya, y principalmente por señal de Jesucristo Nuestro Señor y honra de la cristiandad"[23]. Colón aclara la condición de la toma de posesión: "Porque hasta allí no tiene ninguna posesión príncipe cristiano de tierra ni de isla"[24].

Francisco Morales Padrón, uno de los pocos historiadores en reconocer la importancia central de la toma de posesión como "fenómeno que está íntimamente ligado al descubrimiento, un acto que seguía inmediatamente al hallazgo", lo dice de forma algo distinta. "La toma de posesión se realizaba porque las Indias se consideraban '*res nullius*' y Colón las gana e incorpora '*non per bellum*', sino '*per adquisitionem*', tomando posesión

---

[21] *Los tesoros del Perú* (*De Thesauris in Peru*, 1563) (ed. de Ángel Losada). Madrid: Consejo Superior de Investigaciones Científicas, 1958, passim.

[22] *Los cuatro viajes*, 245.

[23] *Ibíd.*, 124-125.

[24] *Textos y documentos*, 174.

en nombre de los Reyes Católicos para que ningún otro pueblo cristiano se aposentase en ellas, puesto que '*vacabant dominia universali jurisdictio non posesse in paganis*' y por esta razón el que tomase posesión de ellas sería su señor"[25].

Si los nativos estuviesen dispuestos a cuestionar la toma de posesión "*per adquisitionem*", Colón y los castellanos no tendrían, debe aclararse, como nunca lo tuvieron, ningún escrúpulo en ratificarla "*per bellum*". Tras la cruz evangelizadora se oculta, no muy velada, la espada conquistadora.

Décadas más tarde, esta premisa de la incapacidad de los infieles de ser sujetos de la facultad universal de dominio y jurisdicción sería cuestionada, sobre todo por teólogos dominicos (Cayetano, Las Casas y Vitoria). Pero inicialmente, en la mentalidad prevaleciente del *orbis christianus*, la soberanía territorial se concibe atributo exclusivo de los seguidores de quien paradójicamente había afirmado su pobreza radical, aun en comparación con los zorros y las palomas, poseedores de cuevas o nidos. Las tierras de los infieles son miradas, por el contrario, como "*res nullius*", propiedad de nadie. La hostil dicotomía medieval entre cristianos e infieles asoma su perfil de cruzada en el centro mismo del descubrimiento y el apoderamiento de América.

La toma de posesión no es un acto arbitrario individual de Colón. Se erige sobre las instrucciones que recibe de los Reyes Católicos. El 30 de abril de 1492, desde Granada, expiden Isabel y Fernando un documento que amplía y aclara las anteriores Capitulaciones de Santa Fe (17 de abril). En él, todas las veces que aparece el verbo "descubrir" (7 ocasiones), se acompaña de otro vocablo: "Ganar". "Por cuanto vos Cristóbal Colón vades por nuestro mandado á descobrir é ganar... ciertas Islas, é Tierra-firme en la dicha mar Océana... despues que hayades descubierto, é ganáredes... así descubriéredes é ganáredes".

Solo en una ocasión se separan ambos verbos. Pero el que desaparece es "descubrir", conjugándose "ganar" con "conquistar": "De los que vos conquistáredes é ganáredes"[26]. Posteriormente, al reaccionar ante los actos de "descubrir"/"tomar posesión", confirman su intención original de

[25] *Teoría y leyes de la conquista*. Madrid: Ediciones Cultura Hispánica, 1979, 133-134. Véase, además, del mismo autor, "Descubrimiento y toma de posesión", *Anuario de estudios americanos*, Vol. 12, Sevilla, 1955, 321-380. Cf. Manuel Servin, "Religious Aspects of Symbolic Acts of Sovereignty", *The Americas*, Vol. 13, 1957, 255-267.

[26] Fernández de Navarrete, *Colección de los viages*, Vol. II, 18-21. Wilcomb E. Washburn se da cuenta de la correlación continua entre ambos verbos, "descubrir" y "ganar", en las cédulas reales, pero sin captar su significado como estrategia de toma de posesión. Quizá porque su hermeneútica lexicográfica carece de profundidad teórica. "The Meaning of 'Discovery' in the Fifteenth and Sixteenth Centuries", *American Historical Review*, Vol. 68, No. 1, October 1962, 1-21.

expansión e identifican el "descubrir" con "traer á nuestro **poder**". "Los muchos é buenos é leales é señalados é continuos servicios que vos el dicho D. Cristóbal Colón, nuestro Almirante... nos habedes fecho, é esperamos que nos fagais, especialmente en descobrir é traer á nuestro **poder**, é nuestro señorío á las dichas islas e tierra-firme"[27].

La señal principal del descubrimiento como toma de posesión es el próximo acto de Colón: poner nombre a las islas encontradas.[28] "A la primera que yo hallé puse nombré San Salvador a conmemoración de su Alta Majestad... A la segunda puse nombré la isla de Santa María de Concepción; a la tercera Fernandina; a la cuarta la Isabela; a la quinta Juana, é así a cada una nombre nuevo"[29].

El nombrar las islas tiene reminiscencias bíblicas. En el Génesis (2:19-20), la autoridad del ser humano primigenio, Adán, sobre los demás seres de la creación se expresa en su facultad para ponerles nombre. Es la máxima expresión del señorío universal del ser humano. El nombrar es atributo del dominar. En la tradición cristiana, por otro lado, se unen el sacramento del bautismo y el acto de la renominación. Cuando se bautizaba un adulto, se acostumbraba cambiar su nombre. Dejaba su nombre pagano y asumía uno nuevo, uno cristiano. Esa renominación —un ejemplo eminente: de Saulo a Pablo— simbolizaba una transformación profunda del ser, una nueva personalidad.

En el caso de Colón, las islas tenían nombres paganos; por ello, hay que bautizarlas, cristianizarlas. De San Salvador, dice que "los indios la llaman Guanahaní". El acto de nombrarla tiene una oculta dimensión, potencialmente siniestra. Conlleva una expropiación; la negación de la autoridad de los actuales pobladores para nombrar las tierras que habitan y, por ende, poseerla. Han sido bautizadas por el europeo, acto en el que los nativos carecen de todo protagonismo.

Estamos ante un caso extremo de renominación. La carta del 15 de febrero de 1493, citada arriba, que se hizo muy popular en Europa, pasando por sucesivas ediciones en castellano, latín y otros idiomas[30], fue responsable de la nominación de los seres encontrados como indios, un

---

[27] *Colección de los viages*, Vol. II, 228 (énfasis añadido). La comunicación real a Colón es del 23 de abril de 1497.

[28] Tzvetan Todorov, *La conquista de América: La cuestión del otro*. México, D. F.: Siglo XXI, 1987, 35: "El dar nombres equivale a una toma de posesión". Esta sugestiva obra (cuyo original francés se publicó en 1982) contiene un buen número de reflexiones provocadoras.

[29] *Textos y documentos completos*, 140.

[30] Se publicaron tres ediciones en latín en 1493, en Roma, y para 1500 ya habían circulado diecisiete reimpresiones.

gentilicio que no les correspondía y que, en realidad, encubría más que descubría su ser. La primera agresión a los americanos nativos fue negarles su identidad propia, llamándoles "indios", falso vocablo que expresa el desconocimiento de los españoles, quienes creían haber arribado a ciertas islas periféricas a la costa oriental de Asia[31].

Se trata ciertamente de una invención, como asevera O'Gorman; pero, lo significativo es indicar su base de legitimidad: los seres encontrados son considerados posesión, vasallos. La exacta condición de su vasallaje será motivo de enconadas disputas y debates, como veremos más adelante. Indiquemos preliminarmente una posibilidad que el Almirante se apresta a sugerir: la **esclavitud**. "Pueden ver Sus Altezas que yo les daré... esclavos cuantos mandaran cargar"[32].

En lo que la corona, en consulta con teólogos y letrados, decide acerca de esa sugerencia, Colón pone en práctica la toma de posesión que ha efectuado, a**poder**ándose de algunos nativos, a los fines de mostrarlos a los Reyes Católicos. Con plena confianza en su autoridad jurídica, por la infidelidad de los nativos y su debilidad militar, escribe a la corona desde La Española y les notifica algo que aún no saben sus habitantes: "Hombres y mujeres son todos de Vuestras Altezas, así d'esta isla en especial como de las otras"[33].

Igual apoderamiento hace con lo más interesante de la fauna y flora de las tierras encontradas y poseídas. Lleva a la Europa fascinada y perpleja las muestras del Nuevo Mundo, del que ha tomado posesión: especies, frutas, flores exóticas, papagayos e indígenas. Esto último escandalizó la conciencia cristiana de Bartolomé de Las Casas: "Lo hacía el Almirante sin escrúpulo, como otras muchas veces en el primer viaje lo hizo, no le pareciendo que era injusticia y ofensa de Dios y del prójimo llevar los hombres libres contra su voluntad"[34].

Las Casas señala como usual a los conquistadores y colonos el renominar a los nativos, especialmente a los prominentes ("así lo tenían de costumbre los españoles, dando los nombres que se les antojaban de cristianos a cualesquiera indios"[35]). Juan Ponce de León, al comenzar la

---

[31] La explicación de Francisco Morales Padrón es la siguiente: "Colón hizo creer que lo encontrado eran las Indias de Oriente, por lo cual, y porque los jonios del Asia Menor no sabían pronunciar la 'h' aspirada y llamaban *Indoi* a los hindúes, vocablo que heredamos nosotros, los hombres y mujeres de la futura América comenzaron a ser conocidos como *indios*". "Descubrimiento y toma de posesión", 7.

[32] *Textos y documentos completos*, 145.

[33] *Los cuatro viajes*, 169

[34] H. I., l. 1, c. 134, t. 2, 17.

[35] *Ibíd.*, l. 2, c. 46, t. 2, 356.

colonización de Boriquén, se sintió con autoridad de cambiar los nombres del principal cacique, Agüeybaná, y sus padres. Los así renominados lo consideraron inicialmente un honor; solo después descubrieron que se trataba de una sutil manifestación del acto de posesión de que habían sido objeto. Los indios borincanos pagaron caro con su sangre y sufrimiento su rebeldía. Su apoderamiento/renominación conllevó su extinción, no su transformación.

Ya Immanuel Kant, a fines del siglo dieciocho, fijó su ojo crítico en el concepto del "descubrimiento de América". "Cuando se descubrió América... se le consideró carente de propietario, pues a sus pobladores se les tuvo por nada"[36]. Se toma posesión de las tierras encontradas al considerárselas *terrae nullius* ("tierras que a nadie pertenecen"), y se las clasifica como tal por no ser propiedad de príncipe cristiano alguno. El *orbis christianus* no parece necesitar de legitimación adicional para expandirse a costa de los infieles. Pedro Mártir de Anglería, distinguido humanista y miembro del Consejo de Indias, defendió a principios del siglo dieciséis la hegemonía europea sobre todo lugar del Nuevo Mundo que se hallase "vacío de cristianos"[37]. La discusión, al avanzar el siglo, se fue haciendo teóricamente más compleja, como lo muestra el *De indis* de Vitoria, pero el resultado fue el mismo: la supremacía de los derechos de los cristianos sobre los de los indígenas "infieles".

Pero, ¿realmente no pertenecían las tierras encontradas "en el mar Océano" a ningún soberano católico? Al retornar de su primer viaje, y antes de llegar a España, Colón tuvo una perturbadora entrevista con el rey de Portugal, quien parecía listo a reclamar los territorios encontrados bajo su jurisdicción, sobre la base del Tratado de Alcaçovas-Toledo, de 1479-1480[38], concertado entre ambas naciones ibéricas, y de ciertas bulas papales que durante el siglo quince habían conferido soberanía a la corona lusitana sobre las aguas limítrofes a la costa occidental de África.[39]

En esa potencialmente ambigua y conflictiva situación jurídica, los Reyes Católicos tomaron la iniciativa y acudieron a la Santa Sede para que esta respaldase sus títulos de posesión. Obtuvieron con creces lo

[36] "Zum ewigen Frieden" (1795), *Schriften von 1790-1796 von Immanuel Kant* (herausgegeben von A. Buchenau, E. Cassirer, B. Kellermann). Berlín: Bruno Cassirer, 1914, 444 (mi traducción).

[37] *Décadas del nuevo mundo* (estudio de Edmundo O'Gorman y traducción de Agustín Millares Carlo). México, D. F.: Porrúa, 1964-1965, Vol. I, 267.

[38] Sus artículos principales se reproducen en Morales Padrón, *Teoría y leyes de la conquista*, 41-43, y, Frances G. Davenport, *European Treaties Bearing On the History of the United States and its Dependencies to 1648*. Washington, D. C.: Carnegie Institution, 1917, Vol. I, 36-41.

[39] *Teoría y leyes de la conquista*, 13-32; *European Treaties*, Vol. I, 9-32.

que solicitaron. Las bulas *Inter caetera* de Alejandro VI (3/4 de mayo de 1493) autorizaron a los Reyes Católicos a apropiarse de aquellas tierras encontradas por sus navegantes y capitanes "siempre que no estén sujetas al actual dominio temporal de algún señor cristiano"; "que por otro rey o príncipe cristiano no fueren actualmente poseídas"[40] y revocaron cualquier Letra Apostólica previa o tratado anterior que pudiese interpretarse en sentido divergente.

El descubrir europeo de las "Indias" se convirtió, en suma, en un evento de tomar posesión de ellas, legitimado por razones de naturaleza teológica y religiosa. Este factor no debe olvidarse al analizar las sublevaciones indígenas. Generalmente, se ha destacado la resistencia contra el abuso —violación de mujeres, trabajos forzados, crueldad en el trato, expropiación de tesoros, vejaciones—. Todo ello es cierto, pero no debe aislarse de otro elemento agraviante: el vasallaje impuesto. De buenas a primeras, los habitantes de las tierras se encontraron, sin mediar negociación alguna, en subordinación forzada. Se les hizo saber, de diversas maneras, su carácter de seres poseídos. Se sublevarían al descubrir que la **posesión** era rasgo esencial del **descubrimiento**.

De aquí surge también el cambio sorprendente que detecta Colón en la actitud de los nativos entre el primer y el segundo viaje. Si lo que se destaca en el primero es la **hospitalidad**, resalta en el segundo la **hostilidad**. Este cambio, que pone en serio peligro a los españoles, no habituados a proveerse alimentación en las tierras americanas, parte del reconocimiento de que sus peculiares huéspedes tienen pretensiones de convertirse en dueños y señores de sus tierras, haciendas y existencias.

En los primeros relatos colombinos sobre los aborígenes abunda una visión idílica; son mansos, tímidos, dóciles. Esa percepción cambia después de las primeras rebeliones. La toma de posesión pacífica se convierte en empresa militar de conquista. En 1499, en medio de la debacle de los ilusos planes iniciales, escribe Colón a los Reyes Católicos: "Muy altos Príncipes: Cuando yo viene acá, truxe mucha gente para la conquista d'estas tierras... y hablado claro que yo venía a conquistar"[41]. En otra carta, algo posterior, los mansos y tranquilos nativos de los primeros relatos —"muestran tanto amor que darían los corazones"[42]— son ahora

---

[40] Provienen las citas, la primera de la bula *Inter caetera*, del 3 de mayo de 1493; la segunda, de la bula homónima del 4 de mayo. Reproducidas como apéndices en Bartolomé de Las Casas, *Tratados* (2 vols.). México, D. F.: Fondo de Cultura Económica, 1965, Vol. II, 1279, 1286.

[41] *Textos y documentos*, 236-237.

[42] *Ibíd.*, 142.

descritos, tras no aceptar el apoderamiento de sus personas, como "gente salvaje, belicosa"[43].

Las Casas relata que el cacique Mayonabex, aliado y protector del perseguido Guarionex, en una de las primeras confrontaciones acaecidas en La Española, replica a los españoles que son "tiranos, que no vienen sino a usurpar las tierras ajenas"[44]. El delito es el de la usurpación; el a**poderarse** sin consentimiento de tierras y personas causa la guerra indiana. El ver a los españoles tomar posesión de sus tierras, además de los agravios individuales, fue la causa principal para que los indios de Veragua cambiasen su actitud de hospitalidad a hostilidad contra el Almirante y sus acompañantes.[45]

Varios historiadores intentan, en apologética actitud, distinguir el descubrimiento de la conquista. Según Demetrio Ramos, el objetivo inicial de España no era conquistar los territorios americanos. La conquista como teoría jurídica, como debate acerca de los "títulos legítimos" de propiedad sobre el Nuevo Mundo, surge, en su opinión, posterior a la conquista como hecho histórico.[46] Las acciones de Hernán Cortés constituyen, como era de esperarse, la principal evidencia para tal apreciación. El cabildo de Veracruz, en carta a la corona, señala este cambio en la actitud de Cortés:

> Como llegase a la dicha tierra llamada Yucatán, habiendo conocimiento de la grandeza y riqueza de ella, determinó de hacer, no lo que Diego Velázquez [el superior oficial de Cortés] quería, que era rescatar oro, sino conquistar la tierra y ganarla y sujetarla a la corona Real de Vuestra Alteza.

Cortés mismo expresa, en su tercera carta-relación, enviada a Carlos V después de la conquista de Tenochtitlan, su frustración porque las anteriores comunicaciones "nunca hasta ahora de cosa de ellas he habido respuesta"[47]. Ramos, al insistir en que la conquista no era parte de los planes

---

[43] *Ibíd.*, 252. El concienzudo historiador alemán Friederici defiende la tesis de la hospitalidad indígena. "Los descubridores y conquistadores de América fueron recibidos casi por doquier con los brazos abiertos, lo mismo en las islas que en el continente, por los nativos, cuyos recelos aún no habían despertado". *El carácter del descubrimiento*, Vol. I, 171.

[44] H. I., l. 1, c. 120, t. 1, 460.

[45] *Ibíd.*, l. 2, c. 27, t. 2, 293. En *De los tesoros del Perú*, Las Casas arguye minuciosamente la legitimidad jurídica de la defensa de la soberanía nativa.

[46] Demetrio Ramos, "El hecho de la conquista de América", en Demetrio Ramos et al., *La ética en la conquista de América* (*Corpus Hispanorum de Pace*, Vol. XXV). Madrid: Consejo Superior de Investigaciones Científicas, 1984, 17-63.

[47] Hernán Cortés, *Cartas de relación*. México, D. F.: Editorial Porrúa, 1985, 4, 99.

españoles originales y que, en buena medida, fue fruto de las acciones de aislados hombres de acción, parece pretender disculpar a la corona, sin analizar críticamente el que esta, en toda instancia, incluyendo la empresa de Cortés, avaló las adquisiciones territoriales armadas.[48] Pero, sobre todo, como hemos intentado aclarar, descuida la premisa central de la conquista: la toma de posesión se concibió, desde el principio, como parte esencial del descubrimiento. Al resistir los indígenas su vasallaje impuesto, se desencadena la conquista como acto violento y, luego, como teoría de la "dominación lícita". Al tomarse posesión unilateralmente —lo esencial, como hemos visto, del llamado "descubrimiento"— de pueblos políticamente organizados, tal cual eran los aborígenes americanos, inevitablemente se da el primer paso hacia la guerra. Por ello Colón, muy hábilmente, anota con cuidado, en los apuntes y cartas del primer viaje, la precariedad militar de los nativos. "Ellos no tienen hierro ni acero ni armas, ni son para ello"[49]. No es interés etnológico lo que mueve esta observación, sino la astuta mirada de quien prevé las condiciones y posibilidades del control armado.

La correlación entre descubrimiento y toma de posesión no es exclusiva de Colón. Es una constante, como bien observa Morales Padrón, en todos los actos de "entrada" y "descubrimiento" realizados por los ibéricos en el Nuevo Mundo durante el siglo dieciséis. Mencionemos un ejemplo diferente a los varios que refiere este eminente americanista: la entrada que hace Alvar Núñez Cabeza de Vaca en territorio paraguayo, en 1543. El mismo conquistador relata el ceremonial de toma de posesión.

> Mandó llamar los clérigos, y les dijo como quería luego hacer una iglesia donde les dijesen misa y los otros oficios divinos... E hizo hacer una cruz de madera grande, la cual mandó hincar junto a la ribera... en presencia de los oficiales de su majestad y de otra mucha gente que allí se halló presente; y ante el escribano... tomó la posesión de la tierra en nombre de su majestad.

---

[48] Con acierto, Morales Padrón asevera: "El descubrimiento y la conquista forman parte de un mismo fenómeno o proceso... Al descubrimiento siguió siempre la toma de posesión". "Descubrimiento y toma de posesión", 8 y 59. Eso también fue cierto en el caso de Cortés. López de Gómara describe su acción inicial de descubrimiento/posesión: "Tomó posesión de toda aquella tierra con la demás por descubrir, en nombre del emperador don Carlos, rey de Castilla. Hizo los otros autos y diligencias que en tal caso se requerían, é pidiólo ansí por testimonio a Francisco Hernández, escribano real, que presente estaba". *Segunda parte de la crónica general de las Indias: La conquista de Méjico*, en *Historiadores primitivos de Indias* (ed. Enrique de Vedía). Madrid: Biblioteca de Autores Españoles (t. 22), Ediciones Atlas, 1946, 316.

[49] *Textos y documentos completos*, 141.

Respecto a los nativos, les requirió que juramentasen una doble lealtad: a la corona castellana y a la iglesia católica. Finalmente, les informó su nueva situación jurídica de "vasallos de su majestad". Inicialmente los interpelados parecieron aceptar su impuesto vasallaje, pero, cuando se les presentó la primera oportunidad de expulsar a los intrusos, se lanzaron al ataque "diciendo que la tierra era suya... que nos fuésemos de su tierra, si no, que nos habían de matar"[50].

Del encuentro a la dominación

Algunos interlocutores del actual debate sugieren un cambio de nomenclatura. Prefieren hablar de "conmemorar" el "encuentro" entre "dos culturas" o "dos mundos".[51] Esta astuta reconstrucción semántica no soluciona el problema. Al hablar de "dos culturas" se menosprecia la rica y compleja diversidad de las naciones y pueblos indígenas, obliterándose la importancia de sus diferencias y distinciones, de la particularidad de sus tradiciones, símbolos, costumbres, idiomas e instituciones. Roberto Levillier, en reacción a la indiferencia europea, ha recalcado la riqueza y complejidad de las distinciones culturales indígenas.

> Indios eran los tekestas y tahinos de Cuba, mansos y hospitalarios; indio, el caribe antropófago; indio, el otomí primitivo, que vivía en cuevas; indio, el salvaje jíbaro; indio, el uro, más pez que hombre, que vivía en las aguas del Titicaca; indio, el artístico picapedrero maya, y el orfebre chibcha, y el sabio legislador incaico, y el delicado ceramista yunga, y el tejedor coya; indio, el heroico azteca, y el canibalesco chiriguano, y los indómitos diaguitas y araucanos; indios, el tímido jurí, el nómada lule y el sedentario comechigón y el fiero guararí, y variaban las inteligencias, las crueldades y mansedumbres, los tonos de la piel, las lenguas, los ritos y las teogonías... Ni en su posición jurídica, ni en su aspecto físico, ni en su lengua, ni en sus gustos, ni en sus modalidades, ni en sus capacidades creadoras eran los mismos.[52]

---

[50] "Comentarios de Alvar Núñez Cabeza de Vaca, adelantado y gobernador del Río de la Plata", en *Naufragios y comentarios* (1552). México, D. F.: Editorial Porrúa, 1988, cs. 53 y 71, 152-153 y 179.

[51] Francisco Miró Quesada C., "V Centenario del descubrimiento: ¿celebración o conmemoración?", *Diálogo*, marzo de 1987, 31.

[52] *Don Francisco de Toledo, supremo organizador del Perú: su vida, su obra (1515-1582)*. Buenos Aires: Biblioteca del Congreso Argentino, 1935, Vol. I, 178. La crítica de Levillier se dirige a los tres principales protagonistas de la discusión española en el siglo dieciséis sobre la naturaleza de los indígenas del Nuevo Mundo: Bartolomé de Las Casas, Francisco de Vitoria y Juan Ginés de Sepúlveda. En su opinión, reducen a un modelo estereotipado pueblos aborígenes con grandes diferencias culturales. Tiene obvia razón respecto a los últimos dos, quienes nunca tuvieron experiencia directa

Richard Konetzke muestra esa enorme diversidad cultural en el aspecto clave de los idiomas, al informar que "se ha verificado la existencia de 133 familias lingüísticas independientes en América"[53]. Además, la referencia a "las dos culturas" escamotea malamente la presencia en América, desde temprano en el siglo dieciséis, del esclavo negro.[54] Primero los ladinos de España y luego los bozales de África, a los que pronto se adicionaron los "criollos", nacidos en América, los negros esclavos fueron protagonistas del drama latinoamericano desde sus umbrales. Es punto controvertible la fecha de su primera entrada[55], pero conocemos la primera instrucción real a tales efectos. Procede del 16 de septiembre de 1501, y se remite por los Reyes Católicos a Nicolás de Ovando, entonces gobernador de La Española. Especifica que deben ser ladinos, nacidos en España y cristianos.[56]

Igualmente fueron tempranos protagonistas de sublevaciones y rebeliones. Según Juan Bosch: "Parece que hacia 1503 ya se daban casos de negros que se fugaban a los montes, probablemente junto a los indios,

---

con los pueblos y naciones americanas. Me parece, sin embargo, que yerra respecto a Las Casas, quien escribió una de sus más extensas obras, *Apologética historia sumaria* (2 vols., ed. Edmundo O'Gorman, México, D. F.: Universidad Nacional Autónoma, 1967) justamente para intentar describir a sus compatriotas la inmensa variedad cultural de los moradores del Nuevo Mundo, y sobre quien ha afirmado Víctor Manuel Patiño que ha sido "uno de los más sagaces y fieles observadores de la sociedad americana". "La historia natural en la obra de Bartolomé de Las Casas", *Revista de historia de América*, México, núms. 61-62, 1966, 184. También Friederici elogia a Las Casas por su "excelente don de observación etnológica" y afirma que "se adelantó... a la etnología de su tiempo". *El carácter del descubrimiento*, Vol. I, 175. En dos cosas, sin embargo, uniformiza Las Casas a los indígenas: a) los considera, a diferencia de algunos de sus adversarios teóricos, igual y plenamente racionales; b) entiende que, en general, son todos naturalmente mansos, sencillos y aptísimos para la evangelización.

[53] *América Latina, II: La época colonial.* México, D. F.: Siglo XXI, 1972, 4.

[54] Herbert S. Klein, "The Establishment of African Slavery in Latin America in the 16th Century", en *African Slavery in Latin America and the Caribbean.* New York: Oxford University Press, 1986, 21-43.

[55] De acuerdo a Juan Bosch, los primeros esclavos negros ladinos vinieron al Nuevo Mundo traídos por Nicolás de Ovando, en 1502. *De Cristóbal Colón a Fidel Castro: El Caribe, frontera imperial* (5ta. ed. dominicana). Santo Domingo: Alfa y Omega, 1986, 138. Algunos expertos afirman que un negro participó en el primer viaje colombino, aunque nada se sabe sobre sus funciones en la empresa. Consuelo Varela, "Introducción", en *Los cuatro viajes*, 12. Otros creen que es posible que algunos hidalgos que acompañaron a Colón en su segundo viaje llevasen esclavos negros a manera de servidores personales. Carlos Esteban Deive apunta que negros libertos ingresaron a La Española ya en 1501, mediando contrato asalariado. *La esclavitud del negro en Santo Domingo (1492-1844).* Santo Domingo: Museo del Hombre Dominicano, 1980, 21. Jalil Sued Badillo hace una valiosa aportación al señalar la pronta presencia, en el proceso de conquista, de negros libertos y horros. Jalil Sued Badillo y Ángel López Cantos, *Puerto Rico negro.* Río Piedras: Editorial Cultural, 1986, 17-62.

[56] *Colección de documentos inéditos relativos al descubrimiento, conquista y organización de las antiguas posesiones españolas de América y Oceanía, sacados de los Archivos del Reino y muy especialmente del de Indias* (Joaquín F. Pacheco, Francisco de Cárdenas y Luis Torres de Mendoza, eds.). Madrid, 1864-1884, Vol. 31, 23. [De ahora en adelante: D. I. A.]. Esta instrucción todavía no particulariza que los esclavos sean negros. Su propósito es insistir en que sean ladinos criados en Castilla: "Esclavos negros u otros esclavos que fayan nascido en poder de cristhianos, Nuestros súbditos e naturales". Según Deive, la introducción de negros bozales se autorizó en 1517. *La esclavitud del negro*, 35.

puesto que en ese año Ovando recomendó que se suspendiera la llevada de negros a La Española debido a que huían a los bosques y propagaban la agitación". Más adelante, añade: "El 26 de diciembre de 1522 se produjo en la propia isla Española la primera sublevación de negros del Nuevo Mundo"[57].

Gonzalo Fernández de Oviedo y Valdés señala que diversos negros cimarrones se unieron a la sublevación del cacique indígena Enriquillo, en La Española. Eso, en su opinión, añadía un elemento oneroso a la rebelión. "É no se avia de tener tan en poco, en especial viendo que cada día se iban é fueron á juntar con este Enrique é con sus indios algunos negros, de los cuales ya hay tantos en esta isla, á causa de estos ingenios de azúcar, que parece esta tierra una efigie o imagen de la misma Etiopía"[58]. Igualmente, fray Toribio de Motolinia, en México, advirtió que "los negros son tantos que algunas veces han estado concertados de se levantar y matar a los españoles"[59].

Esto explica varias determinaciones reales sobre los negros en América. El 11 de mayo de 1526, por ejemplo, se emitió una cédula real para restringir el traslado a las Indias de negros ladinos. Su texto es muy instructivo sobre la actitud rebelde de muchos:

> El Rey. Por cuanto yo soy informado que a causa de se llevar negros ladinos destos nuestros Reinos a la Isla Española, los peores y de más malas costumbres que se hallan, porque acá no se quieren servir dellos e imponen y aconsejan a los otros negros mansos que están en dicha isla pacíficos y obedientes al servicio de sus amos, han intentado y probado muchas veces de se alzar y han

[57] *De Cristóbal Colón a Fidel Castro*, 138, 143. Sued Badillo disputa esta afirmación e intenta demostrar que hubo una sublevación negra en Puerto Rico, aparentemente entre septiembre y noviembre de 1514. No queda, sin embargo, claro si en realidad se trata de un alzamiento con serias consecuencias políticas, como el de 1522 en La Española, o más bien de una cimarronería de un grupo coaligado para la huida. El mismo Sued Badillo, al reproducir un informe del licenciado Suazo, de 1518, referente a los cimarrones en La Española, reconoce que continuamente ocurrían actos de este segundo tipo. *Puerto Rico negro*, 175-182.

[58] Gonzalo Fernández de Oviedo y Valdés, *Historia general y natural de las Indias, islas y tierra firme del mar Océano*. Madrid: Real Academia de Historia, 1851. Parte 1, l. 4, c. 4, t. 1, 141. Philip W. Powell anota la presencia de grupos cimarrones negros, al norte de la Nueva España, que, a fines del siglo dieciséis, complicaron la difícil situación de los españoles en los conflictos de estos últimos contra los nómadas chichimecas. *La guerra chichimeca (1550-1600)*. México, D. F.: Fondo de Cultura Económica, 1985, 76. Por el contrario, según James Lockhart, en el Perú, debido a la participación activa de negros en la sujeción armada de los nativos, la relación que predominó entre ambos grupos étnico-nacionales fue de hostilidad y antagonismo. *El mundo hispanoperuano, 1532-1560*. México, D. F.: Fondo de Cultura Económica, 1982, 219.

[59] "Carta de Fray Toribio de Motolinia al Emperador Carlos V", incluida como apéndice a su *Historia de los indios de la Nueva España*, 213.

> alzado e ídose a los montes y hecho otros delitos... por la presente declaramos y mandamos que ninguna ni algunas personas ahora ni de aquí en adelante no puedan pasar ni pasen a la dicha Isla Española ni a las otras Indias, islas y tierra firme del mar Océano ni a ninguna parte dellas ningunos negros que en estos nuestros reinos o en el Reino de Portugal hayan estado un año... si no fuere cuando nos diéremos nuestras licencias para que sus dueños los puedan llevar para servicio de sus personas y casas.[60]

Interesante es la Real Provisión que toma Carlos V un año después para mitigar la rebeldía negra. Además de ser indicativa del crecimiento de la migración forzada de esclavos negros, propone un hábil y manipulador remedio: que los esclavos se casen, a fines de que ese estado civil los estabilice. La preocupación y el cariño por su mujer e hijos, según el Consejo de Indias y la corona, servirían de freno a su inconformidad.

> Por cuanto hemos sido informados que a causa de se haber pasado y se pasan cada día muchos negros a la Isla Española y de haber pocos cristianos españoles en ella, podría ser causa de algún desasosiego o levantamiento en dichos negros, viéndose pujantes y esclavos o se fuesen a los montes y huyesen... platicado en ellos en el nuestro Consejo de Indias, ha parecido que sería gran remedio mandar a casar los negros que de aquí en adelante se pasasen a la dicha isla y los que ahora están en ella y que cada uno tuviese su mujer, porque con esto y con el amor que tendrían a sus mujeres e hijos... seria causa de mucho sosiego dellos.[61]

El emperador añade, como incentivo para lograr la colaboración de los negros y evitar su rebeldía, la posibilidad de lograr la manumisión mediante el trabajo minero en las islas antillanas. Así lo manifiesta en misiva al gobernador de Cuba, el 9 de noviembre de 1526: "Soy informado que para que los negros que se pasen a esas partes se asegurasen y no se alzasen ni ausentasen y se animasen a trabajar y servir a sus dueños con más voluntad, además de casarlos sería que, sirviendo cierto tiempo, y dando cada uno a su dueño hasta 20 marcos de oro, por lo menos... quedasen libres"[62].

---

[60] "R.C. para que no pasen a las Indias negros ladinos si no fuese con licencia particular de Su Majestad", Sevilla, 11 de mayo de 1526. Reproducida en Richard Konetzke, *Colección de documentos para la historia de la formación social de Hispanoamérica, 1493-1810*. Madrid: Consejo Superior de Investigaciones Científicas, 1953, Vol. I, 80-81.

[61] "Real Provisión para que se casen los negros", en Konetzke, *Ibíd.*, Vol. I, 99.

[62] Citado en Sued Badillo, *Puerto Rico negro*, 55.

Deive sugiere que la fuga de negros ladinos a los montes y su actitud díscola en La Española se debe a la diferencia de rigor entre la servidumbre en la isla antillana y aquella a la que estaban acostumbrados en la península ibérica. "De su condición de doméstico pasó a la de trabajador minero, y este cambio le hizo sentir de verdad el rigor de la esclavitud, su esencial injusticia y perversión, empujándolo así a ganar la libertad en la espesura de la selva, codo a codo con el nativo de la isla"[63].

El olvido en el que muchos historiadores caen de la temprana presencia negra en el complejo proceso de la conquista y colonización de América no puede liberarse de la sospecha de cierto etnocentrismo y prejuicio étnico. Lo que al respecto escribe Deive sobre la esclavitud negra en Santo Domingo es, en términos generales, aplicable también a otros lugares.

> En cuanto a la ponderación de la cultura propia, nada habría que decir si la misma no llevara aparejado el menosprecio de las ajenas. Desafortunadamente, este no es el caso de los que pregonan que el núcleo paradigmático de normas, valores e ideas que conforman el ethos de la sociedad... se alimenta sustantivamente de savia ibérica libre de gérmenes infecciosos. Referido a los esclavos negros, ese modelo se instituye en ideal altanero y sectario de una monocultura que considera las de los africanos espurias, ilegítimas y vituperables, lo que denuncia una perniciosa actitud etnocéntrica... con el que se pretende descartar el papel constructivo del esclavo negro como agente de primer orden en la dinámica que condujo al surgimiento de la nación.[64]

No es apta ni conveniente, por consiguiente, la calificación de "encuentro de dos culturas o dos mundos". Bien ha dicho el veterano historiador mexicano Silvio Zavala, en crítica a dicho concepto, que en los sucesos referidos por el "descubrimiento y conquista de América" se da "una multiplicidad de encuentros de gentes y culturas"[65].

¿Cómo "conmemorar" un "encuentro" que culmina con la abrogación de la soberanía de unos pueblos sobre su tierra y la radical reducción de sus habitantes? Más fiel a la historia sería reconocer que la conquista fue

---

[63] *La esclavitud del negro*, 21. En sentido similar, Sued Badillo, *Puerto Rico negro*, 172-173. La geografía antillana, todavía selvática, permitía con mayor facilidad la fuga.

[64] *Ibíd.*, xiii. Las investigaciones de Deive muestran la complejidad y diversidad de las culturas negras y la imposibilidad de someterlas a un molde uniforme.

[65] "Examen del título de la conmemoración del V centenario del descubrimiento de América", *Cuadernos americanos*, nueva época, Año 2, Vol. 3, Núm. 9, mayo-junio 1988, 17.

un "violento choque de culturas"[66], en el que triunfó la poseedora de la tecnología militar superior.[67] Se escenificó en el Nuevo Mundo un **enfrentamiento** o **confrontamiento**; y ese **darse de frente** conllevó una grave **afrenta**, en la que no solo el poderío fue desigual: también lo fueron las percepciones, predominando en el nativo perplejidad, admiración, temor y finalmente rencor; mientras en el intruso, prevaleció la aspiración de dominio e imposición[68], un *animus dominandi*[69]. Lo que se inició como un encuentro entre diferentes grupos humanos, pronto se convirtió en una relación entre dominadores y dominados.

Elegía a la hispanidad

Para muchos, la conmemoración del descubrimiento de América se convierte en una "fiesta de la hispanidad", una elegía a la cultura hispana. Esta línea de pensamiento amenaza en convertir la reflexión histórica en ideología de la conquista imperial, o, peor, en mitografía hagiográfica.

La "elegía a la hispanidad" no es novedosa. Se manifiesta esplendorosamente en el gran poeta hispanoamericano Rubén Darío, quien jugó un papel destacado en la celebración del cuarto centenario del descubrimiento. Varios de los poemas de *Cantos de vida y esperanza* (1905) reflejan una profunda melancolía de la pasada grandeza hispana y una nostalgia de su retorno utópico:

> La alta virtud resucita que a la
> hispana progenie hizo dueña de siglos...
>
> Sangre de Hispania fecunda, sólidas, ínclitas razas,
> muestren los dones pretéritos que fueron antaño su triunfo...
>
> así los manes heroicos de los primitivos abuelos,
> de los egregios padres que abrieron el surco prístino,
> sientan los soplos agrarios de primaverales retornos...

---

[66] *Miguel* León Portilla, *El reverso de la conquista: Relaciones aztecas, mayas e incas* (16ta reimpresión). México, D. F.: Editorial Joaquín Moritz, 1987, 8.

[67] El mejor análisis comparativo de la tecnología militar a disposición de ibéricos y americanos que conozco lo provee Alberto Mario Salas, *Las armas de la conquista*. Buenos Aires: Emecé Editores, 1950.

[68] Véase Dussel, "Otra visión del descubrimiento", 39.

[69] "*Animus dominandi*" es el espíritu de dominio que, según Morales Padrón, se expresa en las continuas tomas de posesión que llevan a efecto los descubridores y exploradores. "Descubrimiento y toma de posesión", 36.

Un continente y otro renovando las viejas prosapias,
en espíritu unidos, en espíritu y ansias y lengua,
ven llegar el momento en que habrán de cantar nuevos himnos.[70]

Esa nostalgia utópica tropieza con el poderío norteamericano, demostrado en la Guerra Hispanoamericana. De aquí su poema, favorito por décadas de antimperialistas latinoamericanos, "A Roosevelt":

Eres los Estados Unidos,
eres el futuro invasor
de la América ingenua que tiene sangre indígena,
que aún reza a Jesucristo y aún habla en español...
Juntáis al culto de Hércules el culto de Mammón...
Tened cuidado. ¡Vive la América española!
Hay mil cachorros sueltos del León Español.
Se necesitaría, Roosevelt, ser Dios mismo...
para tenernos en vuestras férreas garras.
Y, pues contáis con todo, falta una cosa: ¡Dios![71]

Darío se da cuenta de que el momento no es propicio para cantar a "los manes heroicos" de la "sangre de Hispania fecunda". Más bien parece ser la ocasión histórica del declinar y el ocaso hispano y de la ascendencia del poderío norteamericano.

Casi no hay ilusiones para nuestras cabezas,
y somos los mendigos de nuestras pobres almas.

Nos predican la guerra con águilas feroces...
mas no brillan las glorias de las antiguas hoces,
ni hay Rodrigos, ni Jaimes, ni hay Alfonsos ni Nuños...

La América Española como la España entera
fija está en el Oriente de su fatal destino...

¿Seremos entregados a los bárbaros fieros?
¿Tantos millones de hombres hablaremos inglés?

[70] "Salutación del optimista", en *Cantos de vida y esperanza* (decimotercera edición). Madrid: Espasa-Calpe, 1976, 32-33.

[71] *Ibíd.*, 48-50.

> ¿Ya no hay nobles hidalgos ni bravos caballeros?...
> Siento... el estertor postrero de un caduco león...[72]

Pero, de la trágica crisis de la caduca heroicidad hispana surge, de manera inesperada, la ilusión del retorno utópico de las glorias pretéritas.

> ... Y un cisne negro dijo: "La noche anuncia el día".
> Y uno blanco: "La aurora es inmortal, la aurora
> es inmortal". ¡Oh tierras de sol y de armonía,
> aún guarda la Esperanza la caja de Pandora![73]

De esta manera, el peligro representado por la pujante fuerza de la nación norteamericana se convierte en el parámetro que transforma la conquista en proeza gloriosa del espíritu hispano, que podría servir de fuente fecunda del pensamiento utópico hispanoamericano. También, sin embargo, puede paralizar el sendero de la reflexión crítica.

De la celebración a la reflexión crítica

Las anteriores observaciones críticas no pretenden desmerecer la importancia del aludido "encuentro". Todo lo contrario: **la conquista de América es uno de los eventos más significativos en la historia de la humanidad.** Como asevera el intelectual peruano Francisco Miró Quesada: "No puede negarse... que el descubrimiento de América y, luego, su conquista, son acontecimientos históricos de incalculable importancia que han contribuido de manera decisiva a cambiar el curso de la historia. ¿Cómo permanecer indiferentes ante el V Centenario de tan magnos acontecimientos?"[74].

Cuatro siglos antes, Francisco López de Gómara, uno de los primeros cronistas de la conquista de América, lo dijo a la manera confesional de su tiempo: "La mayor cosa después de la creación del mundo, sacando la encarnación y muerte del que lo creó, es el descubrimiento de Indias; y así las llaman Mundo-Nuevo"[75]. Su héroe favorito, Hernán Cortés no se quedó atrás, aunque su analogía sea distinta y se refiera más a la conquista del imperio azteca, de la cual fue protagonista central, que al

[72] *Ibíd.*, 68-69.

[73] *Ibíd.*

[74] "V Centenario del descubrimiento: ¿celebración o conmemoración?", 31.

[75] Prólogo dedicado a Carlos V "Señor de las Indias y Nuevo-Mundo", de la *Historia general de las Indias* (1552). Madrid: Biblioteca de Autores Españoles (t. 22), Ediciones Atlas, 1946, 156.

descubrimiento. "La más santa y alta obra que desde la conversión de los apóstoles acá jamás se ha comenzado"[76]. Por su parte, Cristóbal Colón escribe en el *Diario* de su primer viaje que su aventura marítima, que para la mayor parte de consejeros de la corona castellana "era burla", demostrará ser "la mayor honra de la Cristiandad"[77].

El Papa León XIII, en una encíclica que celebraba el cuarto centenario del "descubrimiento de un mundo desconocido, allende el Océano Atlántico... bajo los auspicios de Dios", lo catalogó como "la hazaña más grandiosa y hermosa que hayan podido ver los tiempos"[78]. Repetía la tesis de Bartolomé de Las Casas, que lo nombró como "la más egregia obra que hombre jamás... hizo"[79].

Es ciertamente **la génesis de la cristiandad moderna como fenómeno mundial**. Henri Baudet recalca la singularidad de esta época al indicar que por milenios Europa había sido un continente asediado que había luchado por su independencia y supervivencia contra los persas en Maratón y Salamina, contra los hunos de Atila en Roma y contra los turcos musulmanes en los Balcanes.[80] Tras el fracaso de las cruzadas, se encontraba a la defensiva ante la amenaza del imperio otomano que en 1453 tomó Constantinopla, avanzó luego hasta dominar los Balcanes, conquistar Hungría y llegó, en 1529, a las puertas de Viena, en el corazón mismo de Europa.[81] Por su parte, Marcel Bataillon destaca que en los primeros setenta y cinco años tras la empresa colombina, Europa adquirió conocimiento de más tierras que en el milenio precedente y que es el "descubrimiento de América", no la toma de Constantinopla, el acontecimiento decisivo que marca dramáticamente el inicio de la época moderna.[82] Por primera vez en la historia se proyecta una perspectiva genuinamente ecuménica, global de la realidad humana.[83] Es, empero, un ecumenismo imperial; a la vez, civilizador y avasallador, capaz de

---

[76] *Cartas de Relación*, 210.

[77] *Los cuatro viajes*, 203.

[78] Encíclica "Quarto abeunte saeculo", en Juan Terradas Soler, C. C. R., *Una epopeya misionera: La conquista y colonización de América vistas desde Roma*. Madrid: Ediciones y Publicaciones Españolas, 1962, 128.

[79] H. I., l. 1, c. 34, t. 1, 176.

[80] Baudet, *Paradise on Earth*, 3-4.

[81] Paul Kennedy, *The Rise and Fall of the Great Powers: Economic Change and Military Conflict From 1500 to 2000*. New York: Random House, 1987, 3-4.

[82] "Novo mundo e fim do mundo", *Revista de História*, São Paulo, No. 18, 1954, 343-351.

[83] Véase G. V. Scammel, "The New Worlds and Europe in the Sixteenth Century", *The Historical Journal*, Vol. 12, No. 3, 1969, 389-412.

la máxima sublimidad religiosa y, simultáneamente, de la más terrible crueldad bélica.

Con el dominio del Nuevo Mundo, no solo se evade el enclaustramiento islámico; comienza, además, la hegemonía europea mundial, el sistema imperial que, pasando por varias fases, ha caracterizado la historia moderna. El colonialismo europeo moderno se inicia el 12 de octubre de 1492 (León XIII lo dice sutilmente: "Se aumentó la autoridad del nombre europeo de una manera extraordinaria"[84]); la lucha contra él, en el momento en que el primer nativo americano rebelde se levanta en armas, en defensa de sus tierras y su cultura. La relección vitoriana sobre los "bárbaros del Nuevo Mundo"[85] no solo es un excelente escrutinio crítico de las razones legítimas o ilegítimas para arrogarse España el dominio sobre las tierras americanas y sus habitantes, también anticipa magistralmente todas las justificaciones adelantadas posteriormente por los distintos sistemas imperiales europeos.

En esa expansión europea, inimaginable sin los adelantos tecnológicos de la brújula, la imprenta y la pólvora, la fe cristiana jugó un papel excepcional como ideología imperial. Olvidarlo sería caer en un materialismo vulgar. *In hoc signo vinces*: el emblema es de Constantino, pero también revela fielmente la mentalidad de los Reyes Católicos.

Es ocasión excelente e irrepetible para reflexionar críticamente sobre las raíces de nuestra identidad histórica y, concurrentemente, para deliberar sobre nuestro futuro como pueblos con vínculos y desafíos comunes. Como afirma Fernando Mires: "Invertir la celebración y convertirla en una fecha de meditación es, entonces, un deber ético"[86].

---

[84] Encíclica "Quarto abeunte saeculo", 128. Jacques Lafaye, *Los conquistadores* (7ma. ed.) México, D. F.: Siglo XXI, 1988, 10: "Las conquistas de los españoles en América tuvieron como resultado la formación del primer gran imperio colonial de los tiempos modernos".

[85] *Obras de Francisco de Vitoria*, 641-726.

[86] *En nombre de la cruz: Discusiones teológicas y políticas frente al holocausto de los indios (período de conquista)*. San José: Departamento Ecuménico de Investigaciones, 1986, 13.

2
Cristianización del Nuevo Mundo

> Todas las islas y tierras-firmes halladas y que se hallaren descubiertas... por la autoridad del Omnipotente Dios, á Nos en S. Pedro concedida, y del Vicariato de Jesucristo, que ejercemos en las tierras, con todos los Señoríos de ellas... las damos, concedemos y asignamos perpetuamente a vos y á los Reyes de Castilla y de León, vuestros herederos y sucesores.
>
> Alejandro VI

> Vos ruego é requiero... reconozcays á la Iglesia por señora é superiora del universo, é al Sumo Pontífice, llamado Papa, en su nombre, é al rey é a la Reyna... como a señores é superiores... Si no lo hiciéredes... con el ayuda de Dios yo entraré poderosamente contra vosotros é vos haré guerra por todas las partes é maneras que yo pudiere, é vos subjectaré al yugo é obediencia de la Iglesia é á Sus Altezas, é tomaré vuestras personas é de vuestras mujeres e hijos, é los haré esclavos, é como tales los venderé.
>
> *Requerimiento*

Las bulas alejandrinas

Afirmar, como hemos hecho en el capítulo precedente, que el descubrimiento/encuentro rápidamente devino en dominación y conquista no resuelve la cuestión fundamental de sus finalidades y objetivos. Tampoco basta con señalar hacia el evidente proceso de colonización, que transfirió al Nuevo Mundo pobladores españoles y explotó sus riquezas naturales en beneficio de la metrópoli. Ciertamente los intereses materiales estuvieron presentes desde el inicio y la ambición de riquezas fue factor constante desde Colón hasta Francisco Pizarro, sin olvidar las figuras de menor protagonismo. Índice de esto fue el traslado a Europa, durante el siglo dieciséis, de inusitadas cantidades de oro y plata que subsidiaron la expansión imperial de Castilla bajo las monarquías de Carlos V y Felipe II.[1]

Pero los principales interlocutores del debate sobre la conquista apuntaron hacia otra finalidad de carácter más bien religioso y trascendental: la **cristianización** de las nuevas tierras y sus poblaciones. La salvación de las almas de los "infieles" y "gentiles" se esgrimió por la nación española —en su doble vertiente de estado e iglesia— como la primaria justificación legal y teológica del proceso de dominio armado del Nuevo Mundo. Tiene razón Silvio Zavala cuando asevera, al respecto de este acontecimiento histórico: "El propósito religioso de convertir a los paganos viene a ser el verdadero título de la expansión jurisdiccional europea"[2].

Es importante notar la unanimidad entre los teóricos importantes que participaron en el debate sobre el dominio español sobre el Nuevo Mundo en no admitir, o incluso rechazar explícitamente, la expansión territorial o la adquisición de bienes materiales como razón justa para legitimarlo. Se da, por tanto, el caso peculiar de una de las expansiones imperiales mayores en la historia que no se admite a sí misma como finalidad. El objetivo principal que promulgaron todos los protagonistas principales de las discusiones sobre este asunto fue la conversión de los nativos, la salvación eterna de sus almas. La evangelización fue la bandera teórica que ondeó el estado español para la conquista.

De las bulas del Papa Alejandro VI (1493), el Testamento de la Reina Isabel (1504), las Leyes de Burgos (1512), el Requerimiento (1513), las Leyes Nuevas (1542), el debate en Valladolid (1550-51), las "Ordenanzas de nuevos descubrimientos y poblaciones" decretadas por Felipe II (1573) y, finalmente, la "Recopilación de Leyes de Indias", realizada bajo el gobierno de Carlos II, en 1680, surge la cristianización como principal finalidad del gobierno español en el Nuevo Mundo. La religión cristiana se transmuta en ideología oficial de expansión imperial.

---

[1] Según Enrique Dussel, se transfirieron de América a Europa diez veces más plata y cinco de oro que lo existente en el viejo continente. "Hipótesis para una historia de la teología en América Latina (1492-1980)", en Pablo Richard (ed.), *Materiales para una historia de la teología en América Latina (VIII Encuentro latinoamericano de CEHILA, Lima 1980)*. San José, Costa Rica: CEHILA DEI, 1981), 403. La obra clásica sobre la influencia de los metales preciosos en la economía europea es Earl J. Hamilton, *American Treasure and the Price Revolution in Spain, 1501-1650*. Cambridge: Harvard University Press, 1934.

[2] Silvio A. Zavala, *La filosofía política en la conquista de América* (tercera edición, corregida y aumentada). México, D. F.: Fondo de Cultura Económica, 1984, 32.

En este contexto, la primacía histórica pertenece a uno de los conjuntos más famosos de Letras Apostólicas jamás emitido por el Obispo de Roma y, quizá, el más importante desde el punto de vista de las consecuencias políticas de la religiosidad cristiana. Los decretos del Papa Alejandro VI —*Inter caetera* (3 y 4 de mayo de 1493) y *Dudum siquidem* (25 de septiembre de 1493)— "donan", "conceden" y "asignan" a perpetuidad a los Reyes Católicos y sus descendientes reales las nuevas tierras descubiertas y por descubrirse, y les otorgan la encomienda exclusiva de convertir a sus moradores nativos a la fe cristiana.[3]

Es una sublime ironía de la historia que la gran expansión de la cristiandad hacia el Nuevo Mundo comenzase bajo el palio de uno de los Papas de mayor notoriedad por su liviandad moral y corrupción personal. De Alejandro VI, Rodrigo Borgia, padre del infausto duque César Borgia, se ocupa con atención Maquiavelo en *El príncipe*: "Alejandro VI jamás pensó ni hizo otra cosa que engañar a la gente y siempre encontró en quién hacerlo, ni ha habido quién aseverase con más seriedad, ni quién con mayores juramentos afirmara una promesa, ni menos la cumpliese. Sin embargo, sus engaños le fueron siempre provechosos...". Viniendo de Maquiavelo, se trata de un elogio. En otra ocasión, resume así sus gustos: "*Lussuria, simonia e crudaltate*"[4]. Sin los matices irónicos del eminente filósofo del poder, también los historiadores católicos admiten que el Papa Borgia no fue modelo de castidad ni virtud. El humanista italiano ubicado en la corte de los Reyes Católicos, Pedro Mártir de Anglería, comentó los hábitos del aseglarado papa, con reacción distinta a la de Maquiavelo: "Aquel nuestro Alejandro, escogido para servirnos de puente

[3] Se reproducen en diversas antologías, entre ellas Fernández de Navarrete, *Colección de los viages*, Vol. II, 34-49 y 467-468; *Tratados*, Vol. II, 1277-1290. Aunque sea cierto, como aclara Manuel Giménez Fernández, que algunas de ellas son "impropiamente llamadas Bulas", mantengo el nombre genérico por la misma razón que él: la consagración del uso tradicional. *Nuevas consideraciones sobre la historia, sentido y valor de las bulas alejandrinas de 1493 referentes a las Indias*. Sevilla: Escuela de Estudios Hispano-Americanos de la Universidad de Sevilla, 1944, xiii. Juan Manzano y Manzano establece la siguiente distinción entre estos tres decretos pontificios: la primera bula decreta la "donación" de las tierras encontradas; la segunda demarca las jurisdicciones española y portuguesa, ante probables conflictos entre ambos estados ibéricos; la tercera expande la "donación" a las "Indias Orientales", verdadera meta de los viajes de "descubrimiento". *La incorporación de las Indias a la corona de Castilla*. Madrid: Ediciones Cultura Hispánica, 1948, 8-28. Alejandro VI emitió otra bula, *Eximiae devotionis*, antedatada al 3 de mayo de 1493. La abundancia de declaraciones papales autorizadas se debe, aparentemente, al inminente conflicto de jurisdicción con la corona portuguesa. La ulterior demarcación entre las zonas de soberanía portuguesa y española se convino mediante el Tratado de Tordesillas, el 7 de junio de 1494, confirmado por el Papa Julio II, en la bula *Ea quae*, de 1506. Estas dos últimas bulas y el Tratado de Tordesillas se reproducen en Davenport, *European Treaties*, Vol. I, 64-70, 84-100, 107-111.

[4] *El príncipe*. Río Piedras: Editorial de la Universidad de Puerto Rico, 1975, 372 y 303.

hacia el cielo, no se preocupa de otra cosa que de hacer puente para sus hijos —de los que hace ostentación sin el menor rubor—, a fin de que cada día se levanten sobre mayores montones de riquezas... Estas cosas... provocan náuseas en mi estómago"[5].

Manuel Giménez Fernández, en su exhaustivo estudio sobre el origen de estas Letras Apostólicas, su valor canónico y sus distintas (y no siempre armonizables) interpretaciones, entra, con osadía poco típica en los historiadores españoles católicos, en su poco edificante génesis política. En resumen, las ve como un intercambio de carácter simoníaco, en el que Alejandro VI accede a la petición/exigencia de Fernando V, dirigida sobre todo contra las pretensiones lusitanas, a cambio de unos muy beneficiosos esponsales para sus hijos sacrílegos, especialmente el bastardo Juan de Borgia, Duque de Gandía.[6] Destaca también las innumerables irregularidades canónicas cometidas en su emisión, pues "la escrupulosidad en el cumplimiento de las fórmulas legales no era sello distintivo de los procedimientos... de Alejandro VI"[7]. Esto, sin embargo, no desalienta ni provoca escepticismo en tan distinguido intelectual, que concluye con un valeroso acto de optimismo providencialista: "El paso de Alejandro VI por la silla de San Pedro es la más perfecta demostración del carácter divino de la institución pontifical, pues conservó su prestigio a pesar de la conducta del Papa Borgia". Para Giménez Fernández, estos decretos pontificios, independientemente de la corrupción de Alejandro VI y la avaricia de Fernando V, son muestras extraordinarias de "la importancia decisiva de la trayectoria que providencialmente Dios, escribiendo derecho con renglones torcidos, hacía imprimir al descubrimiento del Nuevo Orbe, al fundamentar el título político de sus dominadores en la tarea misional y civilizadora"[8].

---

[5] "Al conde de Tendilla", E173, del 9 de abril de 1497, en *Epistolario* (estudio y tr. de José López de Toro). *Documentos inéditos para la historia de España*, Vol. 9. Madrid: Imprenta Góngora, 1953, t. 1, 329-330.

[6] "En el juego del toma y daca que llena la historia del maquiavélico corruptor Fernando V y del simoníaco Alejandro VI, aparecen desde un principio ligadas estrechamente la concesión de las Letras acerca de las Indias de Poniente y la entrega por el rey... de su prima María Enriquez al bastardo Juan de Borgia... Así la *Inter caetera* del 3 de mayo no es, pues, sino el primer plazo del parentesco con los Reyes de Aragón del sacrílego hijo predilecto de Alejandro Borgia". *Nuevas consideraciones*, 86-87.

[7] *Ibíd.*, 26.

[8] *Ibíd.*, 45. Los teólogos católicos españoles del siglo dieciséis mantuvieron, en general, un respeto cauteloso ante Alejandro VI, recalcando la dignidad de su sede pontifical y obviando su liviandad moral personal. El fraile dominico Miguel de Arcos fue uno de los pocos que se permitió cierta sutil referencia crítica a la corrupción romana. "No se a de dudar en la autoridad del Papa para hazer esta comissión a los Reyes Católicos y a sus sucessores. Pero hablando en general algo ay que temer, no en la autoridad, si no en el hecho de muchas cosas que en Roma se conçeden en nuestros tiempos,

¡Impresionante expresión de fe en la virtud trascendente del papado romano! Los no-católicos podemos, sin embargo, con igual derecho, dejar sentada nuestra dificultad para aceptar el esfuerzo heroico de conciliar el escaso o nulo valor canónico de los decretos alejandrinos con su alegada trascendental verdad dogmática[9].

Para entender las bulas alejandrinas es útil ubicarlas inicialmente en el contexto de la doctrina medieval de la autoridad suprema del Papa como *Vicarius Christi* y *dominus orbis*, legado de la potestad absoluta y universal del Hijo de Dios. Es instructivo el estudio que ubica las bulas alejandrinas en la tradición medieval de la autoridad temporal papal, especialmente la procedente de la apócrifa Donación de Constantino[10], realizado por Luis Weckmann[11]. Sin embargo, la exégesis de Weckmann sobre las bulas —el peculiar poder papal sobre las ínsulas— no es convincente. Descuida un postulado hermenéutico básico: el significado de los conceptos se determina principalmente por su uso contemporáneo, no por su prehistoria. La manera como se entendieron las bulas alejandrinas a fines del siglo quince y en los debates del dieciséis tiene mayor peso hermenéutico que el escrutinio de documentos similares de siglos anteriores, sin negar la importancia relativa de esta empresa.

---

donde quasi nada se pide que no se alcançe". "Parecer mio sobre un tratado de la guerra que se puede hacer a los indios" (1551), en Lewis Hanke, y Agustín Millares Carlo (eds.), *Cuerpo de documentos del siglo XVI sobre los derechos de España en las Indias y las Filipinas*. México, D. F.: Fondo de Cultura Económica, 1977, 6.

[9] Por el contrario, E. Staedler entiende que, en realidad, Alejandro tuvo poco que ver con la redacción o aprobación de las llamadas "bulas alejandrinas". En su opinión, fueron documentos redactados por la corte castellana y aprobados por la curia, con escasa si alguna participación personal del Papa. "Die 'donatio Alexandrina' und die 'divisio mundi' von 1493. Eine kirchenrechtliche Studie", *Archiv für katolisches_Kirchenrecht*, Mainz, 1937, Vol. 117, ns. 3-4, 363-402. Me parece más convincente Giménez Fernández.

[10] De acuerdo a este documento, aparentemente oriundo del siglo octavo, el emperador Constantino reconoció al Papa Silvestre cierta primacía de potestad espiritual y temporal. Se interpretó por la corriente ultramontanista extrema a la manera de un reconocimiento del Sucesor de San Pedro como *Vicarius Christi* también en relación al señorío temporal universal del Resucitado Hijo de Dios. El crítico humanista Lorenzo Valla demostró el carácter fraudulento de tal "Donación", en su tratado de 1439, *De falso credita et ementita Constantini donatione declamatio*. Mantuvo, sin embargo, cierta vigencia en círculos papalistas durante décadas posteriores, hasta que su carácter apócrifo fue generalmente reconocido en el siglo dieciséis. Bartolomé de Las Casas alude a él en un memorial a Felipe II de 1556, dándole aparente crédito y diciendo que la adquisición de las Indias por la corona de Castilla conllevó una incorporación territorial "más de seis veces que Constantino Magno hizo a la Iglesia Romana donación". La crítica literaria no era el fuerte de Las Casas. "Memorial-sumario a Felipe II sobre la enajenación de los indios", en Bartolomé de Las Casas, *De regia potestate o derecho de autodeterminación* (ed. Luciano Pereña et al.). *Corpus Hispanorum de Pace*, Vol. VIII. Madrid: Consejo Superior de Investigaciones Científicas, 1969, apéndice VIII, 224-225.

[11] *Las bulas alejandrinas de 1493 y la teoría política del papado medieval: Estudio de la supremacía papal sobre las islas, 1091-1493*. México, D. F.: Universidad Nacional de México, 1949.

Es irónico que en el momento en que se inicia el ocaso del poder papal, y, más aún, de su autoridad en la cristiandad, en los siglos quince y dieciséis, se da entre canonistas españoles un auge de las concepciones de máximo papalismo[12]. Paradójico es también que en el caso del dominio español sobre el Nuevo Mundo, defensores de posiciones regalistas e imperialistas utilizaron esta teoría papalista con el objeto de validar la soberanía de la corona hispana[13]. El desarrollo de las monarquías nacionales en el Renacimiento imparte un fuerte matiz regalista y político-estatal a documentos que parecen resaltar la teocracia pontificia. Se da, en la feliz frase de Silvio Zavala, una "confluencia entre ultramontanismo y regalismo"[14]. Se proclama al Papa *Dominus totius orbis* ("Señor de todo el orbe") en momentos de máxima dependencia del Sumo Pontífice respecto a la corona hispana. Era poco factible para el Obispo de Roma, quien además era español, oriundo de Valencia, rechazar la castellana "petición" del *motu propio*. Giménez Fernández ha llamado la atención a que quizás nunca antes se había recalcado tanto el poder temporal universal del papado como en estas bulas y que fueron regalistas españoles, interesados más en la potestad de la corona castellana que en la autoridad del Papado, quienes acentuaron hasta la hipérbole lo que hasta entonces era solo opinión de un sector ultramontanista minoritario[15].

El maximalismo papal, originario de siglos medievales en los que el Sumo Pontífice había asumido autoridad moral indiscutible en los remanentes del antiguo imperio romano, logró máxima expresión, durante el fertilísimo siglo decimotercero, en las ideas del cardenal ostiense Enrique de Segusa. Según el ostiense:

> Nos consta que el papa es vicario universal de Jesucristo Salvador, y que consiguientemente tiene potestad, no solo sobre los cristianos, sino también sobre todos los infieles, ya que la facultad que recibió [Cristo] del Padre fue plenaria... Y me parece a mí, que,

---

[12] Al respecto, es valioso el resumen que de las ideas teocráticas universalistas medievales hace Joseph Höffner, *La ética colonial española del siglo de oro: Cristianismo y dignidad humana*. Madrid: Ediciones Cultura Hispánica, 1957, 3-95.

[13] Véase Antonio García, "El sentido de las primeras denuncias", en Demetrio Ramos et al., *La ética en la conquista de América*, 67-115. Esta postura culmina en Juan de Solórzano y Pereyra, quien proclama al Papa "Vice-Dios en la tierra", con autoridad divina para disponer de los reinos de los infieles y concederlos a príncipes cristianos. Su papalismo es, en realidad, patriótico regalismo imperialista. *Política indiana* (1648). Madrid: Compañía Ibero-Americana de Publicaciones, 1930, l. 1, c. 10, t. 1, 97-105.

[14] "Introducción" a Juan López de Palacios Rubios, *De las islas del mar océano*, lxx.

[15] *Nuevas consideraciones*, 140.

> después de la venida de Cristo, todo honor y principado y dominio y jurisdicción les han sido quitados a los infieles y trasladados a los fieles en derecho y por justa causa por aquél que tiene el poder supremo y es infalible[16].

Los defensores del imperio español resucitaron, en aras de magnificar el significado de las bulas de Alejandro VI, ese papalismo, justo en la época en que el naciente nacionalismo de los estados europeos comenzaba a marginar a la Santa Sede y en una época en que la curia romana pasaba por un período de grave crisis y corrupción moral. Irónico será luego el esfuerzo de Felipe II de, a partir de las bulas papales en las que se concedía a la corona española privilegios y beneficios sobre la vida eclesiástica en América, reducir al mínimo posible la autoridad funcional jurisdiccional del Sumo Pontífice[17].

Tampoco debe descuidarse la manera como se incorporó esta tradición papalista en el derecho castellano, representado particularmente por las "Siete Partidas" de Alfonso X, "el sabio", del siglo trece. La novena ley del primer título de la segunda partida establece los cuatro "modos de ganar señorío": 1) por herencia —"quando por heredamiento hereda los Regnos el fijo mayor"—; 2) por elección de los súbditos —"quando los gana por avenencia de todos los del regno"—; 3) por casamiento —"quando alguno casa con dueña que es heredera del regno"—; y, finalmente, 4) por donación papal o imperial —"por otorgamiento del papa o del emperador, quando alguno dellos face reyes en aquellas tierras en que han derecho de le facer"—[18]. Como era de esperarse, esta cuarta manera de obtener señorío legítimamente se aplicó a las bulas alejandrinas.[19] Pronto surgiría la disputa de si el Papa tenía legítimo derecho de donar las tierras del Nuevo Mundo a España.

Las bulas de Alejandro VI no sentaban precedente. Se vinculaban con pronunciamientos papales que en el siglo quince habían otorgado derechos monopólicos a los portugueses sobre los territorios explorados por ellos en la costa occidental de África, entre ellas *Dudum cum ad nos*

[16] Card. Ostiensis, l. 3, tit. 34, De voto, c. 8, "Quod super", 3; citado por Pedro de Leturia, S. I., *Relaciones entre la Santa Sede e Hispanoamérica, 1493-1835, Vol. I: Época del real patronato, 1493-1800.* Caracas: Sociedad Bolivariana de Venezuela; Roma: Universidad Gregoriana, 1959, 158-159.

[17] Shiels, *King and Church*, 195-228; John S. Lynch, *España bajo los Austrias, Vol. I: Imperio y absolutismo (1516-1598).* Barcelona: Ediciones Península, 1987, 335-352.

[18] *Las siete partidas del rey D. Alfonso el Sabio*. Madrid: Real Academia de la Historia, 1807, t. 2, 10.

[19] E. g., el consejero real y jurista de la corte Juan López de Palacios Rubios en su tratado de la segunda década del siglo dieciséis "De las islas del mar Océano" en la edición preparada por Millares Carlo y Zavala, 1-209. La referencia es a las páginas 77-78.

(1436) y *Rex Regum* (1443), de Eugenio IV, *Divino amore communiti* (1452) y *Romanus Pontifex* (1455), de Nicolás V, *Inter caetera* (1456) de Calixto III y *Aeterni Regis* (1481) de Sixto IV.[20] Estos decretos papales establecieron el modelo precedente formal y literario de las bulas alejandrinas. También provocaron su urgente necesidad, al servir de base al cuestionamiento portugués de la jurisdicción castellana sobre las tierras encontradas por Colón.[21]

Las bulas papales otorgaron a los portugueses en África las siguientes concesiones: 1) título de dominio sobre los territorios hallados y ocupados; 2) derechos de patronato eclesiástico; 3) cobros reales de los diezmos; 4) comisión para propagar la fe; y, 5) facultad de esclavizar los nativos.[22] Con la excepción importante del último punto, diferencia que como veremos generó intensa controversia, las bulas conferidas a la monarquía española sobre los territorios americanos siguieron el patrón establecido por las expedidas a la corona lusitana.[23]

Citemos algunos pasajes de la más famosa de las bulas alejandrinas, la segunda *Inter caetera*, del 4 de mayo de 1493.

> Alejandro, Obispo, siervo de los siervos de Dios, á los ilustres carísimos en Cristo, Hijo Rey Fernando, y muy amada en Cristo Hija Isabel, Reina de Castilla, de León, de Aragón, de Sicilia y de Granada, salud y bendición Apostólica. Lo que más entre todas las obras agrada á la Divina Majestad, y nuestro corazón desea, es que la Fe Católica, y Religión Cristiana sea exaltada... y que en toda parte sea ampliada y dilatada, y se procure la salvación de las almas, y las bárbaras naciones sean deprimidas y reducidas

---

[20] Véase Charles Martel de Witte, "Les bulles pontificales et l'expansion portugaise au XVe siècle", *Revue d'histoire ecclésiastique*, Vol. 48, 1953, 683-718; Vol. 49, 1954, 438-461; Vol. 51, 1956, 413-453 y 809-836; Vol. 53, 1958, 5-46 y 443-471. Isacio Pérez Fernández las ubica históricamente en una excelente cronología de la expansión portuguesa en África. Bartolomé de Las Casas, *Brevísima relación de la destrucción de África: Preludio de la destrucción de Indias. Primera defensa de los guanches y negros contra su esclavización* (estudio preliminar, edición y notas por Isacio Pérez Fernández, O. P.). Salamanca-Lima: Editorial San Esteban-Instituto Bartolomé de Las Casas, 1989, 173-187.

[21] Davenport, *European Treaties*, 9-55. Giménez Fernández, *Nuevas consideraciones*, 63-118, incluye una detallada cronología de la disputa jurisdiccional entre ambas coronas. Véase también Morales Padrón, *Teoría y leyes de la conquista*, 15-31.

[22] Cf. *Ibíd.*, 16.

[23] Las convergencias teóricas y diplomáticas entre esas bulas papales del siglo quince las discute con sagacidad y erudición Leturia, "Las grandes bulas misionales de Alejandro VI, 1493", en *Relaciones entre la Santa Sede e Hispanoamérica*, Vol. I, 153-204. Sobre el uso de las bulas alejandrinas como sostén jurídico y canónico del patronato real indiano, véase Manuel Gutiérrez de Arce, "Regio patronato indiano (Ensayo de valoración histórico-canónica)", *Anuario de estudios americanos*, Vol. 11, 1954, 107-168.

> a esa misma Fe... Conociendo de vos que sois Reyes y Príncipes Católicos verdaderos, cuales sabemos que siempre habéis sido, y vuestros preclaros hechos... lo manifiestan... como lo testifica la recuperación del Reino de Granada, que ahora con tanta gloria del Divino Nombre hicisteis, librándole de la tiranía sarracénica... Entendimos que desde atrás habiades propuesto en vuestro ánimo de buscar y descubrir algunas islas y tierras firmes é incógnitas, de otros hasta ahora no halladas, para reducir a los moradores y naturales de ellas al servicio de nuestro Redentor, y que profesen la Fe Católica...
>
> Así que Nos alabando mucho en el Señor este vuestro santo y loable propósito, y deseando que sea llevado á debida ejecución, y que el mismo nombre de nuestro Salvador se plante en aquellas partes, os amonestamos muy mucho en el Señor, y por el Sagrado Bautismo que recibisteis, mediante el cual estáis obligados a los Mandamientos Apostólicos, y por las Entrañas de misericordia de nuestro Señor Jesucristo atentamente os requerimos... proseguir del todo semejante empresa... con ánimo pronto y celo de verdadera fe, inducir a los pueblos, que viven en tales Islas, y tierras, a que reciban la Religión Cristiana... procuréis enviar a las dichas tierras firmes, e Islas hombres buenos, temerosos de Dios, doctos, sabios y expertos, para que instruyan a los susodichos Naturales y Moradores en la Fe Católica.[24]

Esta encomienda de carácter misionero conlleva la donación a perpetuidad de las tierras descubiertas y por descubrirse a la corona española. La evangelización de los nativos, por consiguiente, tiene una importante consecuencia política. La tarea misionera implica la hegemonía política. Todo esto en una transacción entre el Papa y los reyes católicos, al margen de toda voluntad, consentimiento o conocimiento de los pueblos nativos en "las dichas tierras firmes, e Islas". Se establecen así las bases ideológicas para el imperio cristiano español.

> Para que siéndoos concedida la liberalidad de la gracia apostólica, con más libertad y atrevimiento toméis el cargo de tan importante negocio, *motu propio*... de nuestra mera liberalidad y de cierta

[24] Extracto de la segunda bula *Inter caetera* (4 de mayo de 1493), según la reproduce Fernández de Navarrete, *Colección de los viages*, Vol. II, 41-47, y Silvio A. Zavala, *Las instituciones jurídicas en la conquista de América* (segunda edición revisada y ampliada). México, D. F.: Porrúa, 1971, 213-215. Véase Balthasar de Tobar, *Compendio bulario índico* (ca. 1694) (ed. Manuel Gutiérrez de Arce). Sevilla: Publicaciones de la Escuela de Estudios Hispanoamericanos, 1954, 9-14.

> ciencia y de plenitud de poderío Apostólico[25], todas las islas y tierras-firmes halladas y que se hallaren descubiertas [aquí se añade la famosa línea de demarcación entre las posibles posesiones de ultramar españolas y portuguesas]... que por otro Rey ó Príncipe Cristiano no fueren actualmente poseídas... por la autoridad del Omnipotente Dios, á Nos en S. Pedro concedida, y del Vicariato de Jesucristo, que ejercemos en las tierras, con todos los Señoríos dellas, Ciudades, Fuerzas, Lugares, Villas, derechos, jurisdicciones y todas sus pertenencias, por el tenor de las presentes las damos, concedemos y asignamos ["*donamus, concedimus et assignamus*"] perpetuamente á vos y á los Reyes de Castilla y de León, vuestros herederos y sucesores: y hacemos, constituimos y deputamos á vos y á los dichos vuestros herederos y sucesores, Señores dellas, con libre lleno y absoluto poder, autoridad y jurisdicción.[26]

La eficaz cristianización de las tierras encontradas o por encontrarse "que por otro Rey o Príncipe Cristiano no fueren actualmente poseídas" (la religión del soberano determina la validez de sus títulos de soberanía) se esgrime como fundamento teológico-jurídico para la donación a perpetuidad de la autoridad política. Durante el próximo siglo la corona española aludiría a estas bulas papales para legitimar su dominio sobre el Nuevo Mundo, tanto frente a los señoríos indígenas como a las pretensiones de otros príncipes europeos. Conocida es la irónica frase del rey francés Francisco I, pronunciada en 1540: "Vería de buen gusto la cláusula del testamento de Adán en la que se me excluye de la repartición del orbe"[27]. Por su lado, la reina Isabel I de Inglaterra desdeñó la "donación" territorial otorgada por una jerarquía eclesiástica a la que su corona no rendía pleitesía. Insistió en que: "No podía convencerse de que [las Indias]

---

[25] A pesar de este acentuado *motu propio*, buena parte de los estudiosos consideran que tanto la idea como el texto mismo del edicto papal surgieron de la corte española. Según Giménez Fernández: "La mención del *motu propio* es falsa" porque previamente "existieron preces o súplicas de los Reyes". *Nuevas consideraciones*, 143.

[26] Fernández de Navarrete, *Colección de los viages*, Vol. II, 45; Zavala, *Las instituciones jurídicas*, 214-215.

[27] Citado por Leturia, *Relaciones entre la Santa Sede e Hispanoamérica*, Vol. I, 280. En esta misma línea, el enciclopedista francés Jean François Marmontel afirmó que la bula de Alejandro VI fue "el más grande de todos los crímenes de los Borgias". En Höffner, *La ética colonial española*, 268. Los monarcas portugueses harían lo mismo al respecto de sus posesiones. Silvio Zavala cita al rey João III cuando escribe a su embajador en Francia, en 1530: "Todas estas navegaciones en mis mares y tierras se basan sobre títulos legítimos mediante bulas emitidas desde hace tiempo por los Santos Padres... fundadas en derecho, por el cual son cosas propias mías y de la corona de mis reinos, bajo mi pacífica posesión, y nadie puede entrometerse en ello con razón y justicia" (mi traducción del portugués). *Instituciones jurídicas*, 348. De nuevo, el problema son las pretensiones francesas.

son la propiedad legítima de España por donación del Papa de Roma, en quien no reconocía ninguna prerrogativa en asuntos de esta clase, mucho menos para obligar a Príncipes que no le deben obediencia"[28].

Joseph Höffner argumenta contra la tesis común de que los edictos de Alejandro VI sean "bulas de donación". Aludiendo a costumbres y uso medievales insiste en que se trata de una fórmula o escritura de enfeudación.[29] Su línea de argumentación no me parece convincente. La clave hermenéutica crucial no puede ser la tradición medieval (tal cosa convertiría el análisis en laberíntica disquisición filológica), sino la manera en que se utilizaron y comprendieron en los debates a principios del siglo dieciséis sobre la legitimidad del dominio español en el Nuevo Mundo. Como él mismo se ve forzado a reconocer, la fórmula "*donamus, concedimus et assignamus*" se interpretó a la manera de una donación, cuyo inicial fundamento teórico fue la teocracia universalista de boga entre los propugnadores de la evangelización militante y militar. La disidencia de esa comprensión nada tuvo que ver con esotéricas fórmulas de enfeudación, sino con la reinterpretación de los edictos alejandrinos como encomienda prioritariamente misionera. Pero, como lo demuestran las reflexiones de Las Casas y Vitoria sobre el tema, nunca lo evangélico-misionero logró desligarse del problema de la legitimidad del dominio político.

El intenso debate en España acerca de la legitimidad de su dominio sobre el Nuevo Mundo, durante el siglo dieciséis, giró preferentemente alrededor de los decretos de Alejandro VI. Su "*donamus, concedimus et assignamus*" tuvo resonancias históricas y políticas como quizá ningún otro enunciado de autoridad eclesiástica alguna. Todo protagonista en las intensas disputas sobre la licitud de la hegemonía hispana en América, de las guerras para sostenerla y de la libertad o servidumbre de sus habitantes precolombinos levantó como bandera de batalla su peculiar interpretación de estos decretos papales. No me parece exagerado Giménez Fernández al aseverar categóricamente:

> Durante todo el desenvolvimiento de la dominación política de España en Indias, no existe ni un movimiento ideológico para reformar la legalidad vigente, ni un cambio de dirección en la gobernación del Estado, que a título diverso, no

[28] Citada por Ricardo Zorraquín Becú, "Esquema del derecho internacional de las Indias", *Anuario de estudios americanos*, Vol. 32, 1975, 587.

[29] *La ética colonial española*, 264-291. La interpretación de Höffner se monta sobre las investigaciones de Staedler, "Die 'donatio Alexandrina' und die 'divisio mundi' von 1493. Eine kirchenrechtliche Studie", passim. Ese ensayo adolece, me parece, del mismo defecto hermenéutico que indico arriba.

> alegue el hecho histórico de las Letras Alejandrinas referente a Indias, en apoyo de sus tesis, interpretándolas a tenor de sus propias concepciones.[30]

La vigencia de las referencias a la naturaleza autorizada de las bulas alejandrinas se mantuvo con mucha solidez entre los teólogos españoles, como lo demuestra un memorial del franciscano Alfonso de Castro, de 1553, en el cual asevera: "Los reyes de Castilla... el título que tienen al señorío de las Indias es por la donación de la silla apostólica, la cual el Papa les concedió"[31].

En buena medida, sería lícito aseverar que el debate de Valladolid entre Sepúlveda y Las Casas giró en torno a la correcta interpretación que debían recibir los edictos alejandrinos. Sepúlveda se aferra, contra Las Casas, a una interpretación literal de la fórmula "*donamus, concedimus et assignamus*" inscrita en la bula alejandrina. De acuerdo con esta lectura, la soberanía castellana sobre el Nuevo Mundo no depende para nada del libre consentimiento de los indígenas. Sepúlveda, por esa misma época, escribió otro tratado titulado "Contra aquellos que desprecian y contradicen la bula y decreto del Papa Alejandro VI que concede a los reyes católicos y a sus sucesores autoridad para conquistar las Indias y subyugar a esos bárbaros, y por estos medios convertirlos a la religión cristiana y someterlos a su imperio y jurisdicción"[32]. Por el contrario, la exégesis lascasiana de la bula es a manera de encomienda misionera, cuyas implicaciones de soberanía política tienen que ser refrendadas por la autodeterminación indiana.[33]

---

[30] *Nuevas consideraciones*, 142.

[31] "Parecer cerca de dar los yndios perpetuos del Perú a los encomenderos", en Luciano Pereña et al., *Juan de la Peña: De bello contra insulanos. Intervención de España en América. Escuela española de la paz. Segunda generación, 1560-1585. Posición de la corona*. (*Corpus Hispanorum de Pace*, Vol. IX). Madrid: Consejo Superior de Investigaciones Científicas, 1982, 593.

[32] Lewis Ulysses Hanke, *La humanidad es una. Estudio acerca de una querella que sobre la capacidad intelectual y religiosa de los indígenas americanos sostuvieron en 1550 Bartolomé de Las Casas y Juan Ginés de Sepúlveda*. México, D. F.: Fondo de Cultura Económica, 1985, 94.

[33] Para la postura de Sepúlveda, véase "Proposiciones temerarias, escandalosas y heréticas que notó el doctor Sepúlveda en el libro de la conquista de Indias, que fray Bartolomé de Las Casas, obispo que fué de Chiapa, hizo imprimir 'sin licencia' en Sevilla, año de 1552, cuyo título comienza: 'Aquí se contiene una disputa o controversia'", en Antonio María Fabié, *Vida y escritos de don Fray Bartolomé de Las Casas, Obispo de Chiapa* (2 vols.). Madrid: Imprenta de Miguel Ginesta, 1879. Reproducidos en la *Colección de documentos inéditos para la historia de España* (tomos 70 y 71), Vaduz: Kraus Reprint, 1966, t. 71, 335-361. La de Las Casas se expresa en los múltiples tratados que imprimió en el 1552. Domingo de Soto, en el sumario del debate de Valladolid, indica que la cuestión a disputarse debe resolverse "conforme a la bula de Alejandro". En "Aquí se contiene una disputa". *Tratados*, Vol. I, 229.

En el ámbito jurídico, las bulas alejandrinas mantuvieron su carácter autorizado, como lo demuestra la primera oración de la ley primera del primer título del tercer libro de la "Recopilación de Leyes de Indias" (1680), que las reconoce como primer fundamento de la posesión a perpetuidad de América por parte de la corona castellana.

> Por donación de la Santa Sede Apostólica... somos Señor de las Indias Occidentales, Islas y Tierra firme del Mar Océano, descubiertas y por descubrir y están incorporadas en nuestra Real Corona de Castilla... [cosa de] que siempre permanezcan unidas para su mayor perpetuidad y firmeza, prohibimos la enajenación de ellas. Y mandamos, que en ningún tiempo puedan ser separadas de nuestra Real Corona de Castilla.[34]

Esta ley se monta sobre sucesivas declaraciones reales de Carlos V y Felipe II que durante el siglo dieciséis propugnaron la doctrina de la perpetuidad del dominio castellano sobre los pueblos iberoamericanos. Todas ellas aluden a las bulas alejandrinas como eje crucial de referencia.[35]

Aunque no podemos entrar en este punto, pues nos sacaría fuera de los límites temporales de este trabajo, cabe señalar que esta donación papal a perpetuidad se utilizó, a principios del siglo diecinueve, para estigmatizar al movimiento independentista latinoamericano.[36]

El Requerimiento: conversión o guerra

Los debates teológicos y jurídicos en España, en 1512 y 1513, sobre la licitud de las intervenciones armadas contra los pueblos indígenas, provocados por las primeras protestas de los frailes dominicos de La Española contra el abuso al que los nativos estaban sometidos y por algunas peligrosas sublevaciones en las islas antillanas, sobre todo en

[34] *Recopilación de las Leyes de los Reinos de las Indias*. Mandadas a imprimir y publicar por la Magestad Católica del Rey Don Carlos II, Nuestro Señor (4 tomos) (quinta edición). Madrid: Boix, Editor, 1841, libro 3, título 1, ley, 1, tomo 2, 1.

[35] En una cédula real del 9 de julio de 1520, por ejemplo, Carlos V, declaró: "Las Indias yslas e tierra firme del mar océano que son o fueren dela nuestra corona de Castilla ninguna cibdad ni provincia ni ysla ni otra tierra anexa... puede ser enagenada ni apartada della... para siempre jamás... por estar... asi en la bulla dela donación que por nuestro mui sancto padre nos fue hecha...". Reproducida por Luciano Pereña, "Estudio preliminar", *De regia potestate*, xliv.

[36] Cf., Pedro de Leturia, S. I. "La célebre encíclica de León XII de 24 de septiembre de 1824 sobre la independencia de América, a la luz del Archivo Vaticano", *Razón y fe*, 72, 1925, 31-47; y, del mismo autor, "La encíclica de Pío VII (30 de enero de 1816)", *Anuario de estudios americanos*, Vol. 4, 1947, 423-517.

San Juan Bautista (Puerto Rico)[37], culminaron en un documento de decisiva importancia para entender la ideología religiosa de la conquista de América: el **Requerimiento.**[38] Este pretendía dar una justificación teológica —la donación papal del Nuevo Mundo a los reyes españoles para su evangelización— de la soberanía castellana.[39] Es un intento excepcional de cristianizar un proceso de conquista bélica, de poner en primer plano la misión religiosa y civilizadora de la toma de posesión. Ha sido tildado como "el primer despertar de la conciencia humana en las colonizaciones de ultramar"[40].

Aunque el Requerimiento, como documento oficial con texto formalizado, procede de 1513 y se preparó para la expedición a tierra firme de Pedrarías Dávila, desde temprano en la conquista hubo la práctica de requerir a los indígenas la obediencia a los Reyes Católicos y la conversión al cristianismo. Si estos lo rechazaban eran víctimas de agresiones que podían llevar a su esclavización. Así aparece, por ejemplo, en la cédula real que emite la reina Isabel, en octubre de 1503, para justificar la subyugación forzada de los indios caribes: "Enviamos con ellos [los capitanes militares] algunos religiosos que les predicasen y doctrinasen en las cosas de nuestra santa fe católica, y para que los **requiriesen** que estuviesen en nuestro servicio... han sido **requeridos** muchas veces que fuesen cristianos y se convirtiesen y estuviesen incorporados en la comunión de los fieles y nuestra obediencia...".

Al repudiar los caribes ese requerimiento, la reina autoriza la guerra contra ellos y que "los puedan cautivar y... los puedan vender y aprovecharse de ellos"[41]. Igualmente, la corona ordena en julio de 1511 a Juan

---

[37] Los estudiosos hispanos generalmente recalcan el primer factor, descuidando la importancia que tuvo la rebeldía nativa, especialmente la borincana. Es la omisión continua del protagonista principal de la conquista: el indígena subyugado.

[38] Un excelente análisis del requerimiento lo provee Benno Biermann, O. P., "Das Requerimiento in der Spanischen Conquista," *Neue Zeitschrift für Missionswissenschaft*, Vol. 6, 1950, 94-114.

[39] Manzano ha destacado el íntimo vínculo entre los edictos alejandrinos, entendidos como investidura de soberanía, y el requerimiento. *La incorporación de las Indias*, 29-57. Énfasis similar se encuentra en Juan de Solórzano y Peyrera que ve el requerimiento como la explicitación a los indígenas de las bulas papales y la convocación a acatarlas. *Política indiana*, l. 1, c. 11, t. 1, 109.

[40] Richard Konetzke, *América Latina*, 156.

[41] Konetzke, *Colección de documentos*, Vol. I, 14-15. Morales Padrón llama la atención a estas acciones de requerir, previas a la aprobación del requerimiento como documento oficial y formal. *Teoría y leyes de la conquista*, 333. Los turcos, en 1683, le presentaron a la sitiada ciudad de Viena un ultimátum similar: "Si os hacéis musulmanes, hallaréis protección... Más si os obstináis y resistís... a nadie se dará cuartel... todos seréis pasados por las armas... vuestros bienes y propiedades serán entregados al pillaje y vuestros hijos deportados a la esclavitud". Citado por Höffner, *La ética colonial española*, 277.

Cerón, entonces principal funcionario real en la Isla de San Juan Bautista, al respecto de los borinqueños sublevados:

> Facelles sus rrequerymientos en forma, dos o tres veces: e si ansí fechos, non quysieren rreducirse e venir a estar e servir como en La Española los yndios, faced pregonar públicamente guerra contra los susodichos; e xuntad vuestra gente, e... conviene le fagáis la guerra a fuego e a sangre, e a los que thomáredes a vida sean cabtivos e dados por tales... se debe procurar de abellos los malfechores... [para que] Nos sirvan como esclavos o subxetos a servidumbre en Nuestras minas.[42]

Tales "rrequerymientos" (requerimientos) parecen referirse a la lectura de un "memorial", preparado en la corte especialmente para los indígenas rebeldes de San Juan Bautista, el cual probablemente es un antecesor del famoso documento que analizamos en esta sección.

Comienza el Requerimiento con una breve exposición de la creación divina del mundo y la unidad de todo el género humano bajo un solo Dios, para pasar enseguida a la autoridad suprema del Obispo de Roma: "De todas estas gentes Dios dio cargo á uno, que fue llamado Sanct Pedro, para que de todos los hombres del mundo fuese príncipe, señor é superior". Inmediatamente relata cómo "uno de los Pontífices pasados... hizo donación destas islas e Tierra-Firme del mar Oçéano" a los reyes de España. El punto central es el llamado a rendir una doble obediencia, a la iglesia católica y a la corona castellana.

> Vos ruego é requiero... reconozcays á la Iglesia por señora é superiora del universo, é al Sumo Pontífice, llamado Papa, en su nombre, é al rey é a la Reyna... como a señores é superiores... por virtud de la dicha donación; é consintays é deys lugar questos padres religiosos vos declaren é prediquen lo susodicho. Si así lo hiçiéredes, haréis bien, é aquello a que sois tenidos y obligados, é Sus Altezas, é yo [quien comandase la expedición española en cuestión] en su nombre, vos recibirán con todo amor é caridad.

Para desgracia de los nativos americanos, su rechazo de la predicación cristiana los convertía *ipso facto* en rebeldes contra la fe, en provocadores

[42] Cayetano Coll y Toste (ed.), *Boletín histórico de Puerto Rico. Fuentes documentales para la historia de Puerto Rico* (14 vols.). San Juan, 1914-1927, Vol. II, 74-75.

de una grave injuria contra Dios, causa de justa guerra contra ellos, la confiscación de sus bienes y su posible esclavización.

> Si no lo hiçiéredes... con la ayuda de Dios yo entraré poderosamente contra vosotros é vos haré guerra por todas las partes é maneras que yo pudiere, é vos subjectaré al yugo é obediencia de la Iglesia é á Sus Alteças, é tomaré vuestras personas é de vuestras mujeres e hijos, é los haré esclavos, é como tales los venderé... é vos tomaré vuestros bienes, é vos haré todos los males é daños que pudiere.[43]

El requerimiento intenta deslindar la obediencia a la iglesia y a la corona hispana de la conversión a la fe cristiana. Exige lo primero, no lo segundo. "É no vos compelerán á que vos tornés cristianos, salvo si vosotros, informados de la verdad, os quisiéredes convertir á nuestra sancta fe católica". Esto se debe a la necesidad de conformarse a la idea, mayoritaria entre los teólogos, del carácter voluntario de la fe (Santo Tomás de Aquino: "El acto de creer es propio de la voluntad"[44]). Esta distinción, sin embargo, resulta arbitraria. ¿Cómo exigir a unos pueblos y naciones que "reconozcays á la Iglesia por señora é superiora del universso, é al Sumo Pontífice, llamado Papa, en su nombre", además de aceptar la validez de la donación que tal "Sumo Pontífice" ha hecho a unos soberanos ignotos de la jurisdicción política sobre ellos, sin que tal reconocimiento implique algún tipo de previa conversión a la fe cristiana?

Mérito de algunos teólogos españoles fue el reconocer esta incongruencia. Vitoria y Las Casas la catalogaron de absurda. Según Vitoria: "Nada, pues, más absurdo que lo que esos mismos enseñan, que pudiendo impunemente los bárbaros rechazar el dominio de Cristo, estén, sin embargo, obligados a acatar el dominio de su vicario bajo pena de ser forzados con la guerra, privados de sus bienes y hasta condenados al suplicio"[45]. Según Las Casas: "Es absurdo forzarlos a reconocer el dominio de la iglesia, bajo la penalidad de perder su soberanía, pues ellos no podrían llegar a tal conclusión aparte de la doctrina de la fe"[46].

---

[43] En Fernández de Oviedo, *Historia general y natural de las Indias*, parte 2, l. 29, c. 7, t. 3, 28-29. También en Las Casas, H. I., l. 3, c. 57, t. 3, 26-27. Morales Padrón reproduce varias versiones. *Teoría y leyes de la conquista*, 338-345.

[44] *Suma teológica*. Madrid: Biblioteca de Autores Cristianos, 1959, 2-2, cu.10, art. 8, Vol. 7, 375-376.

[45] *Obras de Francisco de Vitoria*, 682-683.

[46] *In Defense of the Indians. The Defense of the Most Reverend Lord, Don Fray Bartolomé de Las Casas, of the Order of Preachers, Late Bishop of Chiapa, Against the Persecutors and Slanderers of the Peoples of the New World Discovered Across the Seas* (trans & ed., Stafford Poole, C. M.). De Kalb: Northern Illinois University Press, 1974, 119. Esta es la traducción al inglés de la apología latina preparada por

Existe una conexión intrínseca entre las bulas alejandrinas y el requerimiento. Parten de la actitud fundamental que la cristiandad medieval adoptó frente a los pueblos paganos, gentiles o "infieles".[47] El monoteísmo misionero de la iglesia primitiva, al asumir las riendas del poder estatal, convirtió la espada en instrumento de la expansión de la fe evangélica. La existencia de pueblos no-cristianos se percibió como un desafío religioso, político y militar al *orbis christianus*. Como enuncia Joseph Höffner,

> El *orbis christianus* no solo era un patrimonio tenazmente defendido, sino también, religiosa y políticamente, una consigna para la conquista del mundo. Por eso, la propagación del reino de Cristo era encomendada a los emperadores y reyes con solemnidad litúrgica como un sagrado deber... Estas ideas fueron y continuaron siendo un poder espiritual hasta entrados los siglos XVI y XVII... Tiene[n] no poca importancia para la comprensión de la ética colonial española del siglo XVI. Porque, consecuentemente llevado hasta sus últimas conclusiones, el dominio universal no podía detenerse en los límites del *orbis christianus*. Mas allá de esos límites habitaban los infieles. Así como la unidad de la fe, de la que nacía el universalismo, era preservada intolerantemente dentro del orbe cristiano, así también se intentaba levantar la cruz en las tierras de los infieles. Se trataba de convertir a los gentiles, o de aniquilarlos si eran enemigos de la cruz de Cristo.[48]

El intento mayor en la historia de la cristiandad de expandir el *orbis christianus*, la conquista del Nuevo Mundo y la evangelización de sus moradores tiene lugar, en notable ironía, justamente en el ocaso del Sacro Imperio Romano. Es un evento concurrente al surgimiento de estados nacionales con escasa lealtad a la vaga idea de "cristiandad" y la irreversible fragmentación de la iglesia. Quizás solo en España, con su peculiar comunión íntima entre nacionalismo y catolicismo, podía perdurar la visión del *orbis christianus* como ideal e ideología regidores de una excepcional expansión imperial. Tommasso Campanella afirmó que en el imperio español nunca se ponía el sol ("*neque unquam in eius imperio*

Las Casas para su debate de 1550-1551 contra Juan Ginés de Sepúlveda y que, como muchas otras obras del fraile dominico, permaneció inédita por siglos. En adelante se citará como *Apología*.

[47] Un infiel, de acuerdo a Tomás de Aquino, es aquel que no profesa la verdadera fe: "*Fides est virtus: cui contrariatur infidelitas*" ("La fe es una virtud, a la cual se opone la infidelidad"). *Suma teológica*, 2-2, cu.10, art. 1, Vol. 7, 359.

[48] *La ética colonial española*, 6, 33 y 44.

noctecescit"[49]). Hubiese sido más correcto decir que nunca transcurría un instante sin que, en algún territorio incorporado al imperio, se celebrase una misa.

Oviedo relata cómo leyó el requerimiento en español ante un poblado indígena vacío y lo cataloga como cuestión de risa. Dice al capitán español: "Señor parésçeme que estos indios no quieren escuchar la teologia deste requirimiento, ni vos tenés quien se la dé a entender: mande vuestra merçed guardalle, hasta que tengamos algun indio destos en una jaula, para que despaçio lo aprenda é el señor obispo se lo dé á entender. É dile el requirimiento, y él lo tomó con mucha risa dél é de todos los que me oyeron"[50].

El Bachiller Martín Fernández de Enciso, en su *Suma de geografía* (1519), cuenta la reacción de los indios de Cenú, al leerles el Requerimiento:

> Respondiéronme que en lo que decía que no había sino un Dios y que éste gobernaba el cielo y la tierra y que era señor de todo, que les parecía bien y que así debía ser, pero que en lo que decía que el papa era señor de todo el Universo, en lugar de Dios, y que él había hecho merced de aquella tierra al Rey de Castilla, dijeron que el papa debía estar borracho cuando lo hizo, pues daba lo que no era suyo, y que el rey, que pedía y tomaba la merced, debía ser un loco, pues pedía lo que era de otros, y que fuese allá a tomarla, que ellos le pondrían la cabeza en un palo, como tenían otras... de enemigos suyos... y dijeron que ellos se eran señores de su tierra y que no habían menester otro señor.[51]

Tan soberbia respuesta, sin embargo, no tomaba en cuenta la superioridad europea en tecnología militar. Los españoles tomaron a la fuerza lo que los altivos aborígenes se negaban a entregar voluntariamente.

Otro que narra críticamente la manera como se leía el Requerimiento es el licenciado Alonso de Zuazo en un instructivo informe que el 22 de enero de 1518 remitió a Guillermo de Croy o Monsieur de Xèvres, como se conocía en España al tutor flamenco del joven monarca Carlos. Relata la entrada de Juan de Ayora en 1514 en territorio centroamericano.

---

[49] *Ibíd.*, 109. Véase Mario Góngora, "El Nuevo Mundo en el pensamiento escatológico de Campanella", *Anuario de estudios americanos*, Vol. 31, 1974, 385-408.

[50] *Historia general y natural de las Indias*, parte 2, l. 29, c. 7, t. 3, 31.

[51] Cito de la reproducción que de este pasaje hace Las Casas, H. I., l. 3, c. 63, t. 3, 45. Este relato refleja fielmente la actitud de algunos pueblos indígenas ante el peculiar documento, aún si Las Casas estuviese en lo correcto de que Enciso incurre en "fingida fábula". *Ibíd.*, 46.

> Mostrábanles de lejos el dicho requerimiento que llevaban para que fuesen debajo de la obediencia del Rey Católico; é hacia Ayora á un escribano ante quien se leía el dicho requerimiento, que diese fe de como ya estaban requeridos; é luego los pronunciaba el capitán por esclavos é á perdimiento de todos sus bienes, pues parecía que no quería obedecer al dicho requerimiento; el cual era hecho en lengua española, de la que el cacique é indios ninguna cosa sabían, ni entendían, é además era hecho á tanta distancia, que puesto que supieran la lengua no le pudieran oír... E desta forma, llegaban de noche á los buyos [bohíos], é allí los robaban, é aperreaban, é los quemaban é traían en hierros por esclavos.[52]

La fatal consecuencia de no aceptar la invocación a la requerida doble lealtad —guerra y esclavización— plantea la obvia pregunta de si los comandantes hispanos preferían una respuesta positiva o negativa. Vasco de Quiroga, primero oficial de la corte en Nueva España y luego obispo de Michoacán, es uno de muchos que se inscriben en una línea escéptica sobre la sinceridad de los colonos (aunque nunca de la corona ni de la iglesia). "Las palabras y requerimientos que les dicen... ellos no los entienden o no se los saben o no se los quieren, o no se los pueden dar a entender como deben, así por falta de lenguas como de voluntades por parte de los nuestros para ello, porque no les falte el interés de esclavos para las minas... a que tienen más ojo y respeto que no a que entiendan la predicación y requerimientos"[53].

Las Casas catalogó al Requerimiento como "injusto, impío, escandaloso, irracional y absurdo", producto de un "defecto de ignorancia que el Consejo del rey tuvo cerca desta misma materia, gravísimo y perniciocísimo"; "escarnio de la verdad y de la justicia y en gran vituperio de nuestra religión cristiana, y piedad y caridad de Jesucristo... de derecho nulo"[54].

---

[52] D. I. A., Vol. 1, 316-317.

[53] *Información en derecho del licenciado Quiroga sobre algunas provisiones del Real Consejo de Indias* (ed., Carlos Herrejón). México, D. F.: Secretaría de Educación Pública, 1985, 60.

[54] H. I., l. 3, cs. 57-58, t. 3, 25-31; c. 167, 409-410. Respecto al Requerimiento, como sobre casi todo otro tema importante, la *Historia* de Las Casas ostenta un punto de vista diametralmente opuesto al de Oviedo y Valdés. La antipatía entre ambos historiadores de la conquista era mutua y arraigada. Oviedo censuró a Las Casas "sus falsedades grandes y muchas", pues "presumió de escribir historia de lo que nunca vió, ni cognosció". *Ibíd.*, l. 3, c. 23, t. 2, 518, 517. No era mera rivalidad profesional. Mientras Oviedo desdeñaba a los naturales del Nuevo Mundo, Las Casas se constituyó en su más firme defensor. Al primero lo acusó el segundo de distorsionar el relato de los hechos por estar involucrado en los abusos de los cristianos contra los nativos: "La *Historia* de Oviedo, cuando y doquiera que habla de los indios, condenándolos siempre y excusando los españoles en las perdiciones y despoblaciones que por todas estas tierras han hecho, como en la verdad haya sido en ellas uno dellos"; "su autor había sido conquistador, robador y matador de los indios". *Ibíd.*, l. 2, c. 9, t. 2, 239; l. 3, c. 23,

Tan intenso era su repudio que dedicó las últimas líneas del capítulo final de su monumental *Historia de las Indias* a condenarlo.

Minuciosa y rigurosa es la crítica a que, sin mencionarlo por nombre, somete Vitoria al Requerimiento. Para el escolástico salmantino: 1) el Papa no tiene poder temporal sobre los pueblos indígenas que le permita "donarlos" a una autoridad nacional distinta. 2) No es razonable esperar que, con solo exponerles la necesidad de creer en la fe cristiana, se van a convertir, sin que acontezca un período de predicación y explicación de sus contenidos teológicos (que de ser posible debe estar acompañado de "milagros o cualquiera otra prueba"). 3) Si "esos bárbaros del Nuevo Mundo", como los llama, no desean abrazar la fe cristiana, "no es razón suficiente para que los españoles puedan hacerles la guerra, ni proceder contra ellos por derecho de guerra".

Además, Vitoria no está persuadido de que los requerimientos a la conversión que se han hecho a los indígenas se hayan confirmado por "religiosos ejemplos de vida" por parte de los españoles. Más bien sospecha que han prevalecido "intereses... muy ajenos a eso", los cuales han provocado el caudal de "noticias de muchos escándalos, de crueles delitos y muchas impiedades"[55].

Como señala Demetrio Ramos, quien por otro lado intenta moderar las tradicionales críticas al documento: "El requerimiento no admitía decisión distinta del sometimiento... No se trataba de una oferta, basada en las conveniencias otorgables, que podía no aceptarse, sino de una notificación de lo ya resuelto con la donación [papal], cuya realización se comunicaba"[56].

El Requerimiento fue precedido por opiniones de juristas y teólogos, como Juan López de Palacios Rubios y fray Matías de Paz, O. P., que en la Junta de Burgos (1512) presentaron memoriales sobre la licitud del dominio español en las tierras recientemente descubiertas y la naturaleza del vasallaje a imponerse a sus habitantes. A su vez desencadenó la redacción de los primeros tratados y manuscritos eruditos acerca del problema. Palacios Rubios, aparente autor del Requerimiento y jurista de confianza

---

t. 2, 518. Contra Oviedo se ensaña sobre todo en los capítulos 42 a 46 del tercer libro de la *Historia de las Indias* (t. 3, 320-336).

Acusaciones similares hace Las Casas sobre otro de los principales cronistas de la conquista castellana de América, Francisco López de Gómara, de cuya historiografía asevera que "no va enderazad[a] sino a excusar las tiranías y abominaciones de Cortés... y en abatimiento y condenación de los tristes y desamparados indios". Lo censura por elogiar a Cortés, cuyo "era solo un fin, y éste no otro sino hacerse rico de la sangre de aquestas míseras y humildes y pacíficas gentes". *Ibíd.*, l. 3, c. 114, t. 3, 222-223.

[55] Urdanoz, *Obras de Vitoria*, 676-701.

[56] "El hecho de la conquista de América", 44.

de la corte[57], en un tratado suscitado por los debates de 1512, titulado "De las islas del mar Océano", considera, en la tradición teocrático-pontifical teorizada por el Ostiense, que el Sumo Pontífice, como sucesor de San Pedro, es vicario universal y general de Cristo en su doble potestad espiritual y temporal. Al Papa le compete, por tanto, la máxima autoridad sobre todos los reinos, tanto de los fieles como de los infieles. Esa autoridad la ejerce con fines soteriológicos. La donación que Alejandro VI otorgó a los reyes de Castilla y León es una puesta en práctica de esa máxima jurisdicción. Los infieles del Nuevo Mundo, sin embargo, no conocen aún ni la suma potestad papal, ni el acto de donación. Por tanto, es imprescindible amonestarlos a acatar la autoridad de la iglesia y, por extensión, la de la corona castellana. Es necesario hacerles un requerimiento que les permita a los nativos acceder a la autoridad hispana y a la fe católica. Si tras esa amonestación se resisten a dar su acatamiento, puede legítimamente el monarca hispano someterlos por medio de las armas, siempre, naturalmente, manteniendo en mente el bienestar de la salvación de sus ánimas.

> Todo poder y jurisdicción... fueron anulados por el advenimiento de Cristo, al cual pasó toda jurisdicción y potestad... Tuvo, pues, poderío no solo espiritual y sobre las cosas espirituales, sino temporal y sobre las cosas temporales, y recibió ambos cetros de su Padre... Cristo, por consiguiente, sometió a San Pedro... los dos poderes y jurisdicciones que tenía... a saber, el temporal y el espiritual... El Romano Pontífice sucedió a San Pedro en aquella perfección de poder y dignidad de vicariato... El supremo dominio, potestad y jurisdicción sobre dichas islas pertenece a la Iglesia, a quien el mundo entero y todos los hombres, incluso los infieles, tienen que reconocer como dueña y superior, y si requeridos para ello... no lo hicieren, podrá la Iglesia, ya por sí misma, ya valiéndose del esfuerzo de los Príncipes cristianos, someterlos y expulsarlos de sus propias tierras.[58]

Matías de Paz, teólogo dominico[59], en otro escrito coetáneo, titulado "Del dominio de los Reyes de España sobre los indios"[60], argumentó que lícitamente podía el Papa, en aras del acrecentamiento de la fe cristiana y

---

[57] Que es el autor del Requerimiento lo indican Las Casas y Oviedo.

[58] "De las islas del mar Océano", 79, 81, 84, 89 y 128.

[59] Venancio Diego Carro lo considera "el primer teólogo calificado que interviene en las controversias de las Indias". *La teología y los teólogos-juristas españoles ante la conquista de América* (2 vols.). Madrid: Escuela de Estudio Hispano-Americanos de la Universidad de Sevilla, 1944, Vol. I, 373.

[60] Reproducido en la edición de Millares Carlo y Zavala, 211-259.

en beneficio de la salvación eterna de las almas de los indígenas, conceder el dominio de las tierras de estos a los Reyes Católicos. Eso no podía hacerlo, sin embargo, para el lucro de España, sino para el cumplimiento del mandato misionero evangélico. "No es lícito a los príncipes cristianos hacer la guerra a los infieles por el capricho de dominar o por el deseo de enriquecerse, sino tan solo abroquelados por el celo de la fe... a fin de que por todo el orbe de la tierra sea exaltado y magnificado el nombre de nuestro Redentor"[61].

El Papa podía hacer tal concesión por ser vicario general universal de Cristo, quien, "en cuanto hombre, fue monarca verdadero de todo el mundo desde el comienzo de su natividad"[62]. La autoridad papal, legada de Cristo, es plenaria y absoluta. "Habiéndose otorgado a Cristo el orbe entero de la tierra... la consecuencia es que su vicario tiene derecho, fundado en la fe de San Pedro, para dominar sobre toda la tierra"[63]. El hecho de que no siempre la ejerza puede deberse a que las circunstancias lo impidan o a que no sea conveniente. En el caso de los pueblos recientemente descubiertos en el mar Océano, el Sumo Pontífice lo ha considerado conveniente para su pronta y expedita entrada a la iglesia católica, pues "después del advenimiento del Redentor nadie puede salvarse fuera de su iglesia católica"[64].

> Por la autoridad del Sumo Pontífice, y no de otra manera, le será permitido a nuestro católico e invictísimo monarca gobernar a los sobredichos indios con imperio real... Siendo... el Papa monarca de todo el orbe, en nombre de Cristo... pudo, si entendía convenir así a la fe católica, imponerles un Rey católico que les gobernase con real imperio, y debajo del cual... se conservase la fe de Cristo. Lo cual, si bien se considera, más redunda y debe redundar en beneficio de los propios gobernados que del gobernante.[65]

Esta potestad real, reitera en varias ocasiones Paz, es legítima "siempre que lo hagan por celo de la fe, y no por el afán de dominar y enriquecerse"[66]. Además, lo que debe prevalecer es la predicación, no la acción bélica, y los nativos que acepten convertirse no deben esclavizarse ni ser

---

[61] *Ibíd.*, 222.

[62] *Ibíd.*, 240.

[63] *Ibíd.*, 243.

[64] *Ibíd.*, 243.

[65] *Ibíd.*, 233, 252.

[66] *Ibíd.*, 247.

maltratados. Paz, de hecho, se hace portavoz de las protestas airadas de los frailes dominicos que en las Antillas han denunciado la explotación inmisericorde que sufren los nativos para el peculio de los colonos castellanos. En las disputas de Burgos de 1512, en las que se enfrentaron monjes dominicos contra colonos castellanos, Paz toma partido por sus hermanos de hábito.

> A los cuales creo que debe darse mayor crédito que a los mismos que con insufrible esclavitud oprimen a los indios. No quisieron tal cosa Cristo ni el Papa ni nuestro católico monarca ni la recta razón. Los aludidos religiosos refieren los infinitos indios que por culpa de esa servidumbre han perecido, gentes que de haber sido dejadas en libertad o no sometidas a tal esclavitud, adorarían a Cristo.[67]

Palacios Rubios y Paz parten de la teoría teocrática medieval, según la cual los fines espirituales no solo son superiores a los temporales y civiles, también los subordinan legislativa y políticamente. Los corolarios de esta teoría al respecto de los pueblos del Nuevo Mundo son: primero, que la cristianización de los indígenas es la única finalidad válida para legitimar la soberanía española; segundo, que el Supremo Pontífice, sucesor en el episcopado de Roma de San Pedro, es Vicario de Cristo en la suma y universal potestad, espiritual y temporal, de este y posee autoridad plenaria para ceder a España los derechos exclusivos de extender a los moradores "de las islas del mar Océano" la fe católica; tercero, que debe amonestarse a los aborígenes a que acepten la supremacía de la iglesia católica y la soberanía de la corona castellana; cuarto, que de rechazar los pueblos nativos tales amonestaciones, legítimamente pueden los monarcas hispanos hacer la guerra contra ellos y someterlos a su autoridad mediante la fuerza; quinto, que toda la empresa de conquista se lleva a cabo prioritariamente con finalidades espirituales y religiosas.

El Requerimiento persistió, a pesar de las críticas, durante un tiempo decisivo para la conquista española del Nuevo Mundo. Hernán Cortés relata distintas instancias en que requirió a los indígenas mexicanos la doble obediencia (al cristianismo y a la corona) y los amenazó con la guerra y la servidumbre si no aceptaban su requerimiento.

> Por mi en su real nombre les había sido requerido... cómo habían de tener y adorar un solo Dios... y dejar todos sus ídolos y ritos

[67] *Ibíd.*, 255.

> que hasta allí habían tenido... Y que asimismo les venía a hacer saber cómo en la tierra está vuestra majestad [Carlos V], a quien el universo, por providencia divina obedece y sirve; y que ellos mismo se habían de someter y estar debajo de su imperial yugo... Y no haciendo así, se procedería contra ellos.[68]

Dos décadas después de su redacción original, el 8 de marzo de 1533, Carlos V remitió una versión a Francisco Pizarro para que la leyese a los indígenas del Perú.[69] Fray Martín de Jesús leyó una versión sustancialmente más extensa del requerimiento a los nativos sublevados de Nueva Galicia, en 1541.[70] Aun después de la aprobación de las llamadas Leyes Nuevas, en 1542-1543, el espíritu del requerimiento persistió en muchas instrucciones reales de descubrimiento y ocupación.

Las dadas por la corona, el 13 de mayo de 1556, al Marqués de Cañete, don Andrés Hurtado de Mendoza, al iniciar este sus funciones de virrey de Perú, preservan ese espíritu. Como era lo acostumbrado, las instrucciones insistían en que se intentara convencer pacíficamente a los nativos de que se convirtieran al catolicismo y aceptaran el señorío hispano. Detrás del guante de seda, sin embargo, se escondía la espada.

> Si los dichos naturales y señores dellos no quisieren admitir los religiosos predicadores después de haberles dicho el intento que llevan... y les hobieren requerido muchas veces... los dichos religiosos y españoles podrán entrar en la dicha tierra y provincia por mano armada y oprimir a los que se resistieren y sujetarlos y traerlos a nuestra obediencia.[71]

Tuvo larga y controvertida vida tan peculiar llamado a la fe cristiana y la obediencia política.

[68] *Cartas de relación*, 228.

[69] Se reproduce en Luciano Pereña et. al., *Juan de la Peña: De bello contra insulanos*, 538-541. López de Gómara da una versión acortada y reformulada, supuestamente leída al inca Atahualpa por fray Vicente de Valverde. *Historia general de las Indias*, 228.

[70] D. I. A., Vol. 3, 369-377. Esta versión posterior contradice la hipótesis de Biermann de la supuesta suavización del requerimiento. En la parte crucial de la advertencia reitera la amenaza tradicional: "Si no quisiéredes venir, sed ciertos que os habemos de matar y hacer esclavos á todos y os hemos de vender y llevaros á tierras estrañas y sacaros de nuestro natural." *Ibíd.*, 375.

[71] Konetzke, *Colección de documentos*, Vol. I, 338 (énfasis añadido).

3
Providencialismo y mesianismo nacional

> Como católicos y cristianos, nuestra principal intención ha de ser enderezada al servicio y honra de Dios Nuestro Señor, e la causa porque el Santo Padre concedió que el emperador Nuestro Señor tuviese dominio sobre estas gentes... fue, que estas gentes fuesen convertidas a nuestra Santa Fe Católica.
>
> Hernán Cortés

> Los reyes de España, a favor de la fe, recibieron de la Sede Apostólica el cuidado y el cargo de procurar la predicación y la difusión, por todo este dilatado orbe de las Indias, de la fe católica y de la religión cristiana, lo cual ha de hacerse necesariamente por la conversión de estas gentes a Cristo.
>
> Bartolomé de Las Casas

La corona española y la evangelización

Fernando e Isabel, reyes católicos de España, dieron la siguiente instrucción a Cristóbal Colón, al iniciar su segundo viaje.

> Pues a Dios Nuestro Señor plugo por su alta misericordia descubrir las dichas islas y tierra firme al Rey y la Reina... por industria del dicho don Cristóbal Colón, como almirante, virrey e gobernador de ellas... conoció de ellas ser gentes muy aparejadas para convertirse a nuestra santa fe católica, porque no tienen ninguna ley ni secta... Por ende, sus altezas, deseando que nuestra santa fe católica sea aumentada y acrecentada, mandan y encargan al dicho almirante... que por todas las vías y maneras que pudiere, procure

> y trabaje atraer a los moradores de dichas islas e tierra firme a que se conviertan a nuestra santa fe católica.[1]

A tales fines, los monarcas enviaron junto al Almirante a un grupo de religiosos para que iniciaran la evangelización de los indígenas, quienes, según Colón, "no tienen ninguna ley ni secta" y son "gentes muy aparejadas para se convertir a nuestra santa fe católica". Queda fuera de este apartado la pregunta sobre la validez de tales afirmaciones taxativas por quien había tenido contactos harto superficiales con los aborígenes antillanos, filtrados por la incomunicación lingüística y por sus fantasías y ambiciones.

En el codicilo a su testamento (23 de noviembre de 1504), la moribunda reina incluyó la siguiente cláusula:

> Por cuanto al tiempo que nos fueron concedidas por la Santa Sede Apostólica las Islas e tierra firme del mar Océano, descubiertas y por descubrir, nuestra principal intención fue... de procurar inducir y traer los pueblos dellas y los convertir a nuestra santa Fe Católica, y enviar a las dichas Islas e tierra firme del mar océano Prelados e Religiosos y Clérigos y otras personas doctas y temerosas de Dios para instruir a los vecinos y moradores dellas en la Fe Católica, e las enseñar e doctrinar buenas costumbres... Por ende suplico al Rey mi señor mui afectuosamente, e encargo e mando a la dicha Princesa mi hija y al dicho Príncipe su marido, que así lo hagan y cumplan, e que este sea su principal fin e que en ello pongan mucha diligencia... lo que por las Letras Apostólicas de la dicha concesión nos es... mandado.[2]

El rey Fernando ordenó a Diego Colón, el 6 de junio de 1511, que se instruyera a los indios en "las cosas de nuestra santa fe católica, pues esto es

---

[1] Konetzke, *Colección de documentos*, Vol. I, 1.

[2] *Testamento y codicilo de Isabel la Católica*. Madrid: Dirección General de Relaciones Culturales del Ministerio de Relaciones Exteriores, 1956, 66-67. Bartolomé de Las Casas cita el codicilo de la reina en innumerables ocasiones, como norma general que debía regular la política colonizadora española, cuya continua violación se convierte en raíz de su amarga denuncia profética contra la "tiranía" de los cristianos sobre los indígenas. Así la usa, *inter alia*, en el tratado "Aquí se contiene una disputa o controversia entre el Obispo Don Fray Bartolomé de Las Casas o Casaus, obispo que fue de la ciudad real de Chiapa y el doctor Ginés de Sepúlveda", en *Tratados*, Vol. I, 425. También la reproduce fray Gerónimo de Mendieta, *Historia eclesiástica indiana* (1596) (tercera edición facsimilar). México, D. F.: Editorial Porrúa, 1980, l. 1, c. 5, 31.

el cimiento principal sobre que fundamos la conquista de estas partes"[3]. Las Leyes de Burgos, aprobadas a fines de 1512 tras los primeros debates jurídicos y teológicos sobre el trato a los nativos del Nuevo Mundo, provocados por el rápido despoblamiento de La Española, las revueltas en la isla de San Juan (Puerto Rico) y las críticas iniciales de los frailes dominicos, reafirman, como principal preocupación de la corte real, la educación de los indígenas en la fe católica. Su texto se inicia de la siguiente manera: "Don Fernando, etc. Por cuanto yo y la serenísima Reina doña Isabel, mi cara y muy amada mujer, que santa gloria haya, siempre tuvimos mucha voluntad que los caciques e indios... viniesen en conocimiento de nuestra santa fe católica, y para ello mandamos hacer y se hicieron algunas ordenanzas". Esta intención se reafirma en la nueva legislación indiana. "Porque el principal deseo mío y de la dicha serenísima Reina, mi muy cara y amada hija [Juana], es que en las dichas partes y en cada una de ellas se plante y arraigue nuestra santa fe católica muy enterante, porque las ánimas de los dichos indios se salven"[4].

En 1526, con las "Ordenanzas sobre el buen tratamiento de los indios"[5], Carlos V trató de que la violencia de los conquistadores se mitigase por la autoridad espiritual de los religiosos. Toda expedición debía:

> Llevar a lo menos dos religiosos o clérigos de misa en su compañía, los cuales nombren ante los del nuestro Consejo de las Indias, habida información de su vida, doctrina y ejemplo, sean aprobados por tales que les conviene al servicio de Dios... Otrosí ordenamos y mandamos que los dichos religiosos o clérigos tengan muy gran cuidado y diligencia en procurar que los dichos indios sean bien tratados como prójimos mirados y favorecidos.[6]

Las Leyes Nuevas de 1542, nacidas del deseo de poner orden en la caótica situación de violencia imperante en el Nuevo Mundo, reafirman el mismo objetivo trascendente para el dominio español: "Nuestro principal intento y voluntad siempre ha sido y es de conservación y aumento de los indios y que sean instruidos y enseñados en las cosas de nuestra santa fe católica"[7].

Finalidad idéntica recalcan las "Ordenanzas de nuevos descubrimientos y poblaciones" de Felipe II, aprobadas en 1573, otro intento de canalizar

[3] Lewis Hanke, *La lucha española por la justicia en la conquista de América*. Madrid: Aguilar, 1967, 54.

[4] Konetzke, *Colección de documentos*, Vol. I, 38 y 45.

[5] *Ibíd.*, 89-96.

[6] *Ibíd.*, 92.

[7] *Ibíd.*, 217.

el impetuoso torrente de conquistas, conflictos y ambiciones. Decretan que toda expedición a nuevos territorios indígenas debe acompañarse de "dos clérigos y religiosos para que entiendan en la conversión..."; "pues este es el principal fin para que mandamos hacer los nuevos descubrimientos y poblaciones"; "el celo y deseo que tenemos de que todo lo que está por descubrir de las Indias, se descubriese, para que se publicase el santo evangelio, y los naturales viniesen al conocimiento de nuestra santa fe católica"[8].

El monarca incluso otorga a los religiosos prioridad en los derechos de descubrimiento y población y manda que se proteja sus misiones de la interferencia de conquistadores y colonos inversionistas.

> Habiendo frailes y religiosos de las órdenes que se permiten pasar a las Indias, que con deseo de se emplear en servir a nuestro Señor, quisieren ir á descubrir tierra, y publicar en ellas el santo Evangelio, antes á ellos que á otros se encargue el descubrimiento... y sean favorecidos é provistos de todo lo necesario para tan sancta y buena obra, á nuestra costa... En las partes que bastaren los predicadores del Evangelio para pacificar los indios y convertirlos y traerlos de paz, no se consienta que entren otras personas que puedan estorbar la conversión y pacificación.[9]

Este último término, "pacificación", juega un papel central en las Ordenanzas. Sustituye el término tradicional de "conquista", el cual queda excluido del vocabulario oficial de la legislación indiana ibérica. Incluso las acciones armadas se tildan de acciones pacificadoras. Los críticos religiosos de las conquistas lograron al menos una decisiva victoria lexicográfica.

Finalmente, en 1680, bajo el reinado de Carlos II, se realizó la llamada "Recopilación de Leyes de Indias". La "ley primera" sirve a manera de declaración de objetivo primordial del dominio español sobre las "Indias Occidentales". Señala que el gran imperio hispano es un donativo de "Dios nuestro señor", quien "por su infinita misericordia y bondad" distinguió la corona española. Esta gracia divina impuso a la corte castellana una excepcional obligación misionera, aquella de "trabajar que sea conocido y adorado en todo el mundo, por verdadero Dios, como lo es, y Criador de todo lo visible é invisible". "Este deber ha sido cumplido con creces.

[8] D. I. A., Vol. 8, 489, 498-499, 494-495. Esta obra equivoca la fecha por una década, atribuyendo las Ordenanzas al 1563.

[9] *Ibíd.*, 495, 536.

Durante casi dos siglos la casa real hispana se ha esforzado y deseando esta gloria de nuestro Dios y señor, felizmente hemos conseguido traer al gremio de la santa iglesia católica romana las innumerables gentes y naciones que habitan las Indias Occidentales".

El objetivo misionero y salvífico es reiterado por los descendientes de los Reyes Católicos.

> Para que todos universalmente gocen el admirable beneficio de la redención, por la sangre de Cristo nuestro señor, rogamos y encargamos a los naturales de nuestras Indias... pues nuestro fin en prevenir y enviarles maestros y predicadores, es el provecho de su conversión y salvación... Y mandamos... que firmemente crean y simplemente confiesen... todo lo que tiene, enseña y predica la santa madre iglesia católica romana...

Claro está, no podía faltar la amenaza en caso de que los naturales no obedecieran ese "mandamos" e incurrieran en rebeldía contra la fe católica, apostasía o herejía. "Si con ánimo pertinaz y obstinado erraren y fueren endurecidos en no tener y creer lo que la santa madre iglesia tiene y enseña, sean castigados con las penas impuestas por derecho"[10].

Durante el primer siglo de colonización, el estado español creó y subsidió en América seis provincias eclesiásticas, treinta y dos diócesis, sesenta mil iglesias y cuatrocientos monasterios.[11] Digo que "el estado creó" porque fue el estado, gracias al derecho de patronato real, el encargado de la promoción institucional de la iglesia en América. Esta función protagonista fue aceptada y oficializada por el Papa Julio II en la bula *Universalis ecclesiae*, de 1508.[12] Ya antes Alejandro VI, en otra de sus bulas en favor del imperio hispano en el Nuevo Mundo, la *Eximie devotionis* del

---

[10] *Recopilación de las Leyes de los Reinos de las Indias*, libro 1, título 1, ley 1, t. 1, 1.

[11] Höffner, *La ética colonial española*, 423.

[12] Su texto es reproducido por Francisco Javier Hernáez, S. J., *Colección de bulas, breves y otros documentos relativos a la iglesia de América y Filipinas*. Bruselas: Imprenta de Alfredo Vromant, 1879, tomo I, 24-25. Sobre el origen y significado del patronato real, véase Pedro de Leturia, *Relaciones entre la Santa Sede e Hispanoamérica*, Vol. I, 1-48 *y Shiels, King and Church*, passim. Esta última reproduce los documentos principales, de los siglos quince al dieciocho, sobre los que se fundamentaron las demandas de la corona hispana de jurisdicción en la esfera eclesiástica y espiritual. Giménez Fernández sostiene que los fundamentos jurídicos de la regia autoridad patronal habían sido adquiridos por los Reyes Católicos mediante las Letras Apostólicas alejandrinas de 1493, sobre todo la *Piis fidelium*, antedatada al 4 de mayo, y la *Eximie devotionis*, antedatada al 3 de mayo. *Nuevas consideraciones*, 92-95. Véase, Tobar, *Compendio bulario índico*, 45-56.

16 de noviembre de 1501, había concedido potestad a los Reyes Católicos sobre los diezmos en las tierras americanas.[13]

La autoridad máxima real sobre la iglesia en América se expresó en franco cesaropapismo en las Capitulaciones de Burgos, del 8 de mayo de 1512, en las que los tres obispos recién nombrados para las nuevas tierras descubiertas —fray García de Padilla, prelado de Santo Domingo; don Pedro Suárez de Deza, jerarca de la Concepción; y Alonso Manso, con las mismas funciones para la isla de San Juan Bautista— reconocieron a la corona castellana tales facultades temporales y espirituales casi omnímodas sobre sus jurisdicciones eclesiásticas.[14] Tal como se expandió en el siglo dieciséis, el patronato real conllevó la cesión a los monarcas españoles, por parte de Roma, del derecho a fundar iglesias, delimitar geográficamente las diócesis, presentar las mitras y beneficios eclesiásticos, percibir diezmos, escoger y enviar misioneros.

Esa facultad de patronazgo eclesiástico fue asumida por la monarquía hispana con ahínco, haciendo en todo momento clara su autoridad sobre todos los asuntos del Nuevo Mundo, tanto los espirituales como los temporales, de manera tal que con propiedad puede hablarse de un regio vicariato indiano.[15] Para quienes se han acostumbrado al principio constitucional de la separación de iglesia y estado, axioma fundamental del pluralismo social moderno, resultará sorprendente la función arbitral que asume la corona castellana en asuntos estrictamente religiosos y eclesiásticos americanos. Disputas eclesiásticas de toda índole se remitían a la corona, no a Roma, para dilucidarse. No es extraño, por ejemplo, que en la disputa entre el clero ordinario y los frailes mendicantes (dominicos, agustinos y franciscanos), un monje, al expresar al monarca su punto de vista, llame a Felipe II "lugarteniente en la tierra del Príncipe del cielo" y confíe para la solución del diferendo en el hijo de Carlos V, "cuyo remedio pende... del Real amparo y celo y patronazgo de V. M."[16].

[13] Reproducida por Hernáez, *Colección de bulas*, 20-21. No debe confundirse con la *Eximie devotionis* de 1493. Véase, Tobar, *Compendio bulario índico*, 22-39.

[14] En Hernáez, *Colección de bulas*, 21-24.

[15] Véase Manuel Gutiérrez de Arce, "Regio patronato indiano (Ensayo de valoración histórico-canónica)", passim. Aunque Gutiérrez Arce no ve con buenos ojos la conversión del patronato real en regio vicariato indiano, admite que la jurisdicción práctica de la corona sobre los asuntos eclesiásticos fue sustancialmente mayor en América que en la península ibérica.

[16] Mariano Cuevas, *Documentos inéditos del siglo XVI para la historia de México*. México, D. F.: Museo Nacional de Arqueología, Historia y Etnología, 1914; reproducido por la Editorial Porrúa (Biblioteca Porrúa, No. 62), 1975, 398, 403. Esta excelente antología demuestra hasta la saciedad la fortaleza del patronato real. Las peticiones o exposiciones sobre asuntos eclesiásticos y religiosos se elevaban al monarca, no al Sumo Pontífice.

En resumen, a pesar de los múltiples cambios en las estrategias políticas de la corona española, un objetivo trascendental continuamente explicitado fue la conversión de los nativos al catolicismo. De acuerdo a Paulino Castañeda Delgado: "Desde el primer momento de la conquista, el interés de la Corona por la evangelización de los indios fue manifiesto y eficaz. Esto fue una constante nunca desmentida"[17].

Esta aseveración, sin embargo, peca de un serio defecto: no distingue entre "manifestar" y "hacer eficaz" un objetivo. La extinción de los indígenas antillanos y la muerte de millones de nativos de otras partes de América pone en seria duda la "eficacia" de la "manifestada" evangelización. La contradicción entre el objetivo teórico de la evangelización y la realidad histórica de la opresión de las comunidades indianas hará brotar el explosivo debate sobre la legitimidad de la presencia y acción hispana en el Nuevo Mundo.

Conquista y cristianización

Aun el ambicioso Cortés, en sus reseñas y crónicas, insiste en la cristianización como el propósito principal de la conquista de México ("para les amonestar y atraer para que viniesen en conocimiento de nuestra santa fe católica"[18]). En sus ordenanzas militares de Tlaxcala, pronunciadas antes de dirigirse a sitiar la capital azteca, declara que el motivo principal de la guerra es el beneficio espiritual y religioso de los nativos:

> Por cuanto... los naturales de estas partes tienen cultura e veneración de sus ídolos, de que a Dios Nuestro Señor se hace gran desservicio, y el demonio por la ceguedad y engaño que los trae, es de ellos muy venerado, y en los apartar de tanto error e idolatría e reducimiento al conocimiento de Nuestra Santa Fe Católica, Nuestro Señor será muy servido... Al presente vamos... [a] apartar e desarraigar de las dichas idolatrías a todos los naturales destas partes, e reducirlos, o a lo menos desear su salvación e que sean reducidos al conocimiento de Dios e de su Santa Fe Católica, porque si con otra intención se hiciese la dicha guerra… todo lo que en ella se hubiese… obligado a restitución... e desde ahora, por esto, en nombre de Su Católica Majestad, que mi principal intento e motivo es hacer esta guerra… por traer y reducir a los dichos naturales al dicho conocimiento de Nuestra Santa Fe e creencia.[19]

[17] Paulino Castañeda Delgado, "Los métodos misionales en América. ¿Evangelización pura coacción?", en André Saint-Lu et al., *Estudios sobre Fray Bartolomé de Las Casas*. Sevilla: Universidad de Sevilla, 1974, 178.

[18] *Cartas de relación*, 11.

[19] D. I. A., Vol. 26, 21-22. So pena de castigo severo, y para evitar la ira de Dios, en ocasión en la que se requiere su especial socorro, Cortés prohíbe a sus tropas emitir "blasfemias" (los dichos españoles

Luego de su victoria sobre el imperio azteca, al establecer las ordenanzas normativas de la rebautizada Nueva España, reitera el mismo objetivo evangelizador. "Como católicos y cristianos, nuestra principal intención ha de ser enderezada al servicio e honra de Dios Nuestro Señor, e la causa porque el Santo Padre concedió que el emperador Nuestro Señor tuviese dominio sobre estas gentes... fue, que estas gentes fuesen convertidas a nuestra Santa Fe Católica"[20]. No es mera coincidencia que Hernán Cortés tuviese en su estandarte una cruz acompañada de la siguiente inscripción latina *Amici, sequamur crucem: si nos fidem habuerimus, in hoc signo vincemus* ("Amigos, sigamos la cruz; y nos, si fe tuviéremos en esta señal, venceremos"[21]).

Su crítico, Bartolomé de Las Casas, también legitima el dominio de la corona española teniendo en mente "el fin principal... la salvación de aquellos indios, la cual ha de haber efecto, mediante la doctrina cristiana"[22]. A pesar de su continua y severa crítica a la conducta de sus compatriotas, Las Casas mantendrá incólume su creencia en la licitud de la donación papal de las tierras descubiertas a los Reyes Católicos para que estos propiciaran la predicación del cristianismo. En un tratado, escrito casi cuatro décadas después del que se acaba de citar, asevera: "Los reyes de España, a favor de la fe, recibieron de la Sede Apostólica el cuidado y el cargo de procurar la predicación y la difusión, por todo este dilatado orbe de las Indias, de la fe católica y de la religión cristiana, lo cual ha de hacerse necesariamente por la conversión de estas gentes a Cristo"[23].

---

populares con sentido sacrílego). También proscribe los juegos de naipes, que dan base frecuente a tales maldiciones (con una excepción: solo se pueden jugar "en el aposento doinde yo estobiere" —Cortés tenía fama de jugador empedernido—). Véase Silvio A. Zavala, "Hernán Cortés y la teoría escolástica de la justa guerra", en, del mismo autor, *La 'Utopía' de Tomás Moro en la Nueva España y otros estudios*. México, D. F.: Porrúa, 1937, 45-54; y, sobre todo, del mismo autor, "Hernán Cortés ante la justificación de la conquista", *Revista de historia de América*, No. 92, julio-diciembre de 1981, 49-69. La evolución del pensamiento político y el concepto imperial de Cortés se discuten en el sugestivo ensayo de Víctor Frankl, "Imperio particular e imperio universal en las cartas de relación de Hernán Cortés", *Cuadernos hispanoamericanos*, Vol. 55, No. 165, 1963, 443-482.

[20] "Ordenanzas de buen gobierno" (20 de marzo de 1524), en D. I. A., Vol. 26, 140.

[21] El emblema latino de Cortés lo refiere fray Gerónimo de Mendieta, *Historia eclesiástica indiana*, l. 3, c. 1, 176. Robert Ricard da una versión ligeramente diferente, en *La conquista espiritual de México. Ensayo sobre el apostolado y los métodos misioneros de las ordenes mendicantes en la Nueva España de 1523-24 a 1572*. México, D. F.: Fondo de Cultura Económica, 1986, 75. La traducción al romance que aquí reproduzco es ofrecida por Francisco López de Gómara, *Conquista de Méjico*, 301. Una traducción algo distinta ofrece Bernal Díaz del Castillo, *Historia verdadera de la conquista de la Nueva España*. México, D. F.: Editorial Porrúa, 1986, c. 20, 33.

[22] *Los primeros memoriales de fray Bartolomé de Las Casas*. La Habana: Universidad de La Habana, 1972, 86.

[23] "Algunos principios que deben servir de punto de partida en la controversia destinada a poner de manifiesto y defender la justicia de los indios", *Tratados*, Vol. II, 1271. Si en este trabajo aludo innumerables veces a Las Casas, es que me parece correcta la cita que un eminente hispanista francés

La colonización de América tiene lugar al final de la Reconquista española, un largo período de guerra santa contra el islam y de expulsión de los judíos ibéricos. Esta ligazón fue reconocida por los protagonistas mismos del "descubrimiento". En su primera entrada a su diario del primer viaje, Cristóbal Colón une el "presente año de 1492", en que "Vuestras Altezas haber dado fin a la guerra de los moros" y "después de haber echado fuera todos los judíos de todos vuestros reinos y señoríos", con el inicio de su viaje "para convertir al Gran Khan"[24]. En otra ocasión, esboza la idea de un imperio mundial cristiano, libre de infieles y herejes, como la gran contribución a la iglesia y la historia de los Reyes Católicos.

> Sabiendo la lengua dispuesta suya personas devotas, religiosas, que luego se tornarían todos [los indígenas] cristianos, y así espero en Nuestro Señor que Vuestras Altezas se determinarán a ello con mucha diligencia, para tornar a la Iglesia tan grandes pueblos, y los convertirán, así como han destruido aquellos que no quisieron confesar el Padre y el Hijo y el Espíritu Santo [moros y judíos]; y después de sus días (que todos somos mortales), dejarán sus reinos en muy tranquilo estado y limpios de la herejía y la maldad... para acrecentar la sancta religión cristiana.[25]

Por ello, insiste el Almirante, hay que supervisar con cuidado la ortodoxia de los que pasen a las tierras descubiertas. "Vuestras Altezas no deben consentir que aquí trate ni haga pie ningún extranjero, salvo católicos cristianos, pues esto fue el fin y el comienzo del propósito, que fuese por acrecentamiento y gloria de la religión cristiana ni venir a estas partes ninguno que no sea buen cristiano"[26].

Es una época cuando hispanismo y catolicidad ortodoxa parecen sinónimos, en la que se observa una profunda "identificación entre confesión y nacionalidad, patria y religión", según la cual: "La fuerza central dominadora de la voluntad de España era una trascendental idea, un ideal,

hace del cardenal Jean Daniélou: "Si la hagiografía debe ser criticada, la crítica debe reconocer que ciertas vidas tienen un valor casi paradigmático". Marcel Bataillon, *Estudios sobre Bartolomé de Las Casas*. Barcelona: Península, 1976, 11, n. 9. Espero, sin embargo, no incurrir en el "afán laudatorio indiscriminado", mácula que correctamente critica Edmundo O'Gorman en muchos admiradores del fogoso fraile dominico. "La *Apologética historia*, su génesis y elaboración. Su estructura y sentido", estudio preliminar a la *Apologética historia sumaria*, clxvii.

[24] Cristóbal Colón, *Los cuatro viajes*, 1986, 43-44; Las Casas, H. I., l. 1, c. 12, t. 1, 65. Los reyes católicos tomaron Granada en enero de 1492, completando la derrota de los islámicos en la península ibérica, y el 31 de marzo de ese mismo año decretaron la expulsión de los judíos.

[25] Las Casas, H. I., l. 1, c. 46, t. 1, 232.

[26] *Los cuatro viajes*, 111.

una concepción religiosa de la vida, encarnada en la Iglesia Católica... Fernando e Isabel concibieron la idea de hacer de España una nación homogénea con la unificación de la fe"[27].

Esa "identificación entre confesión y nacionalidad, patria y religión" se expresa de innumerables maneras en el hacer y el decir misionero— político de los castellanos en América. Probablemente recogería amplio consenso la opinión del franciscano, evangelizador en Nueva España, fray Francisco de Vitoria [no debe confundirse con el teólogo dominico de igual nombre], cuando escribe a Carlos V: "Están tan reunidos en aquellas partes el patrimonio de nuestro maestro y redentor Jesucristo y el de la Corona Real de España"[28].

El dominio español del Nuevo Mundo se da también al inicio de la escisión del cristianismo occidental. Esto marcó profundamente su carácter: una cristiandad católica hispana furiosamente antagónica a los "infieles", "apóstatas" y "herejes", y restrictiva al respecto de posibilidades alternas de interpretar la experiencia religiosa.[29] Domingo Bañez, renombrado teólogo castellano del siglo de oro, se hace eco de esta simbiosis entre estado e iglesia al defender la ejecución de los herejes: "El rey castiga a los herejes como a enemigos, como a rebeldes extremadamente malvados, que ponen en peligro la paz del reino, la cual no puede mantenerse sin la unidad de la fe. Por eso se les quema en España"[30].

Fernando de los Ríos hace atinado diagnóstico de la unidad entre estado y religión en la España de la época en cuestión y su consecuente intolerancia: "En un Estado concebido como órgano para un fin religioso y con un contenido dogmático preciso, en un Estado que... no deja fuera de sí nada que represente desacuerdo con el dogma, que es la razón de ser de él, en un Estado tal no hay lugar para las minorías, para la heterodoxia,

---

[27] Fernando de los Ríos, *Religión y estado en la España del siglo XVI*. México, D. F.: Fondo de Cultura Económica, 1957, 37 y 144.

[28] La carta de fray Francisco de Vitoria se reproduce en Lino Gómez Canedo, *Evangelización y conquista: Experiencia franciscana en Hispanoamérica*. México, D. F.: Porrúa, 1977, 223-225. La oración citada está en la 224.

[29] De acuerdo al Papa León XIII: "Colón, a la verdad, descubrió América poco antes de que la Iglesia fuese agitada por una violenta tempestad... por singular designio de Dios, para reparar los males infligidos por Europa al nombre católico". Encíclica *Quarto abeunte saeculo*, 133. Algo similar había escrito, tres siglos antes el fraile franciscano Bernardino de Sahagún: "Cierto parece que en estos tiempos, y en estas tierras y con esta gente, ha querido Nuestro Señor Dios restituir a la Iglesia lo que el demonio le ha robado en Inglaterra, Alemania y Francia". *Historia general de las cosas de Nueva España*, "Prólogo", 20.

[30] Citado por Höffner, *La ética colonial española*, 116.

para las posiciones discrepantes, porque es un Estado-Iglesia: tal es el Estado español del siglo XVI"[31].

Esa unidad entre estado e iglesia, tan peculiar a la historia española, se forjó por siglos. Característico es que la "primera partida" de Alfonso X se dedique íntegramente a la legislación religiosa: "Del estado eclesiástico, e Christiana Religion, que face al ome conoscer a Dios por creencia"[32]. El carácter confesional oficial del estado castellano se nutrió y desarrolló a lo largo de la multisecular lucha contra el islamismo moro.

Esto implica que hay que tener mucha cautela, en el contexto de la conquista de América, al hablar de "racismo hispano", a semejanza del que imperó posteriormente en los imperios anglosajones. Cuando un español del siglo quince o dieciséis se jactaba de su "sangre no contaminada" o de "su pureza de sangre", no se refería principalmente a características raciales, sino a poseer una ascendencia íntegramente cristiana, sin mezclas judías o moras/islámicas. Los certificados de "pureza de sangre" no eran análogos al ideal anglosajón o nórdico de uniformidad étnica. Eso era imposible en la España de la época. Aludían más bien a una imagen de indisoluble unidad entre nación y ortodoxia católica. Por eso los descendientes de judíos y moros hasta la cuarta generación se excluían de las órdenes religiosas. De aquí también la ferocidad conque la Inquisición española persiguió a los disidentes en materias doctrinales.[33]

Lo que es evidente en los textos del siglo dieciséis es un arraigado sentido de superioridad religiosa nacional. España se concibe a sí misma como la preservadora providencial de la devoción católica. Ese sentimiento, que se dirige inicialmente contra los moros y sarracenos, luego se desborda en la contrarreforma y en la expansión del catolicismo en el emergente imperio de ultramar. Sintomáticas son las expresiones de Juan Ginés de Sepúlveda, al alabar "la prudencia e ingenio de los españoles... [su] fortaleza, la humanidad, la justicia... En cuanto a la religión cristiana,

[31] *Religión y estado*, 42. De acuerdo a Juan B. Olaechea Labayen, la repulsa de la heterodoxia "se había constituido en algo así como un hábito racial" entre los españoles. "Opinión de los teólogos españoles sobre dar estudios mayores a los indios", *Anuario de estudios americanos*, Vol. 15, 1958, 161.

[32] *Las siete partidas*, t. 1, 1.

[33] James Lockhart señala que el desdén con que se trataba en Perú, durante las tres primeras décadas de la conquista, a los hijos mestizos se debía no tanto a su configuración racial sino a que la gran mayoría de ellos eran ilegítimos, un estigma serio en un contexto católico de severa moralidad marital. *El mundo hispanoperuano, 1532-1560*, 213. Asentado ello, me parece innegable el punto que con elocuencia esgrime Charles Ralph Boxer de que muy pronto los países ibéricos desarrollaron actitudes claramente racistas en relación a sus vasallos americanos, africanos y asiáticos. *The Church Militant and Iberian Expansion, 1440-1770*. Baltimore-London: The John Hopkins University Press, 1978, 1-38.

muchas pruebas claras he visto de lo arraigada que está en el corazón de los españoles"[34]. Su obra, *Demócrates segundo o de las justas causas de la guerra contra los indios*, es un magnífico ejemplo de la concepción imperial mesiánica y providencial. Las extraordinarias dotes de los españoles —"prudencia, ingenio, magnanimidad, templanza, humanidad y religión"[35]— son señales que evidencian la operación providencial de la gracia divina. Hacen de la nación española la única realmente meritoria de un gran imperio transoceánico. Los indígenas también pueden participar de tales beneficios providenciales, a la manera que los siervos comparten la felicidad y grandeza de sus señores, si acatan la soberanía castellana. De rebelarse son reos de subversión contra la corona española y la voluntad divina.

¿Las consecuencias para quienes —erasmistas, reformados, heterodoxos, ateos— planteaban visiones alternas de la relación entre humanidad y divinidad? "Actitud inquisitiva respecto a las conciencias, terror de las personas discrepantes"[36]. El espíritu de cruzada perdura, identificándose la nación española con el ideal del imperio cristiano. La pasión católica nutrida de siglos de lucha contra los moros no cesa en 1492, con la toma de Granada y el destierro de los judíos.[37] Se precipita, guerrera y misionera, dogmática y perseguidora de la heterodoxia, en el Nuevo Mundo. Como asevera el historiador jesuita Pedro de Leturia: "La cruzada de Granada se prolonga en las Indias"[38]. O, como se ha afirmado repetidas veces, el "apóstol Santiago... de matamoros se convierte en mataindios"[39].

---

[34] *Demócrates segundo o de las justas causas de la guerra contra los indios* (edición crítica bilingüe, traducción castellana, introducción, notas e índices por Ángel Losada). Madrid: Consejo Superior de Investigaciones Científicas, 1951, 33-34. Su rival ideológico, Bartolomé de Las Casas, también refleja un sentido de superioridad religiosa de España, en su caso, como imperativo ético. Su indignación procede de que considera que su patria no se comporta a la altura de su excelso y peculiar deber moral.

[35] Ibíd., 35.

[36] De los Ríos, *Religión y estado*, 46. El teólogo puertorriqueño Ángel M. Mergal Llera escribió hace cuatro décadas un libro donde, con mucha perspicacia y sensibilidad, analiza críticamente el carácter confesional católico del estado español del siglo dieciséis desde su dual perspectiva de hispanista y protestante. *Reformismo cristiano y alma española*. México, D. F.-Buenos Aires: La Aurora-Casa Unida de Publicaciones, 1949.

[37] El 31 de marzo de 1492 decretó la corona española la famosa orden de expulsión de los judíos. En 1609 les tocó la misma suerte a los moros. Podían permanecer en el país si abjuraban de su religión y se bautizaban. Esta medida de "clemencia" no resolvió el problema de hostilidad contra ambos grupos minoritarios, pues los que se acogieron a ella permanecieron sometidos al recelo popular sobre la sinceridad genuina de sus "conversiones" (despectivamente se llamaba "marranos" a los judíos conversos y "moriscos" a los moros bautizados) y a la incansable energía de la Inquisición.

[38] *Relaciones entre la Santa Sede e Hispanoamérica*, Vol. I, 10.

[39] Alberto Flores Galindo, *Buscando un inca: Identidad y utopía en los Andes*. Lima: Instituto de Apoyo Agrario, 1987, 40. A la ciudad capital de Chile, Santiago, se le puso ese nombre para conmemorar una

Es instructivo señalar que incluso Las Casas, el gran crítico de la conducta de España en la colonización del Nuevo Mundo, pidió el traslado a este de la Inquisición.

> Suplico... que mande enviar á aquellas islas é Indias la Santa Inquisición, de la cual yo creo que hay muy gran necesidad, porque donde nuevamente se ha de plantear la fe como en aquellas tierras, no haya quizás quien siembre alguna pésima cizaña de herejía, pues ya allá se han hallado y han quemado dos herejes, y por aventura quedan más de catorce; y aquellos indios, como son gente simple y que luego creen, podría ser que alguna maligna y diabólica persona los trujiese á su dañada doctrina y herética probidad.[40]

Esta solicitud, que data de 1516, impresionó favorablemente al Cardenal Francisco Jiménez de Cisneros, entonces inquisidor general y regente del gobierno español, quien la aprobó el 21 de julio de 1517, pero su muerte, acaecida pocos meses después, atrasaría el traslado del Santo Oficio al Nuevo Mundo.[41] Aunque la preocupación de Las Casas y Cisneros, en esos momentos, eran las tendencias hebraizantes e islamistas de los llamados "cristianos nuevos" (los conversos judíos y moros), pronto la Inquisición se convirtió en arma de combate contra "otros indicios de luterano"[42].

Fernando Mires permite que su entusiasmo por Las Casas obnubile su juicio histórico cuando asevera que el gran defensor de los indígenas fue también "un precursor de la idea de la libertad de cultos, título notable para un clérigo proveniente de la fanática Iglesia española de la Contrarreforma"[43]. Lo que sucede es que Las Casas valoraba la religiosidad indígena como una especie de *praeparatio evangelica*, un

de múltiples "intervenciones" milagrosas que el santo apóstol, patrón de España, hizo para adjudicar la victoria militar a sus devotos ibéricos contra los idólatras y paganos indígenas.

[40] *Los primeros memoriales*, 76.

[41] Joaquín Pérez Villanueva y Bartolomé Escandell Bonet, *Historia de la inquisición en España y América, Vol. I: El conocimiento científico y el proceso histórico de la Institución (1478-1834)*. Madrid: Biblioteca de Autores Cristianos, Centro de Estudios Inquisitoriales, 1984, 662-665.

[42] "Brevísima relación de la destruición de las Indias", en *Tratados*, Vol. I, 147. Los Reyes Católicos emitieron, el 22 de junio de 1497, una amnistía general para quienes se dispusiesen a aventurarse en las nuevas tierras encontradas "que hobieren cometido hasta el día de la publicación desta nuestra Carta cualesquier muertes é feridas, é otros cualesquier delitos de cualquier natura é calidad que sean". Hay excepciones, siendo la primera la herejía. Reproducida en Navarrete, *Colección de los viages y descubrimientos*, Vol. II, 249.

[43] Fernando Mires, *La colonización de las almas: Misión y conquista en Hispanoamérica*. San José: DEI, 1987, 218. En cierta ocasión, Las Casas opinó que el problema de la expansión de los herejes husitas en Bohemia había sido la renuencia de parte del Emperador "que los metiesse todos á cuchillo ántes que más creçiesen y infiçionasen toda la región". El mejor remedio, no seguido por las autoridades,

acondicionamiento a la devoción de un ser supremo. Eso es muy diferente a ser promotor de la moderna noción de "libertad de culto", la cual parte del concepto matriz del estado secular, con su consecuente privatización de la religiosidad y relegación al ámbito de la intimidad subjetiva.

Las Casas siempre fue muy precavido en realzar su ortodoxia católica teológica y doctrinal. A esa cautela se debe el que nunca tuviese problemas verdaderamente serios con la Inquisición (suerte que no tuvieron otros insignes compatriotas, como San Ignacio de Loyola, Fray Luis de León, Santa Teresa de Jesús y San Juan de la Cruz, quienes en algún momento sufrieron el rigor del temido Santo Oficio español).[44]

En general, todos los principales actores hispanos en los debates teológicos y jurídicos sobre la libertad humana en relación con la conquista de América aceptaron sin cuestionar la tradición católica de la compulsión eclesiástica y estatal contra las llamadas herejías. Esa tradición comenzó modestamente con la declaración de anatema (*anathéma*: "maldito"[45]) a quien no compartiese las doctrinas sustentadas por la mayoría de los obispos reunidos en un concilio eclesiástico. Tras la exposición teológica positiva de la cuestión doctrinal, se finalizaba con la maldición de los herejes. Ejemplo: la fórmula doctrinal aprobada por el Concilio de Nicea (325 d.C.) concluye de la siguiente manera severa: "A los que afirman: Hubo un tiempo que [el Hijo] no fue y que antes de ser engendrado no fue, y que fue hecho de la nada, o los que dicen que es de otra hipóstasis

para atajar la herejía de Juan Hus hubiese sido "sojuzgar por guerra". "Carta a Bartolomé Carranza de Miranda" (agosto de 1555), en Fabié, *Vida y escritos de Las Casas*, t. 71, 408-409.

[44] En su disputa con Sepúlveda, Las Casas articuló una diferencia entre el trato a los infieles que nunca habían oído hablar de Cristo, y los herejes. A estos segundos, en su opinión, podían aplicarse las medidas represivas que había propugnado San Agustín. "Disputa o controversia", 379-381. En relación con las tesis de Francisco de Vitoria, equivoca los términos Fernando de los Ríos al referirse a "la herejía de los indios". Vitoria, maestro, como excelente escolástico que era, de las distinciones y precisiones, nunca utilizó ese término para aludir al paganismo o infidelidad indígena. *Religión y estado*, 102. Interesante es, por otro lado, la referencia de los Ríos a una cédula de los reyes Fernando e Isabel que prohibía emigrar al Nuevo Mundo a "aquellos cuya fe católica fuese sospechosa y quienes pudiesen ser hijos o nietos de los que hubiesen sido condenados por la Inquisición". *Ibíd.*, 164. Las obras de Las Casas caerían posteriormente bajo la censura del Consejo de Indias y la Inquisición, cuando a fines del siglo dieciséis y durante el diecisiete se extendió, como arma ideológica de la rivalidad intraeuropea por las posesiones del Nuevo Mundo, la "leyenda negra", que utilizó como fuentes de evidencia antihispana los escritos del fogoso fraile dominico, sobre todo la "Brevísima relación". Lewis Hanke, "Las Casas, historiador", estudio preliminar a Fray Bartolomé de Las Casas, *Historia de las Indias*, xl-xli.

[45] La maldición *anáthema* se encuentra en algunos textos paulinos: Primera Epístola a los Corintios 16:22 y Gálatas 1:8-9.

o de otra sustancia o que el Hijo de Dios es cambiable o mudable, los anatemiza la iglesia católica"[46].

Durante el cuarto siglo, en el proceso de convertirse el cristianismo en religión oficial del imperio romano, se dio el próximo paso. El estado inició la práctica, estimulada por la iglesia, de castigar judicialmente a los llamados herejes: confiscación de bienes, aprisionamiento y destierro. Su defensa clásica fue la extensa epístola que San Agustín enviase a Vicente, un "rogatista", en el año 408 d.C., en la que defiende las leyes que el imperio ha aprobado contra los donatistas, afirmando que ha sido benéfico "el terror que infunden esas leyes, con cuya promulgación los reyes sirven a Dios en el temor"[47].

La disciplina estatal contra los herejes en Agustín parece afectar la libertad y los bienes de los herejes, no necesariamente sus vidas. No tardó, sin embargo, en surgir el estadio fatal: el suplicio capital como castigo por herejía. La sustentación textual clásica de esta represiva medida se encuentra en la *Suma teológica* tomista. Santo Tomás asevera que la fe es voluntaria. Ningún adulto puede ser obligado a convertirse y bautizarse. Después, empero, que lo hace, puede obligársele a sostener las doctrinas católicas. "Es voluntario el abrazar la fe, pero el mantener la fe recibida es de necesidad. Por lo tanto, los herejes deben ser forzados a mantener la fe"[48]. ¿Qué sucede si algún "hereje" se niega a subordinar su conciencia a los dictados doctrinales de la iglesia? Las consecuencias son dos: la excomunión eclesiástica y la ejecución estatal. "Si todavía alguno se mantiene pertinaz, la Iglesia, no esperando su conversión, lo separa de sí por sentencia de excomunión... Y aún pasa más adelante, entregándole al juicio seglar para su exterminio de este mundo por la muerte"[49].

Este principio fue el que prevaleció en España y, no debe olvidarse, en toda Europa durante los siglos dieciséis y diecisiete, incluso la no católica (fue la Ginebra calvinista la que ejecutó por herejía a Miguel Servet). También Bartolomé de Las Casas lo supone y por ello, cuando insiste en el carácter estrictamente voluntario de la aceptación de las doctrinas y costumbres de la iglesia católica por los indígenas infieles, no puede resistir la tentación de apuntar la distinción tomista entre infiel y hereje. "Grande ceguedad es... querer que los infieles... fuera de herejes, que la fe católica

[46] Enrique Denzinger, *El magisterio de la iglesia. Manual de los símbolos, definiciones y declaraciones de la iglesia en materia de fe y costumbres*. Barcelona: Herder, 1963, 24.

[47] "Carta 93: A Vicente rogatista", en *Obras de San Agustín* (Madrid: Biblioteca de Autores Cristianos, 1958), Vol. 8, 593-655. La cita proviene de la 615.

[48] *Suma teológica*, 2-2, cu. 10, art. 8, Vol. 7, 376.

[49] *Ibíd.*, cu. 11, art. 3, 408.

una vez hayan voluntariamente recibido, la reciban con requerimientos y protestaciones y amenazas... que por el mismo caso pierdan las haciendas, los cuerpos y las ánimas"[50].

Era imposible al estado castellano concebir la conquista y la colonización de América en términos diferentes a los de evangelización misionera. No podía articular la licitud de la empresa imperial desde una óptica exclusivamente política y económica. La propia lógica del estado español conllevaba inevitablemente la confusión entre conquista y cristianización. Lo que para otras naciones hegemónicas ha podido ser posible, reclamar el dominio de los instrumentos de poder, permitiendo a los sometidos, como refugio espiritual para la subjetividad atribulada, la vivencia de su religiosidad autóctona, era, por la naturaleza propia de su autodefinición confesional, camino vedado para España. Su conciencia mesiánica era "de índole esencialmente combativa"[51].

Típica es la actitud de fray Gerónimo de Mendieta, quien en su *Historia eclesiástica indiana* alaba la corona española, primero la de los Reyes Católicos y luego la de sus sucesores, por ser el principado europeo cristiano que con más ahínco se ha enfrentado a "la perfidia judaica", "la falsedad mahomética", "la ceguera idolátrica" y la "malicia casera de los herejes". Por ese afán y celo evangélico, Dios, "que glorifica y engrandece a los que pretenden su divina honra y gloria", ha premiado la monarquía hispana con "la conquista y conversión de infinidad de gentes idólatras, y de tan remotas y incógnitas regiones"[52].

Solórzano recoge el principio rector de la legislación que une indisolublemente el estado y el catolicismo y excluye la tolerancia a la diversidad religiosa y teológica. "La herejía... es tal, que si no se ataja y arranca del todo en viendo que comienza á nacer, no solo podrá ser dañosa á la Religión, sino aun pervertir ó subvertir totalmente el estado político... Así en ninguna República Católica y bien gobernada se debe permitir... la diversidad de las Religiones"[53].

Providencialismo y mesianismo

Esto conllevó la formación de una conciencia fuertemente mesiánica —Enrique Dussel la ha caracterizado como "mesianismo temporal"[54]—,

[50] H. I., l. 1, c. 173, t. 2, 160.

[51] Höffner, *La ética colonial española*, 173.

[52] *Historia eclesiástica indiana*, l. 1, c. 2, 17-18.

[53] *Política indiana*, l. 4, c. 24, t. 3, 359.

[54] *Historia de la iglesia en América Latina*. Barcelona: Editorial Nova Terra, 1972, 54.

para la cual el proceso de descubrimiento/conquista/conversión adquiere atributos providencialistas de acción divina. Beatriz Pastor, en su excelente ensayo sobre la conquista, ha analizado el mesianismo y providencialismo de Cristóbal Colón, y su aguda conciencia de ser un elegido de Dios para hallar las tierras fabulosas que persigue.[55] Esta conciencia providencial se muestra en el *Diario* del Almirante y en una buena parte de su correspondencia. "Me abrió Nuestro Señor el entendimiento con mano palpable a que era hacedero navegar de aquí a las Indias, y me abrió la voluntad para la ejecución de ello. Y con este fuego vine a Vuestras Altezas... ¿Quién duda que esta lumbre no fuese del Espíritu Santo?... Milagro evidentísimo quiso hacer Nuestro Señor en esto del viaje de las Indias"[56].

Especialmente aguda se expresa esta conciencia mesiánica en el momento sombrío de la duda y la desesperación, de la que no escapa nadie que se considere un elegido de la divinidad. Colón pasa por muchas de estas ocasiones lúgubres; por ejemplo, en medio de una terrible tormenta al final del primer viaje, cuando teme que todos sus esfuerzos se disuelvan en la nada debido quizá "a su poca fe y desfallecimiento de confianza de la Providencia divina". En otro momento de duda y desesperación, alega recibir una revelación divina, una voz que le dice "O estulto y tardo a creer y a servir a tu Dios, Dios de todos, ¿qué hizo Él más por Moisés o por David, su siervo? Desde que naciste, siempre Él tuvo de ti muy grande cargo... Las Indias, que son parte del mundo tan ricas, te las dio por tuyas"[57].

Este providencialismo y mesianismo se intensifican en Hernán Cortés. A diferencia de Colón, se trata en el conquistador de México de confianza en la invencibilidad militar del escogido divino. Afirmaciones como la siguiente son comunes en sus relaciones: "Como traíamos la bandera de la cruz, y pugnábamos por nuestra fe... nos dio Dios tanta victoria que les matamos mucha gente, sin que los nuestros recibiesen daño"[58]. En

---

[55] *Discurso narrativo de la conquista de América*, 42-46.

[56] *Textos y documentos*, 253.

[57] *Los cuatro viajes*, 188, 287. Sobre el mesianismo providencialista de Colón, véase la breve pero sugestiva contribución de J. S. Cummins, "Christopher Columbus: Crusader, Visionary, *Servus Dei*", en A. D. Deyermond (ed.), *Medieval Hispanic Studies Presented to Rita Hamilton*. London: Tamesis Books, 1976, 45-55. La compleja y paradójica conjunción en la mentalidad colombina de la ambición codiciosa y el providencialismo místico y mesiánico la explota literariamente de manera magistral Alejo Carpentier, en su desafiante obra *El arpa y la sombra*. México, D. F.: Siglo XXI, 1979. Por el contrario, la *Famosa comedia del Nuevo Mundo, descubierto por Cristóbal Colón* (Madrid: Biblioteca de Autores Españoles, t. 215, Ediciones Atlas, 1968) de Lope de Vega, además de falsear importantes hechos históricos, simplifica en exceso la tensión entre ambos elementos.

[58] *Cartas de relación*, 38.

un momento de extremo peligro, azuza sus amedrentadas tropas y les recuerda que su batalla es guerra santa, dirigida por Dios.

> Los animaba diciéndoles que mirasen que... como cristianos éramos obligados en pugnar contra los enemigos de nuestra fe, y por ello en el otro mundo ganábamos la gloria y en éste conseguíamos el mayor prez y honra que hasta nuestros tiempos ninguna generación ganó. Y que mirasen que teníamos a Dios de nuestra parte y que a él ninguna cosa le es imposible, y que lo viesen por las victorias que habíamos habido, donde tantos enemigos eran muertos y de los nuestros ningunos.[59]

Las fórmulas providencialistas que continuamente usa, "plugo a Dios", "bien pareció que Dios fue el que por nosotros peleó", "como Dios Nuestro Señor cada día nos daba victoria", "después de haber oído misa", provienen de la Reconquista ibérica y de las cruzadas. Expresan gráficamente la óptica hermenéutica cristianos-contra-infieles que se impone artificialmente a las guerras contra los indígenas. No son meras expresiones retóricas sin significado ideológico. Si lo fuesen, Cortés no iniciaría cada día de guerra, como lo hace, con una misa. Revelan profundas convicciones forjadas durante largos siglos de contiendas anti-islámicas. Cuando Cortés se refiere a los templos de los indígenas americanos, los llama "mezquitas", resonancia de la recién concluida guerra de Reconquista contra los musulmanes, al igual que la pugna contra el imperio otomano.[60] La batalla contra los indígenas mexicanos se transmuta ideológicamente en guerra santa, con su doble dimensión de ser batalla por la fe y lid comandada por Dios.

Bernal Díaz del Castillo en su vívida descripción de la compleja personalidad del conquistador del imperio azteca, asevera: "Rezaba por las mañanas en unas horas y oía misa con devoción. Tenía por su muy abogada á la Virgen María Nuestra Señora..."[61]. En una ocasión en que Cortés se encontraba perplejo sobre las acciones a tomar, decide consultar la voluntad divina: "Hice decir misas y hacer procesiones y otros sacrificios, suplicando a Dios me encaminase"[62]. Ciertamente, junto a ese

---

[59] *Ibíd.*, 39-40.

[60] Jacques Lafaye: "La continuidad entre la *guerra de moros* y la *guerra de indios* era tan evidente que los conquistadores llamaron *mezquitas* a los templos paganos del Nuevo Mundo". *Los conquistadores*, 143.

[61] *Historia verdadera de la conquista de la Nueva España*, c. 204, 557.

[62] *Cartas de relación*, 268.

fervor coexistían intensos deseos de gloria personal, ambición desmedida y marcada lujuria.

A ese combatiente espíritu de cruzada se debe que en ocasiones aparezca, como cláusula en las instrucciones o capitulaciones que la corona entabla con conquistadores, la petición al Papa de alguna bula concediendo indulgencia plenaria a quienes perezcan en las campañas por subyugar las naciones indígenas. La décima merced otorgada por la corona a Diego Velázquez, cuando este, antes que Cortés lo madrugase, soñaba con ser el primero en adquirir posesión de las riquezas del territorio mexicano, decía: "Que suplicaría al papa que concediese bula para que los españoles que muriesen en aquella demanda fuesen absueltos a culpa y pena"[63]. Era un procedimiento que se había diseñado para las cruzadas y que se aplicaba, en el mismo espíritu de confrontación contra los infieles, a la conquista de América. Por iniciativa propia, y siguiendo el procedimiento establecido, el Papa Clemente VII concede bulas de indulgencias a Cortés y sus tropas, tras aceptar los dones, parte del botín ganado en la victoria contra el imperio azteca, que el conquistador le remite.[64] La bula, emitida el 16 de abril de 1529, afirma: "No perdonando por muchísimos años a ningunos trabajos, exponiendo la vida a todos los peligros, finalmente peleando valerosamente, venciste y adquiriste la India Occidental, al presente nombrada Nueva España, para el yugo de Cristo y obediencia a la Santa Romana Iglesia"[65].

Sobre este providencialismo belicoso indica Beatriz Pastor:

> Dentro de este marco providencialista, la voluntad que se expresa en cada una de las elecciones del personaje... se transforma en obediencia. El personaje no elige, sino que es elegido por Dios para la empresa, y se limita a ejecutar no sus propios proyectos sino la voluntad divina. El conocimiento se presenta consistentemente como inspiración divina; la acción que resulta de esa inspiración queda definida implícitamente como guerra santa, y el proyecto se transforma en misión.[66]

Este mesianismo providencialista fue sustentado por Fray Toribio de Motolinia, uno de los doce franciscanos (conocidos como los doce apóstoles) que llegaron a México en 1524 para evangelizar a los indígenas.

---

[63] Citada por Las Casas, H. I., l. 3, c. 124, t. 3, 258.

[64] Díaz del Castillo, *Historia verdadera de la conquista de la Nueva España*, c. 195, 527-528.

[65] Citada por Zavala, *Instituciones jurídicas*, 349.

[66] *Discurso narrativo de la conquista*, 224.

En su opinión, antes de llegar Cortés a México, "Dios nuestro Señor era muy ofendido... y el demonio nuestro adversario era muy servido con las mayores idolatrías y homicidios más crueles que jamás fueron". La obra de Cortés consistió en:

> Impedir y quitar estas y otras abominaciones y pecados y ofensas que a Dios y al prójimo eran hechas y plantar nuestra santa Fe católica, levantar por todas partes la cruz de Jesucristo y la confesión de su santo nombre... Por este capitán nos abrió Dios la puerta para predicar su Santo Evangelio y éste puso a los indios que tuviesen reverencia a los santos sacramentos.[67]

Es interesante señalar un aspecto importante de la dimensión espiritual o religiosa de la conquista política-militar de Cortés: su intención de plantar una "nueva iglesia" en el Nuevo Mundo. Poco después de vencer a los aztecas, pide a la corona que envíe misioneros, frailes de convicción, educación y vida ejemplar, para la conversión de los nativos. Dos cosas se destacan. La primera es su énfasis de que estos misioneros procedieran de las órdenes mendicantes, franciscanos y dominicos. Estos se dedicarían exclusivamente al bienestar espiritual de españoles y nativos. El rechazo al clero ordinario es abrupto y revelador de su opinión sobre la secularización de la iglesia renacentista. "Porque habiendo obispos y otros prelados no dejarían de seguir la costumbre que, por nuestros pecados hoy tienen, en disponer de los bienes de la iglesia, que es gastarlos en pompas y en otros vicios, en dejar mayorazgos a sus hijos o parientes"[68]. Segundo, que gracias a esos misioneros se podría iniciar la fundación de "una nueva iglesia" que supere la cristiandad europea en celo y convicción religiosa, "donde más que en todas las del mundo Dios Nuestro Señor será servido y honrado"[69].

---

[67] "Carta a Carlos V", 205-206, 221. El antiguo emblema de la Ciudad de México, oficializado en 1540, recogía ese providencialismo en su lema: *non in multitudine exercitus consistit victoria sed in voluntate Dei* ("la victoria no procede de la multitud de los ejércitos, sino de la voluntad de Dios").

[68] *Cartas de relación*, 203.

[69] *Ibíd.*, 280. Sobre este asunto, véase John H. Elliott, "The Mental World of Hernán Cortés", en, del mismo autor, *Spain and Its World, 1500-1700. Selected Essays*. New Haven: Yale University Press, 1989, 27-41; José Antonio Maravall, "La utopía político-religiosa de los franciscanos en Nueva España", *Estudios americanos*, Vol. I, 1949, 199-227; Víctor Frankl, "Imperio particular e imperio universal en las cartas de relación de Hernán Cortés", 470-482; y Fidel de Lejarza, "Franciscanismo de Cortés y cortesianismo de los franciscanos", *Missionalia hispánica*, 5, 1948, 43-136. Aunque Hernán Cortés, gracias a sus *Cartas de relación*, es un mejor ejemplo de providencialismo y mesianismo, interpretación similar se ha ensayado respecto a Francisco Pizarro, el otro gran protohéroe de la conquista. Cf. Fernando de Armas Medina, *Cristianización del Perú (1532-1600)*. Sevilla: Escuela de

Esta interpretación providencialista de la conquista no queda sin cuestionar. Bartolomé de Las Casas invierte la óptica hermenéutica e interpreta los hechos como inspirados por la codicia satánica, a la vez que censura la ideologización religiosa de la conquista.

> Y los tristes ciegos, dejados de Dios venir a reprobado sentido, no viendo la justísima causa, y causas muchas llenas de toda justicia, que los indios tienen por ley natural, divina y humana de los hacer pedazos, si fuerzas e armas tuviesen, y echarlos de sus tierras, e la injustísima e llena de toda iniquidad, condenada por todas las leyes, que ellos tienen para, sobre tantos insultos y tiranías e grandes e inexpiables pecados que han cometidos en ellos, moverles de nuevo guerra, piensan y dicen y escriben que las victorias que han de los inocentes indios asolándolos, todas se las da Dios, porque sus guerras inicuas tienen justicia, como se gocen y gloríen e hagan gracias a Dios de sus tiranías.[70]

Es el fogoso fraile dominico el que logra, mediante su campaña activa, constante e incansable de sobre cinco décadas (1514-1566), que el concepto "conquista" deje de ser sinónimo de "proeza" y se transforme en término de dudosa reputación. Hablando de algunos colonos viejos y empobrecidos, cuyo sentido de valía estribaba exclusivamente en sus "ilustres hazañas" armadas, se apresta a desacreditar, como siempre hizo, el prestigioso vocablo: "Hay muchos vecinos viejos y conquistadores, que es el más infame título que pueden tener aunque ellos lo tienen por gran honra"[71] .

Esta rigurosa crítica a la violencia de la conquista, sin embargo, no puede ocultar que Las Casas comparte un sentido misionero y providencial similar al de sus rivales. También para el gran fraile dominico el encuentro de las Indias por los españoles es resultado de la providencia divina, de la historia de la redención humana planificada y dispuesta por Dios. Al inicio de su monumental *Historia de las Indias*, define el descubrimiento como "el tiempo de las maravillas misericordiosas de Dios", momento en que el mandamiento evangelizador de la Iglesia se habría de cumplir para el Nuevo Mundo. El descubrimiento es, en instancia

Estudios Hispano-Americanos de la Universidad de Sevilla, 1953, 5-7, 15-21. Esa obra se inserta en la avejentada y poco crítica tradición de interpretación nacionalista y católica.

[70] "Brevísima relación", 101.

[71] Carta de Las Casas al Consejo de Indias, probablemente de 1552. La reproduce Marcel Bataillon, *Estudios sobre Bartolomé de Las Casas*, 286.

última y fundamental, producto de la "universal providencia" que, "en el abismo de sus justos juicios", determina cuándo "las ocultas naciones son descubiertas y son sabidas", la ocasión en la que a los pueblos aislados, descendientes de Adán, les llega "el tiempo de las misericordias divinas... en el cual oigan y también reciban la gracia cristiana".

La divina providencia, afirma Las Casas, seleccionó a Cristóbal Colón, con el objetivo de iniciar la predestinada conversión de los naturales del Nuevo Mundo.

> Escogió el divino y sumo Maestro entre los hijos de Adán que en estos tiempos nuestros había en la tierra, aquel ilustre y grande Colón... su ministro y apóstol primero destas Indias... varón escogido... Cristóbal, conviene a saber, *Christum ferens*, que quiere decir traedor o llevador de Cristo... y él metió a estas tierras tan remotas y reinos hasta entonces incógnitos a nuestro Salvador Jesucristo y a su bendito nombre... deseoso de la conversión destas gentes, y que por todas partes se sembrase y ampliase la fe de Jesucristo.[72]

Esa perspectiva providencialista confiere un carácter apocalíptico y escatológico a los viajes colombinos. La pregunta acerca del fin de la historia, prometido en el Apocalipsis bíblico indefinidamente postergado, había sido contestada regularmente por los teólogos en referencia a la encomienda misionera universal de la iglesia: la *parousía* de Cristo y la culminación de los tiempos acontecerían solo después que se predicase el evangelio a todas las naciones. De aquí la importancia escatológica del descubrimiento, como señal de la inminente cercanía del *eschatón*, del final de la historia.[73] Asume Las Casas que Alejandro VI, el Sumo Pontífice "cosa creíble, cierto, es que diese a Dios... loores y gracias inmensas, porque en sus días había visto abierto el camino para el principio de la última

[72] H. I., l. 1, cs. 1-2, t. 1, 23-30. *Christum ferens* era la peculiar manera que de firmar tenía Colón. También atribuye Las Casas a la divina providencia la negativa del rey de Portugal a apoyar la empresa colombina, pues Dios "tenía elegidos para este ministerio los reyes de Castilla y León". *Ibíd.*, l. 1, c. 28, t. 1, 151. Igualmente considera decisión divina la muerte de la esposa de Colón, "porque convenía estar desocupado del cuidado y obligación de la mujer...". *Ibíd.*

[73] Cf. Marcel Bataillon, "Novo mundo e fim do mundo", passim. Bataillon también analiza el agotamiento, a fines del siglo dieciséis, de esa conciencia de la cercanía del fin de la historia, que él cataloga de "obsesión milenarista", "perspectiva escatológica" e "impaciencia apocalíptica". Eso provoca el marcado pesimismo que, en las postrimerías de ese siglo comienza a verse en misioneros como Sahagún y Mendieta. *Ibíd.*, 350-351.

predicación del Evangelio y llamamiento... que es, según la parábola de Cristo, la hora undécima"[74].

La relación entre predicación misionera al Nuevo Mundo y escatología aporta una explicación teológica, o más bien demonológica, de la resistencia tenaz que recibiesen las propuestas de Colón. "Porque contra los negocios más aceptos a Dios y más provechosos a su santa Iglesia, mayores fuerzas pone para impedir el ejército de los infiernos, conociendo que poco tiempo le quedaba ya, como se escribe en el Apocalipsis"[75].

La historia se encuentra, por tanto, en su "hora undécima"[76]. Este contexto apocalíptico es el que confiere genuino significado universal al descubrimiento de América. El providencialismo apocalíptico lascasiano se acompaña de acentuado mesianismo. Se podría afirmar con certeza que para Las Casas, en el extraordinario drama cósmico del descubrimiento y la conquista de América, hay dos figuras providenciales y mesiánicas: Cristóbal Colón, quien abrió el sendero para la evangelización de los habitantes de las Indias, y él mismo, Bartolomé de Las Casas, escogido por Dios para denunciar las injusticias y crueldades realizadas por los europeos y para salvar los cuerpos y las almas de los nativos.[77]

El "descubrimiento" del Nuevo Mundo no es un mero azar histórico; se entiende, por Las Casas al igual que por sus rivales teóricos, en el contexto de la historia de la salvación universal, como uno de sus episodios de mayor importancia. Es harto reconocido que la voluminosa obra de Las Casas, *Del único modo de atraer a todos los pueblos a la verdadera*

[74] H. I., l. 1, c. 79, t. 1, 336-337.

[75] *Ibíd.*, l. 1, c. 29, t. 1, 160. Esta explicación demonológica de la resistencia al proyecto colombino se encuentra también en Colón. E. g., *Textos y documentos*, 253.

[76] "Octavo remedio", en *Tratados*, Vol. II, 673. Colón fue un paso más allá y trató de calcular el tiempo que quedaba para el fin de la historia. También para él su proeza era una señal escatológica que responde al mandato evangélico: "El predicar el Evangelio en tantas tierras de tan poco tiempo acá me lo dice". Pronostica una nueva señal: la toma de la tierra santa, en manos musulmanas, por la corona hispana. Sostiene la idea, en ese tiempo muy común, de que las riquezas que se obtendrían de las Indias podrían emplearse para una nueva cruzada; insinúa también a la reina Isabel que él podría ser el depositario de una nueva elección providencial: dirigir la recuperación de Jerusalén. En carta al Papa (1502) alega que todo eso se hubiese ya realizado, de no haber sido porque "Sathanás ha destorbado todo esto". *Textos y documentos*, 256, 278, 287.

[77] En este mismo sentido, Consuelo Varela, "Prólogo", en *Ibíd.*, viii. Empero, sería preferible hablar de conciencia mesiánica, más que de "megalomanía", como hace Varela. Juan Pérez de Tudela Bueso, en su excelente introducción a los cinco volúmenes de escritos lascasianos por él editados, advierte que algo importante distingue el providencialismo mesiánico de Las Casas: "La suprema seguridad con que se arroga el papel de hermeneuta sagrado del acontecer pretérito y de lo porvenir". "Estudio crítico preliminar", *Obras escogidas de Bartolomé de Las Casas*. Madrid: Biblioteca de Autores Españoles (t. 95), Ediciones Atlas, 1957, cx.

religión[78], no es otra cosa sino una extensa deliberación teológica de las condiciones para el cumplimiento del mandato misionero de Jesús, su postrer instrucción previa a lo que el Nuevo Testamento cataloga como su "ascensión": "Todo poder se me ha dado en el cielo y en la tierra. Por tanto, vayan y hagan que todos los pueblos sean mis discípulos. Bautícenlos en el nombre del Padre y del Hijo y del Espíritu Santo" (Mateo 28:18-19). Mucho menos advertido es que la relección teológica de Francisco de Vitoria, *De indis*, se inicia como una exposición de ese mismo texto bíblico, del mandato evangélico para la predicación universal, y sus implicaciones para la actividad misionera al respecto de "esos bárbaros del Nuevo Mundo, vulgarmente llamados indios"[79]. Las Casas y Vitoria proceden de una premisa similar: la conversión de los infieles del Nuevo Mundo, al dar cumplimiento al mandato misionero de Cristo, anuncia la cercanía del fin de la historia.

Fray Gerónimo de Mendieta, misionero franciscano español en Nueva España, comparte la visión lascasiana del providencialismo colombino. Asevera, al iniciar su obra *Historia eclesiástica indiana* que: "Escogió Dios por medio é instrumento á Colón para comenzar á descubrir y abrir el camino de este Nuevo Mundo, donde se quería manifestar y comunicar á tanta multitud de ánimas que no lo conocían". Contrario, sin embargo, a Las Casas, también considera a Cortés una figura providencial, como fue la norma general entre los misioneros franciscanos de la Nueva España. Por eso continúa la oración anterior: "Como escogió á Fernando Cortés por instrumento y medio de la principal conversión que en las Indias se ha hecho"[80]. Mendieta lleva lo más lejos posible su concepción providencialista de Cortés, hasta entrar en detalles que solo desde esa perspectiva adquieren significado. El día que nació Cortés, en 1485, sucedieron dos hechos cruciales para entender la evangelización de la Nueva España. Por un lado, nació también Martín Lutero, instrumento del demonio para

[78] México, D. F.: Fondo de Cultura Económica, 1942. Se han encontrado únicamente los capítulos sexto, séptimo y octavo de la obra. Pero las tesis de Las Casas logran expresarse en ellos con suficiente y reiterada claridad.

[79] *Obras de Francisco de Vitoria*, 642.

[80] *Historia eclesiástica indiana*, l. 1, c. 1, 15. Es notable la perduración de este providencialismo, a la vez religioso y nacionalista, en teólogos hispanos modernos, incluso de alta capacidad crítica y erudición. Eso explica afirmaciones como la siguiente: "Nuestra Patria [así, con letra mayúscula] no se contentó con tener un Imperio, ni con dominar... fue, ante todo, a civilizar, a cristianizar el Nuevo Mundo... Dios eligió a España, en su providencia divina, para la colonización del Nuevo Mundo, porque estaba preparada para dar lo que ninguna nación podía dar, pues no lo tenían. Solo la España de los Reyes Católicos, la del Emperador Carlos V y la Felipe I podía realizar entonces una empresa de tal magnitud". Venancio Diego Carro, *La teología y los teólogos-juristas españoles*, Vol. I, 115, 120-121 (énfasis en el original).

hacer daño a la fe auténtica. Cortés fue, sin que él mismo lo supiese, el anti-Lutero, de manera que lo que se perdiese en el Viejo Mundo se recuperase en el Nuevo.

> Sin alguna duda eligió Dios... por instrumento á este valeroso capitán D. Fernando Cortés, para por medio suyo abrir la puerta y hacer camino á los predicadores de su Evangelio en este Nuevo Mundo, donde se restaurase y se recompensase la iglesia católica con conversión de muchas ánimas, la pérdida y daño grande que el maldito Lutero había de acusar en la misma sazón y tiempo en la antigua cristiandad.

Por otro lado, como segunda señal del carácter providencial de Cortés, ese mismo día se sacrificaron, en unas fiestas aztecas idolátricas, 80 400 personas. Ese "clamor de tantas almas y sangre humana derramada en injuria de su Criador" sirvió de trasfondo sombrío a la efemérides del parto de quien había de introducir el conocimiento del verdadero y único Dios entre los infieles y bárbaros indígenas. Por eso, Mendieta considera a Cortés como un nuevo Moisés, tratándose esta vez de la introducción del pueblo de Dios en la tierra cananea de las Indias.[81]

Cortés, epítome de la violencia conquistadora, fue constantemente ensalzado por los franciscanos misioneros en la Nueva España. En este punto, como en muchos otros, Mendieta sigue de cerca a fray Toribio de Motolinia para quien Cortés fue un escogido divino y cuyas obras "son para poder ponerle en el paño de la fama y para igualar y poner su persona al parangón con cualquiera de los capitanes y reyes y emperadores antiguos"[82]. El elogio a Cortés se encuentra disperso también en la obra de otro franciscano, fray Bernardino de Sahagún, quien le compara con el Cid y para quien no cabe duda alguna de "que Nuestro Señor Dios regía a este gran varón y gran cristiano". Toda la obra de conquista de México fue una sucesión de milagros divinos, ejercidos bajo la dirección de "este nobilísimo capitán D. Hernando Cortés"; "en cuya presencia y

[81] *Historia eclesiástica indiana*, l. 3, c. 1, 173-177. Cf. John Leddy Phelan, *The Millennial Kingdom of the Franciscans in the New World: A Study of the Writings of Gerónimo de Mendieta (1526-1604)*. Berkeley and Los Angeles: University of California Press, 1956, 1970. Mendieta se equivoca, dicho sea de paso, al afirmar que Martin Lutero y Hernán Cortés habían nacido el mismo año. Lutero nació en 1483 y Cortés en 1485.

[82] *Historia de los indios de la Nueva España*, trat. 3, c. 8, 152.

por cuyos medios hizo Dios nuestro Señor muchos milagros en la conquista de esta tierra"[83].

El providencialismo mesiánico cortesiano no se limitó a los franciscanos. El jesuita José de Acosta concluye su importante obra, publicada en 1590, *Historia natural y moral de las Indias*, con una elegía a Cortés. Admite los lados oscuros del conquistador, su codicia y ambición y que sus obras quizá no siempre fueron "con la sinceridad y medios cristianos que debiera ser". Pero es la manera torcida con la que Dios escribe derecho. La violencia guerrera del conquistador revela el misterio insondable divino, pues, "Dios es sabio y maravilloso, y con sus mismas armas vence al adversario... y con su espada lo degüella".

¿Cómo conocer que era Dios quien impulsaba y protegía a Cortés? Aquí el jesuita Acosta sobrepasa al franciscano Sahagún en la enumeración de los milagros bélicos que Dios, mediante Santiago Apóstol y la Virgen María[84], llevó a cabo para conceder la victoria a los ibéricos y derrotar a los indígenas mexicanos ("favoreció Dios el negocio de los españoles con muchos milagros"). Critica a los "letrados y religiosos" que "con buen celo, pero demasiado" han censurado la violencia de la conquista armada. Olvidan estos que también mediante la guerra Dios lleva a cabo sus propósitos redentores.

> Ha tenido Nuestro Señor, cuidado de favorecer la fe y religión cristiana, defendiendo a los que la tenían, aunque ellos por ventura no mereciesen por sus obras semejantes regalos y favores del cielo... Porque aunque por la mayor parte fueron hombres codiciosos y ásperos... el Señor de todos, aunque los fieles fueron pecadores, quiso favorecer su causa y partido para bien de los mismos infieles que habían de convertirse después por esa ocasión al mismo Evangelio; porque los caminos de Dios son altos, y sus trazas, maravillosas.

Cierto que, como consecuencia de la cruenta guerra, perecieron muchos nativos. "Pero los pecados de aquellos crueles homicidas y esclavos de Satanás, pedían ser castigados del cielo"[85].

---

[83] *Historia general de las cosas de Nueva España*, l. 12, Prólogo, 719-721.

[84] Cf. Rafael Heliodoro Valle, *Santiago en América*. México, D. F.: Editorial Santiago, 1946, passim. Según Alberto Mario Salas: "La mención prolija de estos prodigios podría llenar volúmenes de hagiografía". *Las armas de la conquista*, 115.

[85] *Historia natural y moral*, l. 7, cs. 26-28, 370-377. Armas Medina continúa la tradición jesuita del recuento de los "milagros" que Santiago Apóstol y la Virgen María presuntamente hicieron en favor de los cristianos españoles contra los infieles indígenas. *Cristianización del Perú*, 5-7.

Discrepo, por consiguiente, del uruguayo Juan Villegas, quien atribuye únicamente a Las Casas la concepción de la historia de las Indias como inserta dentro de la dispensación divina para la salvación de toda la humanidad. Según Villegas, a los rivales y críticos de Las Casas "les faltó una visión providencialista de los acontecimientos"[86]. Lo que sucede es que su providencialismo es triunfalista y guerrero, mientras el lascasiano es evangélico y pacífico.

[86] Juan Villegas, SJ, "Providencialismo y denuncia en la 'Historia de las Indias' de Fray Bartolomé de Las Casas", en Comisión de Estudios de Historia de la Iglesia en Latinoamérica (CEHILA), *Bartolomé de Las Casas (1474-1974) e historia de la iglesia en América Latina*. Barcelona: Nova Terra, 1976, 21. Énfasis del autor.

4
El imperio cristiano: reflexiones sobre Las Casas y Vitoria

> Fue tal el influjo del Padre Casas, y tal escrúpulo que al Emperador puso y también á los teólogos, siguiendo á aquel padre por la falsa información, que quiso S. M. dejar estos reinos á los Incas tiranos, hasta que fray Francisco de Victoria le dijo que no los dejase, que se perdería la cristiandad.
>
> Anónimo de Yucay (1571)

> Si una buena parte de los bárbaros se hubiera convertido a la fe de Cristo, ya sea por las buenas ya por las malas, esto es, por amenazas o terrores, o de otro modo injusto, con tal de que de hecho sean verdaderamente cristianos, el Papa puede, pídanlo ellos o no, habiendo causa razonable, darles un príncipe cristiano y quitarles los otros señores infieles.
>
> Francisco de Vitoria

El imperio cristiano y la autodeterminación indiana

No me parece atinada la interpretación de Bartolomé Las Casas como anticolonialista, expuesta hace algunos años por el colombiano Juan Friede.[1] La terminología de Friede refleja cierta peculiar confusión semántica entre "indigenista" y "anticolonialista". Las Casas nunca propugnó la

[1] *Bartolomé de Las Casas: Precursor del anticolonialismo*. México, D. F.: Siglo XXI, 1976. Alberto M. Salas critica a Friede por incurrir en "anacronismos", i. e., en el uso de conceptos más adecuados para los conflictos políticos de los siglos diecinueve y veinte que para los del dieciséis. *Tres cronistas de Indias: Pedro Mártir de Anglería, Gonzalo Fernández de Oviedo, Fray Bartolomé de Las Casas* (2da. ed. corregida y aumentada). México, D. F.: Fondo de Cultura Económica, 1986, 183, n. 16.

retirada de la corona castellana del Nuevo Mundo. Defendió, más bien, una visión tutelar, transfigurada por intenso idealismo utópico, del imperio español, según la cual este debía redundar en "beneficios temporales y espirituales" para los nativos del Nuevo Mundo.

Su gran polémica durante medio siglo fue contra las conquistas violentas y las encomiendas. Pero, en su "Octavo remedio", escrito en 1542 y publicado en 1552[2], la recomendación que reitera extensamente es que la corona adquiera la jurisdicción directa sobre los indígenas, que los reconozca como "vasallos libres"; es decir, que su soberanía sobre ellos no se ejerciese por intermedio de colonos y encomenderos. En sus propias palabras: "Vuesa Majestad es obligado, de derecho y precepto divino, a los sacar del poder de los españoles, y no dárselos en encomienda, y menos por vasallos, y los incorporar perpetuamente como súbditos propios en la corona real de Castilla"[3].

Su paradigma imperial es paternal y benéfico, que no niega la libertad de los indígenas, sino que se funde, por el contrario, sobre su condición de seres libres, individual y colectivamente, como pueblos autónomos. La relación de estos pueblos libres con la corona debía ser similar a la de las ciudades libres que en Europa y España reconocían al Emperador como su soberano en última instancia, sin que tal autoridad cancelase su autonomía y facultades de autodeterminación. "Todos aquellos pueblos y gentes son libres... [deben] a Vuestra Majestad servicio y obediencia, no cualquiera, sino como la que deben los pueblos y ciudades libres a su universal rey... se funda sobre el voluntario consentimiento de los súbditos"[4]. El dominio imperial debe tener como finalidad el bienestar temporal y espiritual de sus vasallos indígenas, no su explotación económica.

> El señorío... que Vuestra Majestad sobre aquellas gentes tiene, y que antes no tenía, se lo haya dado Dios y la Iglesia principalmente para provecho y utilidad espiritual y temporal de todos aquellos pueblos, y este es el privilegio a ellos y no a Vuestra Majestad concedido, como medio conveniente para alcanzar la salvación de ellos.[5]

No hay aquí contradicción esencial entre el señorío indígena autóctono y el imperio castellano. Hay en Las Casas un esfuerzo intenso, continuamente

[2] En *Tratados*, Vol. II, 643-849.

[3] Ibíd., 681.

[4] *Ibíd.*, 743 y 747 (énfasis añadido).

[5] *Ibíd.*, 681.

frustrado, pero que se niega a declararse vencido, por combinar ambos niveles de autoridad política.

> La una es el servicio y obediencia y tributo que deben a sus naturales señores, y este es muy privilegiado, porque es primario y natural. El otro es la obediencia y servicio que deben a Vuestra Majestad como a universal superior y señor, y éste es también privilegiado secundariamente. Y no solo es natural, habido el consentimiento de ellos, pero es de derecho divino, porque se funda en la predicación de la santa fe, y ambos a dos se computan y deben de ser habidos por uno.[6]

Se conjugan así el señorío "primario y natural" con el "secundario", a la manera tomista: la soberanía indígena es "natural", procede del derecho natural; la castellana proviene de la gracia divina. La gracia no destruye, sino perfecciona y culmina la naturaleza. ¿Dónde encontrar la conjunción entre el derecho natural y la gracia de la predicación del evangelio? En la libre autodeterminación de los pueblos y naciones aborígenes. La imagen es la de un imperio evangelizador y humanitario mediado por el consentimiento de los vasallos. El esquema excluye la autoridad de colonos y encomenderos, la cual no corresponde ni al derecho natural ni a la necesidad de la evangelización. "El otro y tercero es el que les toman y fuerzan dar los españoles, que en ser incomportable y durísimo a todos los tiránicos del mundo sobrepuja, e iguala al de los demonios. Este es el violento e innatural, tiránico y contra toda razón y natura"[7].

Desde esta perspectiva, el acto de tomar posesión de los pueblos indígenas, de apoderarse de sus tierras, bienes y personas, violando su autonomía y autodeterminación, va contra todo derecho y justicia. Resiente Las Casas el uso de la expresión "suya propia" en referencia a las Indias, "porque era ajena", tienen señoríos propios y legítimos que no pueden ser arbitrariamente desplazados y deben ser respetados por los reyes castellanos y el Papa. "Ni los reyes ni el Papa que les dio poder para entrar en ella... no los pudieron despojar de sus señoríos públicos y particulares, estados

[6] *Ibíd.*, 733. Este esquema lascasiano no posee la suficiente flexibilidad como para distinguir entre el verdadero gobierno indiano "primario y natural" y el despótico y tirano. Desde una perspectiva nada desinteresada, algunos ideólogos de la conquista castellana intentarían demostrar que los imperios aztecas e incas pertenecían a esta última categoría. De esta manera, la conquista se transfiguraba en liberación. Es historiografía apologética, sin duda, pero toca un punto sensitivo en el que Las Casas se muestra vulnerable.

[7] *Ibíd.*

y libertad"[8]. La crítica se acompaña de una demanda de restitución. La corona debe propiciar la devolución de todos los bienes injustamente sustraídos, "a saber, sus tierras y dominios, sus dignidades y honores... su propia libertad y la de los suyos"[9]. El despojo de los bienes y la servidumbre del trabajo se realizó a contrapelo del libre consentimiento de los pueblos americanos. En este principio se mantiene incólume: "Ninguna sumisión, ninguna servidumbre, ninguna carga puede imponerse al pueblo sin que el pueblo... dé su libre consentimiento a tal imposición"[10].

Como algunos de sus adversarios interpretaran su severísima denuncia como un rechazo absoluto del imperio español sobre el Nuevo Mundo, Las Casas redactó y remitió al Consejo de las Indias en 1552 un tratado titulado "Treinta proposiciones muy jurídicas"[11], en el que intentó conciliar el dominio ibérico sobre las naciones indígenas con el respeto a la soberanía y derechos de estas. Su propósito explícito era exponer "el verdadero y fortísimo fundamento en que se asienta y estriba el título y señorío supremo y universal que los reyes de Castilla y León tienen al orbe de las que llamamos Occidentales Indias. Por el cual son constituidos universales señores y emperadores en ellas sobre muchos reyes"[12].

Esta manera de explicitar el contenido del tratado manifiesta su visión sobre la relación entre la corona castellana y las autoridades indígenas. El dominio de la primera no erradica las segundas. Por el contrario, se trata de ser "emperador sobre muchos reyes"[13]. La autoridad de los Reyes Católicos se deriva de las concesiones otorgadas por Alejandro VI, las cuales emanan del vicariato que el sucesor de Pedro en el episcopado de Roma tiene del poder universal espiritual sobre todas las naciones.[14] Este poder se ejerce para el bienestar de estas últimas y concierne a su salvación eterna. Bajo la premisa de que la sociedad de fines naturales se debe subordinar a la de los fines sobrenaturales, puede el Papa otorgar el dominio imperial sobre los infieles de las Indias a los monarcas españoles. La responsabilidad de estos es promover la corrección evangélica de los indígenas y su mejoramiento espiritual. Las bulas alejandrinas, lejos de

[8] H. I., l. 1, c. 124, t. 1, 474.

[9] *Del único modo*, 542-543.

[10] *De regia potestate*, 33.

[11] Incluido en *Tratados*, Vol. I, 460-499.

[12] *Ibíd.*, 461.

[13] "Tratado comprobatorio del imperio soberano y principado universal que los reyes de Castilla y León tienen sobre las Indias", *Tratados*, Vol. II, 1129.

[14] La exposición más extensa que hace de las bulas alejandrinas, como fundamento legitimador del imperio castellano sobre el Nuevo Mundo se encuentra en el "Tratado comprobatorio", 914-1233.

ser un regalo a los monarcas hispanos, "impúsoles un terrible y espantoso formal precepto"[15]: procurar el bien común de los habitantes de las islas y la tierra firme descubiertas y por descubrir.

Las Casas intenta, con fervor inigualable, conciliar la autoridad espiritual del Sumo Pontífice, el dominio temporal de los reyes españoles y la conservación de los señoríos indígenas. Para lograrlo necesitó varias cosas. En primera instancia, reinterpretar las bulas alejandrinas a la manera de un mandato bienhechor, evangelizador y educativo. En segundo lugar, restringir drásticamente la codicia y avaricia de los europeos. Para ello, se requería, como tercer factor, que las autoridades eclesiásticas y estatales aprobasen legislación severa y férrea en la protección de los nativos y el castigo de sus explotadores.

Por último, como factor clave para que el señorío hispano sea legítimo, es indispensable la mediación de la voluntad no compelida de los pueblos aborígenes, a los cuales deben predicárseles las bondades de la cristiandad y las virtudes del dominio español de forma persuasiva al entendimiento y atractiva al albedrío, sin mediación de fuerza militar. El objetivo es constituir un imperio cristiano, regido temporalmente en primera instancia por los caciques convertidos y en última por la monarquía castellana, y espiritualmente ligado por la adhesión a la fe católica.

> Proposición XVII
>
> Los reyes de Castilla y León son verdaderos príncipes e universales señores y emperadores sobre muchos reyes, e a quien pertenece de derecho todo aquel imperio alto, e universal jurisdicción sobre todas las Indias, por la autoridad, concesión y donación de la dicha Sancta Sede Apostólica, y así, por autoridad divina.
>
> Proposición XIX
>
> Todos los reyes y señores naturales, ciudades, comunidades y pueblos de aquellas Indias son obligados a reconocer a los reyes de Castilla por universales y soberanos señores y emperadores de la manera dicha, después de haber recibido **de su propia y libre voluntad** nuestra santa fe y el santo bautismo.[16]

En la última de las "treinta proposiciones", intenta cuadrar Las Casas los dos polos en tensión de su concepto sobre la relación hispano-india. Sin perjuicio "del título y señorío universal que a los reyes de Castilla

[15] H. I., l. 1, c. 79, t. 1, 339.

[16] "Treinta proposiciones", *Ibíd.*, 481-483.

pertenece sobre aquel orbe de las Indias", declara todas las conquistas y repartimientos de indígenas hasta entonces realizadas "de ningún valor ni fuerza de derecho"[17].

En otro de los tratados de 1552 encara la legitimidad del dominio propietario y de la soberanía política de los pueblos indígenas. En "Algunos principios que deben servir de punto de partida en la controversia destinada a poner de manifiesto y defender la justicia de los indios" insiste en que ambas cosas proceden del derecho natural y el derecho de gentes; no dependen, por tanto, de la fidelidad o infidelidad religiosa.[18] Los pueblos indígenas, por el hecho de ser gentiles, no pueden ser desprovistos de su señorío político ni territorial. Las bulas de Alejandro VI se reinterpretan a la manera de un **pacto** entre la Santa Sede y la corona castellana, que conlleva una promesa de parte de la segunda a promover el bienestar espiritual y temporal de las naciones americanas. De hacer lo contrario, los españoles se convertirían en tiranos y, peor aún, violarían un compromiso formal que "han contraído con Dios, con su Iglesia y con las mismas gentes... de regirlos y gobernarlos con régimen bueno y óptimo... garantizándoles la conservación de su vida y libertad y el dominio, estado, jurisdicción, etc., así de las cosas como de las personas"[19].

En sus crónicas intenta por enésima ocasión conciliar los principales intereses encontrados. Por un lado, la licitud de la soberanía suprema castellana, sobre la base legitimadora de la bula pontificia. "Confesamos que el rey de Castilla y de León, por la concesión de la Sede Apostólica, para fin de convertir aquestas gentes, es príncipe soberano de todo aqueste orbe". Como puede verse, el énfasis hermenéutico de las bulas alejandrinas es misionero y evangelizador, no político o económico. Por el otro, se reitera la validez y permanencia de los señoríos indianos. "No por esto se sigue que son privados de sus estados y señoríos los reyes y señores naturales destas gentes, porque esto sería... contra ley natural y divina". Esta soberanía primaria natural incluye los recursos minerales, objeto de la codicia europea. "Porque ni por la concesión apostólica perdieron los reyes las minas, ni cosa alguna de las que justamente dentro de sus reinos y provincias poseían"[20].

La culminación de esta idea de imperio benefactor se encuentra en la "duodécima réplica" de Las Casas en su debate de Valladolid contra

[17] *Ibíd.*, 499.

[18] *Tratados*, Vol. II, 1234-1273.

[19] *Ibíd.*, 1271-1273.

[20] H. I., l. 3, c. 11, t. 2, 467-468.

Sepúlveda, en abril de 1551.[21] En ella recalca un factor condicionante a la hegemonía imperial: **el libre consentimiento de las naciones indígenas** ("Y en este sentido entiendo y declaro e limito la decimonona proposición de mis treintas proposiciones"). Aunque insiste en que después de su conversión y bautismo, que para él sigue ocupando el rango prioritario, deben reconocer la soberanía temporal de la corona española, esto debe lograrse sin compulsión ni violencia. De no querer reconocer la soberanía española, los indígenas pecarían ("dado que por no recebillos pecasen"); pero, si se les hiciese guerra para someterlos, el pecado del estado español sería mayor ("sin pecado gravísimo mortal no pueden ser a ello por guerras constreñidos"). La persuasión pacífica es la única vía legítima para la evangelización de los nativos del Nuevo Mundo y para lograr que acepten el dominio de la corona ibérica. El optimismo de Las Casas es extraordinario: tiene plena confianza en la eficacia de la persuasión pacífica y amorosa.

> Por ende, la vía o camino cristiano y razonable para introducir, y asentar, y perpetuar el dicho principado y soberano señorío sobre aquellos reinos, que nuestros ínclitos reyes deben y son obligados a tener e poner por obra, es la vía pacífica, amable, amorosa y cristiana, ganando por amor y buenas y oficiosas obras los ánimos y voluntades de aquellas gentes, señores y súbditos. Los cuales, sin tardanza ni duda, vendrán con brazos abiertos, con bailes y danzas, a se subjetar y servirles pronta y liberalmente.[22]

Las Casas resalta nuevamente, casi al final de su vida, el significado decisivo de la autodeterminación indiana. "Para que nuestros reyes adquieran el sumo principado de las Indias válida y rectamente, esto es, sin injuria y con las debidas circunstancias, necesariamente se requiere que intervenga el consentimiento de los Reyes y de los pueblos, y que también consientan la institución o donación hecha por el Papa a nuestros Reyes"[23].

El libre consentimiento de las naciones indígenas, que no abroga su autonomía política, sino que la confirma enmarcándola en el contexto imperial español, se convierte para Las Casas en la piedra angular de un régimen genuinamente justo para el Nuevo Mundo. El imperio, por

[21] "Disputa o controversia", 415-459.

[22] *Ibid.*, 433-435. Igualmente, en H. I., l. 1, c. 136, t. 2, 29.

[23] "Tratado de las doce dudas", en *Obras escogidas de Fray Bartolomé de las Casas* (ed.: Juan Pérez de Tudela Bueso). Madrid: Biblioteca de Autores Españoles (t. 110), Ediciones Atlas, 1958, 495 (en latín en el original, mi traducción).

consiguiente, no debe restar, sino sumar libertades para los pueblos moradores de los territorios incorporados. "Sin menoscabo de la libertad de los pueblos; porque la predicación del Evangelio y la introducción de la fe no priva a los Reyes de sus Reinos ni a los particulares de sus libertades, tierras y haciendas, antes los confirma"[24].

Igualmente en su tardío tratado, *De los tesoros del Perú*, enmienda su "Tratado comprobatorio", en el sentido de recalcar, hasta la saciedad, la primacía del libre consentimiento y la aceptación popular (*liber consensus et acceptatio populi*) para legitimar la autoridad ibérica. El consentimiento voluntario, libre de toda lacra de coerción y miedo, es el "fundamento natural" de un segundo pacto, aquel entre las naciones indígenas y la corona castellana.[25]

> Nuestros reyes, pues tienen a su favor la elección o institución papal y con ella un título y derecho a aquellos reinos que ningún cristiano en este mundo tiene; pero aún les falta obtener un derecho más importante y capital; éste es el consentimiento de aquellos pueblos y de sus reinos por el que admitan como jurídicamente válida dicha institución papal, y así les reciban como señores universales y príncipes supremos... con lo que nuestros Reyes adquieran el derecho sobre la cosa... mientras los pueblos y habitantes dichos, con sus reyes, no consientan libremente, etc., nuestros Reyes... no tienen ningún poder para ejercer la jurisdicción o para obrar como supremos príncipes.

Mientras no se produzca tal acto de libre autodeterminación indiana, las letras apostólicas conceden únicamente el derecho a la autoridad (*ius ad regna*), no la real autoridad sobre los pueblos nativos (*ius in regnis*).[26] Es una visión utópica e idílica, que parte de la profunda conciencia cristiana

[24] H. I., l. 3, c. 55, t. 3, 19. A pesar de que cita este pasaje, Tzvetan Todorov extravía el significado de las críticas de Las Casas, convirtiéndolo, sencillamente en un exponente más sofisticado y sutil de la "ideología colonialista". Comete, me parece, tres faltas: a) iguala en exceso las posturas de Las Casas y Motolinia; b) descuida el énfasis lascasiano en el beneficio primario económico para los indios (su teoría de imperio benefactor); y, sobre todo, c) no toma para nada en cuenta las múltiples insistencias de Las Casas en el ejercicio de la libre autodeterminación, del consentimiento autónomo de parte de las naciones y pueblos indígenas. *La conquista de América*, 182-194.

[25] *De los tesoros del Perú*, 85-349. La enmienda al "Tratado comprobatorio" en la 265.

[26] *Ibíd.*, 281. La diferencia entre este planteamiento y el "sexto título legítimo" de Vitoria es que Las Casas subraya su convicción de la nulidad jurídica de todos los supuestos juramentos de fidelidad hasta entonces (1563) prestados por pueblos y caciques nativos.

del abnegado fraile dominico y que choca dolorosamente con la violencia colonial imperante.[27]

Va demasiado lejos Vidal Abril-Castelló al hablar de "la revolución de la duodécima réplica [a Sepúlveda]" y ver en ella una ruptura importante en la postura de Las Casas, lo que le llevaría a alejarse de su anterior actitud sacroimperialista, optando por la libertad de los indígenas sobre la potestad de la corona.[28] Las Casas nunca planteó el problema con tal absoluta radicalidad: la retirada del estado español de las tierras del Nuevo Mundo. Incluso defendió, en un tratado publicado después de la "duodécima réplica", la validez de la perpetuidad de la donación papal de las Indias a la corona castellana.[29] El dominio imperial otorgado por el Sumo Pontífice equivale a una "monarquía perpetua de todas aquellas Indias"[30].

Además, las ideas expresadas en la "duodécima réplica" no son tan novedosas en la literatura lascasiana como pretende Abril-Castelló. En un memorial a Carlos V, de 1543, firmado en conjunción con fray Rodrigo de Andrada, pero que tiene todas las trazas de proceder de la pluma de Las Casas, establece una distinción, utilizando terminología escolástica, entre la soberanía que la corona castellana tiene en potencia (*in potentia*) y en vigencia (*in actu*). La soberanía *in potentia* proviene de las Letras Apostólicas de 1493. Cobra plena vigencia, se actualiza (*in actu*), cuando sea admitida por estos. "Y después de reconocido V. M. lo será *in actu*, y

[27] Mariano Cuevas reproduce un "parecer razonado de un teólogo desconocido sobre el título del dominio del Rey de España sobre las personas y tierras de indios", de 1554, que también insiste en el consentimiento indiano como condición indispensable para la legitimidad del régimen imperial. "Pues luego el título que S. M. tiene es solo éste: que los indios o la mayor parte, de su voluntad quieren ser sus vasallos y se tienen por honrados y desta manera S. M. es rey natural dellos también como de los españoles, y con buena conciencia podrá recibir tributos moderados sustentándolos en justicia y cristiandad". *Documentos inéditos*, 178-179. Ese "parecer razonado" es anónimo y coincide en muchas ideas con Las Casas. Comparte, por ejemplo, la idea lascasiana de que "la tierra es de los indios, cuyo dominio tienen *iure gentium*...", lo que les confiere plena autoridad también sobre los recursos minerales que los españoles han estado explotando. *Ibíd.*, 179. Es, sin embargo, arriesgado atribuirle su paternidad literaria sin mayores evidencias externas.

[28] Mucho más acertado me parece el excelente análisis que hace Luciano Pereña en su estudio preliminar al tratado de Las Casas, *De regia potestate*. Pereña traza con ejemplar destreza la evolución de lo que llama la "tesis democrática" de Las Casas, según la cual la donación apostólica tiene que someterse a la aprobación de los pueblos y naciones indígenas, igual que cualquier otra determinación importante que pretendiese hacer la corona castellana sobre sus vidas colectivas. No retomo, sin embargo, la nomenclatura que utiliza porque el término "democrático" tiene hoy connotaciones que sería anacrónico atribuir a Las Casas, entre ellas el precepto constitucional del sufragio universal y el pluralismo religioso. Véase Luciano Pereña, "Estudio preliminar", *De regia potestate*, xxi-clvi.

[29] Me refiero al "Tratado comprobatorio", publicado el 8 de enero de 1553, mientras la "duodécima réplica" fue del 10 septiembre de 1552.

[30] "Tratado comprobatorio", 1103-1109.

ahora lo es *in potentia* cuanto a la noticia de ellos"[31]. Para ello, debe tener un lugar un pacto, un ejercicio de libre asociación o libre acatamiento, no forzado por el miedo o la ignorancia. Las Casas incluso incursiona en el difícil asunto de proponer la diplomacia mediante la cual se pueda llevar a cabo. Sugiere que una comisión de frailes y oficiales reales "traten y contraten y asienten entre Vuestra Majestad y los dichos señores y caciques y pueblos, llamándolos a todos, que consientan de su propia voluntad y con libertad... y propio consentimiento, por que se sujeten a Vuestra Majestad sobre la manera del regimiento y gobernación temporal, que como son pueblos libres y vasallos libres, dándoselo primero muy bien a entender... conforme a Derecho y razón y justicia"[32].

Sería una idea que lo acompañaría hasta su muerte. La recalca, en relación al Perú, en *De los tesoros del Perú* y en "Tratado de las doce dudas". El carácter tiránico e injusto de la muerte del inca Atahualpa y de la conquista de su imperio conlleva el imperativo de restituir a sus herederos su señorío. Pero ese acto no implica la vuelta al año 1530, sino la reconstitución de la relación con la corona castellana mediante un pacto que debe ser refrendado por los nativos. Esta obligación parte de un principio ético-político que Las Casas generaliza para todas "las Indias".

> Que se celebre un pacto y concierto entre Sus Altezas o sus oficiales en su nombre y los reyes y pueblos de las Indias, prometiendo los reyes de Castilla gobernarlos justamente y guardarles sus estados, dignidades, leyes, costumbres y libertades que no sean ni fuesen contra nuestra fe. Y de parte de los reyes y pueblos de los indios, ofreciesen libremente, sin fuerza ni miedo alguna, obediencia y fidelidad a Sus Altezas y algún tributo en señal de señorío universal.[33]

Lo que quizá se plantea con mayor insistencia en la "duodécima réplica" es el imperativo de respetar la libre autodeterminación indiana, incluso si esta fuese adversa al dominio castellano, idea que culmina en *De los tesoros del Perú*. El libre consentimiento de los pueblos aborígenes condiciona, aquí se encuentra el filo agudo del argumento, la actualización jurídica del decreto papal. También el Papa debe respetar el derecho

[31] "Memorial de fray Bartolomé de las Casas y fray Rodrigo de Andrada al Rey", en *Obras escogidas de Fray Bartolomé de las Casas*, Vol. 5, 181-203. La cita proviene de la 192.

[32] *Ibíd.*, 183. La distinción entre la jurisdicción *in actu* y el *in potentia* la toma Las Casas de Santo Tomás, *Suma teológica*, 3, cu. 8, art. 3. Madrid: Biblioteca de Autores Cristianos, Vol. 11, 382-383. Este pasaje lo cita expresamente en, por ejemplo, *Apología*, 164-165.

[33] "Tratado de las doce dudas", 497-498.

natural. Impera, sin embargo, en Las Casas el optimismo de que las naciones indígenas acogerían de buen grado la benévola y paternal soberanía cristiano-española siempre que el acercamiento a ellas fuese hecho en paz y cordialidad. "En caso que después de cristianos no quisiesen el tal supremo señor [el monarca castellano] recibir y obedecer (lo cual en los indios, mayormente los pueblos, no ha lugar, porque de su naturaleza son mansísimos, humildes e obedientes), no se sigue por eso que se les puede hacer la guerra (como el doctor Sepúlveda dice)"[34].

Su actitud ante la revuelta del cacique Enriquillo en La Española muestra nuevamente la tensión interna a la concepción dialéctica lascasiana del imperio castellano y cristiano. Por un lado, la sublevación es absolutamente justa, no solo por el maltrato y abuso al que han sido sometidos los indígenas, también por la transgresora violación de su derecho a la soberanía sobre sus tierras y pueblos. La soberanía española nunca pasó por el crisol de prueba: su aceptación libre por los pueblos nativos. "Porque nunca los reyes y señores naturales desta isla reconocieron por superior al rey de Castilla, sino que desde que fueron descubiertos hasta hoy, de hecho y no de derecho fueron tiranizados... siempre con crudelísima servidumbre... Esta es la máxima de los juristas y la dicta y enseña la razón natural".

Esa usurpación ilegítima de la natural soberanía autóctona, a la que se adiciona la crueldad en el trato, otorga justicia y derecho a la guerra de Enriquillo. Sin embargo, Las Casas no extrae la aparentemente obvia conclusión, la necesidad, en derecho, de la retirada castellana. Se mantiene firme en su utopía, contra toda evidencia histórica, del imperio cristiano benefactor, cobijado en la legalidad espiritual de los decretos papales. "Por lo dicho no se deroga el principado supremo y universal de los reyes de Castilla sobre todo este orbe, concedido por la Sede apostólica, si en él entraren y de él usaren como entrar deben y de él usar, porque todo ha de tener orden y se ha de guiar... por la razón"[35].

Cuando en carta a Bartolomé Carranza de Miranda (agosto de 1555) asevera que es necesario "sacar los indios del poderío del diablo y ponerlos en su prístina libertad, y á sus reyes y señores naturales restituirles sus estados"[36], se refiere a la erradicación del sistema de las encomiendas, que debe sustituirse por una relación directa entre el emperador y el sistema autóctono de cacicazgo. Esa misiva desarrolla la tesis de Las Casas sobre la

[34] "Disputa o controversia", 433.

[35] H. I., l. 3, c. 125, t. 3, 262-263.

[36] En Fabié, *Vida y escritos de Las Casas*, t. 71, 393.

relación entre el imperio castellano y los reinados indígenas en un doble sentido. En primera instancia, plantea la relación a manera de contrato mutuo, que, por un lado, expresa y preserva el libre consentimiento de los pueblos vasallos como comunidades autónomas, sujetos de autodeterminación, y, por el otro, recalca su naturaleza benéfica para los americanos.

> Digo, padre, que el rey de Castilla ha de ser reconocido en las Indias descubiertas por supremo príncipe y como emperador sobre muchos reyes, después de convertidos a la fe y hechos cristianos los reyes y señores naturales de aquellos reinos y sus súbditos los indios,[37] y haber sometido y sujetado al yugo de Cristo consigo mismos sus reinos de su propia voluntad, y no por violencia ni fuerza... prometiendo el rey de Castilla con juramento la buena y útil á ellos superioridad, y la guarda y conservación de su libertad, sus señoríos y dignidades y derechos y leyes razonables antiguas. Ellos (los reyes y pueblos digo), prometiendo y jurando á los reyes de Castilla de reconocer aquella superioridad de supremo y príncipe, y obediencia a sus justas leyes y mandamientos.[38]

En segunda instancia, si se preservan los "señoríos y dignidades y derechos y leyes razonables", no hay necesidad para la presencia en las Indias de tantos españoles. Definitivamente quedarían excluidos los conquistadores y encomenderos, ya que sus actividades serían proscritas. Se reduciría al mínimo el número de funcionarios reales, pues "no tienen, padre, los indios necesidad para su policía de los españoles". Su principal función no sería gobernar a los aborígenes, sino protegerlos de los castellanos que intenten violar las leyes y abusar de ellos.
Plantea Las Casas, por tanto, una dialéctica entre el estar y el no estar los españoles en las Indias. Su énfasis se pone en la necesidad del "no estar", ya que "la raíz ponzoñosa de la tiranía y cautiverio que las destruye... es la conversación continua de los cristianos"[39]. El "estar" parece reducirse a una cantidad mínima de funcionarios reales "para mantener y conservar la superioridad y señorío soberano en ellas de los reyes de Castilla" y

[37] Las Casas nunca considera la posibilidad de que las comunidades indígenas sean súbditas de Castilla a la vez que retengan su religiosidad autóctona. Comparte la concepción común española de la indisolubilidad entre estado e iglesia, hispanismo y catolicismo.

[38] *Ibíd.*, 410-411.

[39] "Memorial de fray Bartolomé de las Casas y fray Rodrigo de Andrada al Rey", 186.

de misioneros, religiosos de reconocida y acreditada integridad moral y competencia teológica.[40]

Las Casas extrae, además, de sus fundamentos teóricos un corolario de extrema importancia: los recursos naturales y minerales en las Indias pertenecen a los nativos y no pueden ser objeto de explotación privada sin su autorización o consentimiento. Si han sido objeto de expropiaciones o mercedes reales deben devolverse, en especial terrenos como "salinas, cerros de metales, alumbres, puertos y otras cosas semejantes"[41].

La visión que desarrolla es la de un nuevo tipo de imperio, muy diferente, como afirma en el "Tratado comprobatorio", a los tradicionales, al bíblico legendario de Nimrod, el macedonio de Alejandro y el romano de los césares. Sería un imperio cristiano, dirigido al provecho temporal, pero sobre todo espiritual de los vasallos, que de manera alguna se ha de "fundar en armas y en poder más"[42].

En este contexto se requiere aclarar el alcance de su crítica a la doctrina del Enrique de Segusia, de mediados del siglo trece, arzobispo y cardenal de Ostia, corrientemente llamado el Ostiense. Lo que en la teoría del Ostiense rechaza Las Casas es la idea, que cataloga de "error ciego, y detestable, y sacrílego... formal herejía" de que tras la resurrección de Cristo los reyes y señores infieles pierden, a causa de su infidelidad, toda su soberanía política.[43] La teocracia pontifical del Ostiense niega la validez de la soberanía política de las autoridades de las naciones no cristianas, y, en general, implica el rechazo de una verdadera autonomía de lo político.[44]

---

[40] En *De los tesoros del Perú*, plantea algo novedoso; a saber, que los hispanos que han pecado mediante sus abusos de los indígenas permanezcan, a manera de satisfacción penitencial, en las comunidades nativas para servirles y así compensar sus maldades pasadas. *Ibíd.*, 451-455.

[41] "Memorial de fray Bartolomé de las Casas y fray Rodrigo de Andrada al Rey", 184. En esa postura no estuvo solo. Desde la cátedra universitaria, el teólogo jurista Diego de Covarrubias aseveró que: "Pueden los indios, con toda justicia, prohibir que los españoles saquen oro de sus provincias y pesquen margaritas [perlas] aun en los ríos públicos; porque si el príncipe y la República de los indios tienen dominio sobre sus provincias... podrán, con toda justicia, prohibir la entrada en aquellos territorios a los extranjeros que van a buscar oro y metales y a pescar margaritas". *De iustitia belli adversus indos* (1548), en Luciano Pereña, *Misión de España en América (1540-1560).* Madrid: Consejo Superior de Investigaciones Científicas, 1956, 220. Con ello, Covarrubias ensaya una implícita crítica al primer "título legítimo" que esgrime Francisco de Vitoria para justificar el imperio hispano sobre los "bárbaros del Nuevo Mundo".

[42] "Tratado comprobatorio", 921.

[43] *Ibíd.*, 1087-1093. La frase citada viene de la 1087.

[44] En otro texto afirma: "Enrique de Segusia... erró... contra toda lógica y aun contra el derecho natural y divino, al decir que con la venida de Cristo fueron quitados a todos los infieles todo dominio y jurisdicción y transferidos a los creyentes. Tal error es del todo nocivo y opuesto a la Sagrada Escritura". *De regia potestate*, 30.

Esta crítica no lleva a Las Casas, sin embargo, a derogar la autoridad papal, que considera suprema en asuntos temporales pertinentes para lograr la bienaventuranza eterna. Mediante esa autoridad pudo el Obispo de Roma constituir a los Reyes Católicos señores supremos de las Indias. Lo que definitivamente no puede hacer, sin mediar por parte de las naciones indígenas injuria previa alguna, es restar autoridad a los príncipes nativos, ni imponerles, sin su voluntario consentimiento, la suprema jurisdicción castellana. La solución al dilema, al menos al nivel jurídico, es conciliar ambos niveles de autoridad: la primaria y natural de los príncipes nativos con la evangelizadora y final de los reyes castellanos.

Es dudosa la hipótesis, afirmada por diversos y prestigiosos autores[45], que señala al fogoso fraile dominico como el origen de una supuesta grave crisis de conciencia de Carlos V acerca de la legitimidad de la conquista y el dominio del Perú. Tal especulación parece proceder del documento llamado comúnmente "anónimo de Yucay", redactado el 16 de marzo de 1571.[46] Según este tratado anti-lascasiano, Las Casas habría convencido al Emperador de abandonar el Perú y restituir su gobierno a los Incas de no haber terciado el teólogo Francisco de Vitoria, quien le habría aclarado su responsabilidad cristiana y política para con sus territorios "legítimamente adquiridos".

> Fue tal el influjo del Padre Casas, y tal escrúpulo que al Emperador puso y también á los teólogos, siguiendo á aquel padre por la falsa información, que quiso S. M. dejar estos reinos á los Ingas tiranos, hasta que fray Francisco de Victoria le dijo que no los dejase, que se perdería la cristiandad.[47]

[45] Entre ellos Juan Manzano, *La incorporación de las Indias*, 126-134; Fernando de Armas Medina, *Cristianización del Perú*, 521-540; Demetrio Ramos Pérez, "Sepúlveda, cronista indiano, y los problemas de su crónica", en Demetrio Ramos et al., *Juan Ginés de Sepúlveda y su crónica indiana. En el cuarto centenario de su muerte, 1573-1973*. Valladolid, Universidad de Valladolid, 1976, 109-110; y Ramón Jesús Queraltó Moreno, *El pensamiento filosófico-político de Bartolomé de las Casas*. Sevilla: Escuela de Estudios Hispanoamericanos de la Universidad de Sevilla, 1976, 186-187.

[46] El anónimo se encuentra en Miguel Salvá y Pedro Sainz de Baranda (eds.), *Colección de documentos inéditos para la historia de España*. Madrid: Imprenta de la Viuda de Calero, 1848 (reimpreso Vaduz: Kraus Reprint, 1964), Vol. 13, 425-469. Todavía se discute el posible autor de este interesante tratado antilascasiano. Véase el resumen que de las distintas hipótesis hace Gustavo Gutiérrez, *Dios o el oro en las Indias (siglo XVI)*. Lima: Centro de Estudios y Publicaciones, 1989, 56, n. 2.

[47] "Anónimo de Yucay", 433. Supuestamente, Carlos V, presionada su conciencia entre las denuncias de Las Casas y la prudencia de Vitoria, decidió retener el dominio sobre los pueblos indígenas, pero no a perpetuidad. "Prometió de dejarlos cuando éstos fuesen capaces de conservarse en la fe católica". *Ibíd.* Bataillon somete el anónimo a severa crítica. *Estudios sobre Bartolomé de Las Casas*, 17-21 y 317-351. Véase también Manuel Lucena, "Crisis de la conciencia nacional: Las dudas de Carlos V", en Demetrio Ramos et al., *La ética en la conquista de América*, 163-198. Me parece atinada la obser-

Según el autor de este enigmático documento, Las Casas tenía un extraordinario poder de persuasión y su prédica apasionada contra las alegadas injusticias de los españoles en América "aterraba y espantaba al Emperador y Consejo y encomenderos, y á frailes y obispos y confesores, y aun á cuantos teólogos había en España". El origen, sin embargo, de tal manipulación de la conciencia era diabólico, "obra sutilísima del demonio para persuadir tan de golpe al mundo este engaño"[48].

Opinión similar sobre la alegada "duda de Carlos V" acerca del Perú la reproduce al año siguiente (4 de marzo de 1572) Pedro Sarmiento de Gamboa, en el prólogo de su *Historia de los incas*. El "demonio", al ver que su adoración se menospreciaba y disminuía por el avance de la fe cristiana entre los indígenas, se valió astutamente de sus propios enemigos, los frailes, sobre todo Las Casas, para cuestionar el derecho y la justicia del dominio español sobre el Perú y, en general, las Indias.

> Por lo cual el emperador Don Carlos, de gloriosa memoria, estuvo a punto de dejarlas, que era lo que el enemigo de la fe de Cristo [i. e., Satanás] pretendía, para volverse a la posesión de las ánimas, que tantos siglos había tenido ciegas. Y todo esto sucedió... por ciertas informaciones del obispo de Chiapa, que movido de pasión contra algunos conquistadores de su obispado... dijo cosas de los dominios de esta tierra... que son fuera de lo que... se ha visto y sacado en limpio.[49]

La referencia parece ser al debate que precedió la recomposición del Consejo de Indias y la aprobación de las Leyes Nuevas, en 1542. Hace de Las Casas un defensor de la retirada de España de sus territorios americanos, al menos del Perú. Como bien han señalado críticos como Juan Pérez de Tudela, Marcel Bataillon y Manuel Lucena, este testimonio

vación de Juan Pérez de Tudela Bueso sobre el norte lascasiano: "El encendido designio de Las Casas es el de legitimar lo adquirido, dando fundamento de derecho divino y humano al edificio imperial; en ningún modo derrocarlo". "La gran reforma carolina de las Indias en 1542", *Revista de Indias*, Vol. 18, Nos. 73-74, Madrid, 1958, 496.

[48] "Anónimo de Yucay", 431, 426. Hay que anotar, sin embargo, que Las Casas no tenía vacilación alguna en igualmente catalogar de arpía estratagema diabólica las defensas del sistema de conquistas y encomiendas esbozadas por algunos frailes y monjes, como hace en una misiva de 1549 remitida a Domingo de Soto. "Es antiguo artificio de Satanás tomar por instrumentos y ministros a los más religiosos y de mayor reputación y estima para llevar al cabo su edificio". "Carta de Bartolomé de las Casas a Domingo de Soto", en *De regia potestate*, apéndice I, 121. Esta argumentación es extraña a nuestra mentalidad moderna y secular, pero no a la de un tiempo en el que se tomaba en serio la existencia de Satanás como ser personal maligno, tal cual lo demuestra la obra de los pintores renacentistas Hyeronimus Bosch y Pieter Brueghel.

[49] Buenos Aires: Editores Emecé, 1942, 29.

es demasiado tardío (el hispanista francés lo cataloga de "mito tardío"), surge tres décadas después de la supuesta "crisis de conciencia" de Carlos V y no está avalado por los documentos de 1540-1546 (esta fecha última indica la muerte de Vitoria).[50] Es parte de una campaña antilascasiana sistemática que tiene como primera finalidad demostrar que España tiene mayor derecho que los incas al gobierno de los quechuas, sobre la base de la argumentación vitoriana de la licitud de la intervención armada para rescatar a los inocentes de la tiranía cruel. Su segundo objetivo es sustentar la primacía de los colonos, que comienzan a acriollarse, sobre las jerarquías indianas —primacía que ven puesta en duda por los escritos lascasianos—. El mito distorsiona la postura de Las Casas, pero se basa sobre un punto certeramente entendido. La idea de la restitución compulsoria de todo lo hurtado a los indígenas —dominio político, bienes y libertad individual— tal como Las Casas la aplicó al Perú en obras como "Tratado de las doce dudas" y *De los tesoros del Perú*, conllevaba un rudísimo golpe a los intereses de los colonos y encomenderos europeos. Estos se defienden contra Las Casas con la misma pasión e intensidad conque este había asaltado la fortaleza de sus intereses socioeconómicos.

Como señala el teólogo dominico Teófilo Urdánoz, el objetivo de Las Casas era diseñar un "justo gobierno colonial" que se rigiese por benéficas normas de "ética colonial"[51]. Ese régimen incluiría disposiciones de administración política, económica y religiosa, a los fines de poder conciliar los intereses del estado español, la iglesia católica y las comunidades indígenas. Las Casas, por consiguiente, intenta lo que en el siglo dieciséis resultó ser una verdadera cuadratura del círculo: conciliar la autoridad de la corona española, en su opinión necesaria para la cristianización de los aborígenes y para su defensa contra la rapacidad codiciosa de los encomenderos, y la libertad de los moradores naturales de Nuevo Mundo, entendida en sus dos acepciones, para él inseparables, de libre albedrío y autonomía política. Sobrada razón tiene José Antonio Maravall cuando enuncia: "El papel tutelar... a que venía a quedar reducida la jurisdicción 'imperial' de los Reyes castellanos, adquiría un carácter utópico"[52].

---

[50] Según Vidal Abril-Castelló, ya era, por otro lado, demasiado tarde para que España abandonara sus adquisiciones territoriales. Es una manera de decir que, para 1551-1552, el imperio ultramar de España se consideraba un hecho consumado e irreversible. "La bipolarización Sepúlveda-Las Casas y sus consecuencias: La revolución de la duodécima réplica", en Demetrio Ramos et al., *La ética en la conquista de América*, 229-288.

[51] Urdánoz, "Introducción a la relección primera", en *Obras de Francisco de Vitoria*, 495.

[52] "Utopía y primitivismo en Las Casas", *Revista de Occidente*, No. 141, diciembre de 1974, 377.

Ese libre albedrío y autonomía política alcanza un nivel de mayor profundidad en algunos textos lascasianos, en que el fraile dominico protesta por la exclusión de la voz de los indígenas en los procesos decisionales sobre asuntos de importancia decisiva para el destino de las Indias. En un memorial que remite a Felipe II, en 1556, en el que conmina al rey a no aceptar la oferta de los colonos encomenderos peruanos de venderles a perpetuidad los repartimientos de pueblos nativos, exige que se oiga la palabra de estos últimos como los principales afectados. "Según ley natural y divina deben ser llamados y citados y avisados y oídos y que ellos informen de lo que conviene a su derecho"[53]. Quienes han sido violentamente privados de la palabra, en buena medida por carecer de cultura literaria, deben ser oídos y sus sentimientos y pareceres deben contarse como decisivos.

Marcel Bataillon apunta a otro factor que Las Casas toma en cuenta: los intereses materiales y económicos castellanos. Se trata, de acuerdo a su aguda y nada hagiográfica lectura, de conciliar la "buena codicia" con la conservación temporal de los indígenas y sus beneficios espirituales.[54] Este esfuerzo por compaginar las aspiraciones misioneras espirituales con las temporales pecuniarias se revela con exceso quizá de detalles en su famoso plan de colonizar la costa norte de lo que hoy se llama América del Sur.[55]

Aun después de lo que Bataillon llama la "segunda conversión"[56], su examen de conciencia enclaustrado en el convento dominico de La Española, Las Casas no olvidará este factor. En carta del 20 de enero de 1531 al Consejo de Indias, insiste en que el buen trato y la conservación de los indígenas es el único camino seguro "de donde inestimables serian los dones é bienes temporales, i mui fáciles de haber"; "acarreheis tanto aumento de riquezas temporales al Estado del Rey". De haberse puesto

[53] "Memorial-sumario a Felipe II", en *De regia potestate*, 217.

[54] Véase su provocador trabajo "El clérigo Las Casas, antiguo colono, reformador de la colonización", en *Estudios sobre Bartolomé de las Casas*, 45-136.

[55] Las Casas lo describe en H. I., l. 3, c. 132, t. 3, 281-286. Lino Gómez Canedo, quien no siente mucha simpatía por el controvertido fraile dominico, lo tilda de "aparatoso proyecto de colonización". *Evangelización y conquista*, 74.

[56] Esta supuesta "segunda conversión" surge no solo del fracaso calamitoso de sus intentos por poblar y evangelizar pacíficamente la costa septentrional de América del Sur, sino sobre todo de la agudización de sus dudas de conciencia acerca de los acuerdos que había hecho con los colonos, a los que había intentado "comprar el evangelio". Llegó a pensar que la destrucción del poblado hispano en manos de los nativos sublevados había sido "juicio divino que le quiso castigar y afligir por juntarse a hacer compañía con los que él creía que no le ayudaban ni favorecían por Dios ni por celo de ganar las ánimas, que por aquellas provincias perecían, sino por sola codicia de hacerse ricos, y parece que ofendió a Dios maculando la puridad de su negocio espiritualísimo". H. I., l. 3, c. 159, t. 3, 382.

en práctica desde el principio una política colonizadora beneficiosa para los nativos, "el Rey tuviera hoy más oro é plata é piedras preciosas que Salomón en todas sus grandezas"[57]. Su estrategia es sacar a los indígenas de la servidumbre de los encomenderos y convertirlos en tributarios de la corona, lo que, a su vez, tendría el evidente interés económico en propiciar su preservación y multiplicación. En las "Treinta proposiciones" entiende que la corona española, a cambio de su tarea misionera en las Indias, comandada por el Papa, puede recibir del Sumo Pontífice "donación remuneratoria en los mismos reinos"[58]. En la *Historia de las Indias* acusa a conquistadores, colonos y funcionarios reales de una doble y concurrente falta: homicida tiranía contra los indígenas y, al reducirse drásticamente los vasallos tributarios de la corona, eliminación de la base social de posibles pingües ingresos para la corona.

> Y así son reos, cuanto a Dios y cuanto al rey, de todos los males y daños espirituales y temporales y perdición de tan infinitas ánimas y de infinitos tesoros que los reyes tuvieran si ellos hubieran la verdad del derecho... sabido... Al matarles tantos cuentos de gentes (que a maravedí que les dieran de servicio, los privaron de las mayores y más ciertas riquezas que reyes y príncipes jamás en el mundo poseyeron).[59]

El incentivo económico, sin embargo, está clara y firmemente subordinado al bienestar espiritual de los indígenas y al cumplimiento de la misión providencial que Dios ha encargado a España.

Las Casas, persona de innegable valor y coraje, evitó a toda costa caer en el dilema de Antígona —la contradicción irrevocable entre los principios religiosos de la conciencia y los decretos reales—. Trató siempre de mantener abiertos los canales de comunicación con la corona castellana con el objetivo de obtener legislación benéfica para los indígenas. De haberse dado el dilema de Antígona, ¿cuál hubiese sido su postura? Todo indica que hubiese seguido el principio que en cierta ocasión enunció: "Debiera más pesar el cumplimiento de la ley de Jesucristo, que el desfavor de los reyes"[60].

---

[57] La carta se incluye en Fabié, *Vida y escritos de Las Casas*, t. 70, 464-486. Las frases citadas provienen de las páginas 465, 479 y 481.

[58] "Treinta proposiciones", 473.

[59] H. I., l. 3, c. 118, t. 3, 234-235.

[60] *Ibíd.*, l. 1, c. 106, t. 1, 420.

La iniciativa necesaria para establecer el balance entre imperio español y autonomía indígena debía proceder de la corona. De ella esperaba el proyecto jurídico y la acción política para conyugar una alianza entre el estado y la iglesia en defensa de los nativos contra conquistadores y los encomenderos. Eso explica su letanía constante de exculpación de los monarcas, cuya inocencia se funda sobre la supuesta ignorancia acerca de los abusos que sufren sus súbditos indianos. Concluye la anécdota que le narrase Hierónimo de Peñafiel, fraile dominico, sobre la reacción del Cardenal Tomás de Vio Cayetano, general de la Orden de los Predicadores, al enterarse por su intermedio de los maltratos que se infligían sobre los indígenas: *Et tu dubitas regem tuum esse in inferno?* ("¿Dudas, acaso, que tu rey se encuentra en el infierno?"), insistiendo que no será el rey, sino los miembros de su Consejo Real los que irán al infierno, por tolerar tales injusticias, ocultarlas del monarca y participar fraudulentamente en las ganancias ilícitas derivadas del Nuevo Mundo.[61]

Incluso en un escrito tardío, como lo es su "Tratado de las doce dudas", asevera, al respecto de las encomiendas indianas, que "siempre fueron contra la voluntad de los reyes de Castilla", lo que intenta probar desde los Reyes Católicos hasta su presente (1564).[62] Como tan categórica aseveración es difícil de sostener, Las Casas admite que la corona se vio forzada a tolerar el sistema de trabajo forzoso impuesto a los indígenas, para evitar el mal peor de una revuelta de los colonos españoles. Es un notable, aunque iluso, esfuerzo, por trabar una alianza entre la corona, los reclamos éticos de la conciencia cristiana y los pueblos nativos de América.

La idea de un imperio español beneficioso para los indígenas no fue exclusiva de Las Casas. Su gran adversario teórico, Juan Ginés de Sepúlveda, también la defiende al afirmar que la finalidad del dominio ibérico es "reportar un gran bien a los vencidos... alguna utilidad al pueblo vencedor, pero aún mayor beneficio a los bárbaros vencidos... [el] público bienestar de aquellas gentes"; a saber, conversión a la verdadera fe, ampliación cultural y desarrollo civilizatorio.[63]

La enorme diferencia entre Las Casas y Sepúlveda, sin embargo, procede, en primera instancia, de la experiencia existencial que el primero tiene de la crueldad del coloniaje, en su fase bélica y en la de la

[61] *Ibíd.*, l. 3, c. 38, t. 2, 563-564.

[62] "Tratado de las doce dudas", 513-515.

[63] *Demócrates segundo*, 27, 29. Van demasiado lejos los que ven en Sepúlveda un precursor de las teorías racistas genocidas modernas. E. g., "De Aristóteles a Hitler", *Boletín de la Biblioteca Nacional*, Guatemala, tercera época, No. 1, 3-4.

servidumbre[64]; y, en segundo término, de sus distintas apreciaciones sobre la capacidad natural de los indígenas para gobernarse libre y autónomamente. Mientras el fraile dominico en múltiples ocasiones destaca el buen régimen que impera en las comunidades indianas, el letrado humanista y aristotélico minusvalora los aborígenes y considera que deben someterse, a la fuerza de ser necesario, a una administración que les inculque los hábitos y usos inherentes a una vida civilizada y culta. El primero concibe el gobierno español como un imperio que no niegue la libertad política de las naciones indígenas. Para el segundo, tal visión peca de falso utopismo.

Derecho internacional e imperio cristiano

El arraigo del concepto del imperio cristiano hispano, de una teología imperial que legitima la conquista mediante justificaciones de índole religiosa, se descubre en Francisco de Vitoria. Harto reiterada por sus intérpretes es la negativa de Vitoria de reconocer una supuesta autoridad universal del Papa que le permitiese donar a los monarcas españoles la soberanía sobre los moradores del Nuevo Mundo. Rotundo es su repudio al papalismo sacroimperialista. "El Papa no es señor civil o temporal de todo el orbe"[65].

La potestad del Papa tiene jurisdicción solo sobre individuos y pueblos cristianos y se remite a asuntos espirituales. Su autoridad respecto a materias temporales y políticas surge únicamente cuando estas tienen una clara y necesaria ligazón con los asuntos espirituales y religiosos de fe y moral. Ciertamente, los españoles tienen el derecho a predicar la fe y los indígenas tienen la obligación de no interferir con su ejercicio. Pero la conversión no puede forzarse ni su rechazo puede considerarse *casus belli* ("causa legítima de guerra"). Mucho menos puede afirmarse que el no acatar el llamado a obedecer a la iglesia y al Papa pueda ser motivo lícito de conflicto armado.

> Aunque los bárbaros no quieran reconocer ningún dominio al Papa, no se puede por ello hacerles la guerra ni ocuparles sus bienes. En el supuesto de que los bárbaros no quieran reconocer por señor a Cristo, no se puede por ello guerrearles o causarles la menor molestia... Aunque la fe haya sido anunciada a los bárbaros de un modo probable y suficiente y éstos no la hayan querido

[64] "La violenta muerte que todavía padecen, y perecen... muchos dellos en mi presencia". "Testamento", en Agustín Yáñez (ed.), *Fray Bartolomé de Las Casas: Doctrina*. México, D. F.: Universidad Nacional Autónoma de México, 1941, 166-167.

[65] *Obras de Francisco de Vitoria*, 678.

> recibir, no es lícito, por esa razón, hacerles la guerra ni despojarlos de sus bienes.[66]

¿Qué pasaría, sin embargo, si un buen número de indígenas se convirtiesen al catolicismo? La respuesta de Vitoria manifiesta la hondura conque caló en la España de entonces, incluso en ánimos serenos y moderados como el suyo, el espíritu de cruzada:

> Si una buena parte de los bárbaros se hubieran convertido a la fe de Cristo, ya sea por las buenas, ya por las malas, esto es, por amenazas o terrores, o de otro modo injusto, con tal de que de hecho sean verdaderamente cristianos, el Papa puede, pídanlo ellos o no, habiendo causa razonable, darles un príncipe cristiano y quitarles los otros señores infieles.[67]

He recalcado algunas partes de este cuarto "título legítimo" para asumir la soberanía sobre los "bárbaros del Nuevo Mundo" y declararles la guerra porque son en extremo indicadoras del íntimo maridaje, en la conquista española de América, entre razón imperial y fe cristiana. Se encuentra en Vitoria una reinterpretación, no un rechazo, de las bulas alejandrinas. Desde su perspectiva, estas no se refieren a una concesión o donación de soberanía, sino a un mandato evangelizador. Este último se otorga con carácter exclusivo: la corona española, según esta exégesis, tiene el monopolio misionero, la concesión única del *ius predicandi*, del derecho a la predicación, en el Nuevo Mundo. Vitoria añade que, para el beneficio de la propagación de la fe, este monopolio del *ius predicandi* conlleva también la exclusividad del comercio y de la colonización. Aunque el punto de partida, por tanto, es distinto, el resultado es el mismo: gracias al mandato del Supremo Pontífice, tiene España el derecho exclusivo y único de estar presente y asumir legítimamente la soberanía sobre las tierras "recientemente descubiertas". Si algún príncipe de otro estado cristiano se atreviese a intervenir, pesaría sobre él la pena de excomunión y, fundada sobre el poder indirecto del Papa en asuntos temporales, su posible deposición.[68] Si, por otro lado, los señores indígenas no aceptasen algunas de las cláusulas esenciales del decreto pontificio, también podría España hacer justamente guerra contra ellos.

---

[66] *Ibíd.*, 682, 695.

[67] *Ibíd.*, 719 (énfasis añadido).

[68] *Ibíd.*, 715-720.

A nuestra mentalidad moderna, que se ubica en el contexto del surgimiento de los estados seculares para los que la fe se ha convertido en asunto de la jurisdicción íntima de la subjetividad individual, el proceso de predicar la fe y adherirse a ella parece ser exclusivamente espiritual y personal. Vitoria, por el contrario, a pesar de tantas páginas en sentido diferente de sus modernos intérpretes, se mantiene dentro de la órbita ideológica de la cristiandad, del *orbis christianus*. La conversión, por consiguiente, de "una buena parte de los bárbaros" (¿qué es una "buena parte"?), independientemente de la licitud de los medios utilizados para obtenerla ("ya sea por las buenas, ya por las malas, esto es, por amenazas o terrores, o de otro modo injusto")[69], se convierte en un acto de serio significado político: "el Papa puede... darles un príncipe cristiano". Generalmente, los seguidores de Vitoria recalcan la cláusula condicional, "habiendo causa razonable", que indica que la acción del Pontífice no puede ser arbitraria ni despótica; pero olvidan la anterior, "pídanlo ellos o no", que no puede ser glosada de modo alguno que la cuadre con el respeto al libre consentimiento de los pueblos que el escolástico insiste en llamar "bárbaros".

El mexicano Antonio Gómez Robledo es de los pocos vitorianos en criticar al teólogo salmantino al respecto de este "cuarto título legítimo". Encuentra que cae en "inconsecuencia consigo mismo". No me parece, sin embargo, que se trate de "inconsecuencia", sino de la tensa convergencia y competencia en el pensamiento de Vitoria de la tendencia a elaborar un derecho universalmente válido y el predominio de la cristiandad, cosa que en otro pasaje el mismo Gómez Robledo reconoce. "Dentro de la sociedad ecuménica, en efecto, continúa existiendo, con sus caracteres propios y específicos, la *respublica christiana*, a la cual son inmanentes ciertos poderes o facultades que Vitoria no se atreve a predicar de la comunidad universal"[70].

---

[69] Vitoria parece estar apoyándose en el siguiente acuerdo del Cuarto Concilio Toledano (633 d.C.), que en esa ocasión se refería a los judíos de alguna manera coaccionados al bautismo: "Conviene, dicen, que la fe que han recibido aun por la fuerza o necesitados a ello sean obligados a mantenerla, para que no sea blasfemado el nombre de Dios, y la fe que han tenido sea en menosprecio". Citado, en las postrimerías del siglo dieciséis, con una exposición similar a la de Vitoria, por el jesuita José de Acosta, *De procuranda indorum salute* (Predicación del evangelio en las Indias, 1588) (ed., Francisco Mateos, S. J.). Madrid: Colección España Misionera, 1952, l. 2, c. 11, 186.

[70] Gómez Robledo, "Introducción", en Francisco de Vitoria, *Relecciones. Del estado, De los indios y Del derecho de la guerra*. México, D. F.: Editorial Porrúa, 1985, lxxiv, xlvii. Venancio Carro dedica solo una (1) página de su voluminosa obra en dos tomos al análisis ligero y superficial de este cuarto "título legítimo", de pasada transformando la "buena parte" ("*bona pars*") vitoriana en "gran parte", sin alegar razón alguna para ello. *La teología y los teólogos-juristas españoles*, Vol. II, 243.

Se revela en Vitoria, como señala Fernando de los Ríos, una tensa conjunción entre factores medievales y modernos, los primeros señalando hacia la vigencia de la idea de *orbis christianus*, los segundos al moderno "derecho de gentes" o derecho internacional, para el cual los estados son jurídicamente similares irrespectivamente de sus diferencias religiosas. Difiero, por consiguiente, de la interpretación, regida más bien por la excesiva admiración, de Teófilo Urdánoz, para quien el escolástico salmantino encarna "nuevas concepciones", "nuevos puntos de vista" y "nuevos caminos teóricos" a "nuevos problemas". De igual manera, me parece excesivamente modernizante la interpretación que de Vitoria hace el jurista norteamericano James Brown Scott, según la cual el escolástico español, al supuestamente superar las diferencias religiosas interestatales, se convierte en el padre fundador del derecho internacional moderno. Por el contrario, me parece que, para Vitoria, la encomienda misionera, peculiar de los príncipes y estados cristianos, juega un papel preponderante en la determinación de derechos, incluso los de soberanía. De otra manera serían incomprensible varios de sus "títulos legítimos" para el dominio castellano sobre el Nuevo Mundo.[71] Atina Joseph Höffner al afirmar: "En la concepción del mundo de Vitoria, la Iglesia seguía ocupando un lugar muy importante. No solo en el sentido de que Vitoria, naturalmente, deseaba y esperaba la conversión del orbe entero, sino también, por cuanto, de alguna manera, hacía extensiva la esfera jurídica de la Iglesia a todo el mundo, también al de los gentiles"[72].

Höffner encuentra en Vitoria, igual que en el resto de la escolástica hispana del siglo de oro la confluencia de dos fuentes: el derecho natural y la teología cristiana revelada.[73] Esta conjunción, no destacada por buena parte de los exégetas, es lo que confiere al pensamiento del maestro de teología de Salamanca su peculiar ambigüedad y dualidad. Contrario a Brown Scott, me parece que, en última instancia, es el ideal de la cristiandad hispánica el que impera.

Esto es especialmente evidente en su relección teológica *De iure belli*, dictada pocos meses después de *De indis* y conocida frecuentemente

[71] Ríos, *Religión y estado en la España del siglo XVI*, 109-130; Urdánoz, *Obras de Francisco de Vitoria*, 509-510; James Brown Scott, *The Spanish Origin of International Law. Francisco de Vitoria and His Law of Nations*. London: Oxford University Press, 1934, 283.

[72] *La ética colonial española*, 408. Bernice Hamilton critica la noción, tan común entre los estudiosos católicos hispanos de que Vitoria sea el "padre fundador" del derecho internacional. Véase su libro *Political Thought in Sixteenth-Century Spain: A Study of the Political Ideas of Vitoria, De Soto, Suárez, and Molina*. Oxford: Oxford University Press, 1963.

[73] *La ética colonial española*, 510.

como *De indis, relectio posterior*, que, por un lado, propugna unas reglas universales reguladoras de los conflictos militares y, por el otro, distingue entre una ética bélica propia para las contiendas entre príncipes cristianos y otra para aquellas que enfrentan a estos contra los infieles turcos y sarracenos, "enemigos perpetuos" de la cristiandad. Contra los segundos se permite una conducta más ruda, como esclavizar sus niños y mujeres.[74]

La mayor parte de los estudiosos españoles católicos son poco críticos de la discusión de Vitoria sobre la relación entre España y "los bárbaros del Nuevo Mundo".[75] De similar defecto padece en ocasiones la obra, por otro lado tan sugestiva, de Höffner, quien destaca y acentúa la segunda parte de *De indis*, descuidando la prioridad teórica de la tercera parte, referente a los "títulos legítimos" del dominio español. Igualmente errada encuentro su tesis de que "el pensamiento rector de Vitoria era la *tota christianitas*, no el nacionalismo español", quebrando el balance que inicialmente había detectado en el teólogo salmantino.[76] Un objetivo central de Vitoria es la justificación teórica y teológica de la hegemonía española sobre el Nuevo Mundo. Eso se manifiesta en la contradicción irresuelta entre el principio de la libertad de comercio internacional, que anima el primer "título legítimo", y la exclusividad y monopolio de explotación económica que reconoce a España, en aras de una alegada mayor eficacia misionera. No se aleja de la verdad Richard Konetzke al aseverar que en Vitoria finalmente "el interés nacional anula de nuevo la validez universal del *ius gentium*"[77].

Difiero también de la opinión de Juan Manzano, según la cual Vitoria habría dejado a un lado la supremacía pontifical expresada en las bulas de Alejandro VI.[78] Más bien, las reinterpreta a manera de un mandato misionero autorizado y exclusivo que conlleva el monopolio de los contactos comerciales y el dominio político. Paulino Castañeda examina

[74] *Obras de Francisco de Vitoria*, 811-858. En general, este tratado es decepcionante. Parece dirigirse a establecer pautas peculiares para la justicia en las guerras contra los pueblos indígenas del Nuevo Mundo, pero procede a olvidarse de estos a todo lo largo del tratado.

[75] Verbigracia, Urdánoz, *Ibíd.*; Manzano, *La incorporación de las Indias*, 79-80; Ramón Hernández, "La hipótesis de Francisco de Vitoria", en Demetrio Ramos et al., *La ética en la conquista de América*, 345-381.

[76] *La ética colonial española*, 427.

[77] *América Latina*, 32. El sacerdote dominico Venancio Diego Carro es buen ejemplo de cómo el nacionalismo hispano interfiere con el buen sentido crítico. Tras defender el análisis que hace Vitoria de los "títulos legítimos" para la conquista, intercala el siguiente comentario que resulta muy revelador: "La historia de la conquista está llena de traiciones por parte de los indios". *La teología y los teólogos-juristas españoles*, Vol. II, 163.

[78] *La incorporación de las Indias*, 62-82.

cómo Francisco de Vitoria y la escuela salmantina, desde la cuarta década del siglo dieciséis, abandonaron la interpretación inicial, ya para entonces obsoleta, de las bulas alejandrinas a la manera de una "donación" de tierras.[79] No siendo el Papa *dominus temporalis totius orbis* ("Señor de todo el orbe en lo temporal") mal podría dar lo que no le pertenece. Sin embargo, Vitoria y sus discípulos, desde un punto de partida diferente, llegan a similar meta que los seguidores de la medievalista teoría de una teocracia universal papal; a saber: justificar, en primera instancia, el dominio exclusivo de España sobre las tierras del Nuevo Mundo (incluyendo el monopolio comercial) y, asunto crucial en la discusión ética, validar las guerras contra las naciones indígenas.

Sea, por tanto, que se considere al Papa señor temporal de todo el orbe, según la teoría teocrática, o soberano en la disposición del mandato misionero, a la manera de Vitoria, el resultado es idéntico: se legitima la soberanía española y se declaran, en general, justas las guerras contra los indígenas sublevados. En este sentido, me parece artificial la distinción que hace Castañeda entre nacionalismo y catolicismo en Vitoria, al afirmar que es lo segundo, no lo primero, la motivación de sus consideraciones sobre "los indios recientemente descubiertos". Lo cierto es que, para Vitoria, España era la vanguardia indiscutible de la cristiandad. En su pensamiento hay una evidente coincidencia entre razón de estado hispana y sentido misionero católico.

En este sentido, si fuese cierto que Vitoria inaugura algún tipo de nuevo "derecho de gentes", se trataría de uno en concordancia con las necesidades teóricas del expansionismo europeo del siglo dieciséis, el decisivo momento histórico en que la civilización europea y cristiana aspira a la hegemonía mundial. No puede tampoco dejar de escapar a nuestra atención el que Vitoria, en la última parte de su famosa relección, estrenara una pléyade de posible argumentos justificadores del dominio español que luego serviría de arsenal teórico para posteriores imperios europeos en tierras meridionales.[80]

El carácter de irreversibilidad del dominio castellano sobre las tierras indígenas matiza fuertemente el análisis de Vitoria. Por eso *De indis* concluye: "Después que se han convertido allí muchos bárbaros, ni sería conveniente ni lícito al príncipe abandonar por completo la administración

[79] Paulino Castañeda, "Las bulas alejandrinas y la extensión del poder indirecto", *Missionalia Hispanica*, Núm. 83, mayo-agosto 1971, 215-248.

[80] Todorov: "Al amparo de un derecho internacional fundado en la reciprocidad, proporciona [Vitoria] en realidad una base legal para las guerras de colonización". *La conquista de América*, 161.

de aquellas provincias"[81], ante todo porque implicaría abandonar a su suerte a los nativos convertidos, algo impensable para un monarca cuyo honor titular es el de ser defensor principal del catolicismo. Y *De iure belli*, a su vez, se inicia recalcando la legitimidad del dominio y la guerra contra los indígenas: "La posesión y ocupación de las provincias de aquellos bárbaros... parece por fin que puede ser defendida sobre todo por el derecho de guerra"[82]. La dicotomía entre *tota christianitas* y dominio español, en referencia a "los bárbaros del Nuevo Mundo", es artificial.

Debe reconocerse que, de acuerdo al escolástico salmantino, para que el dominio castellano sobre el Nuevo Mundo sea justificable, debe ser "justo". El problema es que la determinación de la justicia no debía quedarse, como de hecho permanece en su análisis, en el nivel teórico, sin dilucidar la cuestión de los hechos. La *quaestio iuris* no puede desligarse de la *quaestio facti*. La cuestión jurídica se monta sobre el supuesto, claramente esbozado en la primera parte de la relección, de la irreversible realidad del imperio español.

Contrariamente a la interpretación antiimperialista que Teófilo Urdánoz hace de Vitoria, me parecen más correctas las observaciones de Luciano Pereña: "Francisco de Vitoria nunca... cuestionó la legitimidad de la conquista. Era un postulado que daba por supuesto... Este axioma es su punto de partida. Vitoria pronuncia en Salamanca sus relecciones de Indias no para atacar al Emperador ni para poner a discusión su derecho, sino más bien para justificarlo contra los ataques de Francisco I de Francia... por defender el monopolio español contra las protestas del rey francés".

Pereña luego generaliza al respecto de la escuela de Salamanca y los discípulos de Vitoria: "Desde 1534 a 1573, los maestros de la Escuela... unánimemente condenaron los abusos de los conquistadores... Los abusos fueron condenados sin reserva desde Vitoria a Acosta. Pero... estas conductas personales o individuales no invalidaban el derecho fundamental de la Corona al dominio español. Ni siquiera dudaban de la legitimidad de la presencia española en Indias... Nunca cuestionaron la conquista globalmente considerada. Suponían que era legítima"[83].

---

[81] *Obras de Francisco de Vitoria*, 726.

[82] *Ibíd.*, 814.

[83] "La Escuela de Salamanca y la duda indiana", en Demetrio Ramos et al., *La ética en la conquista de América*, 299 y 340-341. Véase también el acertado apunte de Juan Pérez de Tudela Bueso: "Las relecciones del gran maestro dominico [Vitoria] no constituían doctrina lesiva para el dominio castellano en las Indias... nada menos que siete puertas ofrecía abiertas para emprender contra los indios una acción... bélica al cabo". "La gran reforma carolina de las Indias en 1542", 471. Para una crítica aguda al

Es difícil, sin embargo, compartir el entusiasmo de este mismo eminente historiador español cuando, en otra obra anterior, dedicada a exaltar "la misión de España en América", convierte a la escuela teológica escolástica que inicia Vitoria y continúan Domingo de Soto, Bartolomé Carranza, Melchor Cano, Diego Covarrubias y Juan de la Peña en diseñadora teórica de un imperio cristiano y humanitario por antonomasia, basado "sobre estos dos conceptos —igualdad y soberanía de todos los pueblos, y derecho de intervención... para defender y garantizar los derechos de la persona... Siempre para utilidad de los mismos bárbaros"[84]. Todo ello obviando el extraordinario costo humano y social que estos últimos tuvieron que pagar.

Se podría objetar esta interpretación crítica haciendo referencia a la carta de Carlos V, fechada el 10 de noviembre de 1539, al prior de la facultad dominica de Salamanca, que prohíbe la discusión de la legitimidad del dominio hispano sobre el Nuevo Mundo y manda a recoger todas las copias de cualquier disertación que sobre ese tema hubiera tenido lugar, una evidente referencia a las relecciones teológicas de Vitoria sobre los indios.

> El Rey: Venerable padre Prior del monasterio de santisteban de la ciudad de Salamanca, yo he sido informado que algunos maestros religiosos de esa casa han puesto en platica y tratado en sus sermones y en repeticiones del derecho que nos tenemos a las Indias... y porque de tratar de semejantes cosas sin nuestra sabiduría e sin primero nos avisar de ello más de ser perjudicial y escandaloso podría traer grandes inconvenientes... e daño de nuestra corona real de estos reinos... habemos acordado... que ahora ni en tiempo alguno, sin expresa licencia nuestra no traten ni prediquen ni disputen de lo susodicho ni hagan imprimir escritura alguna tocante a ello por que de lo contrario yo me tendré por muy deservido.[85]

El Emperador reacciona, sin embargo, no al contenido de la conferencia de Vitoria (es posible incluso que no lo conociera), sino al hecho de haber

De indis de Vitoria, desde una perspectiva lascasiana, véase Manuel M. Martínez, "Las Casas-Vitoria y la bula *Sublimis Deus*", en André Saint-Lu et al., *Estudios sobre Fray Bartolomé de Las Casas*, 25-51.

[84] *Misión de España en América*, 310-311.

[85] Apéndice V, en Francisco de Vitoria, *Relectio De indis o libertad de los indios* (ed. crítica de Luciano Pereña y J. M. Pérez Prendes), *Corpus Hispanorum de Pace*, Vol. X. Madrid: Consejo Superior de Investigaciones Científicas, 1967, 152-153. Citada también en Manzano, *La incorporación de las Indias*, 83-84, Luciano Pereña, "La escuela de Salamanca y la duda indiana", 297, y Gómez Robledo, "Introducción", xix-xx.

este discutido autónomamente ("sin expresa licencia nuestra") la legitimidad o falta de ella del derecho del dominio castellano sobre el Nuevo Mundo. Las consultas que luego haría el mismo Carlos V a Vitoria sobre asuntos centrales y su deseo de que formase parte de la delegación española en el Concilio de Trento demuestran que no había encono contra las posturas específicas del escolástico salmantino.[86] El propósito del monarca era centralizar y monopolizar toda la discusión acerca de las Indias.

Sería este el mismo motivo que le llevó, dos años antes, a protestar ante el Papa Pablo III por emitir algunos decretos y edictos sobre la libertad de los indígenas y a forzar un acuerdo, mediante decreto papal expedido el 19 de junio de 1538, de que no haría declaración alguna sobre el tema sin que se viese y aprobase previamente por parte de las autoridades castellanas.[87] No era tanto el contenido de las declaraciones papales lo que preocupaba al emperador, sino evitar que el Sumo Pontífice se convirtiese en protagonista activo autónomo en la política indiana. En 1539 ordenó la corona a los obispos en América que toda comunicación con el Sumo Pontífice debía ir por el conducto de la corte, la cual pasaría juicio sobre su pertinencia. El famoso "pase regio" (*Regium exequatur*), que impuso el emperador al Papado, implicaba que la última palabra sobre las determinaciones eclesiásticas competía, en realidad, al estado.[88]

El norte de las acciones reales era controlar todo el proceso relativo a las Indias y así evitar cualquier espacio autónomo de debate y cuestionamiento. Especialmente importante era evitar que las instituciones eclesiásticas, con su potencial poder simbólico contestatario, quebrasen el estrecho vínculo que las sometía a la corona y que configuró lo que, en tono irónico, llamaría don Miguel de Unamuno la "Iglesia Católica Apostólica Española".

Isacio Pérez Fernández ha publicado una excelente contribución al estudio comparativo de Las Casas y Vitoria.[89] Evita caer en la común

---

[86] La reprimenda real tendría, sin embargo, el efecto de postergar la publicación de las relecciones hasta 1557, en Francia.

[87] Lewis Hanke, "Pope Paul III and the American Indians", *Harvard Theological Review*, Vol. 30, 1937, 86-97.

[88] Cf. Shiels, *King and Church*, 169-181.

[89] "Cronología comparada de las intervenciones de Las Casas y Vitoria en los asuntos de América (pauta básica para la comparación de sus doctrinas)", *Studium* (Madrid), Vol. 28, Fasc. 2, 1988, 235-264. No veo base alguna para que Carlos E. Deive afirme que "el padre Francisco Vitoria... inicia la tradición dominica de defensa del indígena". Cuando el gran teólogo salmantino dictó su relección *De indis* ya habían pasado poco más de 27 años (diciembre de 1511) del famoso sermón del fraile Antonio de Montesinos quien, en nombre de la comunidad dominica de La Española, condenó al maltrato a que se sometía a la población nativa. *La esclavitud del negro*, 714.

tentación de igualar las ideas de ambos pensadores dominicos y sutilmente percibe la doble postura de Las Casas frente al teólogo escolástico: referencias a sus ideas cuando las considera útiles, respetuoso silencio cuando entiende que las disquisiciones abstractas de Vitoria no son aplicables al caso concreto del Nuevo Mundo. "En lo tocante al tema de los títulos jurídicos del dominio español en Indias... el Padre Las Casas solo coincide con Vitoria en rechazar los que este rechaza... Pero el Padre Las Casas rechaza también todos los títulos que Vitoria propone como 'legítimos'... Lo que no admite es que esos títulos sean aplicables al caso concreto de las Indias"[90].

La referencia es a la escueta y cautelosa observación crítica de Las Casas, en su debate con Sepúlveda, sobre los "títulos legítimos" de Vitoria: "Cualquiera que lea las dos partes de la *prima relectio* de ese erudito [Vitoria] verá fácilmente que, en la primera, refuta de manera católica las siete razones por las cuales la guerra contra los indios parecería justa. En la segunda, sin embargo, introduce ocho títulos según los cuales los indios podrían venir a jurisdicción de los españoles... Es algo descuidado con respecto a varios de esos títulos, en vista de su deseo de moderar lo que, a los partidarios del emperador, les parecía bastante áspero, pero que, a los amantes de la verdad, por el contrario, les era católico y verdadero. Lo dejaba ver con claridad al hablar en forma condicional... Ahora bien, como las circunstancias que este sabio presupone son falsas, y él se refiere a algunas cosas en forma dudosa..."[91].

[90] "Cronología comparada", 262-263 (énfasis del autor). La influencia de la crítica vitoriana a los "títulos ilegítimos" sobre Las Casas es especialmente notoria en los dos tratados que este último publicó en 1552, en los que explicita las bases teóricas de su concepción espiritual y religiosa del imperio cristiano español; a saber, "Treinta proposiciones muy jurídicas" y "Tratado comprobatorio". Este último refleja marcada influencia del teólogo escolástico. Sin embargo, el esquema conceptual de ambos dominicos es diferente. El objetivo primario de Las Casas es la defensa de la vida y la libertad de los nativos del Nuevo Mundo; el de Vitoria, la justicia y legitimidad del dominio castellano. Con menor cautela, o mayor franqueza, que Pérez Fernández, el peruano Gustavo Gutiérrez critica a Vitoria por su "aséptico raciocinio teológico" y analiza de manera provocadora el uso ideológico que de sus "títulos legítimos" hacen los opositores hispanos de la dinastía inca en el Perú, Francisco de Toledo, Sarmiento de Gamboa y el escritor del "anónimo del Yucay". *Dios o el oro en las Indias*, 55-105.

[91] *Apología*, 340-341. En una ocasión, sin embargo, juzga Vitoria los hechos de la conquista de América y los encuentra reprobables. Afirma que, al oír lo que sucedía en el Perú, "se me hiela la sangre en el cuerpo... *non video quomodo* excusar a estos conquistadores de última impiedad y tiranía...". "Carta de Francisco de Vitoria al Arcos", Apéndice I, en *Relectio De indis* (*Corpus Hispanorum de Pace*, Vol. X), 137-139.

SEGUNDA PARTE

Libertad y servidumbre en la conquista de América

5
Libertad y servidumbre: la esclavitud del indígena

> Pueden ver sus Altezas que yo les daré oro, cuanto hobieren menester... y esclavos cuantos mandaren cargar.
>
> Cristóbal Colón

> Ordenamos y mandamos que de aquí en adelante por ninguna causa de guerra ni otra alguna, aunque sea so título de rebelión... se hagan los indios esclavos.
>
> Leyes Nuevas (1542)

La servidumbre del infiel

La conquista como apoderamiento y toma de posesión de las tierras encontradas por las armadas ibéricas provocó el complejo dilema de la relación entre sus habitantes y los invasores. La compleja y paradójica conjunción histórica de hechos de cruenta violencia y el sentido de dignidad humana inherente a la fe cristiana suscitaron uno de los más extraordinarios e intensos debates en la historia universal: la disputa sobre la libertad o servidumbre del indígena americano.

En 1525 escribió, en una de sus epístolas, Pedro Mártir de Anglería: "Acerca de la libertad de los indios hay varias opiniones, que se han discutido mucho, y hasta el presente nada se ha encontrado valedero. El derecho natural y el pontificio mandan que el linaje humano sea todo libre; el derecho imperial distingue, el uso tiene sentimientos adversos"[1].

En este punto se toca algo de extrema importancia, ya que, como afirma la segunda partida alfonsina, el código legal tan caro a los castellanos, "la

---

[1] Epístola 806, *Epistolario (Documentos inéditos para la historia de España*, Vol. 12), 387-388.

libertad... es la más cara cosa que puede haber en este mundo"[2]. Sería, no causa sorpresa alguna, Bartolomé de Las Casas quien insistiese por décadas en ese principio de ética jurídica: "Nada ciertamente es más precioso en las cosas humanas, nada más estimable que la libertad"[3].

Si el problema nos parece moralmente deleznable es porque nuestras sociedades abolieron, hace poco más de un siglo, la esclavitud legal. A fines del siglo quince la esclavitud no escandalizaba las conciencias jurídicas ni religiosas. Las dos principales fuentes o raíces de la cultura occidental —la grecorromana y la hebreo-cristiana— permitían la servidumbre forzosa. Platón en *La república* explicita su repudio a la esclavización de griego por griego, pero en *Las leyes* hace evidente que acepta el mismo estado de subyugación para no-griegos o bárbaros. Aristóteles en *La política* acentúa aún más la legitimidad de la esclavización de los llamados *bárbaros* por los griegos.[4]

Igualmente, el Pentateuco hebreo tolera y consiente la esclavitud de los extranjeros. Levítico 25, que trata de la legislación libertaria del año del jubileo, en el cual los siervos hebreos deben ser emancipados, establece la siguiente importante excepción: "Los esclavos que tengas serán de las naciones vecinas, de ellas podrás adquirir esclavos y esclavas. También podrán comprarlos entre los hijos de los extranjeros que viven entre ustedes... Esos pueden ser propiedad de ustedes, y los dejarán en herencia a sus hijos después de ustedes como propiedad perpetua. A estos los podrán tener como esclavos; pero si se trata de uno de tus hermanos, los hijos de Israel, tú no lo mandarás con tiranía, sino que lo tratarás como un hombre a su hermano"[5]. Pablo, en varias de sus epístolas, parece tolerar la legalidad de la esclavitud; incluso estimula a los siervos evangelizados a obedecer con mayor diligencia y fidelidad a sus amos.[6]

En ambas fuentes culturales hubo voces disidentes minoritarias que proclamaron la hermandad de la humanidad. En Grecia y Roma, el estoicismo, partiendo de la universalidad de la razón, sentó las bases para un inédito cosmopolitismo. Entre los hebreos, la tradición profética, desde la perspectiva de la universalidad de Dios, vislumbró la unidad del género

---

[2] *Las siete partidas*, part. 2, tít. 29, ley 2, t. 2, 326.

[3] "Tratado sobre los indios que se han hecho esclavos", *Tratados*, Vol. I, 615 y Vol. II, 1317.

[4] Véase Robert Schlaifer, "Greek Theories of Slavery from Homer to Aristotle", *Harvard Studies in Classical Philology*, Vol. 47, 1936, 165-204; David Brion Davis, *The Problem of Slavery in Western Culture*. Ithaca: Cornell University Press, 1961, 62-90.

[5] Levítico 25:44-46.

[6] I Corintios 7:20-24; Efesios 6:5-9; Colosenses 3:22-25; Primera de Timoteo 6:1-2; Tito 2:9-10.

humano. Por siglos, sin embargo, esas visiones alternas no lograron impedir la legitimidad jurídica y teórica de la esclavitud.

La esclavitud se consideró legítima mediante dos argumentos que le otorgaron funcionalidad religiosa y social. Los pensadores medievales reiteraron innumerables veces la idea clásica de que la alternativa real del enemigo derrotado era la muerte o la servidumbre. Desde esa perspectiva, esclavizar a un adversario subyugado parece ser un acto relativamente compasivo. Esta idea se encuentra todavía vigente en el siglo dieciséis, como puede verse del siguiente juicio de Domingo de Soto: "Del mismo principio dedujeron la ley de la esclavitud, porque era el único medio que había para librar de la muerte al enemigo en la guerra". Esta servidumbre "no solo es lícita, sino también fruto de la misericordia"[7].

La segunda idea procede de San Agustín. El obispo de Hipona formula el principio de que, aunque la esclavitud no forma parte de los propósitos creadores ni de los objetivos redentores divinos, procede del pecado. La esclavitud es pena y remedio del pecado. Subsistirá como institución social todo el tiempo que perdure el mal moral. También esa visión de la pecaminosidad como raíz trascendente de la servidumbre persiste en el siglo dieciséis, como lo demuestra Soto: "Del pecado se siguió el castigo... y uno de los géneros de castigo es la servidumbre legal. Del pecado original se siguió, efectivamente, la necesidad y se siguieron las guerras sin cuento, que reducen a los hombres a la esclavitud"[8].

San Agustín une ambas tradiciones en un pasaje que merece citarse extensamente por la gran importancia que tuvo para el derecho canónico y la teología durante casi un milenio y medio después de su redacción.

> La palabra siervo, en la etimología latina, designa los prisioneros, a quienes los vencedores conservaban la vida, aunque podían matarlos por derecho de guerra. Y se hacían siervos, palabra derivada de servir... Esto es también merecimiento del pecado... La primera causa de la servidumbre es, pues, el pecado, que somete un hombre a otro con el vínculo de la posición social... Por naturaleza, tal como Dios creó al principio al hombre, nadie es esclavo del hombre ni del pecado. Empero, la esclavitud penal está regida y ordenada

[7] *De la justicia y del derecho* (1556) (4 vols.). (intr., Venancio Diego Carro; tr., Marcelino González Ordoñez). Madrid: Instituto de Estudios Políticos, 1967, l. 1, cu. 5, art. 4, t. 1, 44-45; l. 4, cu. 2, art. 2, t. 2, 289. Sobre las ideas acerca de la "libertad natural" y la "servidumbre natural" en los escolásticos españoles, es útil Celestino del Arenal, "La teoría de la servidumbre natural en el pensamiento español de los siglos XVI y XVII", en *Historiografía y bibliografía americanistas*, Vols. 19-20, 1975-76, 67-124.

[8] *De la justicia y del derecho*, l. 4, cu. 2, art. 2, t. 2, 290.

> por la ley... hasta que pase la iniquidad y se aniquilen el principado y la potestad humana y sea Dios todo en todas las cosas.[9]

En el medioevo europeo se descontinuó la práctica de esclavizar cristianos por dos razones: la hermandad de la fe se consideró contradictoria con la relación amo-siervo[10] y la esclavitud tuvo relativamente poca importancia social desde la crisis del imperio romano hasta el siglo dieciséis. Sin embargo, se consideró legítima la servidumbre forzosa de los paganos o gentiles. Señala Joseph Höffner:

> Las guerras continuas hacían caer a individuos de los pueblos paganos independientes en poder de los cristianos. Solamente estos prisioneros pasaban a integrar la ínfima categoría humana dentro del *orbis christianus*: la de los esclavos... Ningún escolástico puso jamás en duda que fuese lícito convertir en esclavos a los prisioneros paganos capturados en una guerra justa. Todavía en el siglo XVI todos los teólogos se mostraban partidarios de esta opinión. En el código de derecho canónico la esclavitud figuraba asimismo entre las instituciones del *ius gentium*.[11]

Es instructiva la siguiente distinción que hace el jurista salmantino Diego Covarrubias (1512-1577): "Entre cautivo y esclavo hay mucha diferencia; porque cautivo es el enemigo de cualquier condición que sea, habido en buena guerra; esclavo el mismo siendo infiel; prisionero el que es católico y de rescate"[12]. Esta distinción se monta además sobre el citado código alfonsino. La primera ley del título vigesimonoveno de la segunda partida distingue entre prisionero y cautivo o siervo. El primero, derrotado en una guerra, conserva su vida y libertad gracias a la comunidad de religión con el vencedor. El segundo puede perderlas por ser infiel, por divergencia con la fe de su adversario. "Cautivos son llamados por derecho aquellos que caen en prisión de hombres de otra creencia; ca estos los matan

[9] *La ciudad de Dios*, en *Obras de San Agustín*. Madrid: Biblioteca de Autores Cristianos, 1958, Vols. 16-17, l. 19, c. 15, 1403-1405.

[10] Es típica la siguiente afirmación de Soto: "Los cristianos hechos prisioneros por otros cristianos no están obligados a servir como esclavos". *De la justicia y del derecho*, l. 4, cu. 2, art. 2, t. 2, 290.

[11] *La ética colonial española*, 87, 92-93. El juicio de Venancio Carro es harto severo: "La esclavitud es uno de los problemas en que la teología escolástica ha sido menos consecuente consigo misma y con los principios de la religión cristiana". *La teología y los teólogos-juristas*, Vol. I, 169.

[12] Citado por Bataillon, *Estudios sobre Bartolomé de las Casas*, 136, n. 222 (énfasis en el texto citado).

después que los tienen presos por depreciamiento que han a su ley... o se sirven de ellos como de siervos... o los venden cuando quieren"[13].

La intensa hostilidad entre cristianos e islamistas durante el otoño de la Edad Media creó un recíproco mercado esclavista. Las fuerzas cristianas se sintieron en entera libertad para forzar a la servidumbre a moros, turcos y árabes. A su vez, los islamistas no sentían inhibiciones morales o teológicas en esclavizar a los no adoradores de Alá. Si estos últimos eran personas de hacienda, ofrecían emanciparlos a cambio de un rescate sustancial.

En este contexto del antagonismo entre la cristiandad y el islam, el descubrimiento europeo, a fines del siglo quince e inicios del dieciséis, de grandes cantidades de pueblos infieles y diferentes presentó la posibilidad de su esclavización.[14] Elemento central en su ser diferente es su ser no-cristianos. De aquí surge una irónica paradoja de la historia. Mientras durante el medioevo lo cristiano fue un dique a la posible expansión de la esclavitud, se convirtió, por el contrario, en los siglos quince y dieciséis, en promotor de ella. En tanto el trato de la cristiandad con los infieles era relativamente limitado, la esclavitud de estos era de poco significado social y económico. Con los viajes a África y América, y los correspondientes contactos con pueblos densamente poblados e inferiores en tecnología militar, el principio de la posible esclavitud de los no-cristianos se transformó en la expansión extraordinaria de la servidumbre forzosa.[15] También generó un intenso debate que ha merecido el siguiente juicio del distinguido historiador español Rafael Altamira: "Lo más interesante y fundamental de nuestra colonización [de América] fue la trágica porfía entre los esclavistas y los no esclavistas"[16].

Cristóbal Colón y la esclavitud de los nativos

Fue Cristóbal Colón el primero en sugerir esclavizar a los indígenas. En su famosa carta del 15 de febrero de 1493, al narrar los sucesos acontecidos

[13] *Las siete partidas*, t. 2, 327.

[14] Cf. Charles Verlinden, "Le problème de la continuité en histoire coloniale: de la colonisation médiévale a la colonisation moderne", *Revista de Indias*, XI, 1951, 219-236.

[15] Sobre la evolución de las ideas católicas acerca de la esclavitud, es útil la sinopsis de John Francis Maxwell, *Slavery and the Catholic Church: The History of Catholic Teaching Concerning the Moral Legitimacy of the Institution of Slavery*. Chichester and London: Barry Rose Publishers, 1975. Todavía en 1866, en momentos en que la humanidad se aprestaba a poner punto final a toda justificación moral y legal de la multisecular institución de la esclavitud, el Santo Oficio, a preguntas de un vicario apostólico en Etiopía, contestó que esta, "considerada en su naturaleza esencial, no es contraria a la ley divina ni natural; pueden haber distintos títulos justos de esclavitud, señalados por autorizados teólogos y canonistas". 20 de marzo de 1886, *Collectanea S. C. de Propaganda Fide*. Roma, 1907, I, n. 230, 76-77, según se cita por Maxwell, *Ibíd.*, 78-79.

[16] "Prólogo" a Zavala, *La filosofía política en la conquista de América*, 8.

en su primer viaje, escribe sobre los factores atractivos de las tierras por él encontradas: "Pueden ver sus Altezas que yo les daré oro, cuanto hobieren menester, con muy poquita ayuda que sus altezas me darán; ahora especiería y algodón... **y esclavos cuantos mandaren cargar**". Colón recalca la facilidad conque pueden ser tomados los aborígenes, ya que su tecnología militar es muy primitiva: "Ellos no tienen fierro ni acero ni armas, ni son para ello... son muy temerosos a maravilla".

En la correspondencia colombina del primer viaje se encuentra una seria contradicción que surge de dos visiones opuestas de los indígenas. Por un lado, son seres mansos y pacíficos que, por carecer supuestamente de religiosidad organizada, sería harto fácil cristianizar y hacer leales súbditos de los monarcas hispanos; por otro lado, son infieles que pueden esclavizarse y utilizarse para el beneficio económico castellano. Desde el primer encuentro entre europeos e indígenas, entran en conflicto dos objetivos dispares: la evangelización y la codicia.

En ese mismo texto notifica la hipotética existencia de otros indígenas, los caribes, supuestamente antropófagos, que, como veremos, servirán de entrada a la esclavitud legal de algunos aborígenes.[17] En otra epístola, redactada el 14 de marzo siguiente, destaca el valor esclavista de las tierras que ha encontrado: "Y tantos esclavos para el servicio... cuantos quisieren exigir Sus Majestades"[18]. De nuevo, recalca la indefensión de los nativos: "Carecen de armas, están desnudos y son muy cobardes"[19]. En su *Diario*, insiste en sus cualidades para el trabajo manual servil. "Son buenos para les mandar y les hacer trabajar y sembrar y hacer todo lo otro que fuere menester y que hagan villas"[20].

Las Casas transcribe otra carta de Colón, escrita durante el segundo viaje, que ensalza las posibilidades financieras del mercado esclavista de indígenas. "De acá se pueden, con el nombre de la Santa Trinidad, enviar todos los esclavos que se pudieren vender". Sintomático de la mentalidad confesional típica de la España de la época es la alusión a la trina naturaleza del Dios cristiano en el contexto de una recomendación sobre la esclavización de los indios. Se refiere probablemente al bautismo; es decir,

[17] *Textos y documentos*, 141-145 (énfasis añadido). Para ayudar en la aceptación de su sugerencia esclavizante por los consejeros en teología jurídica de la corte, añade: "E serán de los idólatras". Hay ahí un problema. Poco antes ha informado el Almirante que los indios que ha encontrado "no conocían secta ni idolatría". Aparentemente equipara la supuesta antropofagia de los caribes con la idolatría.

[18] Reproducida en Fernández de Navarrete, *Colección de los viages y descubrimientos*, Vol. I, 321.

[19] *Ibíd.*, 319.

[20] *Los cuatro viajes*, 132.

que serían nativos esclavos bautizados. Añade el Almirante su apreciación favorable de las posibilidades de lucro:

> Porque en Castilla y Portugal y Aragón y Italia y Sicilia y las islas de Portugal y Aragón y las Canarias gastan muchos esclavos, y creo que de Guinea ya no vengan tantos; y que viniesen, uno de estos vale por tres, según se ve; e yo estos días que fui a las islas de Cabo Verde, de donde la gente de ellas tienen gran trato en los esclavos y de continuo envían navíos a los rescatar y están a la puerta, yo vi que por el más ruin demandaban 8000 maravedís.[21]

En su deseo de convencer a la corona de que permitiera la servidumbre de los moradores del Nuevo Mundo, Colón hace dos afirmaciones que pronto demostrarían ser controvertibles: a) que el mercado negro africano está agotado; b) que los indios son mejores para el trabajo servil que los africanos. Es parte del "proceso de ficcionalización" al que alude Beatriz Pastor. Sean cuales fueren las capacidades de trabajo de los nativos americanos, Las Casas reconoce la intención esclavista del Almirante y sus finalidades fiscales. "Ésta [la esclavitud indiana] era la principal granjería del Almirante, con que pensaba y esperaba suplir los gastos que hacían los reyes"[22].

Colón no se limitó a la propuesta. Procedió a capturar varios centenares de indígenas y a enviarlos a España.[23] La acción del Almirante parecía sustentarse sobre bases históricas sólidas. Era lo que los portugueses habían estado haciendo, con bendición papal, desde décadas atrás en sus asaltos africanos.[24] Bajo la teoría de que los negros africanos encontrados eran paganos y sarracenos, varias bulas papales prescribieron la licitud de su servidumbre forzada, transformando las incursiones lusitanas en cruzadas anti-islámicas. Eugenio IV los tildó, en la bula *Dudum cum ad nos* (1436), de "enemigos de Dios, perseguidores acérrimos de la religión

---

[21] H. I., l. 1, c. 150, t. 2, 71-72. Se reproduce también en *Textos y documentos*, 224.

[22] H. I., l. 1, c. 150, t. 2, 71.

[23] De acuerdo a Las Casas, el Almirante "envió a vender a Castilla más de 500 esclavos", indios tomados en La Española. *Ibíd.*, l. 1, c. 102, t. 1, 405.

[24] Friederici llama la atención a que Colón, y buena parte de los primeros navegantes europeos a América, se habían adiestrado en las cacerías de esclavos que se llevaban a cabo por Portugal, en África. *El carácter del descubrimiento*, Vol. I, 299-305. Sobre el Almirante, llama la atención a su "mezcla, verdaderamente insoportable para cualquier sensibilidad moral, de cristianismo y criminalidad, de devoción y rapiña: creemos estar escuchando a un misionero y un tratante profesional en esclavos, todo en una pieza". *Ibíd.*, 303.

cristiana... sarracenos y de otros modos infieles"[25]. Similares términos utiliza Nicolás V en su bula *Romanus pontifex* (1455), en la que concede a la corona portuguesa: "Facultad plena y libre para a cualesquier sarracenos y paganos y otros enemigos de Cristo... invadirlos, conquistarlos, combatirlos, vencerlos y someterlos; y reducir a servidumbre perpetua (*in perpetuam servitutem*) a las personas de los mismos"[26]. El mercado esclavista negro comenzó, por consiguiente, con plena bendición del Vicario de Cristo.

También los españoles, en sus invasiones a las Islas Canarias, doblegaron y vendieron como esclavos a buena parte de los nativos.[27]

El genovés Michéle Cuneo acompañó las embarcaciones con los aborígenes remitidos por Colón a España y relata su triste condición: "Al penetrar en aguas españolas se nos murieron alrededor de doscientos de los dichos indios, que arrojamos al mar, y creo que la causa de ello fue el frío al que no estaban acostumbrados... Desembarcamos en Cádiz a todos los esclavos, la mitad de ellos enfermos. No son gente apropiada para trabajo pesado, sufren mucho el frío y no tienen larga vida"[28]. Colón se entera del descalabro de sus planes mercantiles esclavistas, pero no se amilana. Confía que con el tiempo los indígenas resistirán las inclemencias del viaje transatlántico, en las condiciones onerosas en que lo hacían

[25] Antonio Rumeu de Armas, "Esclavitud del infiel y primeros atisbos de libertad", en *Estudios sobre política indigenista española en América: Simposio conmemorativo del V centenario del Padre Las Casas. Terceras jornadas americanistas de la Universidad de Valladolid.* Valladolid: Universidad de Valladolid, 1975, Vol. I, 43-46.

[26] Reproducida en Francisco Morales Padrón, *Teoría y leyes de la conquista*, 23; y Davenport, *European Treaties*, 16, 23.

[27] Este precedente en las Canarias lo analiza Rumeu de Armas, "Esclavitud del infiel", 46-49. Instructiva, por coincidir con los primeros encuentros de los españoles con los indígenas americanos, es la política de la corona castellana en la conquista de dos de las ínsulas —La Palma (1492-1493) y Tenerife (1494-1496)—. "Los indígenas de los bandos de paces fueron declarados libres, mientras que los de guerra fueron capturados en masa para su transporte y venta en los mercados esclavistas metropolitanos". *Ibíd.*, 48-49 (énfasis añadido). Esto abriría otra puerta para la esclavización legal de algunos aborígenes americanos. Las Casas critica la conquista violenta de las Islas Canarias y la esclavización de sus nativos. H. I., l. 1, cs. 17-19, t. 1, 90-111. Las cataloga como acciones "contra toda ley razonable y natural, contra justicia y contra caridad, donde se cometían grandes y gravísimos pecados mortales y nascía obligación de restitución". *Ibíd.*, 108-109.
Según el profesor Harold B. Johnson, la exploración y dominio de las Canarias fue responsabilidad de empresarios privados, quienes esclavizaron y persiguieron a los nativos. "Cuando la Corona pudo controlar la situación prohibió tales actividades, pero su intervención resultó demasiado tardía, ya que la mayoría de los nativos había sucumbido". En su opinión, "la experiencia tenida en las Canarias constituye una especie de modelo abortado para la situación de las Indias". "Comentarios por el doctor Harold B. Johnson", Apéndice 2, de Lewis Hanke, *La humanidad es una*, 203. Isacio Pérez Fernández aporta una valiosa cronología de la ocupación y conquista ibérica de las Canarias en su estudio preliminar a Bartolomé de Las Casas, *Brevísima relación de la destrucción de África*, 146-173.

[28] Citado por Carl Ortwin Sauer, *Descubrimiento y dominación española*, 1984, 138.

los esclavizados, y se aclimatarían al frío ibérico. "Bien que mueran ahora, así no será siempre de esta manera, que así hacían los negros y los canarios a la primera"[29].

Bartolomé de Las Casas recordaría amargamente la acción de Colón. Lo censuraría severamente como un hecho lamentable, una especie de "pecado original" de la presencia europea en el Nuevo Mundo. En su opinión, la detención involuntaria de los nativos "no fue otra cosa sino violar tácita o interpretativamente las reglas del derecho natural", que son "comunes a todas las naciones, cristianos y gentiles, y de cualquiera secta, ley, estado, color y condición que sean, sin una ni ninguna diferencia". Con profunda tristeza condena la acción del Almirante, sobre quien, en general, tiene Las Casas un concepto de "hombre bueno y cristiano".

> No teniendo tanta perspicacidad y providencia de los males que podían suceder, como sucedieron... ignorando también lo que no debiera ignorar concerniente al derecho divino y natural y recto juicio de razón, introdujo y comenzó a asentar tales principios y sembró tales simientes, que se originó y creció de ellas tan mortífera y pestilencial hierba, y que produjo tan profundas raíces, que ha sido bastante a destruir y asolar todas estas Indias.[30]

Esta actitud de Colón es "una culpabilísima, que a ninguno excusa del derecho natural y divino ignorancia"[31]. La misma explicación dará al narrar el primer encuentro violento entre los hombres del Almirante y un grupo indígena. "Esta fue la primera injusticia... que se cometió en estas Indias contra los indios, y el comienzo de derramamiento de sangre, que después tan copioso fue en esta isla... La intención del Almirante... siempre la juzgué por buena, pero... fue por error grandísimo que tuvo cerca del derecho"[32].

Le atribuye dos clases de ignorancia. La primera tiene que ver con la concepción de las tierras encontradas y se expresa en tres errores: a) pensar que eran el extremo oriental de Asia; b) creer que las extraordinarias riquezas de las "minas del rey Salomón" se encontraban en ellas; c) imaginar que Cuba era tierra firme [asiática]. La segunda clase de ignorancia, de mucho mayor monta, es el menosprecio del derecho natural y divino en el trato abusivo a los indígenas. Esto provoca el castigo divino, que

[29] H. I., l. 1, c. 150, t. 2, 72.

[30] *Ibíd.*, l. 1, c. 41, t. 1, 207-208.

[31] *Ibíd.*, l. 1, c. 114, t. 1, 444.

[32] *Ibíd.*, l. 1, c. 93, t. 1, 380-382.

se manifiesta en la angustias del Almirante, su arresto y despojo de las dignidades que ostentaba.[33] En realidad, Colón y Las Casas tienen ideas encontradas al respecto del derecho que rige en esa situación inédita, nueva en la historia, del encuentro entre europeos cristianos y pueblos infieles de menor desarrollo tecnológico.[34]

La reacción de los Reyes Católicos es inicialmente ambivalente. Primero autorizan la venta de tales esclavos. En cédula real del 12 de abril de 1495, dirigida al Obispo Fonseca, aseveran: "Cerca de lo que nos escribisteis de los indios que vienen en las carabelas, parécenos que se podrán vender allá mejor en esta Andalucía que en otra parte; debéislo hacer vender como mejor os pareciere"[35]. Pero, cuatro días después, expresan reservas a la venta, sin detenerla, hasta que "letrados, teólogos y canonistas" puedan analizar las razones para su esclavización.

> El Rey y la Reina. Reverendo in Cristo Padre Obispo, de nuestro Consejo. Por otra letra nuestra vos hubimos escrito que ficiésedes vender los indios que envió el Almirante don Cristóbal Colón en las carabelas que ahora vinieron, y porque nos queríamos informarnos de letrados, teólogos y canonistas si con buena conciencia se pueden vender éstos por esclavos o no, y esto no se puede hacer hasta que veamos la causa por qué nos los envía acá por cautivos... por ende, en las ventas que ficiéredes de estos indios sea fiado el dinero de ellos por algún breve término, porque en este tiempo nosotros sepamos si los podemos vender o no.[36]

La determinación se tardó poco más de cinco años, en los cuales se inició la práctica de pagar los servicios de los que se aventuraban a las expediciones de las Indias, al menos parcialmente, mediante indios cautivos. Las Casas relata cómo su padre, que había sido uno de estos aventureros, retornó a su hogar, en 1500, con unos de estos nativos. Fue así que por primera vez el joven que luego se convertiría en vehemente protector

[33] *Ibíd.*, l. 2, c. 38, t. 2, 329-332.

[34] A la luz de esa severa apreciación, me parece infundada la valoración que hace Menéndez Pidal de Las Casas como "historiador doméstico" de los Colón. Es reflejo de sus apasionados prejuicios antilascasianos. También sobre Diego Colón emite Las Casas un severo juicio crítico respecto a lo esencial en su historiografía: el trato a los nativos y la responsabilidad en su opresión y muerte. *Ibíd.*, l. 2, c. 51, t. 1, 371. Ramón Menéndez Pidal, *La lengua de Cristóbal Colón. El estilo de Santa Teresa y otros estudios sobre el siglo XVI*. Buenos Aires: Espasa Calpe, 1942, 12.

[35] Konetzke, *Colección de Documentos*, Vol. I, 2.

[36] *Ibíd.*, 2-3 (énfasis añadido). Por desgracia, no se conservan documentos, memoriales ni pareceres que iluminen los debates habidos en tan importante consulta a "letrados, teólogos y canonistas".

de los indígenas de América, conoció a uno de ellos.[37] La expansión de la costumbre de cautivar a los indios, de darlos a manera de paga por servicios prestados y de iniciarse su introducción en el comercio europeo esclavista forzó la conciencia de la corona y la llevó a una decisión crucial: los indígenas del Nuevo Mundo son vasallos libres de España y no se puede, sin mediar justa causa, someterlos a esclavitud.[38]

La decisión real se toma aparentemente porque los indígenas del Nuevo Mundo no habían, al menos inicialmente, cometido injuria alguna contra los españoles, ni podían ser tratados de sarracenos e islamistas, los consabidos "enemigos de la cristiandad". Las bulas alejandrinas, a diferencia de las emitidas por anteriores pontífices a favor de las incursiones portuguesas en África, no incluían la esclavización de los aborígenes. Por el contrario, exhortaban a los Reyes Católicos a propiciar su bienestar.[39]

El 20 de junio de 1500, en Sevilla, se emite la cédula real:

[37] H. I., l. 1, c. 176, t. 2, 173.

[38] Para el problema de la libertad o esclavitud de los indígenas bajo la monarquía isabelina es de mucho provecho Antonio Rumeu de Armas, "Esclavitud del infiel y primeros atisbos de libertad", 41-78. Sin embargo, es pertinente una nota aclaratoria. El propósito de este eminente historiador español es recalcar que, a pesar de las múltiples violaciones en su implantación, la política y legislación isabelina fue ejemplar en su pleno reconocimiento de la humanidad, libertad y dignidad de los aborígenes americanos. Aunque Las Casas estaría de acuerdo con esa tesis, Rumeu de Armas critica continuamente al fraile dominico por su excesivo criticismo, sin tomar en cuenta de que esta diferencia en el tono, que para él peca de estridencia, estriba en la acentuación lascasiana, que no recae en la justicia de la legislación castellana, cosa que él, en general, no pone en duda, sino en la vida y la muerte, la libertad y servidumbre de los indígenas. Desde esa óptica, las violaciones *de facto* cobran mayor peso que la pureza de las determinaciones *de iure*. No me parece correcto afirmar que Las Casas admitió "a regañadientes la validez de la concesión pontificia y, en consecuencia, la plena autoridad política de los Reyes de Castilla sobre los indios". *Ibíd.*, 60. Por el contrario, toda la argumentación del pugnaz fraile dominico se erige justamente sobre esa concesión, la cual interpreta como mandato para promover el bienestar de los nativos. Rumeu de Armas afirma, además, que Las Casas "llegará a abogar por la retirada masiva de los españoles de América" sin proveer cita alguna específica en la que el Protector de los Indios recomiende tal medida.

[39] No entiendo de dónde saca Anthony Pagden la idea de que los Reyes Católicos consideraban que las bulas de Alejandro VI de 1493 les otorgaba el derecho a esclavizar los indígenas americanos. Su exégesis de *Eximiae devotionis* es difícil de sostener. En ningún momento las bulas alejandrinas usan respecto a los nativos americanos el lenguaje agresivo que edictos papales anteriores utilizaron contra los africanos ("*sarracenos... et Christi inimicos*" ["sarracenos y enemigos de Cristo..."], los llama la bula *Romanus pontifex* emitida por Nicolás V, en 1455). No conozco documento real que alegue tal interpretación. La decisión de la corona fue a favor de la libertad natural de los nativos con tres importantes excepciones que estudiaremos a continuación: los antropófagos, los rebeldes contumaces y los esclavos de "rescate" (compra). También es dudosa la interpretación que hace Pagden de la réplica del rey Fernando a las primeras protestas de los frailes dominicos contra el maltrato de los indígenas antillanos. Fernando en todo momento se refiere, al reclamar su derecho a requerir servidumbre de los aborígenes, a la institución de la encomienda, no a la esclavitud. Los españoles distinguían ambas instituciones con mucha claridad, al menos en la teoría jurídica. Pagden, *The Fall of Natural Man*, 29-31.

> El Rey y la Reina. Pedro de Torres, contino de nuestra Casa. Ya sabéis como por nuestro mandado tenedes en vuestro poder en secrestación y de manifiesto algunos indios de los que fueron traídos de las Indias y vendidos en esta ciudad y su Arzobispado y en otras partes de esta Andalucía por mandado de nuestro Almirante de las dichas Indias; los cuales ahora nos mandamos poner en libertad, y habemos mandado al Comendador Frey Francisco de Bobadilla que los llevase en su poder a las dichas Indias... sin faltar de ellos ninguno.[40]

Se procede a recoger a los indígenas y, con algunas excepciones motivadas por el deseo de algunos de permanecer en España, retornarlos como personas libres a las Antillas. Las Casas relata el enojo de la reina por un intento de Colón de preservar la práctica de pagar servicios con indígenas: "¿Qué poder tiene mío el Almirante para dar a nadie mis vasallos?"[41]. Al recibir los reyes informes de que Cristóbal Guerra, comisionado para realizar ciertas expediciones en el Nuevo Mundo, ha traído indígenas a España y los ha vendido como esclavos, ordenan al corregidor de Jerez de la Frontera a que investigue "cuántos trajo el dicho Cristóbal Guerra, y cuántos de ellos vendió, y a qué personas y por qué precios... y así sabida la verdad, si halláredes lo susodicho ser y haber pasado como dicho es, toméis luego de poder del dicho Cristóbal Guerra y de sus bienes todos los maravedís y precios por qué fueron vendidos los dichos indios e indias, y toméis los dichos indios e indias de poder de las personas que los tienen... y así tomados y recogidos en vuestro poder... para que los lleve a la dicha isla donde fueron tomados, y los ponga en libertad... Y entretanto... tened preso y a buen recaudo al dicho Cristóbal Guerra"[42].

A este principio general de que los indígenas del Nuevo Mundo son vasallos libres que no pueden cautivarse y esclavizarse se añadirían, sin

[40] Konetzke, *Colección de Documentos*, Vol. I, 4. Está cédula, sin embargo, presupone otra anterior, la inicial decisión de la corona a favor de libertad de los indígenas. Hasta ahora no se ha encontrado ese documento.

[41] H. I., l. 1, c. 176, t. 2, 173.

[42] Konetzke, *Colección de Documentos*, Vol. I, 7-8. Sin embargo, poco tiempo después, el 12 de julio de 1503, Guerra recibe licencia real para tomar indios esclavos. "Que pueda thomar en qualesquier partes que descobriere yndios e yndias para esclavos... e que los thome lo más a su voluntad que ser pueda". Añade la reina Isabel: "Nin para les fazer mal nin daño". No se supone que se les haga daño, solo que se les esclavice. D. I. A., Vol. 31, 189. Deive supone que se trata de los caribes, de quienes, como veremos enseguida, se ordenó su captura y servidumbre forzosa. *La esclavitud del negro*, 8. A este Cristóbal Guerra lo acusa Las Casas de ser un salteador y maltratador de indígenas. Sospecha que fue el primero en antagonizar a los nativos del continente suramericano. H. I., l. 1, c. 171, t. 2, 149-154. Murió en una batalla con ellos.

embargo, algunas excepciones y reservas que permitirían la metamorfosis del "legalismo perfecto"[43] de la política colonial castellana a la cruenta explotación de la mano de obra forzada.

Los caribes y la antropofagia

La primera excepción es en referencia a los caribes, supuestos antropófagos. Desde el primer viaje de Colón, los reyes habían sido informados de la existencia de estos hipotéticamente feroces salvajes que asaltaban continuamente a los mansos nativos de las otras islas antillanas.[44]

El 30 de enero de 1494, Colón, en un memorial que envía a los Reyes mediante Antonio Torres, sugiere la esclavización de los caribes y su envío a España. Los propósitos son diversos, reflejando la compleja perspectiva colombina: a) educarlos y que sirvan de intérpretes, "lenguas", en la comunicación con los otros nativos ("que acá non ay lengua por medio de la cual a esta gente se pueda dar a entender nuestra santa fe"); b) quitarles la nefasta costumbre de la antropofagia ("porque quitarse ían una ves de aquella inhumana costumbre que tienen de comer hombres"); c) facilitar su cristianización ("e allá en Castilla, entendiendo la lengua, muy más presto rescibirán el bautismo e harán provecho de sus almas"); d) acreditar los españoles entre los aborígenes que temen a los feroces caníbales[45] ("viendo que aquellos prendiésemos e cabtivásemos de quien

[43] Enrique Dussel: "América Latina quedará marcada por este 'legalismo perfecto' en teoría, y la injusticia y la inadecuación a la ley en los hechos". *Historia de la iglesia en América Latina*, 56.

[44] Colón añade también una referencia mítica. Los caribes son los únicos varones que presuntamente tienen relaciones íntimas con las legendarias amazonas, mujeres guerreras que habitan otra ínsula vecina. *Textos y documentos*, 145; Navarrete, *Colección de los viages*, Vol. I, 321. Demetrio Ramos ha sostenido sobre ellos que: "Solo los araucanos, y por análogos motivos, retuvieron la misma preocupación de los españoles, aunque los caribes nunca llegaron a alcanzar semejante celebridad. Les faltó un Ercilla, que fuera capaz de sublimar la epopeya". "Actitudes ante los Caribes desde su conocimiento indirecto hasta la capitulación de Valladolid de 1520", en *Estudios sobre política indigenista española en América*, Vol. I, 81. El trabajo de Ramos muestra los cambios en la visión española acerca de los caribes durante las primeras décadas de la colonización de las islas antillanas y, en especial, la debilidad de la hipótesis inicial que los caracterizaba ante todo por la antropofagia.
[Jalil] Sued Badillo, en iconoclasta trabajo, desmenuza la precaria evidencia sobre la supuesta antropofagia caribeña, la que, en su opinión, no tiene "ápice de fundamentación alguna". Llama la atención a la convergencia de la imaginación fantasiosa de aventureros en búsqueda de tierras fabulosas y el deseo de riquezas mediante la venta irrestricta de esclavos. *Los caribes: Realidad o fábula. Ensayo de rectificación histórica*. Río Piedras: Editorial Antillana, 1978, 33-66. Igual que Ramos, destaca el arrojo y la valentía de los nativos caribeños que en diversas ocasiones rechazaron ataques españoles a sus bases en las Antillas Menores. Para un breve y preciso recuento de las guerras contra los caribes, véase Ricardo E. Alegría "Las primeras noticias sobre los indios caribes", introducción a Manuel Cárdenas Ruiz, *Crónicas francesas de los indios caribes*. Río Piedras: Editorial Universidad de Puerto Rico, 1981, 1-89.

[45] Los términos "canibal" y "caribe" son neologismos colombinos mediante los cuales el Almirante cree expresar vocablos indígenas referentes a salvajes antropófagos. Cf. Alegría, *Ibíd.*, 3-6. El teólogo

ellos suelen rescibir daños e tienen tamaño miedo que del nombre solo se espantan"); e) intercambiarlos por otras mercancías necesarias para los que se han aventurado a las Indias ("trayan de los dichos ganados e otros mantenimientos e cosas de poblar el campo e aprovechar la tierra... las cuales cosas se les podrían pagar en esclavos d'estos caníbales").[46]

El 30 de octubre de 1503, la reina Isabel autoriza su esclavización.

> Para que si todavía los dichos caníbales resistieren y no quisieren... ser doctrinados en las cosas de nuestra santa fe católica y estar a mi servicio y so mi obediencia, los puedan cautivar y cautiven para los llevar a las tierras e islas donde fueren, y para que los puedan traer y traigan a estos mis Reinos y Señoríos y a otras cualesquier partes y lugares do quisieren y por bien tuvieren, pagándonos la parte que de ellos nos pertenece, y para que los puedan vender y aprovecharse de ellos sin que por ello caigan ni incurran en pena alguna.[47]

El carácter religioso del estado español se hizo presente también en esta reserva. La reina Isabel, aunque indica el carácter punitivo de la esclavización de los caribes, acentúa su función evangelizadora: "Porque trayéndolos de estas partes y sirviéndose de ellos los cristianos, podrán ser más ligeramente convertidos y atraídos a nuestra santa fe católica"[48]. Uno de los resultados de esa excepción fue naturalmente la multiplicación geométrica, en los relatos de conquistadores y aventureros, de supuestos caníbales. Al respecto de ellos imperó el tradicional cautiverio por derecho de guerra.[49] Como afirma Carl Sauer: "La provisión fue una carta blanca para futuras expediciones: cualquier capitán podía afirmar que los aborígenes eran caníbales y se resistían al cristianismo, y así proceder como le

---

español Juan de la Peña confunde ambos términos y habla de que "*possunt debellari que occidunt homines ad manducandum, ut sunt Caribales* [sic] *in indiis*" ("pueden subyugarse mediante la guerra a los indios que matan hombres para comérselos, como son los caribales"). *An sit iustum bellum adversus insulanos*, en Luciano Pereña, *Misión de España en América*, 286.

[46] Colón, *Los cuatro viajes*, 212-214.

[47] Konetzke, *Colección de Documentos*, Vol. I, 15.

[48] *Ibíd.*

[49] Son múltiples los testimonios sobre supuestos caribes antropófagos que recibieron Alonso de Zuazo y Rodrigo de Figueroa, dos funcionarios reales comisionados en 1519 para investigar la situación. Sobre sus sentencias, favorables a la esclavización de los caribes, véase Paulino Castañeda Delgado, "La política española con los Caribes durante el siglo XVI", *Revista de Indias*, Núms. 119-122, enero a diciembre de 1970, 81-90. Empero, Figueroa parece admitir que no todos los llamados caribes son verdaderamente antropófagos, al escribir a Carlos V el 6 de julio de 1520: "Se ha traído ciertos esclavos de los verdaderos caribes...". Es una manera indirecta de reconocer que muchos indígenas apresados por alegado canibalismo no son "verdaderos caribes". D. I. A., Vol. I, 418.

pareciera... No hacía falta más que declarar caribes a los habitantes de una isla para legitimar la caza de esclavos"[50].

El encono hacia los indómitos caribes (cuya fiereza alcanzó atributos legendarios) se muestra en la siguiente provisión real emitida por la Reina Juana, en la que la corona, como incentivo para que se les combata y esclavice, dispensa a quienes ejecuten tales acciones del pago de las acostumbradas obligaciones contributivas o el "quinto" de las ganancias: "Doy licencia e facultad para que puedan armar e armen todos los que quisieren e por bien tuviesen los dichos caribes e así armados les puedan hacer guerra e a los que tomasen les puedan tener e tengan por esclavos e servirse de ellos como de tales sin que nos sean obligados a dar ni den el quinto alguno de ellos"[51].

La hostilidad hacia los caribes se multiplicó después de la rebelión de los indígenas de la Isla de San Juan (Puerto Rico), en 1511. Esta se atribuyó a una, para los españoles insólita, alianza entre los bravos caribes y los nativos de San Juan que culminó en la primera amenaza seria a la estabilidad de la hegemonía española en el Nuevo Mundo.[52] A tales efectos, el rey Fernando, tras hacer protestaciones de su respeto a la libertad de los indígenas, autoriza, a fines de ese año, la guerra contra los caribes y su esclavitud, a la par que reitera el incentivo de la exención contributiva.

> Los caribes... mañosamente y con forma diabólica mataron a traición y alevosamente a don Cristóbal de Sotomayor, lugarteniente

[50] *Descubrimiento y dominación española*, 244, 193.

[51] "Real provisión de la reina doña Juana para que los vecinos de La Española y demás islas puedan hacer guerra a los caribes y hacerlos esclavos" (3 de junio de 1511), en *Colección de documentos inéditos relativos al descubrimiento, conquista y organización de las antiguas posesiones españolas de Ultramar* (segunda serie, 24 vols.). Madrid: Real Academia de Historia, 1885-1931, Vol. 5, 260-261. [De ahora en adelante: D. I. U.].

[52] Aunque Colón y otros españoles recalcan la hostilidad entre los caribes y los nativos de La Española y San Juan Bautista (Puerto Rico), López de Gómara, en su breve recuento de la guerra en esta segunda isla, afirma que los nativos pidieron socorro a sus supuestamente temidos vecinos contra los invasores españoles. "Costó la conquista del Boriquén [Puerto Rico] muchos españoles, ca los isleños eran esforzados y llamaron caribes en su defensa, que tiraban con yerba pestífera". El esfuerzo bélico nativo fue "sin remedio". *Historia general de las Indias*, c. 44, 180. También Oviedo señala esta alianza, al indicar que en la sublevación acontecida en Puerto Rico murieron "muchos indios, assí caribes de las islas comarcanas y flecheros, con quien se avían juntado, como los de tierra...". *Historia general y natural de las Indias*, parte 1, l. 16, c. 6, t. 1, 474. Sued Badillo no ve nada extraño en tal alianza, ya que recalca, contrario a la tesis tradicional, la unidad étnica y cultural entre los nativos borincanos y barloventeños. Esta unidad, fomentada por complejos vínculos de intercambio comercial, facilitó el éxodo de una considerable proporción de los taínos puertorriqueños, al imposibilitarse mantener la resistencia contra el invasor castellano. Esa emigración, como bien indica Sued Badillo, es incomprensible desde la noción común de la supuesta hostilidad caribe-taíno. Ricardo Alegría expone concisamente la visión tradicional de las diferencias culturales entre arahuacos y caribes en "Las primeras noticias sobre los indios caribes", 67-89.

> de nuestro Capitán de dicha isla, y a don Diego de Sotomayor, su sobrino, y a otros muchos cristianos que en la dicha isla estaban... y después se alzaron y rebelaron contra nuestro servicio y han tenido forma como todos los otros indios que quedaban en la dicha isla de San Juan, se rebelasen... para lo cual los movieron e incitaron y vinieron para lo poner en obra mucho número de los dichos caribes a la dicha isla de San Juan... Han buscado y buscan de se defender para no ser doctrinados ni enseñados en las cosas de nuestra santa fe católica y continuamente han hecho y hacen guerra a nuestros súbditos y naturales y han muerto muchos cristianos, y por estar como están endurecidos en su mal propósito, despedazando y comiendo los dichos indios... Por ende, por la presente doy licencia y facultad a todas y cualesquier personas... para que hagan guerra a los caribes... y los puedan cautivar y cautiven... y para que los puedan vender y aprovecharse de ellos sin que por ellos caigan ni incurran en pena alguna y sin que nos pague de ello parte alguna.[53]

Las instrucciones del Cardenal Cisneros, regente de la corona, a los padres Jerónimos que envió en 1516 al Nuevo Mundo para estudiar el grave problema demográfico que representaba la disminución drástica de los nativos, mantienen en pie la esclavización de los caribes. Esta medida es uno de los remedios ofrecidos a los españoles en compensación de la proyectada emancipación de los aborígenes ilegítimamente subyugados. "Asimismo les aprovechará mucho que Su Alteza les dé carabelas, aderezadas de bastimentos y otras cosas necesarias, para que vayan ellos mismos a tomar los caribes que comen hombres". La razón que justifica tal cacería es religiosa: "Y éstos son esclavos porque no han querido recibir los predicadores, y son muy molestos a los cristianos y a los que se convierten a nuestra santa fe y los matan y los comen"[54].

Jalil Sued Badillo muestra cómo la determinación de si los nativos de alguna región antillana, insular o continental, eran o no caribes-caníbales, no procedía de estudio objetivo y serio alguno de sus costumbres, sino de las necesidades económicas circunstanciales.[55] Si lo que atraía de una

[53] Konetzke, *Colección de Documentos*, Vol. I, 32-33.

[54] Las instrucciones son reproducidas en Las Casas, H. I., l. 3, c. 88, t. 3, 130.

[55] *Los caribes: Realidad o fábula*, 75-90. W. Arens en una mordaz crítica, salpicada de deliciosa ironía, a las atribuciones de canibalismo que desde el siglo dieciséis se han endilgado a nativos americanos, africanos y del Pacífico Sur, señala que también los árabes sustentaron ideológicamente su trata negrera mediante la alegación de que los africanos que esclavizaban eran antropófagos. *El mito del canibalismo: Antropología y antropofagia*. México, D. F.: Siglo XXI, 1981, 82-85. En su desmitificador estudio, no se le escapa a Arens el carácter ideológico del "mito del canibalismo". "Al examinar la facilidad con que se difunde la noción de otros como caníbales, la implicación de que esa acusación niega a los acusados su humanidad es reconocible de inmediato. Al definirlos de ese modo se les barre de la esfera de la cultura y se les coloca en la categoría de los animales... La guerra y la aniquilación se vuelven entonces

región dada eran sus riquezas minerales, a explotarse mediante colonización castellana, sus habitantes se clasificaban de no-caribes y se repartían mediante el sistema de la encomienda. Si, por el contrario, se entendía que era una "isla inútil" desde la óptica de la minería, se denominaba a sus pobladores "caribes", y se les saqueaba para llevárseles como esclavos a otros lugares en proceso de explotación económica.

Del encono contra los caribes no escapó un buen número de religiosos que se distinguieron por su defensa de los nativos. Los franciscanos de La Española, al tiempo que defendieron la libertad natural y social de los arahuacos, creían legítima la esclavización de los caribes, "*quia delinquunt in lege naturae*" ("porque transgreden la ley natural").[56] Incluso el dominico, fray Pedro de Córdoba, responsable en buena medida de las primeras protestas contra el abuso sufrido por los aborígenes y promotor de las primeras pugnas indigenistas de Bartolomé de Las Casas en la corte real, al relatar en una carta a fray Antonio de Montesinos, hermano de orden y compañero de luchas, una homilía que había predicado contra la esclavización y el comercio ilícito de indios, aclara una excepción a su censura: "En cuanto a los caribes, yo bien dije en el sermón que podían ser dados por esclavos por su pecado"[57]. Con certeza puede afirmarse que "el indio caribe no gozó de medidas de protección de clase alguna"[58].

excusables, mientras que formas más refinadas de dominación, como la esclavitud y la colonización, pasan a ser una verdadera responsabilidad de los portadores de cultura". *Ibíd.*, 118 y 120.

[56] La opinión franciscana, de 1517, es reproducida por Gómez Camedo, *Evangelización y conquista*, 91-92.

[57] "Carta del padre fray Pedro de Córdoba al padre fray Antonio Montesino", apéndice V, en Juan Manuel Pérez, O. P., *¿Éstos no son hombres?* Santo Domingo: Fundación García-Arévalo, 1988, 164. La actitud de Las Casas es ambigua. Aunque en general reproduce el esquema dualista caribes vs. arahuacos, caracterizado por el feroz canibalismo de los primeros y la pacífica benignidad de los segundos, y comparte la noción común en su época, que veía a Boriquen o isla de San Juan como la frontera de choque entre ambos grupos étnicos ("Sant Juan... estaba plenísima de gentes naturales... era combatida de los caribes o comedores de carne humana y para contra ellos eran valerosos y defendían bien su tierra", H. I. l. 2, c. 46, t. 2, 355), en ciertas ocasiones lo pone en duda: "Los caribes, si los hay...". *Ibíd.*, l. 3, c. 24, t. 2, 521. En otra ocasión, cuestiona que el supuesto canibalismo sea razón legítima para esclavizarlos. "Yendo y viniendo a Castilla porque no se hiciesen esclavos, y los que tenían hechos los libertasen, aunque fuesen de los caribes o que comían carne humana". *Ibíd.*, l. 3, c. 157, t. 3, 373. Incluso en otro texto insiste en que aunque fuese verdad la acusación de antropofagia, han sido muchos los pueblos europeos, incluso los ibéricos, que en la antigüedad incurrieron en esa "cruel bestialidad". Tal falta, no es incompatible con la prudencia política o capacidad de autogobierno en los caribes ni tampoco con el mandato de la evangelización pacífica. *Apologética historia sumaria*, l. 3, c. 205, t. 2, 352-356. Critica el incumplimiento de la alegada justificación misionera: "Porque después que las Indias se descubrieron, hasta hoy, nunca los caribes supieron qué cosa era predicadores, ni les resistieron, sino a los españoles que tuvieron siempre por hombres crueles salteadores... porque si los españoles hicieran obras de verdaderos cristianos, tan poca dificultad hobiera en traellos a fe, o no muy grande, como a los demás". H. I., l. 3, c. 89, t. 3, 131. Respecto a la cédula real original mediante la cual la reina Isabel legalizó la servidumbre caribeña, Las Casas cree que procedió de su inocente ignorancia, manipulada por sus consejeros reales. H. I., l. 2, c. 19, t. 2, 270-273.

[58] Enrique Otte, "Los jerónimos y el tráfico humano en el Caribe: Una rectificación", *Anuario de estudios americanos*, Vol. 32, 1975, 190.

En diversas capitulaciones y ordenanzas, Carlos V mantuvo la esclavización de los caribes, eximiendo a quienes los doblegaran de pagar el consabido quinto real. Un ejemplo es la capitulación otorgada el 18 de marzo de 1525 a Gonzalo Fernández de Oviedo, quien pagaría el quinto de todo lo rescatado, "salvo de los indios caribes que se tomaren por guerra justa, que de esto es nuestra merced y voluntad que durante el dicho tiempo no se pague cosa alguna"[59]. Todavía en fecha tan tardía como 1612, Bernardo de Vargas Machuca defendía la esclavización de los caribes: "Son caribes y de mala inclinación, y que comen carne humana... estos tales merecerán bien el castigo que de les diere jurídicamente, y no solo castigo, sino que se dieran por esclavos"[60].

Los caribes se convirtieron en símbolo de pueblo salvaje, bestial y merecedor del trato fuerte e inclemente. A pesar de los intentos que hizo la corte de Carlos V de reducir al mínimo posible la esclavitud formal de los indígenas, se reiteraron las demandas por los colonos de reducir a los caribes a servidumbre y compelerlos a trabajar. El 4 de mayo de 1547, la corona autorizó a los vecinos de Puerto Rico a que atacasen a los fieros nativos caribeños y a cautivar a los varones mayores de catorce años. En 1558, se expidió una cédula similar como concesión a los colonos de La Española.[61] La reitera, como licencia general para todos los hispanos antillanos, Felipe II en 1569. Esta última cédula todavía se consideraba en vigor al editarse la *Recopilación de las Leyes de los Reinos de las Indias* (1680).[62]

En 1589, el jesuita José de Acosta, al describir el tercer tipo de su taxonomía de los "bárbaros", a saber, aquellos "salvajes semejantes a fieras, que apenas tienen sentimiento humano; sin ley, sin rey, sin pactos", menciona en primer término a los "caribes, siempre sedientos de sangre, crueles con los extraños, que devoran carne humana, andan desnudos o cubren apenas sus vergüenzas. De este género de bárbaros trató Aristóteles, cuando dijo que podían ser cazados como bestias y domados por la fuerza". Finalmente sentencia que los caribes "son los más sanguinarios de todos"[63].

[59] Citada por Castañeda, "La política española con los Caribes", 120. Castañeda reproduce cédulas de inicios del siglo decimoséptimo que permitían todavía la guerra y esclavización de los caribes por su belicosidad y canibalismo. *Ibíd.*, 121-122.

[60] "Discursos y apologías de las conquistas occidentales", en Fabié, *Vida y escritos de Las Casas*, t. 71, 251.

[61] Citadas por Alain Milhou, "Las Casas frente a las reivindicaciones de los colonos de la isla española", en *Historiografía y bibliografía americanistas*, Vol. 19-20, 1975-76, 39-41.

[62] *Recopilación de las Leyes de los Reinos de las Indias*, l. 6, tít. 2, ley 13, t. 2, 226.

[63] *Predicación del evangelio en las Indias*, "Proemio", 47; l. 2, c. 5, 159.

Todavía en el siglo dieciocho hay instrucciones reales que parecen presuponer la continuidad de la política esclavista contra los caribes. El 7 de febrero de 1756 se ordena poner en libertad a tres indios introducidos como esclavos en Santo Domingo por un bergantín francés ya que "en ningún caso, lugar ni tiempo pueden sufrir esclavitud los indios que no fuesen caribes, según dispone la ley"[64].

La antropofagia se convirtió en tema predilecto de la propaganda anti-indiana.[65] Fue uno de los "títulos legítimos" que según Francisco de Vitoria justifican la guerra contra "los bárbaros del Nuevo Mundo" y permiten ejercer contra ellos "los derechos de la guerra", uno de los cuales era el cautiverio forzoso. "Otro título puede ser... el matar a hombres inculpables para comer sus carnes". La defensa de los "inocentes" es derecho y responsabilidad de los príncipes castellanos, aun "sin necesidad de la autoridad del Pontífice" e independientemente de la voluntad de tales inculpables. "No es obstáculo el que todos los bárbaros consientan... y no quieran que los españoles los libren de semejantes costumbres. Pues no son en esto dueños de sí mismos"[66]. Esta misma tesis, desarrollada en mayor detalle, es expuesta por Vitoria en su relección *De temperantia* (1537).[67] Concluye: "Los príncipes cristianos pueden hacer la guerra a los bárbaros porque se alimentan de carne humana"[68].

Los intérpretes de Vitoria han discutido sobre la posible inconsistencia entre la negación que hace el escolástico hispano, en la segunda parte de *De indis*, de las violaciones a la ley natural como justa causa de guerra contra "los bárbaros del Nuevo Mundo", y su afirmación de la "defensa de los inocentes", en la tercera parte de la relección, como razón bélica

[64] Los documentos decisivos se reproducen en Konetzke, *Colección de documentos*, Vol. III, pte. 1, 276-281.

[65] Hay, en el siglo dieciséis, una notable excepción. Miguel de Montaigne, en su ensayo sobre los caníbales americanos, en la segunda mitad del siglo decimosexto, afirma: "Llamamos barbarie aquello que no entra en nuestros usos... Hallo más barbarie en comer a un hombre vivo que en comerlo muerto. Y nosotros sabemos... (so pretexto, para colmo, de piedad y religión), que aquí [Europa] se ha estado desgarrando a veces, con muchas torturas, un cuerpo lleno de vida, asándolo a fuego lento y entregándolo a los mordiscos y desgarros de canes y puercos. Esto es más bárbaro que asar y comer a un hombre ya difunto... Podemos, pues, llamar bárbaros a aquellos pueblos respecto a la razón, pero... los superamos en toda suerte de barbarie". La visión de Montaigne es más atinada en su crítica mordaz a la violencia y crueldad europeas por motivos religiosos que en su idílica y mítica descripción de la hidalguía canibalesca indígena. Sea como fuere, Montaigne parece ser una correa de transmisión de la idea del "noble salvaje" de Las Casas a Rousseau. "De los caníbales", en *Ensayos*. Barcelona: Editorial Iberia, 1968, Vol. I, 153, 156 y 157.

[66] *Obras de Francisco de Vitoria*, 720-721.

[67] *Ibíd.*, 1024-1054.

[68] *Ibíd.*, 1050.

legítima. Joseph Höffner sintetiza la postura común entre los estudiosos católicos al rechazar la hipótesis de tal inconsistencia e indicar que "Vitoria admite la licitud de las medidas militares, no porque el canibalismo y los sacrificios humanos son contrarios a la ley natural, sino únicamente para la defensa de hombres inocentes"[69]. Con ello, se limita a citar a *De temperantia*: "La razón en virtud de la cual los bárbaros pueden ser combatidos con la guerra no es que el comer carne humana o el sacrificar hombres sea contra la ley natural, sino el que infieren injurias a los hombres"[70].

La distinción que hace Vitoria, y repite Höffner, me parece espuria. Los sacrificios y la antropofagia pueden ser catalogados como violaciones de la ley natural, justamente porque son mortalmente nocivas a los inocentes. La contradicción conceptual existe y se intenta resolver retóricamente.[71] Se oculta, además, el hecho de que aparentemente en diversos pueblos indígenas los sacrificios humanos y el canibalismo eran actos indisolublemente ligados a las creencias y ceremonias religiosas autóctonas.[72] Pertenecían a la cultura y cosmovisión que el imperio hispano deseaba erradicar. Ese objetivo probablemente tenía mayor peso estratégico que las consideraciones humanistas sobre los "derechos de los inocentes". Desprovistos los nativos de sus valores culturales y religiosos, quedaban ideológicamente desamparados ante el invasor, que imponía sus reglas de juego y procedía a esclavizar a quienes no las siguiesen.

Este "título legítimo" del escolástico salmantino se hizo muy popular. Lograba convertir la invasión bélica en acción redentora. De esta manera, se inició la larga historia de las intervenciones europeas, con reclamo de legitimidad jurídica, para socorrer a los "inocentes" en países de inferior desarrollo social y económico.

Esclavitud por rebeldía

La segunda excepción se refiere a los indígenas rebeldes. Aparentemente, se implanta por primera vez a través de Cristóbal Colón en La Española, en 1495, durante el primer conflicto serio entre castellanos e indios. La batalla resultó en victoria para los hispanos, poseedores de decisiva ventaja en tecnología militar. A los supervivientes se les aplicó el "derecho

[69] *La ética colonial española*, 439.

[70] *Obras de Francisco de Vitoria*, 1051.

[71] En línea de similar de criticidad se ubica Bataillon: "Sea cual sea la admiración que siento por el teólogo jurista de Salamanca yo también me siento molesto por la maniobra que le permite darle la vuelta como a un guante a su quinto título ilegítimo y convertirlo en quinto título legítimo". *Estudios sobre Bartolomé de Las Casas*, 23.

[72] Friederici, *El carácter del descubrimiento*, Vol. I, 217-218.

de cautiverio", propio de la "guerra justa" contra los infieles. "Todos los que le plugo tomar a vida, que fué gran multitud, condenaron por esclavos"[73]. La guerra y la esclavización de los sublevados parten de la premisa del alegado derecho de los Reyes Católicos, mediante sus representantes autorizados, de tomar posesión de las tierras "descubiertas". Ningún hispano hizo entonces la pregunta pertinente que posteriormente, al narrar la batalla, formularía Las Casas: "Los que no son súbditos, ¿cómo pueden ser rebeldes?"[74].

Comenzando en 1504, varias provisiones reales autorizan el someter a servidumbre forzosa a los aborígenes que se distinguiesen por su rebeldía obstinada.[75] El famoso Requerimiento contiene una cláusula que amenaza con la esclavitud a quienes entren en guerra con los españoles por negarse a aceptar la soberanía castellana y la fe cristiana: "Si no lo hiçiéredes... con el ayuda de Dios yo entraré poderosamente contra vosotros é vos haré guerra por todas las partes é maneras que yo pudiere, é vos subjectaré al yugo é obidiençia de la Iglesia é á Sus Alteças, é tomaré vuestras personas é de vuestras mujeres e hijos, é los haré esclavos, é como tales los venderé... é vos tomaré vuestros bienes, é vos haré todos los males é daños que pudiere.[76]

El documento postula un vínculo íntimo entre la donación papal ("uno de los Pontífices passados que en lugar deste [San Pedro] sucedió en aquella silla e dignidad... hizo donación de estas islas y tierra firme del Mar Océano a los dichos Rey y Reina"), el requerimiento a la obediencia y el derecho, en caso de que sea "maliciosamente" rechazado, de guerra y esclavización de apresados.

Algo similar se incluye en las instrucciones que Carlos V remite a Hernán Cortés, al nombrarle gobernador y capitán general de Nueva España. Tras insistir en que los indígenas fuesen bien tratados y se respetasen sus bienes y libertades, indica la importancia capital de requerirles el sometimiento a la religión católica y la obediencia a la corona castellana. Este llamado a la fe y a la obediencia al estado español debe hacerse con respeto y de forma pacífica, mostrando buena voluntad y disposición de beneficiar a los nativos. ¿Que sucede, sin embargo, si los nativos rechazan

[73] H. I., l. 1, c. 104, t. 1, 414.

[74] *Ibíd.*, 415.

[75] Rumeu de Armas, "Esclavitud del infiel", 59. Silvio A. Zavala cita un buen número de autorizaciones oficiales para esclavizar indios sublevados en su útil monografía "Los trabajadores antillanos en el siglo XVI", en, del mismo autor, *Estudios indianos*. México, D. F.: Colegio Nacional, 1949, 107-111.

[76] Reproducido en Fernández de Oviedo, *Historia general y natural de las Indias*, parte 2, l. 29, c. 7, t. 3, 28-29 (énfasis añadido).

el requerimiento y resisten con las armas su sometimiento? La respuesta no se deja esperar: "Pues allá habrá con vos algunos cristianos que sabrán la lengua, con ellos les daréis primero á entender el bien que les vendrá de ponerse debajo nuestra obediencia e el mal e daño e muertes de hombres que les vendrá de la guerra, especialmente que los que se tomaren en ella vivos han de ser esclavos y para que de esto tengan entera noticia e que no puedan pretender ignorancia les haced la dicha notificación, porque para que puedan ser tomados por esclavos é los cristianos los puedan tener con sana conciencia"[77].

Cortés informa al emperador de su determinación de someter a esclavitud a los zapotecas y mixes, debido a su sublevación contumaz. "Estos, por haber sido tan rebeldes, habiendo sido tantas veces requeridos... y haber hecho tantos daños, los [mandé] pronunciar por esclavos; y mandé que los que a vida se pudiesen tomar los herrasen del hierro de vuestra alteza, y sacada la parte que a vuestra majestad pertenece, se repartiesen por aquellos que los fueron a conquistar"[78].

Igualmente lanza una expedición para intentar someter a los chichimecas, que se harían famosos por su tenaz resistencia a los esfuerzos de someterles a la dominación hispana. Sus tropas llevan la instrucción de hacerles el requerimiento en su doble dimensión de obediencia al emperador Carlos V y adhesión al cristianismo. Pero, de no querer ellos acatar lo requerido, serían esclavizados. "Si no... quisieren ser obedientes, les hagan guerra y los tomen por esclavos". Cortés añade las distintas justificaciones de tan severa medida: a) el beneficio de la corona —"trayendo estos bárbaros por esclavos, que son gente salvaje, será vuestra majestad servido"—; b) el de los colonos —"y los españoles aprovechados, porque sacarán oro de las minas"—; c) y, finalmente, el de los mismos chichimecas —"en nuestra conversación podrá ser que algunos se salven"—.[79]

En esta categoría de esclavos por rebeldía cobraron especial eminencia, debido a su excepcional capacidad para la resistencia bélica, los aguerridos araucanos chilenos, a los que, en su famoso poema épico, llamó Alonso de Ercilla: "Gente que a ningún rey obedecen... fiero pueblo no domado", y que décadas después tildaría el jurista Juan de Solórzano y Pereyra como "los más guerreros, soberbios, y altivos, que cuantos hasta ahora se han descubierto"[80]. De acuerdo a Felipe III, en 1608:

---

[77] D. I. U., Vol. 9, 175 (énfasis añadido).

[78] *Cartas de relación*, 195.

[79] *Ibíd.*, 282.

[80] *La araucana*, canto 1, 41, 43; *Política indiana*, l. 2, c. 1, t. 1, 131-140.

> Los indios que están alterados y de guerra en las provincias de Chile... se alzaron y rebelaron sin tener causa legítima para ello... y negando la obediencia a la Iglesia se han rebelado y tomado las armas contra los españoles... por lo cual han merecido cualquier castigo y rigor que con ellos se use hasta ser dados por esclavos... Por la presente declaro y mando que todos los indios así hombres como mujeres de las provincias rebeladas del dicho Reino de Chile... sean habidos y tenidos por esclavos.[81]

Durante la segunda mitad del siglo dieciséis y la primera del diecisiete, se repitieron cédulas y decretos autorizando la esclavización de los araucanos.

> La guerra de las provincias de Chile ha sido tan larga y prolija... De manera que obliga a pensar en todos los medios que puede haber para acabarla, y ha tenido allá y acá por muy necesario el dar por esclavos a estos indios rebeldes que fueren tomados en guerra... La mayor parte de los teólogos y letrados que ventilaron este punto y cuestión, se resuelven en que es lícito dar por esclavos a los dichos indios.[82]

Como era peculiar del estado confesional español, donde el catolicismo se convertía en la razón de ser teórica de la política pública, la esclavitud de los araucanos se justifica por causas principalmente religiosas: "A los mismos indios rebelados que fueren dados por esclavos, se les seguirá gran bien espiritual, pues serán instruidos y enseñados en las cosas de la fe... En lo que más se puede fundar el dar a estos por esclavos es en haber ellos negado la obediencia dada a la Iglesia... y así se ordene que entretanto que durare su pertinacia de negar la obediencia a la Iglesia sean dados por esclavos"[83].

Alonso de Ercilla explica la intencionalidad religiosa de las guerras contra los araucanos de esta manera:

> Dándoles a entender que nuestro intento
> y causa principal de la jornada
> era la religión y salvamento
> de la rebelde gente bautizada;

[81] Véanse las cédulas del Consejo de Indias y de la corona, autorizando la esclavitud de los araucanos en Konetzke, *Colección de documentos*, Vol. II, 135-142. La cédula real citada se encuentra en las páginas 140-42 (énfasis añadido).

[82] *Ibíd.*, 136 (énfasis añadido).

[83] *Ibíd.*, 137-138.

que en desprecio del Santo Sacramento,
la recibida ley y fe jurada
habían pérfidamente quebrantado
y las armas ilícitas tomado.

Los araucanos, sin embargo, no estaban muy convencidos de la pureza de la conciencia religiosa castellana. Arcilla pone en boca del valeroso indígena Galvarino, a quien los españoles, en ejemplar castigo, cercenaron ambas manos, el siguiente escéptico discurso:

... la ocasión que aquí los ha traído,
por mares y por tierras tan extrañas,
es el oro goloso que se encierra
en las fértiles venas de esta tierra.
Y es un color, en apariencia vana
querer mostrar que el principal intento
fue el extender la religión cristiana,
siendo el puro interés su fundamento;
su pretensión de la codicia mana,
que todo lo demás es fingimiento.[84]

El caso de los araucanos presenta una doble dimensión de la rebeldía —la sublevación política y la apostasía religiosa—. Los bravos indígenas eran acusados de ambas cosas. El vínculo estrecho entre hispanismo y cristianismo lleva a la doble ruptura, política y religiosa. Dejan los rebeldes, por ende, de ser considerados infieles y pasan a ser catalogados apóstatas, crimen que de acuerdo a las leyes tradicionales de la cristiandad se castigaba con extrema severidad. Esta dimensión religiosa constituyó la puerta de escape para la conciencia de muchos frailes y eclesiásticos, quienes apoyaron con ahínco la guerra sin cuartel contra los nativos chilenos y la esclavización de los sobrevivientes.[85] De esta manera, como recalca el licenciado Melchor Calderón en un parecer emitido en 1599

[84] *La araucana*, canto 16, 301; canto 23, 401.

[85] Véanse los memoriales anti-araucanos del arzobispo fray Reginaldo de Lizárraga, O. P., "Parecer acerca de si contra los indios de Arauca es justa la guerra que se les haze y si se pueden dar por esclavos" (1599), y de fray Juan de Vascones, O. S. A., "Petición en derecho para el rey... para que los rebeldes enemigos del reino de Chile sean declarados por esclavos" (1599), en Hanke y Millares Carlo, *Cuerpo de documentos del siglo XVI*, 293-312. Son expresiones notables de defensas teológicas de la guerra contra los nativos chilenos y su servidumbre forzada. Ejemplifican varios memoriales y pareceres que eclesiásticos y religiosos redactaron en favor de la esclavización de los aborígenes chilenos tras su revuelta de 1599. Cf. Álvaro Jara, *Guerra y sociedad en Chile: La transformación de la guerra de Arauco y la esclavitud de los indios*. Santiago, Chile: Editorial Universitaria, 1971, 186-230. Según Jara: "El amén en favor de la esclavitud era general". *Ibíd.*, 191.

en Santiago de Chile, se les puede hacer la guerra y subyugar "no solo como a rebelados, sino como a enemigos de Dios y nuestros, y enemigos al cristianismo"[86].

A la postre, el principio cardinal de la libertad natural de los moradores del Nuevo Mundo, codificada en diversas maneras en la legislación indiana, se impuso también al respecto de los sublevados chilenos. En 1662, el rey Felipe IV prohibió la venta y exportación de los esclavos araucanos, ya que por lo visto esa práctica se había convertido en causa de la prolongación indefinida del conflicto. "Es mi voluntad que los indios, indias y niños prisioneros no se puedan vender por esclavos ni llevarse fuera de ese Reino, pues por haberse vendido y sacado del los que hasta ahora se han hecho prisioneros, se ha entendido que está impedida y aun imposibilitada la paz y quietud de esas provincias"[87].

Ordenó además que se convocara una junta en la que debían estar presentes los obispos de Santiago y Concepción y los superiores de las órdenes de San Francisco, Santo Domingo y la Compañía de Jesús para discutir la política de esclavizar a los araucanos rebeldes. La junta recomendó que se continuase la práctica de esclavizar a los araucanos sublevados, mayores de diez años. "Esta resolución o parecer en este punto lo motivan por la crueldad conque los indios tratan a los españoles... quitándoles las vidas bárbara y cruelmente, y que si cogidos dichos indios no se diesen por esclavos, fuera para alentar más su ferocidad, y que nos hiciesen más cruda guerra"[88].

A pesar de esa recomendación, suscrita por las principales autoridades católicas hispanas en Chile, se impuso, tras una larga e intensa historia de presiones y debates, el principio de la libertad natural de todos los indígenas, los araucanos incluidos. El rey Carlos II en 1679 culminó la disputa sobre la posible la emancipación de los araucanos, diezmados y empobrecidos por la inclemente guerra:

> Habiendo resuelto, que los indios de Chile gozasen entera libertad... Nos fuimos servido de mandar al gobernador de aquellas provincias, que todos los indios esclavos se pusiesen en libertad

[86] Citado en *Ibíd.*, 200.

[87] Konetzke, *Colección de Documentos*, Vol. 2, 492-493. Esta disposición se recoge en la ley decimocuarta del segundo título del quinto libro de la *Recopilación de las Leyes de los Reinos de las Indias* (1680), tomo segundo, 227.

[88] "Consulta del Consejo de Indias sobre la esclavitud de los indios de Chile", en Konetzke, *Colección de Documentos*, Vol. 2, 607. También Solórzano y Pereyra, tras afirmar la norma cardinal de la libertad natural y legal de los nativos americanos, vacila sobre su aplicación respecto a los araucanos. *Política indiana*, l. 2, c. 1, t. 1, 131-140.

> natural... y que los indios, indias, y niños prisioneros no se pudiesen vender por esclavos... como vasallos nuestros, y no sean oprimidos... Y hemos encargado al dicho gobernador el buen tratamiento, conversión, y reducción de estos indios, por los medios más suaves y benignos, que se hallasen, y principalmente por la predicación del Santo Evangelio, y propagación de nuestra Santa Fe Católica... En adelante con ningún pretexto o motivo de justa guerra, ú otro cualquiera, no puedan quedar por esclavos.[89]

Servidumbre por compra

Desde 1506 se autorizó mantener como esclavos a los comprados como tales a los propios indígenas. En ocasiones se permitió a los caciques sustituir el tributo que debían pagar por esclavos, lo que condujo a la práctica de esclavizar a indios libres para remitirlos como siervos a los españoles. Carlos V, por ejemplo, otorgó el 8 de marzo de 1533, mediante provisión real, a los conquistadores del Perú la autorización "para que podáis comprar, rescatar y haber los esclavos que los caciques de esa dicha tierra tuvieren justamente por esclavos, sin que en ellos os sea puesto embargo ni contrario alguno". La razón, se alega, es "porque los caciques de esa tierra tienen entre sí indios esclavos, los cuales os dan para que os sirváis de ellos por esclavos"[90].

Esta práctica se convirtió en objeto de aguda crítica por Las Casas, quien alegó que la gran mayoría de los indígenas esclavizados por sus congéneres, injustamente habían sido sometidos a servidumbre y, por tanto, al adquirirlos los españoles se perpetuaba una perversa iniquidad. Axioma central en la postura lascasiana es su idea de la incompatibilidad entre el evangelio cristiano y la esclavización de los indígenas. En su "octavo remedio" insiste en que la propagación auténtica de la fe cristiana requiere la conjunción de pueblo y libertad de los sujetos a evangelizarse. La predicación exige el respeto a la libertad de las comunidades nativas, porque "la ley evangélica de Jesucristo... es ley de suma libertad"[91].

En su ensayo "Tratado sobre la materia de los indios que se han hecho esclavos", Las Casas se enfrenta a una difícil objeción a sus denuncias de la esclavitud de los indígenas; a saber, que esta existía antes que llegaran

---

[89] *Recopilación de las Leyes de los Reinos de las Indias* (1680), tomo segundo, 227. Sobre la cruenta guerra entre españoles y araucanos es útil el referido libro de Jara, *Guerra y sociedad en Chile*, passim.

[90] Konetzke, *Colección de documentos*, Vol. I, 142. La corona añade la obligación de investigar si tales esclavos lo eran lícitamente.

[91] "Octavo remedio", 665.

los españoles. Su respuesta no lo niega, ni tampoco que algunos eran esclavos legítimos (e. g., obtenidos en una guerra justa). Pero, hace una doble aseveración de dudosa coherencia: a) La esclavitud entre los nativos era "todo blando y suave"; los siervos eran "muy poquito menos que los propios hijos"[92]; y, b) la gran mayoría de los aborígenes esclavizados por sus congéneres no lo eran justamente y, por tanto, no podían ser legítimamente adquiridos como tales por los españoles. Su visión idílica de la servidumbre indiana es consustancial a su perspectiva del "noble salvaje" desde la cual percibe a los nativos[93], pero no se ajusta a las múltiples maneras en las que, según él mismo, los indios se las arreglaban para, con malicia y fraude, esclavizarse entre sí.

La crítica contra la corrupción en la compra de supuestos esclavos no se limitó al fogoso dominico. El primer Obispo de México, fray Juan de Zumárraga, en larga carta enviada en 1533 a Carlos V hace la siguiente denuncia:

> Se herraban indios libres a millares, por esclavos; y cuando yo los examinaba por las leyes de las partidas, entre mil que traían rescatados [comprados] a herrar no hallaba un esclavo [legal]... Vendían por esclavos los libres y los enviaban a sus minas, y en cuantos navíos podía haber en las costas, sin ningún examen, contra las ordenanzas e previsiones reales de V. M., vendidos a las islas... Por la cual parece y se prueba que a lo menos se sacaron de la provincia de Pánuco e Nueva España más de quince millares de indios libres, a vender a las islas, y los demás sabe Dios y se sabrá el día del juicio, y si eran más los que se echaban a la mar desesperados.[94]

En el contexto de la larga y áspera lucha que innumerables frailes y religiosos lidiaron, se destaca el reclamo que contra el mercado esclavista hicieron once monjes franciscanos de la Nueva España en emotiva misiva colectiva a la corona.[95]

> La concesión del hierro es contra la ley divina, la cual no consiente que los libres se hagan esclavos, aunque en la tal servidumbre

[92] "Sobre los indios que se han hecho esclavos", 589.

[93] José Antonio Maravall llama a Las Casas un "Rousseau *avant la lettre*". "Utopía y primitivismo en Las Casas", 350.

[94] Reproducida por Cuevas, *Documentos inéditos*, 17-46. La cita es de las páginas 29-30.

[95] La firman los frailes Jacobo de Tastera, Antonio de Ciudad Rodrigo, García de Cisneros, Arnaldus de Basatzio, Alfonsus de Guadalupe, Cristóbal de Zamora, Alonso de Herrera, Andrés de Olmos, Francisco Ximénez, Gaspar de Burguillos y Toribio de Motolinia.

> intervenga autoridad Real... Decimos que acá no se hierran sino libres, e la razón es porque los españoles tienen sobra de codicia e importunan a sus caciques que les rescaten esclavos a trueco del tributo que les han de dar, e los tristes por verse libres danles de sus macehuales [vasallos] libres por esclavos, los cuales por miedo no osan alegar libertad... Tal concesión es contra vuestro imperial oficio, el cual es amparar la iglesia e libertar a los injustamente cautivos, y... contra la condición con que V. M. recibió del Romano Pontífice estas tierras, que fué para que convertiésedes estas gentes, que no para que las vendiésedes... Es contra la buena gobernación la que quiere que las tierras e reinos se conserven y aumenten y no que destruían.[96]

La corona cedió al cabo a las presiones de los religiosos. En 1538, prohibió la compra de indígenas esclavos. Esta determinación fue un paso importante en la afirmación teórica de la libertad natural de los habitantes originales del Nuevo Mundo.

> Por cuanto somos informados que los caciques y principales de la Nueva España tenían de costumbre de hacer y tomar por esclavos de los naturales que les eran sujetos por muy livianas cosas y con mucha facilidad, y los venden y tratan como tales a los españoles... Habemos provisto que por ninguna vía ningún español pueda de aquí adelante comprar, ni haber por vía de rescate, ni en otra manera esclavo alguno de los dichos indios... Mandamos y defendemos que ahora, ni de aquí adelante ninguno de los dichos caciques, ni principales, ni otro indio alguno puedan hacer, ni hagan esclavos indios algunos, ni los vender.[97]

La libertad personal como principio jurídico

A la luz de las opiniones de teóricos importantes como Juan Maior, quien en 1510 señaló la supuesta inferioridad natural de los indígenas, la cual se mostraba en la barbarie de su vida colectiva ("ese pueblo vive bestialmente... hombres salvajes... De donde el primero en ocupar aquellas tierras, puede en derecho gobernar las gentes que las habitan, pues son por naturaleza siervas" ["*populus ille bestialiter vivit... et sub polis vivunt*

[96] Carta del 31 de julio de 1533, en Cuevas, *Documentos inéditos*, 14-15.

[97] Konetzke, *Colección de Documentos*, Vol. I, 188-189.

homines ferini quia natura sunt servi"])[98], y Juan Ginés de Sepúlveda[99], quien aplicó a los aborígenes del Nuevo Mundo la teoría aristotélica de la legítima esclavización de los "bárbaros", inferiores por naturaleza[100], es notable que la legislación española se negase a aceptar tal razón como causa de forzosa servidumbre.

En general, la teoría aristotélica del bárbaro que por naturaleza es esclavo, por congénitamente inferior, se consideró violatoria de la doctrina teológica de la igualdad sustancial de todos los seres humanos, como hijos de Adán y criaturas de un único Dios.[101] La mayoría de los teólogos hispanos influyentes adoptó como axioma el principio, ajeno al helenocentrismo aristotélico, de que todo ser humano es, por naturaleza, libre, y que, por consiguiente, a ningún pueblo le compete, por derecho natural, la esclavitud.[102] Así lo expresaron Melchor Cano —"*nullus homo est natura servus*" ("ningún hombre es esclavo por naturaleza")—, Diego de Covarrubias —"*omnes homines natura liberos esse, non servos*" ("todos los hombres naturalmente son libres, no esclavos")— y Domingo de Soto —"*naturali omnes homines nascutur liberi*" ("por derecho natural todos los hombres nacen libres")—.[103] La esclavitud procede no del derecho natural, sino del derecho de gentes.

[98] *Ionnais Maioris Comm. in secundum sententiarum*, dist. 44, cuestión 3. París, 1510. Citado por Pedro Leturia, "Maior y Vitoria ante la conquista de América", en, del mismo autor, *Relaciones entre la Santa Sede e Hispanoamérica*, Vol. I, 285-286, 297-298. Sobre la postura de este teólogo escocés al respecto de los infieles, entre ellos los del Nuevo Mundo, véase Carro, *La teología y los teólogos--juristas españoles*, Vol. I, 381-389.

[99] Sepúlveda tradujo la *Política* de Aristóteles del griego al latín y la dedicó al entonces príncipe Felipe, a quien escribió en 1549 recomendándole la lectura de dicha obra y criticando acremente a Las Casas como "*homo factiosus et turbulentus*". Ángel Losada, *Juan Ginés de Sepúlveda a través de su "Epistolario" y nuevos documentos*. Madrid: Consejo Superior de Investigaciones Científicas 1949, 202.

[100] Por las múltiples referencias, explícitas algunas, implícitas otras, de que fue objeto en los debates sobre la naturaleza y la correspondiente libertad o servidumbre de los indígenas americanos, permítaseme una extensa cita del primer libro de la *Política* de Aristóteles. "Esta es la ley general, que debe necesariamente regir entre los hombres. Cuando es uno inferior a sus semejantes, tanto como lo son el cuerpo respecto del alma y el bruto respecto del hombre... se es esclavo por naturaleza... Es evidente que los unos son naturalmente libres y los otros naturalmente esclavos... La guerra... comprende la caza... de aquellos hombres que, nacidos para obedecer, se niegan a someterse; es una guerra que la naturaleza misma ha hecho legítima". *Obras completas de Aristóteles*. Buenos Aires: Ediciones Anaconda, 1947, Vol. I, 540-545.

[101] Véase Anthony Pagden, *The Fall of Natural Man*, passim.

[102] Esa es la conclusión, bien evidenciada, de Celestino del Arenal, "La teoría de la servidumbre natural en el pensamiento español de los siglos XVI y XVII".

[103] Cano, "Del dominio de los indios" (1546), en Pereña, *Misión de España en América*, 102-103; Covarrubias, "De la justicia de la guerra contra los indios" (1548), en *Ibíd.*, 184-185; Soto, *De la justicia y el derecho*, 288. Rayford W. Logan muestra que el neoescolasticismo hereda la distinción estoica

A lo máximo, como en el discutido último título legítimo dado por Francisco de Vitoria para hacer guerra contra los indígenas (pero que él no se resuelve totalmente a confirmar), la inferioridad cultural sentó base para validar un gobierno tutelar, en teoría al menos diferente al heril recomendado por Sepúlveda.[104] Hay que reconocer, sin embargo, que si alguna nación indígena no aceptaba tal régimen tutelar, al que se le sometía para su civilización y cristianización, la diferencia práctica entre este y la esclavitud no resultaba ser mucha. Además, aunque teológica y jurídicamente no se aceptó la tesis de la alegada bestialidad como razón oficial de esclavitud, tal visión peyorativa se mantuvo viva y reapareció continuamente aun en funcionarios reales, como lo demuestra la siguiente cita de Juan de Matienzo, de la Audiencia peruana: "Son... todos los indios de cuantas naciones hasta aquí [1567] se han descubierto, pusilánimes... Naturalmente fueron nacidos y criados para servir, y les es más provechoso el servir que el mandar"[105].

En la porfía sobre la libertad o servidumbre del indígena, ninguna voz reclamaría con mayor vigor que la de Bartolomé de Las Casas el respeto a la autonomía natural del aborigen, como ser humano cobijado por el derecho. En su opinión, reiterada innumerables veces: "Aquellos indios son hombres libres y han de ser tratados como hombres y libres"[106]; "todos los indios que se han hecho esclavos en las Indias del mar Océano desde que se descubrieron hasta hoy, han sido injustamente hecho esclavos"[107]. Violar la libertad de los indígenas constituye una grave transgresión contra el derecho natural, ya que toda criatura racional es por naturaleza libre; contra el derecho de gentes, pues los indígenas no han cometido injuria alguna contra España que justifique su esclavización, y contra el derecho divino, porque es Dios quien los dota de autonomía.

La mayoría de las excepciones antes mencionadas se abolieron por las Leyes Nuevas de 1542. Anteriormente se evitó la introducción de los aborígenes americanos al mercado esclavista europeo, mediante una determinación real del 21 de julio de 1511, que tenía como objetivo

entre la igualdad humana de acuerdo a la ley natural y su posible servidumbre según las normas comunes del derecho de gentes. "The Attitude of the Church Toward Slavery Prior to 1500", *Journal of Negro History*, Vol. 17, 1932, 466-480. La dificultad de conciliar la teología cristiana con la concepción aristotélica del "siervo por naturaleza" se muestra incluso en exegetas católicos favorables al filósofo heleno, como Charles J. O'Neil, "Aristotle's Natural Slave Reexamined", *The New Scholasticism*, Vol. 27, No. 3, July 1953, 247-279.

[104] *Obras de Francisco de Vitoria*, 723-725.

[105] De su obra "Gobierno del Perú". Citado por Hanke, *La humanidad es una*, 168.

[106] *Primeros memoriales*, 66.

[107] "Sobre los indios que se han hecho esclavos", 595.

impedir que de La Española "ni traigan ni envíen por ninguna vía, color ni manera que sea ningunos indios esclavos que tuvieren de esa dicha isla para Castilla"[108]. Las Leyes Nuevas, consideradas por algunos como la "Carta Magna de los indios" y "el más alto monumento a la libertad y dignidad de la persona humana"[109], afirmaron el principio jurídico de la libertad personal de los indígenas y prohibieron su esclavización.

> Ordenamos y mandamos que de aquí en adelante por ninguna causa de guerra ni otra alguna, aunque sea so título de rebelión, ni por rescate, ni de otra manera no se pueda hacer esclavo indio alguno y queremos sean tratados como vasallos nuestros de la corona de Castilla, pues lo son... De aquí en adelante por ninguna vía se hagan los indios esclavos.[110]

---

[108] Konetzke, *Colección de Documentos*, Vol. I, 29. Parece, sin embargo, que esta disposición, como muchas otras, no se cumplió con estricta fidelidad. En 1543, Las Casas alegó que habían "en Sevilla más de diez mil" indígenas esclavos ilegalmente introducidos. "Memorial de Bartolomé de las Casas y fray Rodrigo de Andrada al rey", 195. Aunque este número debe tomarse con mucha precaución, parece cierta la existencia de un mercado lucrativo de aborígenes en España. Frank Moya Pons, con su metódico escepticismo, opina que el principal motivo de la prohibición de importar indios antillanos a la península ibérica era mitigar la creciente escasez de mano de obra en las islas, ocasionada por el grave descenso demográfico indígena, no consideración humanitaria alguna. *La Española en el siglo XVI, 1493-1520: Trabajo, sociedad y política en la economía del oro* (3ra ed.) Santiago, República Dominicana: Universidad Católica Madre y Maestra, 1978, 106.

[109] Pereña, *Misión de España en América*, 3. Sobre este excepcional intento de humanizar las relaciones entre hispanos e indígenas mediante un nuevo código legal, véase Antonio Muro Orejón, "Las leyes nuevas, 1542-1543", *Anuario de estudios americanos*, Vol. 16, 1959, 561-619.

[110] "Real Provisión. Las Leyes Nuevas", Barcelona, 20 de noviembre de 1542. En Konetzke, *Colección de documentos*, Vol. I, 217.

6
Libertad y servidumbre: la encomienda

> La perpetuidad de la fe y religión cristiana de los naturales de esta tierra depende de la perpetuidad de los españoles de ella... Como en esta tierra no pueda haber perpetuidad sin haber hombres ricos, ni hombres ricos... sin el servicio de los indios... síguese claramente, que es necesario al servicio de Dios y perpetuidad de la tierra y estabilidad de la fe de los naturales, que los españoles tengan pueblos encomendados.
>
> Dominicos de Nueva España

> En estos repartimientos forzados se pone notable impedimento a lo que principalmente y sobre todo, se debe pretender en el gobierno de estas Indias, esto es, la exaltación y dilatación de nuestra santa fe católica y del santo evangelio... Y lo que peor es, que a título de fe... quieren afeitar y dar color a sus tiranías, robos y codicias.
>
> Fray Gaspar de Recarte

El origen de la encomienda

La esclavitud no fue el único sistema de trabajo forzoso que se impuso a los indígenas. De mayor longevidad fue la institución conocida como encomienda. El término procede del vocablo latino *commendo*(*are*) y tiene una acepción favorable: encomendar algo o alguien a una persona para su cuido y beneficio.

La primera orden oficial sobre esta peculiar institución laboral proviene de marzo de 1503, en la que los reyes católicos instruyen a las autoridades de La Española que "por lo que cumple a la salvación de las ánimas de los dichos indios en la contratación de las gentes que allá están, es necesario que los indios se repartan en pueblos que vivan juntamente".

Este repartimiento, vocablo que muchas veces se usó como sinónimo de encomienda, de los nativos tiene como alegado propósito el evangelizarlos, enseñarles buenas y rectas costumbres ("no hagan las cosas que hasta aquí solían hacer, ni se bañen ni se pinten ni purguen tantas veces como ahora lo hacen") y que adquieran disciplina laboral.[1]

El intento de evitar que los indios se bañasen diariamente no procedía solo de la diferencia al respecto del aseo cotidiano entre moradores de climas tropicales y templados. De mayor importancia era el problema moral: los indígenas se bañaban en los ríos y no tenían los escrúpulos propios de los europeos cristianos en mostrar pública y frecuentemente sus cuerpos desnudos. La desnudez fue una de las características peculiares y extrañas de los indígenas antillanos recalcadas por las epístolas y relatos de Colón, Vespucio y Pedro Mártir. Los pensadores españoles tuvieron una visión dual ante ella. Para algunos expresaba una edénica y frugal armonía con la naturaleza (la visión mítica e idílica del "noble salvaje"); para otros, era parte de su incultura e inmoralidad (la imagen mítica y anti-idílica del "feroz salvaje").[2] Todorov capta tras esta doble perspectiva mitificadora —el "noble salvaje" y el "feroz salvaje"— la incapacidad del europeo de permitirle al indígena ser él mismo, libre de las interpretaciones impuestas, respetándole su alteridad. "Esos dos mitos contradictorios... descansan en una base común... el desconocimiento de los indios"[3].

La expresión quizá más intensa de la visión idílica de los indígenas se encuentra en la "Información en derecho del licenciado Vasco de Quiroga", que contrasta la sencillez de estos, quienes reflejan en su vida colectiva la perdida "edad de oro" de la humanidad, con la artificialidad de los europeos, quienes muestran así estar en "edad de hierro"[4]. Era de

[1] Konetzke, *Colección de documentos*, Vol. I, 9-13. La teoría jurídica insiste en la primacía del factor religioso: "El motivo y origen de las encomiendas, fue el bien espiritual y temporal de los indios, y su doctrina y enseñanza en los artículos y preceptos de nuestra santa fe católica". *La recopilación de las leyes de Indias*, l. 6, tít. 9, ley 1, t. 2, 263. De acuerdo a Las Casas, la práctica de repartir los indígenas fue iniciada por Cristóbal Colón, en La Española, a los fines de aminorar los crecientes descontentos de los colonos castellanos, insatisfechos por la escasez y penuria del medio ambiente tropical. H. I., l. 1, c. 156, t. 2, 86-90.

[2] Cf. J. H. Elliott, *El viejo mundo y el nuevo, 1492-1650*. Madrid: Alianza Editorial, 1984, 38-40.

[3] *La conquista de América*, 5

[4] *Información en derecho*, passim. Todavía a fines del siglo dieciséis, el jesuita Acosta se expresaba idílicamente sobre la sencillez de los indígenas suramericanos (se refiere, sin embargo, a nativos vestidos), comparándolos con los anacoretas del cristianismo inicial. "Y cuasi en esto imitan los indios a los institutos de los monjes antiguos, que refieren las vidas de los padres. A la verdad ellos son gente poco codiciosa ni regalada, y así se contentan con pasar bien moderadamente, que cierto si su linaje de vida se tomara por elección y no por costumbre y naturaleza, dijéramos que era vida de

esperarse, sin embargo, que, tras la seducción inicial de estirpe renacentista, la mayor parte de las autoridades estatales y eclesiásticas asumiese la segunda postura y que, en palabras del dominico fray Bernardo de Santo Domingo, considerasen que "la honestidad cristiana no sufre andar los hombres y mujeres desnudos"[5].

Es interesante notar que, desde la perspectiva mítica de los indígenas antillanos, por el contrario, la vestidura de los castellanos asumió una dimensión tenebrosa. Al intentar explicarse la invasión europea que les privaba de su soberanía colectiva, libertad individual y finalmente de su existencia, los arahuacos se refirieron a una extraña profecía apocalíptica que, de acuerdo al fraile jerónimo Ramón Pané, el primer español en intentar descifrar las creencias religiosas de los arahuacos, aseveraba así: "Y dicen que este cacique afirmó haber hablado con Yucahuguamá, quien le había dicho que cuantos después de su muerte quedasen vivos, gozarían poco tiempo de su dominio, porque vendría a su país una gente vestida, que los habría de dominar y matar, y que se morirían de hambre... Creen que se trata del Almirante [Colón] y de la gente que lleva consigo"[6]. La vestidura se transmuta en señal irremediable de tragedia colectiva.

No puede olvidarse, ciertamente, el provecho material español ("de que manera nos podríamos servir mejor de los dichos indios... para que nuestras rentas sean acrecentadas y los vecinos de las dichas Indias más provechados"[7]). En una instrucción secreta al gobernador Nicolás de Ovando, que acompañaba esta cédula, los monarcas indicaban que los asentamientos indianos debían ubicarse "cerca de las dichas minas donde se halla el oro, porque haya de lograr de se coger más"[8]. Meses después, informada la corona de que muchos nativos no habían reaccionado favorablemente a la anterior instrucción, se añadió el mandato de compulsión oficial, mediante cédula de la reina castellana.

---

gran perfección, y no deja de tener harto aparejo para recebir la doctrina del santo Evangelio que tan enemiga es de la soberbia y codicia". *Historia natural y moral de las Indias*, l. 6, c. 16, 301-302.

[5] Citado por Las Casas, H. I., l. 3, c. 94, t. 3, 150. Margaret Hodgen ha recalcado que fue la visión anti--primitiva la que predominó por consideraciones teológicas y religiosas. *Early Anthropology in the Sixteenth and Seventeenth Centuries*. Philadelphia: University of Pennsylvania Press, 1964, 354-385.

[6] Fray Ramón Pané, *Relación acerca de las antigüedades de los indios* (ed. por José Juan Arrom). México, D. F.: Siglo XXI, 1987, 48 (énfasis añadido).

[7] Konetzke, *Colección de documentos*, Vol. I, 13.

[8] "Instrucción secreta para el gobernador fray Niculas Dovando", en D. I. A., Vol. 31, 176. Frank Moya Pons ha llamado la atención sobre la importancia de esta "instrucción secreta" remitada por los Reyes Católicos a Nicolás de Ovando, gobernador de las Indias, porque muestra su deseo de obtener los mayores beneficios económicos posibles para la corona. *La Española en el siglo XVI*, 49-50.

> Doña Isabel... Informada que a causa de la mucha libertad que los dichos indios tienen, huyen y se apartan de la conversación y comunicación de los cristianos... y andan vagabundos... en adelante compeláis y apremiéis a los dichos indios que traten y conversen con los cristianos de la dicha isla [La Española] y trabajen en sus edificios, en coger y sacar oro y otros metales y en hacer granjerías y mantenimientos para los cristianos vecinos.

La reina insiste en que esa compulsión es para el bienestar de los nativos, espiritual ("los doctrinar y atraer a que se conviertan a nuestra santa fe católica") y temporal (que adquieran hábitos sanos de trabajo) y, sobre todo, que la compulsión oficial no debe violar el principio general de su libertad personal ("lo cual hagan y cumplan como personas libres como lo son y no como siervos, y faced que sean bien tratados los dichos indios"[9]). A pesar de estas reservas, el significado es inconfundible: se legaliza el trabajo forzoso de los nativos, se codifica la encomienda como una servidumbre cualificada.[10]

El término **encomienda** se utilizó por primera vez, aparentemente, en una autorización que el rey Fernando, el 14 de agosto de 1509, otorgó a Diego Colón, entonces Almirante y Gobernador de las Indias, para que regulase el repartimiento de los nativos. Aseveraba el rey: "Sepades que después que las islas Indias y tierra firme del mar Océano por gracia de Nuestro Señor fueron descubiertas, se han repartido a los pobladores que a la Isla Española han ido a residir, los indios... ha parecido que las tales personas a quien así se **encomendasen**, se sirviesen de ellos en cierta forma y manera"[11].

Ese mismo día se expidió otra cédula real, aclarando que las encomiendas no serían vitalicias. "En el repartimiento de los indios... no los han de dar de por vida, sino por dos años o tres no más". El objetivo del monarca parece ser, entre otros, el distinguir esta nueva institución de

---

[9] Konetzke, *Colección de documentos*, Vol. I, 16-17 (énfasis añadido). La real provisión procede del 20 de diciembre de 1503. No es la primera vez que la corona autoriza la compulsión de los indígenas al trabajo. Lo había hecho ya el 16 de septiembre de 1501 en instrucción a Ovando: "Porque para coger oro y facer las otras labores que nos mandamos hacer, será necesario aprovecharnos del servicio de los indios, compelirlos heis a trabajar en las cosas de nuestro servicio". *Ibíd.*, 6 (énfasis añadido). Sin embargo, aquí no parece referirse a un sistema de encomiendas a colonos, sino al trabajo obligatorio en las empresas mineras de la corona.

[10] Según el jurista licenciado Gregorio, en el contexto de la aprobación y redacción de las leyes de Burgos (1512), aunque la corona declaró a los indígenas vasallos libres, por sus vicios e idolatría les puede imponer, como medida tanto regenerativa como punitiva, una "servidumbre cualificada", la cual concuerda con la encomienda. H. I., l. 3, c. 12, t. 2, 472-473.

[11] Konetzke, *Colección de documentos*, Vol. I, 20-21 (énfasis añadido).

trabajo compulsorio de la esclavitud: "Ha se les señalar como por naborías [servidores] y no como esclavos"[12].

Silvio Zavala, en su obra clásica sobre el tema, publica diversas cédulas o certificaciones de encomienda. Estas revelan la naturaleza dual de la institución, que subsiste a todas sus variaciones legales: cristianización y bienestar espiritual de los nativos, por un lado; provecho material y económico de los españoles, por el otro. Ejemplo: "Por la presente se deposita en vos, fulano, vecino de la villa de... al señor y naturales de los pueblos de... para que vos sirváis de ellos y os ayuden en vuestras haciendas y granjerías... con cargo de que tengáis de los industriar en las cosas de nuestra santa fe católica, poniendo en ello toda vigilancia y solicitud posible y necesaria"[13].

Puede detectarse en los documentos una tensión entre estas dos finalidades. En la teoría, predomina el objetivo evangelizador. Vincula, por ejemplo, unas instrucciones de 1536, la encomienda con la tarea misionera prescrita en los decretos alejandrinos. "La causa fiscal por que la Santa Sede Apostólica concedió el Señorío de los Reinos de estas Indias a los Reyes Católicos... fue la predicación de nuestra Santa Fe católica en ellas y la conversión y salvación de estas gentes y ser reducidos y atraídos al gremio de la universal Iglesia, y por descargar su Majestad su católica conciencia mandó encomendar los Indios a los españoles"[14]. Es difícil, sin embargo, evitar la conclusión de que, en la práctica, predominó el interés material, que desembocó en una seria explotación del trabajo indígena.[15]

La legitimidad de la compulsión al trabajo fue defendida por el teólogo dominico Matías de Paz en su tratado de la segunda década del siglo dieciséis. Parte de la premisa de que la hegemonía española era benéfica para la vida espiritual de los nativos: "Porque de otro modo y a causa de la gran distancia que los separa de los cristianos, pronto perderían la fe católica, de no haber quien los retuviese en ella, lo cual sería el más grave de todos los males. De donde se desprende lo muy conducente que es a

---

[12] *Ibíd.*, 22. Silvio Zavala observa al respecto: "Adviértase la insistencia en el principio de la libertad legal del indio repartido, para diferenciarlo jurídicamente del indio esclavo... pero la distinción no dejaba de ser hasta cierto punto formal, porque unos y otros indios se consumían en los mismos trabajos". *La encomienda indiana*. Madrid: Centro de Estudios Históricos, 1935, 6.

[13] *Ibíd.*, 295 (énfasis añadido). El ejemplo citado proviene de 1514, en La Española.

[14] D. I. U., Vol. 10, 360-361.

[15] Juan Pérez de Tudela Bueso califica la teoría benefactora de la encomienda de "convención absolutamente falsaria", que macula a sus propulsores de "fariseísmo". "Estudio crítico preliminar", *Obras escogidas de Bartolomé de las Casas*, Vol. 1, xv.

la salvación de los indios el que se les tenga bajo el poderío del monarca que, con ayuda del Altísimo, los atrajo al conocimiento de la fe católica".

Ese beneficio conlleva costos muy elevados, los cuales es razonable moralmente que corran sobre todo por cuenta del trabajo nativo. "Será lícito, por tanto, que incluso después de su conversión se exija de los indios algunos servicios, mayores acaso que a los cristianos residentes en aquellas partes, siempre que los tales servicios sean conformes a la fe y al recto dictamen de la razón, habida cuenta de los dispendios y trabajos realizados en llegar hasta ellos y con objeto de que nuestro Rey católico y prudentísimo conserve... bajo el yugo suavísimo de Cristo, una tierra tan distante de nosotros"[16].

Siete décadas después, sin embargo, el franciscano fray Gaspar de Recarte juzgaría con extrema severidad los resultados evangelizadores del repartimiento indiano. "En estos repartimientos forzados se pone notable impedimento a lo que principalmente y sobre todo, se debe pretender en el gobierno de estas Indias, esto es, la exaltación y dilatación de nuestra santa fe católica y del santo evangelio... Y lo que peor es, que a título de fe... quieren afeitar y dar color a sus tiranías, robos y codicias"[17].

Libertad y existencia del indígena encomendado

La controversia multisecular sobre la encomienda o repartimiento de los indios reviste un doble aspecto complementario. El primer punto en cuestión es si, a pesar de fundarse sobre la premisa teórica, jurídica y teológica, de la libertad de los indígenas, en la práctica se viola ese derecho. La disputa se comprende cabalmente solo si se acepta la encomienda como un intento de combinar la compulsión al trabajo con el reconocimiento formal y jurídico de la libertad de los indígenas y la tarea misionera y civilizadora. La diferencia teórica y jurídica entre la encomienda y la esclavitud la recalca Pedro Mártir de Anglería, a la sazón miembro del Consejo de Indias, al describir el nuevo sistema laboral: "Que a los régulos asignados con sus súbditos a cualquiera que sea por la munificencia real, se les tenga por tributarios y jurisdiccionales, y no como esclavos"[18]. La realidad práctica de la encomienda, su funcionamiento cotidiano, lleva, sin embargo, a un historiador tan escrupuloso como Carlos Deive a

[16] "Del dominio de los reyes de España sobre los indios", 219, 223. A negar la obligación de los indígenas a pagar los elevados costos de su evangelización, dedicó Las Casas buena parte de su tardía e iconoclasta obra, *De los tesoros del Perú*.

[17] "Tratado del servicio personal y repartimiento de los indios de Nueva España (1584)", en Cuevas, *Documentos inéditos*, 354-385. La cita proviene de las 357 y 364

[18] *Décadas del Nuevo Mundo*, Dec. 7, l. 4, t. 2, 606 (énfasis añadido).

emitir un enunciado severamente categórico: "La encomienda —no nos cansaremos de decirlo— fue, en realidad, una esclavitud disimulada"[19].

No es juicio novedoso. Aun después de los múltiples esfuerzos realizados por la corona para humanizar la encomienda e ilegalizar los abusos, Bartolomé de Las Casas siempre consideró que violaba la libertad natural de los pueblos indígenas. En respuesta al obispo de Charcas, fray Matías de San Martín, quien distinguía entre los conquistadores, a quienes censuraba por transgredir las instrucciones de la corona, y los encomenderos, que actuaban dentro del ámbito de la legalidad[20], asevera:

> Los comenderos que solamente son comenderos y lo han sido hasta ahora, y no conquistadores, no se engañe V. Sa. y téngalos por tiranos... Porque aquellas gentes son libres de ley y derecho natural, y no deben ni debieron cosa alguna a los españoles... [Las] encomiendas de sí mismas son malas, pravas y de intrínseca deformidad, discordantes de toda ley y razón, porque dar o repartir hombres libres contra su voluntad ordenándolos para bien y utilidad... y a vueltas de estos privarles á los Reyes de sus reinos y Príncipes y señores naturales de sus señoríos, ¿qué mayor pravidad, deformidad y iniquidad, impiedad y tiranía infernal?... Son los comenderos... obligados á los indios a restitución.[21]

El reverso de este asunto, como segundo asunto cuestionable, tiene que ver con la existencia de los nativos. ¿Qué relación tuvo el sistema de repartimiento de indígenas, y el trabajo compulsorio que conllevó, con el desastre demográfico que sufrieron y que causó la casi total desaparición de los nativos?

La complejidad de la valoración de la encomienda lo muestra el paradójico juicio, emitido aparentemente en 1517, del franciscano fray Pedro Mexía, para quien "es malo quitar los indios a los españoles y es malo dejárselos". Es malo quitarlos porque, se alega, se arruinarían las aspiraciones económicas de los colonos y se violarían las mercedes oficiales que la corona les ha otorgado. Además, sin la vigilancia hispana no progresaría el arraigamiento de la fe cristiana en los nativos, ya que "no habiendo quien les compela, la avemaría que hoy dijeren de aquí a diez días no

---

[19] *La esclavitud del negro*, 15.

[20] "Parecer de D. fr. Matías de San Martín, obispo de Charcas, sobre el escrúpulo de si son bien ganados los bienes adquiridos por los conquistadores, pobladores y encomenderos de Indias", en Fabié, *Vida y escritos de Las Casas, Obispo de Chiapa*, t. 71, 441-451.

[21] "Respuesta del obispo D. fray Bartolomé de las Casas al obispo de las Charcas sobre el anterior parecer", en *Ibíd.*, 453-454.

la sabrán tornar a decir". Por otro lado, es malo dejarlos encomendados "porque dejándoselos, en breve tiempo perecerán cuantos indios hay en estas tierras"[22].

La convergencia entre el desafío dual que presentó la encomienda a la libertad y la existencia de los nativos caribeños se manifiesta con fuerza en el destino de los residentes de las islas ubicadas al norte de Cuba y La Española, las primeras encontradas por Colón en su primer viaje, hoy llamadas islas Bahamas, entonces Lucayas. La reducción drástica de los pobladores precolombinos de La Española llevó a tomar la decisión de importar mano de obra indígena de esas islas desprovistas de minas de oro, llamadas por los castellanos "islas inútiles comarcanas"[23]. La justificación era doble: el bienestar espiritual y religioso de los lucayos y el provecho económico de los castellanos. El rey Fernando autorizó la práctica en diversas cédulas, por ejemplo, la siguiente, de 1511:

> Por cuanto después de muy platicado y mirado con algunos del nuestro Consejo sobre si debíamos mandar traer algunos indios de las islas donde no hay oro a las islas donde lo hay, para que en ellas se sirviesen los cristianos de los dichos indios y los industriasen en las cosas de nuestra santa fe católica, porque no estén ociosos e idolátricos como están en las otras islas, mandamos dar licencia que pudiesen traer de las tales islas los dichos indios pagándonos el quinto de los que así se trujesen... porque... en el traer de los dichos indios Nuestro Señor es muy servido y esa Isla Española muy aprovechada.[24]

No fue la primera cédula al respecto. El 14 de agosto de 1509 había instruido al tesorero general en las Indias, Miguel de Pasamonte, a "traer indios de otras partes" a La Española.[25] Esa misma cédula autoriza la esclavitud de los lucayos que resistiesen su traslado como naborías a las islas auríferas. La alternativa, por tanto, de estos infelices nativos era fatalmente sencilla: si aceptaban ser trasladados de sus hogares y patrias a trabajar en suelo extraño, serían naborías (servidores personales); si, por el contrario, impugnasen ese destino, serían esclavizados.

[22] El parecer de fray Pedro Mexía es reproducido por Lino Gómez Canedo como apéndice a *Evangelización y conquista*, 217-220. Las frases citadas provienen de la 218.

[23] "Traslado de las mercedes, franquezas é libertades que sus Altezas concedieron é otorgaron á la Isla Española, é a los vecinos é moradores della" (26 de septiembre de 1513), en Fernández de Navarrete, *Colección de viages*, Vol. II, 412.

[24] Konetzke, *Colección de documentos*, Vol. I, 26-27.

[25] D. I. A., Vol. 31, 441-442.

La doble finalidad de la captura y emigración forzada de los lucayos —su cristianización y la provisión de mano de obra barata— tiene como eje central la minería aurífera. Esta se convierte en un problema agudo para la libertad y la existencia de los nativos antillanos. En las islas donde hay oro, los nativos son forzados a trabajar en su extracción, cosa que acelera su desaparición. Donde no lo hay, su población se convierte en fácil blanco de cazadores de obreros, en teoría libres, en la práctica obligados a trabajar. Para estos, el camino a la tumba se adelanta, porque al trabajo forzado se añade su transferencia a un medio ambiente extraño. La ruptura abrupta de su medio natural, en el que habían desarrollado una sencilla economía de subsistencia, fue para ellos una experiencia traumática.[26] Su tragedia se oficializó en la vigesimoséptima ley de Burgos y no pudo ser sustancialmente frenada al mitigarse esta mediante las instrucciones dadas en 1516 a los padres jerónimos.[27] Su existencia quedó vulnerada por la barroca dialéctica de cristianización ("para... doctrinarlos en las cosas de nuestra Santa Fe") y codicia ("é acrescentamiento á mis Rentas Reales").[28] El oro se transformó en fuente de desdicha aun para quienes vivían lejos de él.

La encomienda, no puede olvidarse, tenía, como principal justificación teórica facilitar la conversión cristiana de los nativos. Según el intelectual dominicano Max Puig, sin embargo, durante las primeras décadas de la colonización en La Española, no se desarrolló un esfuerzo sistemático y estructurado de evangelización del indígena.[29] Esta opinión repite la emitida por los frailes dominicos residentes en esa isla durante la segunda década del siglo dieciséis. En su opinión, el excesivo y oneroso trabajo que imponían los encomenderos a los indígenas no les dejaba tiempo ni energía anímica para la instrucción religiosa. De acuerdo a su certera y bíblica analogía, no se puede ser simultáneamente lobo y pastor de un rebaño de ovejas.[30] Durante ese mismo lapso temporal, la población nativa antillana disminuyó aceleradamente.

---

[26] Las Casas relata en detalle su agonía. H. I., l. 2, cs. 43-45, t. 2, 346-355.

[27] Cf. Konetzke, *Colección de documentos*, Vol. I, 53 y Las Casas, H. I., l. 3, c. 89, t. 3, 133.

[28] Fernández de Navarrete, *Colección de viages*, Vol. II, 412.

[29] Conferencia en Santo Domingo, sábado, 11 de febrero de 1989. Moya Pons concuerda en el carácter farisaico de la retórica evangelizadora de la encomienda. Cf. *La Española en el siglo XVI*, passim. Sobre la evangelización inicial en las Antillas, véase Johannes Meier, "La presencia de las órdenes religiosas en el Caribe durante la dominación española (1500-1630)", *Missionalia Hispanica*, Año 43, Núm. 124, 1986, 363-372.

[30] Según Las Casas, parte del problema fue el desconocimiento del idioma taíno. Pero esta ignorancia refleja, a un nivel de mayor profundidad, negligencia al respecto de la evangelización de los indígenas. "Esto de no saber alguno las lenguas desta isla, no fue porque ellas fuesen muy difíciles de

Este juicio negativo no necesariamente es desmentido por las informaciones que Lino Gómez Canedo da sobre la obra misionera franciscana en las Antillas durante las dos primeras décadas de colonización. Aunque su objetivo sea más bien informar que evaluar, sus datos demuestran la precariedad de esa labor evangelizadora.[31] No se anima Gómez Canedo a admitir que se trató no solo de los "titubeos de las Antillas"[32], sino de un rotundo fracaso de la evangelización de sus pobladores prehispanos. ¿Cómo tildar una empresa misionera que concluye con la extinción de los sujetos a convertir? Me parece más cercano a la verdad el categórico juicio de Las Casas: "Ninguna persona eclesiástica ni seglar tuvo en aquel tiempo cuidado, ni chico ni grande, de dar doctrina ni conocimiento de Dios a estas gentes, sino solo de servirse todos de ellas"[33]. No estuvo solo en esa rigurosa apreciación, la reiteró el franciscano Gerónimo de Mendieta: "Los unos y los otros se codiciaron mas al oro que al prójimo, no hubo quien de ellos de veras se apiadase, ni quien con celo de conservar sus vidas, ó siquiera de que se salvasen sus ánimas... al fin todos aquellos indios [antillanos] se acabaron"[34].

La recta integración entre el deseo de rápidas ganancias materiales, la evangelización de los nativos y la conservación de los pueblos indígenas, eludió fatalmente a la corona, terminando con la trágica extinción de los aborígenes antillanos y la reducción drástica de los moradores precolombinos de la tierra firme. El juez Figueroa transmitió a la corte con claridad el dilema, el 6 de julio de 1520: de mantenerse el sistema prevaleciente en repartimientos, "todos acá confiesan que es imposible que no se acaben [los indígenas], é presto, por buena guarda que se haya"; si, por el contrario, se eliminase, se irían los españoles, "quitarlos a los cristianos es despoblar de cierto la isla"[35]. Se equivocó. En realidad, lo que aconteció

aprender, sino porque ninguna persona eclesiástica ni seglar tuvo en aquel tiempo cuidado, chico ni grande, de dar doctrina ni cognoscimiento de Dios a estas gentes, sino solo de servirse todos dellas". *Apologética historia sumaria*, l. 3, c. 120, t. 1, 632.

[31] *Evangelización y conquista*, 1-22, 148-150.

[32] *Ibíd*., 150. Giménez Fernández, quien no percibe ninguna intención verdadera por parte del rey católico de evangelizar a los nativos, demuestra que fray Bernal Boil, a quien Fernando V, avalado por una bula del Papa Alejandro VI, envió con Cristóbal Colón para la cura de almas, se dedicó más a pugnar con el Almirante que a funciones religiosas. *Nuevas consideraciones*, passim. No es tesis nueva; la sustentó, en 1596, Mendieta. *Historia eclesiástica indiana*, l. 1, c. 6, 32-33.

[33] *Apologética historia sumaria*, l. 3, c. 120, t. 1, 634.

[34] *Historia eclesiástica indiana*, l. 1, c. 6, 36; cf. l. 3, c. 47, 301.

[35] D. I. A., Vol. I, 419. Efrén Córdova ha sostenido la tesis de que la encomienda, en la forma inicial en que se implantó en las islas antillanas, como explotación intensa y casi no fiscalizada del trabajo de los nativos, fue factor precipitante de la "despoblación acelerada" de estos últimos. Difiero de su énfasis en la provisionalidad y temporalidad de la institución como elemento clave en dicho proceso

fue la importación masiva de africanos esclavos para realizar el trabajo productor de plusvalía.

Respecto al Perú, Fernando de Armas Medina, quien, en general, comparte la perspectiva nacionalista y catolicista de los hispanos americanistas de su generación, admite, sin embargo, que, al menos durante los primeros años los encomenderos cumplían de forma más interesada que evangelizadora su deber legal de contratar doctrineros o "curas de indios". "Los encomenderos ponían en sus doctrinas a los curas que les ayudasen a sacar más pingües ganancias"[36].

En opinión de Las Casas, la encomienda, aunque surgió de la recta intención de la reina Isabel de encargar a ciertos españoles el bienestar espiritual y temporal de los indígenas, a la postre demostró ser una "ilusión y arte del diablo... verdadera muerte que ha muerto y destruido y despoblado... tantos y tan grandes reinos; tupida y codiciosa y no excusable ceguedad... pestilencia vastativa de tanta parte y tan grande del género humano"[37]. Transgrede su propósito fundador, causa la muerte de los nativos y viola su condición natural de seres libres, no solo porque se trata de una servidumbre enmascarada, una mal disimulada extracción de riquezas a base del sudor y la fatiga de los nativos, sino también, por "la falta del consentimiento de todas aquellas gentes"[38]. Por eso, quien la defiende y promueve "no tiene más del nombre de cristiano... y verdaderamente es enemigo de Dios y cruel destruidor de sus prójimos"[39]. Mantuvo una batalla campal durante medio siglo contra los intentos de legitimar jurídica y teológicamente la servidumbre indiana. En su

---

demográfico catastrófico. Los indios esclavos parecen haber sufrido igual tasa de mortalidad. La explotación excesiva del trabajo servil fue motivada por la provisionalidad y temporalidad de las aspiraciones de los colonos, quienes ansiaban hacerse ricos pronto y como tales retornar a España a la mayor brevedad posible. Es cuando se inicia el desarrollo de la conciencia del acriollamiento que se plantea la necesidad fiscal de preservar indefinidamente el trabajo servil. Es mérito de Córdova, sin embargo, plantear sin ambages el problema capital de la relación entre el trabajo servil y la mortandad aguda de los aborígenes antillanos, cosa que parece escapar al análisis de Eugenio Fernández Méndez en su muy leído ensayo sobre los indígenas puertorriqueños. También somete a agudo escrutinio crítico las observaciones, hechas a la ligera, de Fernández Méndez sobre la supuesta perduración de la raza indígena aborigen a las Antillas mediante el mestizaje. Efrén Córdova, "La encomienda y la desaparición de los indios en las Antillas Mayores", *Caribbean Studies*, Vol. 8, No. 3, octubre 1968, 23-49; Eugenio Fernández Méndez, *Las encomiendas y esclavitud de los indios de Puerto Rico, 1508-1550* (reimpresión de la quinta edición ilustrada). Río Piedras: Editorial de la Universidad de Puerto Rico, 1984.

[36] *Cristianización del Perú*, 125.

[37] "Octavo remedio", 799; H. I., l. 1, c. 119, t. 1, 457.

[38] "Octavo remedio", 803.

[39] *Ibíd.*, 837. Este escrito es un fuerte ataque, el más devastador que se emitiera en el siglo dieciséis, contra la encomienda.

opinión, la práctica de la encomienda como sistema de enriquecimiento injusto sobre la base del trabajo servil demuestra la falsedad de su teoría como institución evangelizadora. "El engaño es decir ó pensar que las dichas encomiendas ó repartimiento oviese avido origen para que los españoles enseñasen los indios en la doctrina cristiana. Esto es falso; sino por el contrario... quien lo intentó [inventó]... no pretendió proveer á los indios de doctrina... sino á los españoles de riquezas"[40].

El franciscano Mendieta no es, en este asunto, menos severo ni crítico que su colega dominico. No solo tilda la encomienda de "perpetuo cautiverio"; también la considera "la principal y más dañosa... [y contraria] a su cristiandad". Es una institución que se impone "contra su voluntad y por fuerza"; emana de la violencia y la coerción y, por ende, se opone en la práctica a lo que los españoles proclaman ser su objetivo teórico: enseñar a los indios la bíblica "ley de la caridad". Más aún, constituye una analogía perversamente invertida de lo que sufrían los cristianos de los tiempos apostólicos. Implantan ahora "los cristianos en los que se convierten á nuestra fe... las obras penales que los gentiles en la primitiva iglesia ejercitaban en los mártires que no querían negar la fe de Jesucristo... ¿Qué mayor inhumanidad y maldad puede ser?". Los indígenas son los nuevos mártires atormentados por el trabajo deshumanizador impuesto por los autodesignados cristianos transformados en "cabeza de lobo". En consonancia con la típica demonología de la época, Satanás queda con la responsabilidad final: la encomienda es "lo que el demonio se esfuerza á llevar adelante para perdición"[41].

La disputa en la Nueva España

Instructiva es la diferencia de opiniones entre Carlos V y Hernán Cortés sobre la encomienda indiana. El conquistador informó al emperador su decisión de establecer el sistema de repartimiento de indígenas en la Nueva España[42]; la respuesta del rey no fue la esperada por Cortés.

[40] Carta a Bartolomé Carranza de Miranda (agosto de 1555), en Fabié, *Vida y escritos de Las Casas*, t. 71, 409.

[41] *Historia eclesiástica indiana*, l. 4, cs. 37-38, 519-529.

[42] Las estipulaciones del reparto indiano que hace Cortés se encuentran en sus "Ordenanzas de buen gobierno dadas por Hernando Cortes para los vezinos y moradores de la Nueva España" (20 de marzo de 1524), en D. I. A., Vol. 26, 135-148. Véase, también, "Ordenanzas dadas por Hernando Cortes para el buen tratamiento y régimen de los indios" (sin fecha, probablemente del 1524), *Ibíd.*, 163-170. Estas "ordenanzas" demuestran la intención de Cortés de pasar a la historia no solo por sus hazañas militares, sino también por fundar una colonia próspera, significativamente llamada Nueva España. Se da perfecta cuenta de que para lograrlo tiene que evitar que se repita lo sucedido en las islas antillanas, en las que la rápida extinción indígena las hizo perder atractivo económico.

> Por cuanto por larga experiencia habemos visto que de haberse hecho repartimientos de indios en la isla española y en las otras islas que hasta aquí están pobladas y haberse encomendado y tenido los cristianos españoles que la han ido a poblar han venido en grandísima disminución, por el mal tratamiento y demasiado trabajo que les han dado lo cual allende del grandísimo daño e perdida que en la muerte e disminución de los dichos indios ha habido e el gran deservicio que N.tro S.r dello ha recibido ha sido causa e estorbo para que los dichos indios no viniesen en conocimiento de nuestra santa fe católica para que se salvasen por lo cual vistos los dichos daños que del repartimiento de los dichos indios se siguen queriendo... satisfacer á lo que por la santa sede apostólica nos es mandado e encomendado por la bula de la donación e concesión... yo vos mando que en esa dicha tierra no hagáis ni consintáis hacer Repartimiento encomienda ni depósito de los indios della sino que los dejéis vivir libremente como nuestros vasallos viven en estos nuestros Reinos de Castilla.

El juicio desfavorable hacia la encomienda es extenso y de sorprendente firmeza. Revela la mano de los "teólogos religiosos y personas de muchas letras y de buena e santa vida que en nuestra corte se hallaron", quienes, consultados por la corona, y libres de intereses creados en la Nueva España, opinaron que el repartimiento, al menos tal como se había practicado hasta entonces, no era lícito. "Parescio que nos con buenas conciencias pues Dios nuestro señor creó los dichos indios libres e no sujetos no podemos mandarlos encomendar ni hacer Repartimiento de ellos a los cristianos"[43].

Cortés no era persona que se dejase amilanar por autoridades políticas ni teológicas. Su contestación al emperador se reviste de astucia y temple. Comienza atrevidamente, diciendo que ha mantenido las instrucciones reales en secreto y sin implantar. Arguye que los teólogos y religiosos consultados desconocen la situación prevaleciente en la Nueva España. Los conquistadores están adeudados en extremo, pues han financiado la guerra contra el imperio azteca con sus propios fondos y créditos.[44] La única manera de que permanezcan en la tierra ganada por sus armas y la colonicen es permitiendo que obtengan ganancias del trabajo y el servicio

[43] D. I. U., Vol. 9, 170-171.

[44] Es un planteamiento de elevado interés para quien lo hace. Según Cortés, el principal deudor de la conquista mexicana es él mismo. "Demás de haber yo gastado todo cuanto tenía, que son más de otros cien mil pesos de oro, sin contar que estoy empeñado en más de otros treinta mil pesos". *Cartas de relación*, 215.

indígena. "Los españoles no tienen otros géneros de provechos, ni maneras de vivir ni sustentarse en ellas sino por el ayuda que de los naturales reciben, y faltándoles esto no se podrían sostener, y forzado habían de desamparar la tierra".

Esto último, el abandono de la tierra recientemente adquirida, se apresta a indicar, resultaría en perjuicio de todos los involucrados. No solo los conquistadores/colonos, sino también el rey recibiría graves daños de la prohibición de la encomienda ("como en disminución de las reales rentas de vuestra majestad, y perderse ya tan gran señorío como en ellas vuestra alteza tiene" —"señorío", está implícito, que debe al valor de Cortés y sus compañeros de armas—). Pero lo mejor de su sutil y astuta lógica es la presentación de la institución como benéfica para los indígenas. "Y lo otro... Encomendándolos de la manera que yo los encomiendo, son sacados de cautiverios y puestos en libertad; porque sirviendo de la manera que ellos a sus señores antiguos servían, no solo eran cautivos, mas aun tenían incompatible sujeción".

Procede entonces a desarrollar un argumento que se haría muy popular entre los apologistas del imperio español y que sería perfeccionado casi medio siglo después por los detractores hispano-peruanos de la monarquía inca[45]: los reyes y señores indígenas eran crueles y sanguinarios tiranos. De esta manera, el reciente régimen español reviste carácter redentor y liberador. "Porque demás de les tomar todo cuanto tenían, sin les dejar sino aun pobremente para su sustentamiento, les tomaban sus hijos e hijas y parientes, y aun ellos mismos para los sacrificar a sus ídolos... Para espantar algunos pueblos a que sirvan bien a los cristianos a quien están depositados, se les dice que si no lo hacen bien que los volverán a sus señores antiguos; y esto temen más que ninguna otra amenaza"[46].

Típico de la corona española, no procedió una decisión apresurada. El emperador ordenó una encuesta que tomase el parecer de los diversos sectores hispanos de Nueva España (el énfasis añadido recalca lo obvio, pero que no debe dejarse a mera nota al calce: la discusión era sobre la suerte y destino de los indígenas, pero estos **no** se consultaron). El resultado fue un coro casi unánime a favor de la encomienda, al menos vitalicia, de ser posible, perpetua.

Las provisiones de Granada, de noviembre de 1526, marcaron el triunfo de los colonos, matizado por la consabida exhortación al buen trato y la conversión de los nativos.

---

[45] Por ejemplo, Pedro Sarmiento de Gamboa, *Historia de los incas* (1572).

[46] *Cartas de relación*, 211.

> Otrosí mandamos que vista la calidad, condición o habilidad de los dichos indios pareciere a los dichos religiosos o clérigos que es servicio de Dios y bien de los dichos indios que para que se aparten de sus vicios y especial del delito nefando y de comer carne humana y para ser instruidos y enseñados en buenos usos y costumbres y en nuestra fe y doctrina cristiana y para que vivan en policía, conviene y es necesario que se encomienden a los cristianos para que se sirvan de ellos como de personas libres que los dichos religiosos los puedan encomendar... teniendo siempre respeto al servicio de Dios.[47]

El 10 de diciembre de 1529, el Consejo de Indias se enfrentó nuevamente al dilema: la encomienda era causa del exterminio de los nativos, pero si se la eliminaba de golpe, se borraría el incentivo de lucro que movía a los españoles a colonizar el Nuevo Mundo. El problema era, por tanto, conseguir el elusivo compromiso que simultáneamente protegiera a los indígenas y permitiera el enriquecimiento de los españoles y así combinar la buena conciencia con el acrecentamiento de la hacienda.

> Nos juntamos algunas veces todo el Consejo Real y el de las Indias y ansimismo el Consejo de la Hacienda donde fueron vistas todas las ordenanzas, provisiones e instrucciones que hasta ahora están hechas en favor de la libertad de los dichos indios y de su buen tratamiento y conversión a nuestra santa fe católica, aunque las personas a quien estaba sometida la ejecución de ellas han tenido en ello mucho descuido... Tomado el parecer de todos, ha parecido que al servicio de V.M. y descargo de su Real conciencia y para la conservación de la dicha Nueva España y para que los naturales de ella no se consuman por malos tratamientos, como lo han hecho en las otras islas, conviene que pues Dios los crio libres que se les debe desde luego dar entera libertad... y que para ello desde luego se quiten todas las encomiendas que están hechas de ellos a los españoles que las han conquistado y poblado, porque en la verdad esto parece que ha sido y es dañoso para la conciencia de V. Maj. y estorbo para la instrucción y conversión de los indios a nuestra santa fe católica, que es la principal intención de V. M., y ansimismo para su conservación y aumento.[48]

Se concluye con unas posibles medidas para compensar a los actuales encomenderos: aumentar la propiedad de tierras y la concesión de

[47] Konetzke, *Colección de documentos*, Vol. I, 94-95.

[48] *Ibíd.*, 131-132.

un tributo indiano durante el primer año posterior a la disolución de los repartimientos.

El problema, naturalmente, era que el elemento central, desde la óptica de los colonos, para la acumulación de riquezas estribaba en el trabajo compulsorio de los nativos. Mayor extensión de tierras y un tributo provisional tendrían sentido solo para invertirse en el aumento de la explotación de la fuerza de trabajo nativa. Aparte de este factor, del trabajo compulsorio como fuente de lucro, eran incentivos insuficientes. El obispo de Nueva España, el franciscano Juan de Zumárraga le escribió al emperador, el 4 de octubre de 1543, exponiendo sutilmente la necesidad de cierto trabajo servil indígena para la estabilidad de la colonia. "Es menester dar asiento en la tierra, que los españoles tengan reposo y asentamiento perpetuo en ella, para que esta tierra les sea madre y ellos hijos que la amen, honren y defiendan, y este reposo y arraigamiento les ha de venir no solamente de la bondad y fertilidad de la tierra; ni le hagan entender a V. M. que esto basta"[49].

En 1545, la corona tuvo que ceder ante la presión de los colonos —en Perú había explotado una revuelta armada[50]— y restituir los privilegios del repartimiento indiano, cancelados por las Leyes Nuevas de 1542. Sus demandas tuvieron mayor fuerza que las denuncias éticas de frailes como Las Casas, quien además descubrió con pesar que la jerarquía de las órdenes religiosas, incluida la dominica, favorecía que se revocase la prohibición de las encomiendas. El trigésimo capítulo de las Leyes Nuevas había decretado que: "De aquí en adelante ningún visorrey, gobernador, Audiencia, descubridor ni otra persona alguna pueda encomendar indios"[51]. Tres años después, se abolió: "Porque nuestra voluntad es que los que nos han servido y sirven en las dichas nuestras Indias, sean aprovechados en ellas y tengan con qué se sustentar, y también vistas las suplicaciones que de la dicha ley suso incorporada se han interpuesto por muchas de las provincias e islas de las dichas nuestras Indias... revocamos y damos por ninguna y de ningún valor y efecto el dicho capítulo [trigésimo]"[52].

Con claridad de funcionario práctico, esta lógica de la centralidad de la explotación de la mano de obra servil en el desarrollo colonial, fue

[49] Citado por Lino Gómez Canedo, *Evangelización y conquista*, 97.

[50] La narra, con lujo de detalles, López de Gómara, *Historia general de las Indias*, 250-273.

[51] Konetzke, *Colección de documentos*, Vol. I, 219.

[52] *Ibíd.*, 236.

expuesta, en carta a Carlos V, por el virrey de Nueva España, Luis de Velasco, el 4 de mayo de 1553.

> En los españoles hay gran descontento y mucha pobreza... Las minas e todas las haciendas que en esta Nueva España tienen valor, van en gran disminución, a causa de quitarse los servicios personales... porque sin esto, no se pueden labrar ni proveer de bastimentos... Sin indios, no hagan creer a V. M. que las minas se pueden beneficiar, sino que alzando en ellas la mano de la labor, son acabadas, si los españoles por las suyas no la labran; y dudo que lo hagan aunque se vean morir de hambre... V. M. mande ver lo que se sufrirá proveer para que del todo las minas no se desamparen, porque acabados de libertar los esclavos [se refiere a los indígenas], que será en breve, habrá gran quiebra en la hacienda real y de particulares, porque no hay mina tan rica que sufra labrarse con gente a jornal.[53]

La repitió, en otra misiva a Felipe II, del 7 de febrero de 1554: "Tengo por imposible que se puedan sustentar en esta tierra los españoles sin servicio de los indios... porque unos españoles a otros no sirven sino es con excesivo salario, y no para poner las manos en labor del campo, sino para regir las haciendas"[54].

A pesar de los múltiples esfuerzos, sin duda provocados por la honesta conciencia cristiana hispana, de evitar los abusos y de regular la encomienda a la manera de un contrato laboral beneficioso para todos los involucrados, los maltratos perduraron. Un memorial de Mendieta, enviado en 1582 a España, revela la continuación de graves violaciones a la dignidad humana de los nativos. El franciscano recomienda cinco medidas, en cuya insistencia se muestra, como reverso, la seriedad del problema y la continuación de los agravios.

1. "Que ningún indio libre fuese compelido a ir a trabajar en minas, porque... no es otra cosa enviarlos a minas sino enviarlos a morir".
2. "Que por ningún servicio ni trabajo sean llevados ni enviados los indios del repartimiento fuera de sus casas más de cuatro o cinco leguas a lo más".
3. "Que no echen más cantidad de indios de repartimiento a cada pueblo de los que pueda dar descansadamente".

[53] Zavala, *La encomienda indiana*, 135-136.

[54] Cuevas, *Documentos inéditos*, 189.

4. "Que en ninguna manera les hagan perder los domingos la misa".
5. "Que por cada día de servicio les den un real y de comer, y les hagan buen tratamiento".[55]

El debate sobre la perpetuidad

El 4 de mayo de 1544, doce frailes de la orden de los predicadores redactaron una defensa de las encomiendas como necesarias, en primera instancia, para el bienestar económico de los hispanos en el Nuevo Mundo y, en segunda, para el beneficio espiritual y religioso de los indígenas. Insistían, además, en que se concedieran a perpetuidad, como medida supuestamente indispensable para sustentar la prosperidad de las colonias castellanas en América. El documento merece citarse extensamente, entre otras cosas, por su apología de la división social entre ricos y pobres, favorable a la "autoridad del culto divino".

> La perpetuidad de la fe y religión cristiana de los naturales de esta tierra depende de la perpetuidad de los españoles de ella [antes han enunciado "que los indios no tienen tal constancia ni natural, que ellos por sí sin españoles sustentarían la fe recibida"]... Y... como en esta tierra no pueda haber perpetuidad sin haber hombres ricos, ni hombres ricos sin haber pueblos encomendados; porque ni minas ni sedas ni lanas ni ganados, ni sementeras ni heredades se pueden hacer sin el servicio de los indios... síguese claramente, que es necesario al servicio de Dios y perpetuidad de la tierra y estabilidad de la fe de los naturales, que los españoles tengan pueblos encomendados; porque en la república bien ordenada es necesario que haya hombres ricos... Es necesario para la autoridad del culto divino que haya hombres ricos y que tengan pueblos, porque los indios, como son pobres, no pueden hacer limosna a las iglesias [son pobres, alegan, porque "los indios de su condición son flojos y no codiciosos, y se contentan con el mantenimiento presente de cada día]".[56]

No era tema enteramente nuevo. Años antes, Pedro Mártir había defendido la idea de la perpetuidad de los repartimientos arguyendo que, si se otorgaban solo provisionalmente, los encomenderos se apresurarían a obtener el mayor lucro posible rápidamente, para perjuicio físico y espiritual de los nativos. Solo la permanencia de las encomiendas y la

[55] Gómez Canedo, *Evangelización y conquista*, 126-127.

[56] D. I. A., Vol. 7, 533-540. Argumentos algo similares, pero expresados de forma más sencilla, presentaron ocho frailes franciscanos. Cf. *Ibíd.*, 526-532.

capacidad jurídica de legarlas por herencia podían satisfacer la preocupación por conservar la mano de obra indígena.[57] Los tres padres jerónimos (Bernardino de Manzanedo, Luis de Figueroa y Alonso de Santo Domingo), en la encuesta que por encargo del Cardenal Cisneros hicieron en La Española (1516-1518), llegaron al mismo razonamiento: "Una de las cosas que a estos tristes de indios ha destruido es andar de mano en mano, é conocer ellos cada día amos nuevos"[58]. En el fondo, se trata de legitimar, apelando a la salud espiritual de los nativos, la permanencia de la mano de obra forzada, para el beneficio económico de los colonos.

Hernán Cortés, de manera similar, recalcó la perpetuidad de la encomienda como doblemente benéfica: económicamente para los españoles; física y espiritualmente para los nativos. La encomienda indiana legable por herencia se transmuta, en su hábil misiva a Carlos V, en la varita mágica que produciría toda clase de bienes a la corona, los colonos y los indígenas. "De esta manera se harán dos cosas: la una, buena orden para conservación de los naturales; y la otra, provecho y sustentamiento de los españoles; y de estas dos resultará el servicio de Dios Nuestro Señor y acrecentamiento de las rentas de vuestra majestad... Conviene mucho que vuestra majestad mande que los naturales de estas partes se den a los españoles perpetuamente... porque de esta manera cada uno los miraría como cosa propia y los cultivaría como heredad que habrá de suceder en sus descendientes"[59].

La misma argumentación, en la víspera de aprobarse las Leyes Nuevas, expusieron los representantes de la Ciudad de México, el 28 de noviembre de 1542. "Que S. M. haga merced a los que tienen indios encomendados en su real nombre, sea la encomienda perpetua... porque haciéndose [perpetuo] el dicho repartimiento procuren los tales comendatarios granjerías de coger y sembrar trigo e otras semillas de la tierra, e de tener y criar ganados y hacer e plantar viñas e otras heredades... Los mismos naturales recibirán beneficio porque como se tenga perpetuo serán bien tratados y procurarán siempre sean aumentados y que permanezcan"[60].

En 1546, Carlos V cedió en este punto crucial: la perpetuidad de los repartimientos.

---

[57] *Décadas del Nuevo Mundo*, Dec. 7, l. 4, t. 2, 607.

[58] D. I. A., Vol. I, 352. La misiva parece provenir de 1518.

[59] *Cartas de relación*, 212 (énfasis añadido). En el mismo sentido, D. I. A., Vol. 26, 445.

[60] Cuevas, *Documentos inéditos*, 109-110 (énfasis añadido).

> Sabed que los provinciales de las órdenes de Santo Domingo y Agustinos, y Gonzalo López, procurador de esa Nueva España, vinieron a nos, y nos hicieron relación que aunque habían tenido por gran merced la que se les hace en la revocación de la ley que habla sobre la sucesión de los indios, que no era aquello verdaderamente el remedio general de esa tierra, sino el **repartimiento perpetuo** para que quedasen todos contentos e quietos, para lo cual nos dieron muchas razones que fueron justas.[61]

Los opositores de las encomiendas, sin embargo, encabezados por el tenaz Las Casas no se dieron por vencidos y mantuvieron una ardua batalla para evitar el cumplimiento de esa cédula. Dos décadas después, Felipe II, urgido por los encomenderos, sobre todo los peruanos, y por sus acreedores, se inclinó a la **venta de la perpetuidad** y el 5 de septiembre de 1556 emitió una cédula real que incluía la siguiente determinación:

> Habiendo mirado y platicado en este negocio diversas veces y tenido pareceres de muchas personas... en fin se conformaron en que aquella provincia [Perú] no se podría sostener, conservarse y acrecentarse por el camino que hasta aquí ha ido si no se perpetuase, y teniéndolo yo así por cierto por muchas causas y razones que para ello hay... me he resuelto en concederlo y mandarlo poner luego en ejecución, sin que haya más dilación y también porque las necesidades son tan grandes y forzosas y mis reinos y Estados están tan trabajados y consumidos y me quedan tantas obligaciones de sostenerlos y ampararlos... y sobre todo no me pudiendo socorrer ni ayudar de otra parte con cantidad suficiente para pagar lo mucho que se debe.[62]

Las consideraciones de principios filosóficos, que habían prevalecido en las primeras disputas acerca de los repartimientos indianos, ceden aquí la prioridad a otras de tipo fiscal, sobre todo las relativas a las necesidades crediticias del monarca, cuyas arcas se consumían debido al exceso de compromisos internacionales y la multiplicidad de conflictos bélicos.

---

[61] Konetzke, *Colección de documentos*, Vol. I, 240-241.

[62] Citado por Zavala, *La encomienda indiana*, 205-206; y por Luciano Pereña, "Estudio preliminar", *De regia potestate*, lii-liii. Este último trabajo es muy instructivo sobre la disputa acerca de la posible perpetuación, mediante venta, de las encomiendas. Como el punto de partida fue la oferta/presión de los colonos peruanos, el libro de Zavala, rico en el contexto mexicano del tema, no resulta tan informativo. Pereña, además, introduce el asunto con un resumen muy útil sobre los antecedentes jurídicos castellanos y la disputa entre las tendencias monárquicas centralizadoras y las señoriales.

Sin embargo, la perpetuidad de las encomiendas, tan urgida por Felipe II ("sin que haya más dilación") en su comunicación anterior, no se implantó. Por el contrario, motivó una intensísima lucha en la que participaron los principales actores del drama americano, desde el monarca hasta los caciques indígenas, sin olvidar al incansable Las Casas, quien memorial tras memorial, misiva tras misiva, dedicó sus últimas energías a la lucha contra la venta de la perpetuidad de las encomiendas.[63] Aunque fueron diversas las razones que se dieron contra la decisión real, entre ellas que violaría la libertad jurídicamente reconocida de los nativos y que, a largo plazo, sus beneficios económicos, para la corona, serían magros, el factor principal en su paralización fue la reiterada advertencia de que tal medida legislativa propiciaría la formación de poderosas castas criollas libres del control de la corona. Esto a largo plazo podría llevar a la ruptura de la fidelidad a la madre patria, un evidente presagio de los sentimientos que a principios del siglo diecinueve albergarían los dirigentes criollos hispanoamericanos.

El Consejo de Indias respondió al joven monarca recomendando la suspensión de la medida: "De esta manera de perpetuidad... V. M. pierde para siempre y enajena un tan gran reino que todos los príncipes cristianos ni infieles no tienen... y V. M. perderá sus vasallos... [Se quedan] los encomenderos de manera que harían su voluntad y podrían si quisiesen eximirse del dominio de V. M."[64].

Los representantes de la corona en la negociación con los colonos asumieron una postura similar. En 1562, escribieron al monarca:

> A nuestro parecer uno de los mayores inconvenientes que la perpetuidad en general tenía y tiene, era que si la perpetuidad en general se hiciese, de aquí a treinta o cuarenta años los hijos descendientes y sucesores de ellos no tenían amor a los Reyes ni Reinos de España ni a las cosas de ellos por no los haber conocido y nacido acá, antes aborrecimiento como regularmente se ve y entiende ser los de un Reino gobernado por otro, aunque sean descendientes de españoles... y fácilmente podrán levantarse y no obedecer a los Reyes de Castilla.[65]

---

[63] Los caciques del Virreinato de Perú otorgaron, en 1559, a Las Casas, junto a fray Santo Domingo de Santo Tomás y a fray Alonso Méndez, un poder absoluto y total para que los representasen en la polémica contra la oferta de los encomenderos. Pereña reproduce este interesante documento. *Ibíd.*, cii-cvi.

[64] Konetzke, *Colección de documentos*, Vol. I, 358-359.

[65] Citado por Pereña, "Estudio preliminar", *De regia potestate*, lxii-lxiii.

Pocos años antes, en respuesta a la decisión del monarca, ya Las Casas había astutamente agitado el espectro del independentismo republicano criollo: "Cuando los hijos y herederos de estos se vean tan ricos y señores, y entiendan que sus padres conquistaron la tierra y la compraron a Vuestra Majestad por tantos millones... ¿en qué tendrán levantarse... desconociendo y aborreciendo oír nombre de rey?"[66].

El resultado es que la supuesta determinación final de Felipe II quedó en suspenso durante todo su extenso reinado, y la pugna por la perpetuidad continuó a lo largo de toda la segunda mitad del siglo dieciséis. La corona se fue distanciado de la medida para evitar aumentar el poder autónomo de los colonos y buscó transformar las encomiendas en mercedes reales, manteniendo en manos del monarca la jurisdicción de última instancia. Los colonos reiteraron una y otra vez el manoseado argumento de los beneficios múltiples de la perpetuidad. Se encuentra, entre muchos lugares, en el famoso "anónimo de Yucay". "Por ventura les convendría á los indios mas el darles señores perpetuos españoles... porque de esta manera tratarían á los indios muy bien, y como á cosa propia, y aficionarse han los españoles á esta tierra y olvidarían á España... quedando el reino muy bien compuesto"[67].

No fue sino hasta el siglo dieciocho que finalmente se eliminó el sistema de encomiendas.[68] Aunque en algunas regiones su implantación tardó decenios, la orden decisiva la dictaminó Felipe V, el 12 de julio de 1720.[69] El factor decisivo no fueron consideraciones teóricas en favor del bienestar de los nativos, sino necesidades fiscales de la corona, sobre todo relativas al fortalecimiento militar de España. Los monarcas decidieron no compartir con los criollos los tributos del trabajo y los bienes de los indígenas. Tardíamente y despojada de toda investidura evangélica, se cumplió la vieja propuesta que había defendido Bartolomé de Las Casas.

Si ello implicó o no un gran triunfo para los indígenas es cuestión sujeta a debate.

---

[66] "Memorial-sumario a Felipe II", *Ibíd.*, 221-222. Cf. *Ibíd.*, 88 y 104.

[67] "Anónimo de Yucay", 438.

[68] Para la elucidación teórica y jurídica de la encomienda, tal cual se enmendó después de las disputas que siguieron a la derogación del trigésimo capítulo de las Leyes Nuevas, véase a Juan de Solórzano y Pereyra, *Política indiana*, libro 3.

[69] "Real cédula sobre la derogación de las encomiendas", en Konetzke, *Colección de documentos*, Vol. III, 175-178.

7
¿Criaturas racionales o *bruta animalia*?

> Son como asnos... son bestiales en los vicios... no son capaces de doctrina... son traidores, crueles y vengativos, que nunca perdonan; inimicísimos de religión, haraganes, ladrones... y de juicios bajos y apocados; no guardan fe ni orden... son cobardes como liebres, sucios como puercos; comen piojos, arañas y gusanos crudos... no tienen arte ni maña de hombres... se tornan como brutos animales.
>
> Fray Tomás Ortiz

> El enemigo del mismo género humano... excitó a algunos secuaces suyos que, deseando saciar sus apetitos, tuvieran el atrevimiento de afirmar por todas partes que a los indios... hay que reducirlos a nuestro servicio, con el pretexto de que están privados de la fe católica, a manera de animales irracionales... Nos... considerando que los mismos indios [son] verdaderos hombres... decretamos y declaramos con nuestra autoridad apostólica, que los referidos indios... aunque se encuentren fuera de la fe de Cristo, no han de estar privados de su libertad.
>
> Papa Pablo III

La bestialidad indígena

El debate sobre la libertad y servidumbre de los indígenas se vincula a una distinta apreciación sobre su naturaleza. La primera gran disputa filosófica y teológica acerca del Nuevo Mundo giró sobre la humanidad o animalidad de sus pobladores.[1]

[1] Con ello se inició una tradición. En general, todo encuentro de europeos y blancos con personas de otras razas (y de tecnología menos desarrollada) ha llevado al cuestionamiento de la racionalidad de estas. Lewis Hanke hace un sucinto resumen en *Aristotle and the American Indians: A Study in Race*

A su vez, varios pueblos indígenas se cuestionaron la humanidad o divinidad de los españoles.[2] Los primeros aborígenes que encontró Cristóbal Colón creyeron que él y sus acompañantes eran seres celestiales. Según el Almirante, exclamaban: "Venid a ver los hombres que vienen del cielo"[3]. La perplejidad ante el posible origen divino de Cortés y sus expedicionarios provocó fatales vacilaciones en Moctezuma. Un relato en náhuatl dice que el caudillo mexicano "tenía la creencia de que ellos eran dioses, por dioses los tenía". Eso le produjo angustia y terror; lo llevó a exclamar, según el mismo relato: "¡Vulnerado de muerte está mi corazón! ¡Cual si estuviera sumergido en chile, mucho se angustia, mucho arde!"[4]. También, de acuerdo a José de Acosta, los indígenas peruanos llamaron a los españoles "viracochas" (divinos) "por tenerlos en opinión de hijos del cielo"[5].

Alonso de Ercilla entiende que una de las causas del triunfo inicial de los españoles sobre los araucanos se debió a que "como a inmortales dioses los temían... por dioses... eran tenidos de los indios los nuestros". Pero, pronto los aguerridos aborígenes chilenos "olieron que de mujer y hombre eran nacidos... el error ignorante conocieron, ardiendo en viva rabia avergonzados, por verse de mortales conquistados"[6]. La anécdota más interesante se refiere a Puerto Rico, donde un grupo de nativos sumergieron bajo el agua a un español para descubrir su mortalidad y, por consiguiente, su humanidad.[7] En general, los americanos pronto se convencían de la humanidad de los europeos no solo por su mortalidad, sino también por su intensa codicia.[8]

Prejudice in the Modern World. Chicago: Henry Regnery Co., 1959, 96-104. Se trata de un mecanismo ideológico de dominación.

[2] Friederici, *El carácter del descubrimiento*, Vol. I, 167-171.

[3] *Los cuatro viajes*, 65.

[4] Sahagún, *Historia general de las cosas de Nueva España*, l. 12, cs. 6-8, 765-766. Según Bernal Díaz del Castillo, Cortés, durante sus primeros enfrentamientos con los nativos, ocultaba sus muertos, "porque no lo viesen los indios que éramos mortales, sino que creyesen que éramos *teules* [divinos], como ellos decían". *Historia de la conquista de Nueva España*, 113.

[5] *Historia natural y moral de las Indias*, l. 5, c. 3, 220. Bernardo de Vargas Machuca generaliza esta ingenua deificación. "En cuanto a tener á los españoles por hijos del Sol... á la primera vista generalmente ha sido en todas las Indias, y es lo mismo hoy en las nuevas conquistas, de donde se conoce bien su barbaridad". "Apologías y discurssos", en Fabié, *Vida y escritos de Las Casas*, t. 71, 225-226.

[6] *La araucana*, cantos 1 y 2, 54 y 58.

[7] López de Gómara, *Historia general de las Indias*, 180. Jacques Lafaye atribuye ese acto a los aztecas. *Los conquistadores*, 181. No es el único dislate de ese popular libro. En otra ocasión achaca a los caribes la muerte de los hombres del fuerte Navidad. *Ibíd.*, 37.

[8] Los indios mexicanos, de acuerdo a fray Gerónimo de Mendieta, pensaron que los hispanos eran "dioses hijos y hermanos de Quetzalcóatl", hasta que, luego de ver su insaciable codicia, "conocieron y experimentaron sus obras, no los tuvieron por celestiales". *Historia eclesiástica indiana*, l. 2,

Desde la perspectiva europea, los aborígenes se tildaron en ocasiones de infrahumanos, "bárbaros" o "bestias". Al iniciar *De indis*, Vitoria hace directa referencia a los que reclamaban que la licitud de la hegemonía española sobre "los bárbaros del Nuevo Mundo" se fundaba sobre la inferioridad antropológica de estos últimos, "que realmente bien poco parece que disten de los animales brutos"[9]. Las Casas se refiere al juicio que en la segunda década del siglo dieciséis, al comenzar los debates sobre la naturaleza de los aborígenes, emite el licenciado Gregorio, letrado de la corte castellana, de acuerdo al cual "estos indios... son como animales que hablan"[10]. Según José de Acosta, eran muchos los europeos que opinaban que los indígenas "son más bien cuadrúpedos que hombres racionales"[11].

La línea de pensamiento de Juan Ginés de Sepúlveda se monta sobre su concepto de los indígenas como *humunculos* ("hombrecillos en los que apenas se pueden encontrar restos de humanidad", "apenas hombres..."[12]). John L. Phelan resume de manera precisa su postura: "Los indios carecían de la *humanitas*... esa cualidad de mente y espíritu que hace a un pueblo determinado competente para alcanzar la civilización"[13]. Con esa apreciación se pretende justificar su pérdida de señorío sobre sus tierras, su servidumbre forzosa y la compulsión a la cristianización. Sepúlveda es un humanista erudito en Aristóteles. Recurre a la tesis aristotélica de la diferencia sustancial entre los humanos libres y siervos por naturaleza para justificar la conveniencia de imponer un régimen heril a los indígenas americanos. "La varia condición de los hombres produce justas formas de gobierno y diversas especies de imperios justos. En efecto, a los hombres probos, humanos e inteligentes les conviene el imperio civil, que es propio para personas libres, o el poder regio".

Los "hombres probos, humanos e inteligentes" y "personas libres" son, desde luego, los españoles (y, en general, los europeos occidentales y cristianos). A ellos, poseedores de genuina *humanitas*, les corresponde el gobierno civil adecuado a su racionalidad y libertad. Pero hay otra especie

---

c. 10, 93. Lo mismo en Las Casas: "Cuando vieron los cristianos, luego los llamaron dioses, hijos y hermanos de Quetzalcóatl; aunque después que cognoscieron y experimentaron sus obras no los tuvieron por celestiales". *Apologética historia sumaria*, l. 3, c. 122, en *Los indios de México y Nueva España*. (Antología de *Apologética historia sumaria*, ed. de Edmundo O'Gorman, 6ta. ed.). México, D. F.: Editorial Porrúa, 1987, 54.

[9] *Obras de Vitoria*, 650.

[10] H. I., l. 3, c. 12, t. 2, 472.

[11] *Predicación del evangelio en las Indias*, l. 4, c. 3, 332.

[12] *Demócrates segundo*, 35 y 63.

[13] "El imperio cristiano de Las Casas, el imperio español de Sepúlveda y el imperio milenario de Mendieta", *Revista de Occidente*, No. 141, diciembre de 1974, 293.

de ser humano: "Los bárbaros... que tienen poca discreción". Hay dos posibles razones para su inferioridad, su ausencia de *humanitas*: "O porque son siervos por naturaleza, como dicen que se dan en ciertas regiones y climas del mundo, o porque debido a su depravación de costumbres... no pueden ser mantenidos de otro modo en el cumplimiento de su deber". A los nativos americanos les cuadran ambas razones: la natural-geográfica y la social-moral. "Una y otra causa concurren en el caso de estos bárbaros". No les corresponde, por tanto, un gobierno similar al de los súbditos ibéricos, sino un régimen que Sepúlveda llama "dominio heril", un término medio entre el libre y el esclavo.

> Así, pues, la diferencia que hay entre los que son libres por naturaleza y por naturaleza siervos, esa misma debe de haber entre el gobierno que se aplique a los españoles y el que se aplique a esos bárbaros por ley natural... El imperio, pues debe templarse de tal manera que los bárbaros, en parte por el miedo y la fuerza, en parte por la benevolencia y equidad, se mantengan dentro de los límites del deber, de tal suerte que ni puedan ni quieran maquinar sublevaciones contra el dominio de los españoles.[14]

La radicalidad de la opinión de Sepúlveda sobre el asunto en cuestión depende en cierta medida de si se acepta como original y auténtica la variante que aparece en algunos códices de su *Demócrates segundo* que, al indicar la drástica diferencia entre la inferioridad indígena y la superioridad española ("como los niños a los adultos, las mujeres a los varones"), añade "*denique quam simiae prope dixerim ab hominibus*" —"finalmente, dijérase casi como los monos a los hombres"—. Menéndez Pelayo la incluyó en su edición española de 1892. Se mantuvo también en la publicada en México por el Fondo de Cultura Económica (1941, 100). Ángel Losada, en la edición que utilizamos, la descarta (33).

Sospechamos que la frase fue eliminada por el mismo Sepúlveda de la versión original para suavizar su tesis y lograr la autorización necesaria para imprimir su libro, especialmente debido a que el Papa Pablo III en su bula *Sublimis Deus* (1537) había afirmado la plena humanidad de los indígenas. Esa bula es mencionada por Sepúlveda en su opúsculo "Proposiciones temerarias, escandalosas y heréticas que notó el doctor Sepúlveda en el libro de la conquista de Indias, que fray Bartolomé de Las Casas, obispo que fué de Chiapa, hizo imprimir 'sin licencia' en Sevilla,

[14] *Demócrates segundo*, 119-122.

año de 1552, cuyo título comienza: 'Aquí se contiene una disputa o controversia'"[15]. Ese tratado refleja la moderación de su opinión negativa hacia el indígena americano. En un pasaje clave aclara:

> La conquista de Indias para sujetar aquellos bárbaros y quitarles la idolatría y hacerles guardar las leyes de naturaleza aunque no quieran, y después de sujetos predicarles el Evangelio con la mansedumbre cristiana sin fuerza ninguna, es justa y santa, y que habiéndolos sujetado no los han de matar ni hacer esclavos ni quitarles las haciendas, sino que sean vasallos del rey de Castilla... y lo tomado por fuerza, fuera del derecho de guerra, es robo y se ha de restituir.[16]

Las diferencias centrales con Las Casas, sin embargo, perduran, ya que este último: a) repudia el concepto de conquista, por implicar necesariamente la usurpación violenta de la soberanía política; b) rechaza la idea de que la conversión debe precederse o condicionarse por la fuerza bélica; c) censura las encomiendas, que Sepúlveda, por el contrario, incluye como parte de su "dominio heril"; d) insiste en la necesidad de que el imperio castellano sea objeto de una libre autodeterminación de las comunidades indígenas, cosa que para Sepúlveda sería absurda, por la imposibilidad de obtener una decisión libre y racional de pueblos que no se componen de "hombres probos, humanos e inteligentes" y "personas libres"[17].

---

[15] En Fabié, *Vida y escritos de Las Casas*, t. 71, 338.

[16] *Ibíd.*, 351 (énfasis añadido). Vidal Abril, en provocador artículo, sugiere igualmente una matización del texto original por parte de Sepúlveda para aminorar las críticas que los teólogos habían levantado contra la primera versión del *Democrates segundo*. Vidal Abril-Castelló, "La bipolarización Sepúlveda-Las Casas y sus consecuencias", 274-275. Demetrio Ramos, por su parte, cree encontrar una opinión menos denigrante del indígena en la crónica indiana de Sepúlveda, escrita varios años después que el *Demócrates segundo*. "Sepúlveda, cronista indiano", 165-167. A pesar de ello, se mantuvo en pie la prohibición contra el *Demócrates* y la crónica no tuvo oportunidad de imprimirse por varios siglos.

[17] La importancia de estas significativas diferencias parece escapar a Robert E. Quirk, en su hábil defensa de Sepúlveda: "Some Notes on a Controversial Controversy: Juan Ginés de Sepúlveda and Natural Servitude", *The Hispanic American Historical Review*, Vol. 34, No. 3, August 1954, 357-364. También Celestino del Arenal, al destacar la comunidad ideológica entre Sepúlveda y sus adversarios teológicos, domestica demasiado al humanista y cronista renacentista. "La teoría de la servidumbre natural en el pensamiento español de los siglos XVI y XVII", 115-120. Ángel Losada es otro que intenta minimizar la distancia teórica entre el cronista humanista y sus adversarios teológicos del siglo dieciséis: "Las variantes son de detalle y no de fondo, como autores demasiado escrupulosos llegaron a creer". *Juan Ginés de Sepúlveda a través de su "Epistolario" y nuevos documentos*. Madrid: Consejo Superior de Investigaciones Científicas, 1949, 315. No me parece convincente; algunas diferencias son de fondo, como ciertamente Sepúlveda y Las Casas opinaban.

Quizá la primera afirmación denigrante sobre los nativos fue emitida por el doctor Chanca, quien acompañó a Colón durante su segundo viaje y remitió un detallado informe a Sevilla. En desprecio de sus hábitos de comida ("comen cuantas culebras é lagartos é arañas é cuantos gusanos se hallan por el suelo") asevera: "Es mayor su bestialidad que de ninguna bestia del mundo"[18]. El epíteto "bestial" llegó para perdurar; se le encuentra en innumerables descripciones de los usos sociales indígenas. Incluso José de Acosta, quien se consideraba amigo y protector de los nativos, al descubrir que los quechuas no consideraban la virginidad femenina previa al matrimonio como requisito indispensable de honra personal, se indigna moralmente y los increpa de bestialidad. "Cuanto más grande y casi divino es el honor que las demás gentes tributan a la virginidad, tanta es mayor la afrenta e ignominia que tienen estas bestias para con ella"[19].

Francisco López de Gómara relata la exposición que el fraile dominico Tomás Ortiz, quien luego fuese el primer Obispo de Santa Marta, presentó al Consejo Real de Indias, para defender la esclavización de los indígenas:

> Los hombres de tierra firme de Indias comen carne humana, y son sodométicos más que generación alguna.[20] Ninguna justicia hay entre ellos... son como asnos, abobados, alocados insensatos; no tienen en nada matarse y matar; no guardan verdad sino es en su provecho; son inconstantes; no saben qué cosa sea consejo; son ingratísimos... son bestiales en los vicios... no son capaces de doctrina... son traidores, crueles y vengativos, que nunca perdonan; inimicísimos de religión, haraganes, ladrones... y de juicios bajos y apocados; no guardan fe ni orden... son cobardes como liebres, sucios como puercos; comen piojos, arañas y gusanos crudos... no tienen arte ni maña de hombres... se tornan como brutos animales; en fin, digo, que nunca crió Dios tan cocida gente en vicios y bestialidades.[21]

[18] "Carta del Dr. Chanca", 349.

[19] *Predicación del evangelio en las Indias*, l. 6, c. 20, 587.

[20] Comúnmente se acompañaban las acusaciones de sodomía y de canibalismo. Y ambas se unían a la idea de que la idolatría conlleva la corrupción moral extrema. Anthony Pagden llama la atención a que esta visión negativa ha sido común en la perspectiva europea hacia diversos pueblos "primitivos". De esta manera, el imperialismo asume un cariz de educación moral. *The Fall of Natural Man*, 176.

[21] *Historia general de las Indias*, 290. Este testimonio, que circuló mucho y sirvió de excelente munición en la propaganda anti-indiana, es reproducido también por Pedro Mártir de Anglería, *Décadas del Nuevo Mundo*, Dec. 7, l. 4, t. 2, 609-610. Parece estar también detrás de la opinión radicalmente desfavorable que Oviedo da sobre los indígenas en *Historia general y natural de las Indias*, l. 3, c. 6, t. 1, 72. De hecho, la extensa refutación que hace Las Casas de la opinión peyorativa que Oviedo tenía sobre los aborígenes americanos se dirige, en realidad, contra su hermano de orden. Cf. H. I., l. 3, cs. 142-146, t. 3, 320-336. Este último es citado nuevamente, como veremos, por Solórzano, a principios

Racionalidad indígena y trabajo servil

Se declara bestias a los nativos para legitimar su conversión en propiedad, en esclavos. Tiene razón Beatriz Pastor: "Será la metamorfosis del hombre en cosa, pasando por una primera metamorfosis del hombre en bestia... que culminará en la transformación del hombre en mercancía"[22]. Percepción similar refleja Sebastián Ramírez de Fuenleal, Obispo de Santo Domingo, al escribir a Carlos V, el 15 de mayo de 1533, criticando la opinión de Fray Domingo de Betanzos, quien tildó a los indígenas, ante el Consejo de Indias, de bestiales. De acuerdo a Ramírez de Fuenleal: "Fr. Domingo de Betanzos... acordó de afirmar lo que dicen los que quieren tener a éstos para bestias, para que acarren sus provechos"[23].

Igual tesis subraya Julián Garcés, fraile dominico y primer obispo de Tlaxcala, en extensa carta remitida al Papa Pablo III, poco antes de que este emitiera su famosa bula *Sublimis Deus*. Garcés censura:

> La falsa doctrina de los que, instigados por sugestiones del demonio, afirman, que estos indios son incapaces de nuestra religión (*incapaces religionis nostrae*). Esta voz realmente, que es de Satanás... y es voz que sale de las avarientas gargantas de los cristianos, cuya codicia es tanta, que por poder hartar su sed, quieren porfiar que las criaturas racionales (*rationabiles creaturas*) hechas a imagen de Dios, son bestias y jumentos... no a otro fin sino que se las dejen usar en su servicio, conforme a su antojo... Y de aquí nace que algunos españoles... suelen tener por opinión que no es pecado despreciarlos, destruirlos, ni matarlos.

Para Garcés, por el contrario, los nativos americanos, "son con justo título racionales, tienen enteros sentidos y cabeza"[24].

---

del siglo siguiente, en su *Política indiana*. En otro contexto, Las Casas se refiere, sin mencionar su nombre, a este testimonio de Ortiz, a quien tilda de "religioso... con celo falto de la debida sciencia de que habla Sant Pablo" y relata como concluyó ignominiosamente su labor eclesiástica en el Nuevo Mundo. *Apologética historia sumaria*, l. 3, c. 246, t. 2, 552-557. Lo extraño y poco notado por los intérpretes es que, según López de Gómara, Ortiz invoca el apoyo de fray Pedro de Córdoba, el promotor de las denuncias dominicas contra el abuso que los indígenas sufrían de manos españolas, "de cuya mano yo tengo escripto todo esto". *Historia general de las Indias*, 290.

[22] *Discurso narrativo*, 95 y 101. Énfasis del autor.

[23] Citado por Mariano Cuevas, *Historia de la iglesia en México*. México, D. F.: Editorial Patria, 1946, Vol. I, 256. Betanzos también escribiría en 1545 que era designio de Dios acabar con los indígenas. Entendía que una mortífera epidemia de viruelas que aquejaba gravemente a los nativos era señal de esa disposición divina. Silvio Zavala, *La encomienda indiana*, 108.

[24] Original latino en Hernáez, *Colección de bulas*, tomo I, 57. La traducción es de Gabriel Méndez Plancarte y se reproduce en "Carta de fray Julián Garcés al Papa Paulo III", Ramón Xirau (ed.), *Idea*

El planteamiento se reprodujo. Fray Gerónimo de Mendieta lo repitió seis décadas después:

> [Por] el regusto del oro y de plata... los hombres mundanos, sin sentimiento de Dios y sin caridad del prójimo, han informado siempre que estas gentes son una gente bestial, sin juicio ni entendimiento, llenos de vicios y abominaciones, dando a entender que no son capaces de doctrina cristiana... creyendo estas cosas y otras semejantes, a que el demonio nuestro enemigo y la codicia de los haberes del mundo fácilmente persuade a algunos... para que no se hiciese caso de las ánimas que Dios tiene criadas en estas tierras, sino solo de la moneda y otros aprovechamientos temporales que se podian sacar de ellas.[25]

Fray Antonio de Remesal, en su evaluación crítica (1619) de los intentos iniciales de deshumanizar al indígena, que pretendían declararlo *bruta animalia* ("animales irracionales"), integró la avaricia y codicia de los aventureros españoles con la visión teológica popular del carácter histórico protagónico de Lucifer. De acuerdo a este historiador dominico, esa malsana opinión se inició en La Española, la cual se había convertido en una "escuela de Satanás".

> Así estos de tantas crueldades é inhumanidades como usaban con los indios, reñidos y reprehendidos de los Predicadores del Evangelio, y por las personas pías... vinieron a negar un principio tan claro y evidente, como que los indios eran hombres, y [así] robarles sus personas, hijos y haciendas, como quien no tenía más dominio sobre lo uno y lo otro que las fieras del campo. Esta opinión diabólica tuvo principio en la Isla Española y fué gran parte para agotar los antiguos moradores de ella, y como toda la gente que se repartía para este nuevo mundo de las Indias, pasaba primero por aquella Isla, era en este punto entrar en una escuela de Satanás para deprender este parecer y sentencia del infierno.[26]

Fray Domingo de Betanzos, a quien, como antes informamos, había criticado el Obispo Ramírez de Fuenleal, por tildar ante el Consejo de Indias

---

y querella de la Nueva España. Madrid: Alianza Editorial, 1973, 87-101. Los pasajes citados proceden de las páginas 90-92.

[25] *Historia eclesiástica indiana*, l. 1, c. 5, 28.

[26] *Historia general de las Indias Occidentales y particular de la gobernación de Chiapa y Guatemala* (1619). Guatemala: Biblioteca "Goathemala", 1932, l. 3, c. 16, núm. 3, Vol. I, 206.

a los indígenas de bestiales, en su descargo de conciencia poco antes de morir, se retracta y admite el vínculo entre la animalización de los nativos y la explotación codiciosa de su trabajo.

> Yo fray Domingo de Betanços, fraile de Santo Domingo, que porque yo muchas veces he hablado en cosas que tocaban a los indios diciendo algunos defectos de ellos y dejé en el Consejo de las Indias... un memorial... diciendo que eran bestias e que tenían pecados y que Dios los había sentenciado y que todos perecerían... y por ventura muchos habían hecho a los dichos indios grandes destrucciones e muertes por sus codicias y se habían querido excusar... con muchas cosas... que yo dije... digo y suplico... que ningún crédito den a cosa que yo por dicho ni por escrito haya hablado e dicho contra los indios... por dañosas e dignas de retractación... siendo en perjuicio o estorbo de la predicación de la fe e contra la utilidad de la salud de aquellas ánimas e cuerpos.[27]

El sacerdote y funcionario oficial, Tomás López, invierte el calificativo de bestialidad y lo aplica a quienes explotan el trabajo y la vida de los indígenas: "Aunque se haya dicho falsamente que los indios son bestias, son los españoles quienes se han transformado en animales salvajes". La animalidad de los hispanos se muestra en que "cuidan sus propias bestias con tanto esmero que los indios llegan a sufrir por falta de comida debido a esta causa"[28]. También José de Acosta señala el vínculo estrecho entre el menosprecio a la racionalidad indígena y su utilización como bestia de trabajo. Critica "la falsa opinión que comúnmente se tiene de ellos, como de gente bruta, y bestial y sin entendimiento". Más importante aún, percibe el sustrato servil de esa minusvaloración: "Del cual engaño se sigue hacerles muchos y notables agravios, sirviéndose de ellos poco menos que de animales"[29].

Es sobretodo Las Casas quien se da perfecta cuenta del interés material tras la descripción de los aborígenes como *bruta animalia*: pueden entonces ser utilizados como bestias de trabajo para el enriquecimiento de los colonizadores. Lo que parece ser una postura de naturaleza teórica es en realidad, de acuerdo a su crítica desmitificadora, una mal velada justificación para la instrumentación de los indígenas como medios de producción

[27] Fr. Bartolomé de Las Casas, *Tratado de Indias y el doctor Sepúlveda*. Caracas: Biblioteca Nacional de la Historia, 1962, 184-186.

[28] De su obra "Tratado de los tres elementos", citado por Hanke, *La humanidad es una*, 164.

[29] *Historia natural y moral de las Indias*, l. 6, c. 1, 280.

("aquellos que menos estima y precia que bestias... las toma por medios e instrumentos de adquirir las riquezas"[30]). La causa de la bestialización de los indígenas ha sido "la vehemente, ciega y desordenada codicia, de la que proceden todos los daños y males". Para poder utilizar el trabajo de los nativos sin miramientos los "infamaron, y así fueron causa que se pusiese en duda por los que no los habían visto, si eran hombres o animales". Concurrente con esta "infamia", va otra aseveración, que Las Casas tilda de "herejía bestialísima": "Que de la fe católica eran incapaces"[31].

El enunciado de la infrahumanidad de los nativos americanos no procede, según Las Casas, de un genuino análisis filosófico de sus facultades de raciocinio. Surge más bien del seno de los conquistadores y encomenderos, entre ellos Francisco de Garay, Juan Ponce de León, Pero García de Carrión "y otros vecinos desta isla [La Española]... que tenían en la servidumbre muchos indios".

> Todos éstos, o algunos de ellos fueron los primeros... que infamaron los indios en la corte de no saberse regir e que habían menester tutores; y fue siempre creciendo esta maldad, que los apocaron, hasta decir que no eran capaces de la fe, que no es chica herejía, y hacerlos iguales de bestias... y que no se sabían regir, por... servirse de ellos en aquella infernal servidumbre en que los pusieron... y para los hacer trabajar.[32]

No basta con afirmar, como hace, en un valioso trabajo, José Antonio Maravall, que las imágenes favorables y negativas de los indígenas "no han de ser tomadas como testimonio de la realidad, sino como representaciones imaginadas de los mundos exóticos, constituidas ideológicamente y dependientes, más que nada, de la visión que unos y otros tienen de las viejas sociedades"[33]. Es necesario dar un paso adelante y señalar el elemento central en la "disputa del Nuevo Mundo": la licitud o no de la explotación de la mano de obra de los nativos y la expropiación de sus posesiones y bienes. Es verdad que tales imágenes están "constituidas ideológicamente", pero es necesario mostrar sus convergencias decisivas con los antagónicos proyectos socioeconómicos.

Entre Lewis Hanke y Lino Gómez Canedo hubo hace varios años una cordial pero intensa divergencia sobre el punto central de la disputa.

[30] "Octavo remedio", 719.

[31] H. I., l. 2, c. 1, t. 2, 206-207; también en *Ibíd.*, l. 3, c. 99, t. 3, 167.

[32] *Ibíd.*, l. 3, c. 8, t. 2, 455-456.

[33] José Antonio Maravall, "Utopía y primitivismo en Las Casas", 322.

De acuerdo a Hanke, la cuestión giraba sobre la naturaleza o esencia de los indígenas: ¿son seres humanos o bestias irracionales? Según Gómez Canedo, el eje del debate, por el contrario, no era la humanidad de los aborígenes, cosa que en su opinión no estaba realmente negada, sino si estos tenían derecho a su libertad individual, al dominio de sus cosas y tierras y si podían ser compelidos a trabajar para el bien primario de los castellanos.[34] Me parece que el análisis de los textos revela cuán imbricadas estaban ambas cuestiones. Sin embargo, el peso del debate favorece la postura de Gómez Canedo. A pesar de las palabras a veces extremadamente denigrantes de personas como Tomás Ortiz, muy pocas personas estaban dispuestas a negar que los indios fuesen más cercanos a los europeos que a las bestias irracionales. El problema era si estaban dotados de una racionalidad inferior que les imposibilitaría instruirse plenamente en la fe cristiana y gobernarse adecuadamente, como personas o como pueblo, lo que conllevaría la necesidad de cierta compulsión tutelar. Cuando el deán de Santo Domingo de La Española, Rodrigo de Bastidas, opina ante el Consejo de Indias que los nativos americanos "todos son bestiales e incapaces y así viven y mueren bestialmente", no cree emitir una afirmación de antropología filosófica, sino piensa que describe el estado de salvajismo o barbarie cultural de los pueblos indígenas.[35] Tal salvajismo puede tener diversas implicaciones, pero los que lo esgrimen coinciden, al menos, en que conlleva la incapacidad de autogobierno y la necesidad de un régimen de trabajo obligatorio.

Las Casas, al reconocer la plena humanidad del indígena insiste en que se respete su íntegra libertad individual y colectiva. Se enfrenta no solo a una "concepción deshumanizante" del indígena, sino también a su anverso: su utilización como mero instrumento de enriquecimiento. En su carta a Bartolomé Carranza de Miranda (agosto de 1555), reitera su crítica a la "ceguedad y maldad diabólica... por sí mismos los españoles inventada; habiendo infamado a los indios que son bestias", calificación que se utiliza para establecer un supuesto gobierno despótico cuya verdadera finalidad es "robarlos y oprimirlos, y tenerlos en servidumbre". Con mayor indignación profética: "Enriquecer con su sangre..."[36].

---

[34] Hanke, *La humanidad es una*, 22-81; Gómez Canedo, "¿Hombres o bestias? (Nuevo examen crítico de un viejo tópico)", *Estudios de historia Novohispana*, México, Vol. I, 1967, 29-51.

[35] Citado por Hanke, *La humanidad es una*, 77. En lo que sigue difiero de los matices específicos de la interpretación que hace Hanke de afirmaciones como la de Rodrigo de Bastidas.

[36] Fabié, *Vida y escritos de Las Casas*, t. 71, 414, 416.

"Todas las naciones del mundo son hombres"

La postura lascasiana se erige sobre la tesis de que los indígenas son criaturas "dotadas de razón"[37] con "vivos entendimientos"[38], creados, igual que los europeos, a imagen y semejanza de Dios. Acentúa la identidad de naturaleza entre europeos e indios, ya que "una sola... es la especie de las criaturas racionales... dispersa por todo el mundo"[39]. Procede, por tanto, el reconocimiento de su mutua plena humanidad como seres provistos de intelecto, que simultáneamente constituyen la *imago et similitudo dei.*[40] Phelan ha indicado con razón que esta identidad de la naturaleza humana en Las Casas tiene dos raíces: la definición ontológica de la unidad racional de toda la especie humana, procedente de la filosofía grecorromana clásica, y el ideal medieval de la universalidad de la gracia divina.[41]

Ciertamente, Las Casas a veces se deja llevar por su profundo amor por los indígenas y magnifica sus virtudes, intelectuales y éticas, en comparación con los europeos, convirtiéndose en una de las fuentes principales del mito moderno del "salvaje noble".[42]

> Nuestras naciones indígenas... están dotadas de verdadero ingenio; y más todavía, que en ellas hay individuos, y en mayor número que en los demás pueblos de la tierra, de entendimiento más avisado para la economía de la vida humana [*ingeniosiores ad regimen humanae vitae*].[43]
>
> Viven en ciudades muy pobladas en las cuales administran sabiamente todos los asuntos... con justicia y equidad, gobernados realmente por leyes que en muchos aspectos sobrepasan a las nuestras, y que podían haber ganado la admiración de los sabios de Atenas.[44]

---

[37] "Algunos principios [sobre] la justicia de los indios", 456.

[38] "Brevísima relación", 17.

[39] *Del único modo*, 13.

[40] Es interesante señalar que mientras Las Casas pone el acento en la mansedumbre y falta de belicosidad ("pacíficas y quietas... ovejas mansas") de los indígenas como indicio principal de su humanidad, Alonso de Ercilla la reconoce, sobre todo, en su valor y destreza guerreras. Las Casas, "Brevísima relación", 15-17; Ercilla, *La araucana*, passim.

[41] "El imperio cristiano de Las Casas, el imperio español de Sepúlveda y el imperio milenario de Mendieta", 302.

[42] José Luis Abellán, "Los orígenes españoles del mito del 'buen salvaje'. Fray Bartolomé de Las Casas y su antropología utópica", *Revista de Indias*, Año 36, Núm. 145-146, julio-diciembre de 1976, 157-179.

[43] *Del único modo*, 3.

[44] *Apología*, 43.

Pero, no debe exagerarse demasiado este punto. El énfasis central y decisivo de Las Casas no se pone en la superioridad de los indígenas incontaminados por la avaricia y la corrupción europea (el entusiasmo por los aborígenes no es capaz de desvirtuar su íntima preferencia por la cultura literaria y teológica occidental), sino en la profunda unidad, ontológica y religiosa, entre los seres humanos a ambos lados del "Mar Océano".

A la visión deshumanizante y mercantilista, opone la plena humanidad de los aborígenes. Al debatir con sus rivales ideológicos, desplaza la polémica al foco del destino de las ánimas de los naturales: son perfectamente capaces de comprender y aceptar la fe cristiana. En su disputa de 1519, con el Obispo de Darién, Juan de Quevedo, asevera: "Aquellas gentes... de que todo aquel mundo nuevo está lleno y hierve, son gentes capacísimas de la fe cristiana y a toda virtud y buenas costumbres por razón y doctrina traíbles y de su *natura* son libres"[45]. El logro de la racional y pacífica conversión de "aquellas gentes" debe ser la norma reguladora de las acciones de la corona española en las tierras que la Providencia les ha legado.

La idea de que los indígenas son defectuosos en su humanidad, el tenerlos "por bestias incapaces de doctrina y de virtud", a quienes, se alega, les falta "el ser de hombres", se considera por Las Casas "escandalosa y errónea ciencia y perversa conciencia". Conlleva una afrenta a "la dignidad de la racional criatura" y, peor aún, a Dios, supuesto responsable "de consentir que saliese... [esta] especie monstruosa... falta de entendimiento y no hábil para el regimiento de la vida humana"[46]. Para el fraile dominico, "todas las naciones del mundo son hombres y de todos los hombres y de cada uno de ellos es una no más la definición: todos tienen su entendimiento y voluntad"[47].

Para demostrar esta tesis escribe una monumental obra, la *Apologética historia sumaria*, el esfuerzo más impresionante de un europeo, blanco y cristiano para demostrar la integridad racional y plena humanidad de pueblos no-europeos, no-blancos y no-cristianos.[48] Todo el objetivo de este extraordinario escrito es demostrar, de múltiples maneras, la misma

[45] H. I., l. 3, c. 149, t. 3, 343.

[46] *Ibíd.*, Prólogo, t. 1, 13-20

[47] *Ibíd.*, l. 2, c. 58, t. 2, 396.

[48] El escrupuloso estudio preliminar con que Edmundo O'Gorman ofrece su Prefacio a la versión mexicana de la *Apologética* se ve lacrado por el menoscabo de lo que aquí deseamos acentuar. No se trata fundamentalmente, como piensa el gran investigador mexicano, de una disputa de filosofía antropológica —los grados históricamente actualizados por los indígenas del entendimiento—, sino de una cuestión primariamente de dominio político y laboral; a saber, la licitud de la abrogación de la soberanía nativa y de la compulsión al trabajo.

tesis que ya hemos visto, a saber: "Todas las naciones del mundo son hombres, y de todos los hombres y de cada uno de ellos es una no más la definición, y ésta es que son racionales; todos tienen su entendimiento y su voluntad y su libre albedrío como sean formados a la imagen y semejanza de Dios"[49].

Esta universal racionalidad y capacidad de autodeterminación inteligente, se niega en el caso de los indígenas para explotar inescrupulosamente su trabajo.

> Porque los hombres mundanos, ambiciosos y deseosos de abundar en las riquezas y placeres de este mundo... para extraer con mayor libertad y sin ningún impedimento lo que intentaban conseguir como fin último, a saber, el oro y la plata en que tienen puestas sus esperanzas... de la durísima esclavitud, y más todavía de la pesadísima opresión, de la muerte, de la desolación... de innumerables hombres... excogitaron un nuevo modo para encubrir de alguna manera sus injusticias y su tiranía y para justificarse a juicio suyo.
>
> Este modo es el siguiente: asegurar falsamente de las naciones indianas que estaban alejadas de tal manera de la razón común a todos los hombres, que no eran capaces de gobernarse a sí mismas... no tenían empacho en afirmar que esos hombres eran bestias o casi bestias... y que, por tanto, podían servirse de ellos a su capricho.[50]

Las Casas reafirma "que estas gentes gentiles de estas nuestras Indias son naciones humanas": son "razonables", poseedoras de razón, pues "de esta propiedad humana y universal ninguna nación del mundo excluyó la Divina Providencia". Si algunas de sus poblaciones parecen "silvestres y bárbaras"[51], así también lo habían sido, siglos atrás, comunidades hoy consideradas cultas y civilizadas, como España. Es cuestión de educarlos mediante argumentos persuasivos a su inteligencia y agradables a su voluntad.

La idea de que los indígenas americanos "son naciones humanas" implica algo más que la afirmación de que no deben esclavizarse, de que son libres individualmente. Conlleva también su libertad colectiva y política. Por ello, al obispo Quevedo le replica Las Casas no solo que los nativos son individualmente libres y aptos para recibir la fe cristiana,

---

[49] *Apologética historia sumaria*, l. 3, c. 48, t. 1, 257-258.

[50] *Del único modo*, 363.

[51] *Apologética historia sumaria*, l. 3, c. 48, t. 1, 257-258. Véase también H. I., l. 1, c. 175, t. 2, 171.

también defiende "sus señoríos". "De su *natura* son libres y tienen sus reyes y señores naturales que gobiernan..."[52]. A defender esa tesis dedicó el extenso tratado político-jurídico, *De los tesoros del Perú*. De esta concepción antropológica surgió la frustrada utopía lascasiana de que el imperio hispano cristiano debía sustentar, no abolir, las estructuras políticas autóctonas de las naciones indígenas y respetar su autonomía y autodeterminación.

Como señala Maravall, Las Casas, al defender la plena humanidad de los indígenas, sienta las bases para un nuevo cosmopolitismo, el cual se funda, en parte sobre la recuperación del estoicismo clásico, en parte sobre la comprobación empírica de la semejanza entre los pobladores del viejo y el nuevo continente. Habría quizás, sin embargo, que recalcar que Las Casas retiene de la idea medieval del *orbis christianus*, el carácter pre-eminentemente teológico y religioso de la unidad de la especie humana.[53] En el agudo debate con Quevedo, afirma la correlación entre la unidad del género humano y la universalidad de la fe cristiana: "Nuestra religión cristiana es igual y se adapta a todas las naciones del mundo y a todas igualmente recibe y a ninguna quita su libertad ni sus señoríos ni mete debajo de servidumbre"[54].

No comparto la hipótesis de Maravall sobre el "patente nivel de secularización" del pensamiento lascasiano. En su largo tratado sobre la injusticia de todas las formas de esclavitud a que han sido sometido los indígenas, el acento de Las Casas, aun sin descuidar el imperativo del derecho natural y la moralidad universal, se pone sobre las exigencias bíblicas y evangélicas. El problema principal para el europeo es que al violar la ley divina incurre en pecado mortal, poniendo en grave peligro la salvación de su alma. "Pues como los españoles que tienen los indios por esclavos injustamente y contra consciencia, estén siempre en pecado mortal, e por consiguiente no vivan la vida cristiana y sean impedimentos para su salvación... Su Majestad es obligado de precepto divino a mandar poner todos los indios que los españoles tienen en las Indias por esclavos en su prístina y que les han usurpado libertad"[55].

El acento no cae en la obvia constatación de que "las diferencias somáticas entre ellos [españoles e indígenas] eran escasas y no alteraban la figura humana, y de que incluso entre todos los individuos de uno y otro

---

[52] *Ibíd.*, l. 3, c. 149, t. 3, 343.

[53] "Utopía y primitivismo en Las Casas", 315-327.

[54] H. I., l. 3, c. 149, t. 3, 343.

[55] "Sobre los indios que se han hecho esclavos", 601.

sexo era posible la fecundación"[56], sino en la semejanza ontológica de la común racionalidad y en la igual capacidad de responder eficazmente a la gracia soteriológica divina. Forja, pues, Las Casas una peculiar y fértil conjugación entre el cosmopolitismo racionalista estoico, la concepción cristiana de la unidad del género humano y la comprobación de la semejanza sustancial entre los europeos y los indígenas. Todo ello redunda en el enunciado categórico que ya hemos citado: "Todas las naciones del mundo son hombres".

Aristóteles y los "bárbaros"

Las Casas está dispuesto a asumir positivamente la base filosófica de sus contrarios: la argumentación que hace Aristóteles, en el primer libro de *La política*, acerca de la esclavitud natural. A pesar de que en cierta ocasión dijese sobre el gran filósofo peripatético que "era gentil y está ardiendo en los infiernos"[57], se da perfecta cuenta de la precariedad de esa posición, especialmente entre sus hermanos de orden, seguidores de Santo Tomás de Aquino, el gran teologizador de Aristóteles, e intenta, en un contexto de mayor serenidad reflexiva, refutar que los indígenas americanos pertenezcan a la categoría aristotélica de siervos por naturaleza. Son tres los rasgos que testimonian su plena humanidad: la armonía de su presencia física ("son de muy buenas disposiciones de miembros"), la prudencia y sabiduría de su vida política ("tienen orden de república, tienen prudencia gubernativa y electiva") y la inteligencia individual que poseen ("se hallan tener suficiente ciencia y habilidad para saber regirse").[58] En el transcurso de su exégesis desarrolla una línea de interpretación que es, sin embargo, ajena a *La política* y que cuadra más con su universalismo cosmopolita que con la intencionalidad aristotélica. De esta manera, el siervo de Aristóteles se convierte en un extraño monstruo, difícil de encontrar, contrario a la intención del pensador griego de recalcar la superioridad de los helenos sobre los bárbaros y así justificar la servidumbre de los segundos.

Una exposición similar se encuentra en Diego Covarrubias, en su tratado de 1547, "*De iustitia belli adversus indos*", en el que este discípulo de Vitoria llega a la conclusión de que los aborígenes americanos no caen dentro de la categoría de esclavo natural de Aristóteles.

[56] "Utopía y primitivismo en Las Casas", 324.

[57] *Ibíd.*, l. 3, c. 149, t. 3, 343.

[58] *Ibíd.*, l. 3, c. 151, t. 3, 348-351.

> Entiendo que sus palabras se refieren a los hombres creados por la naturaleza de tal manera que andan errantes por los campos, vagabundos y sin ley, sin forma alguna política; en fin, diré hombres nacidos para obedecer y para servir a otros como bestias y fieros animales a los cuales son semejantes, cuando dice Aristóteles que se puede ejercitar sobre éstos el arte de la caza como contra las fieras. Pero yo dudo que los indios se cuenten entre el número de éstos... Viven en urbes, ciudades y aldeas, nombran reyes, a quienes obedecen, y ponen en práctica otras muchas cosas; lo que demuestra que tienen conocimiento de las artes mecánicas y la moral, y están dotados de razón.[59]

Las Casas y Covarrubias reflejan el problema teórico que la concepción aristotélica del esclavo por naturaleza presentó a los teólogos hispanos que intentaron explicar la inferioridad cultural de los aborígenes americanos. La aporía principal resulta de la incompatibilidad entre la idea aristotélica de unos seres congénitamente inferiores, que por naturaleza existen para servir y que justamente pueden ser subyugados militarmente, y la visión cristiana de la unidad esencial del género humano, fortalecida, en el curso de los siglos, por la concepción estoica de la universalidad de la razón. Esto causa dificultades en ambos extremos: por un lado, a quienes como Sepúlveda intentan utilizar la noción aristotélica para legitimar la conquista y el gobierno "heril" de los nativos americanos, pues incurren fácilmente en conflicto con la doctrina cristiana de la unidad esencial de todos los seres humanos; por otro lado, a quienes como Las Casas y a Covarrubias pretenden demostrar que los siervos por naturaleza a que se refiere Aristóteles son unos seres tales que, en la realidad histórica son casi inexistentes, sin notar que el filósofo heleno parece referirse a grandes multitudes de bárbaros. Vitoria trata de resolver el problema mediante el recurso a la tutoría educativa. Pero vacila al enfrentarse ante la posibilidad de que tal explicación sirva para legitimar la conquista armada de los aborígenes.[60] A los interlocutores en el debate, sin embargo, se les escapa la percepción de que el problema se crea, en buena medida, gracias al uso, por todos ellos, de una hermenéutica ahistórica, incapaz de ubicar los textos de Aristóteles en su específico contexto temporal y cultural, muy distinto al creado en el siglo dieciséis por la confrontación entre europeos e indígenas.[61]

---

[59] Reproducido por Luciano Pereña, *Misión de España en América*, 205 (énfasis añadido).

[60] *De indis*, *Obras de Vitoria*, 664-665, 723-724.

[61] Quizá la única explicación historizadora, aunque escasa de profundidad, se encuentra en Acosta, quien atribuye a los textos de Aristóteles sobre la esclavitud una motivación de adulación a los intere-

Las Casas no admite que el escaso desarrollo civilizatorio de varios pueblos indígenas justifique la esclavitud individual ni la pérdida de señorío colectivo. Más bien debe estimular un proceso arduo de educación, a conducirse por medios pacíficos, suaves y persuasivos, no de manera violenta y bélica. En contados textos está dispuesto a reconocer serios defectos de moralidad y prudencia políticas en los pueblos y naciones indígenas.[62] Pero los considera superables mediante un proceso pacífico y persuasivo de integración a la cultura y ética cristianas.

Las Casas madura una taxonomía de los distintos sentidos del concepto "bárbaro" en una sección añadida posteriormente a su *Apologética*. Es una especie de epílogo de filosofía cultural, escrito al final de su combativa existencia. Distingue cuatro acepciones del concepto: la primera se refiere a las acciones y actitudes de un ser humano generalmente razonable pero que se deja poseer, en alguna ocasión, por arrebatos de gran pasión y fiereza, hasta cometer alguna "barbaridad"; la segunda denota aquellas culturas de aún no poseen literatura, no hablan correctamente nuestro idioma o tienen características políticas distintas a las nuestras; la tercera alude a seres agrestes y rudos, "bestiales" de conducta y costumbre, los únicos a los que en realidad se les aplica el término con toda corrección; finalmente, se dice "bárbaros" a los infieles, los cuales pueden ser culpables y enemigos de la cristiandad, como los turcos, o inculpables, por no haber oído predicar sobre Cristo. Los indígenas del Nuevo Mundo caen dentro de la segunda categoría y de la segunda subdivisión de la cuarta. Por ninguna de esas dos razones pueden ser declarados irracionales, ineptos para el autogobierno o incapaces de aceptar y comprender plenamente la fe cristiana.[63]

La victoria menoscabada

La postura de Las Casas se impuso al nivel teológico y jurídico. En el ámbito teológico, gracias a la bula *Sublimis Deus* del Papa Pablo III, según la cual:

> El Dios sublime amó de tal manera al género humano, que creó al hombre de tal condición que... todos los hombres pueden recibir las doctrinas de la fe...

ses imperialistas de Alejandro de Macedonia. *Predicación del evangelio*, l. 2, c. 5, 158.

[62] Uno de esas escasas instancias se encuentra en el "Tratado comprobatorio", 1137: "Como por la infidelidad padezcan muchos y grandes defectos en sus policías, por bien concertadas y regidas que las tengan, necesaria cosa es que muchas leyes tengan o no justas ni razonables, o no tan justas como deberían ser, y costumbres gruesas y barbáricas". La corona castellana es capaz de reformar tales defectos, "quitando poco a poco las horruras e defectos de sus policías que necesariamente se siguen y resultan... de la infidelidad, e fundando, asentando y arraigando la limpia, justa e legítima manera de vivir que trae consigo y enseña la fe cristiana". *Ibíd.*, 1115.

[63] *Apologética historia sumaria*, Epílogo, cs. 264-267, t. 2, 637-654.

> El enemigo del mismo género humano, que se opone siempre a todos los hombres buenos para perderlos... excitó a algunos secuaces suyos que, deseando saciar sus apetitos, tuvieran el atrevimiento de afirmar por todas partes que a los indios... hay que reducirlos a nuestro servicio, con el pretexto de que están privados de la fe católica, a manera de animales irracionales [*bruta animalia*]. Y los reducen efectivamente, a servidumbre, apremiándolos con tantos trabajos, con cuantos apremian a los animales irracionales [*bruta animalia*] que tienen a su servicio.
>
> Nos... considerando que los mismos indios [son] verdaderos hombres... capaces de recibir la fe cristiana... Decretamos y declaramos con nuestra autoridad apostólica, que los referidos indios y todos los demás pueblos que en adelante vengan al conocimiento de los cristianos, aunque se encuentren fuera de la fe de Cristo, no han de estar privados de su libertad, ni del dominio de sus cosas... ni deben ser reducidos a servidumbre; y que es írrito, nulo y de ningún valor ni momento lo que de otra manera se haga; y que hay que invitar a los mismos indios y a las demás naciones a recibir la mencionada fe de Cristo con la predicación de la palabra de Dios y con los ejemplos de una buena vida.[64]

Triunfó también en el campo jurídico, con las *Leyes Nuevas*, que recalcan la siguiente voluntad de las autoridades españolas:

> Porque nuestro principal intento y voluntad siempre ha sido y es de conservación y aumento de los indios y que sean... tratados como personas libres... encargamos y mandamos a los del dicho Consejo [de Indias] tengan siempre muy gran atención y especial cuidado

[64] El texto es citado por Las Casas en *Del único modo*, 365-367. También Mariano Cuevas, en *Historia de la iglesia en México*, Vol. I, 263-265; y, *Documentos inéditos*, 84-86 (español) y 499-500 (latín). Acerca de *Sublimis deus*, véase Lewis Hanke. "Pope Paul III and the American Indians", 65-102. Cuatro días antes había enviado el breve *Pastorale officium* al Cardenal Tabera, arzobispo de Toledo, autorizándole a "aplicar la pena de excomunión *latae sententiae ipso facto incurrenda* a cada una de las personas de cualquier dignidad, estado, condición y grado que sean" que esclavicen a los indígenas. En Hernáez, *Colección de bulas*, tomo I, 101-102. Hernáez reproduce otro breve papal, variante de *Sublimis deus*, titulado *Veritas ipse. Ibíd.*, 102-103. Véase, Tobar, *Compendio bulario índico*, 209, 216-217.

Pablo III no repudiaba, contrario a lo que algunos apologistas han indicado sobre la base de estos rescriptos, la institución legal de la esclavitud, solo la impuesta a los nativos americanos. El 9 de noviembre de 1548 emitió un *motu propio* para confirmar la legitimidad del mercado esclavista en Roma y proscribir la longeva tradición de manumisión de siervos que se refugiaban en el Senado de esa ciudad. "Estrictamente prohibimos a nuestros amados hijos... de la susodicha ciudad usar su autoridad para emancipar los esclavos que huyen y reclaman su libertad, independientemente de si éstos habían sido cristianizados o nacidos de esclavos cristianos". En Maxwell, *Slavery and the Catholic Church*, 75.

> sobre todo de la conservación y buen gobierno y tratamiento de los dichos indios y... mandamos proveer que de aquí en adelante por ninguna vía se hagan los indios esclavos.[65]

Sublimis deus vincula la racionalidad con la capacidad de asimilar plenamente la religiosidad cristiana. Los indófobos lo niegan o restringen drásticamente. Pero su objetivo central es la subyugación social: "Y los reducen efectivamente, a servidumbre, apremiándolos con tantos trabajos, con cuantos apremian a los animales irracionales que tienen a su servicio". De no poder ser íntegramente cristianos, de tener una inteligencia deficiente, entonces, podrían ser esclavizados y sus bienes confiscados. Si, por el contrario, son idénticos en naturaleza a los europeos, "no han de estar privados de su libertad, ni del dominio de sus cosas". La disputa gira alrededor de dos ejes concurrentes: las divergentes apreciaciones de la racionalidad indígena y la legitimidad de la imposición de sistemas de trabajo forzado y servil en beneficio económico europeo.

La tesis de la inferioridad racional de los indígenas, de su infra-humanidad o semi-bestialidad, derrotada al nivel teórico jurídico y teológico, se mantuvo, empero, viva y a flor de piel. La reitera Bernardo de Vargas Machuca, gobernador de la Isla Margarita, en su truculenta crítica a la "Brevísima destrucción de las Indias" de Las Casas. Según este encallecido veterano de múltiples batallas contra los indígenas, los aborígenes americanos, gracias a la influencia perniciosa de Satanás, son *bruta animalia.*

> La malicia del demonio ordinariamente pretende quitar la razón á los humanos, para que queden convertidos en brutos animales, por cuyo camino ha poseído tanto tiempo estos indios... A todo trance es la gente más cruel del mundo, puse cuanto son brutos, tanto son crueles, y es mi opinión y de muchos que los han tratado, que para pintar la crueldad en su punto y con propiedad, no hay más que retratar un indio... gente sin... razón, viciosa y sin honra... aún son más brutos que los animales irracionales... Los más son idólatras y hablan con el Diablo.[66]

En la introducción y exhortación a la lectura de esta obra, Zoyl Diez Flores, amigo y colega de Vargas Machuca, añade su apreciación negativa de los nativos: "Estas gentes son de su naturaleza bárbaras y sin prudencia alguna, contaminadas con barbáricos vicios... Y así, pudieron ser por

[65] Konetzke, *Colección de documentos,* Vol. I, 217.

[66] "Apologías y discurssos", 225-227 (énfasis añadido).

armas forzados y la guerra de derecho natural es justa contra los tales, pues los que no tienen de su naturaleza ánimos ingenuos para poder ser inducidos con la doctrina de las palabras, es necesario ponerlos como unas bestias en el yugo"[67].

A mediados del siglo diecisiete, Juan de Solórzano y Pereyra, en *Política indiana*, como tercer título válido, después de la disposición providencial divina y el descubrimiento/ocupación, para legitimar el dominio castellano sobre el Nuevo Mundo, articula la tan repetida tesis sobre la inferioridad intelectual de los indígenas.

> Se pudo entablar justa y legítimamente el dominio supremo de nuestros Reyes: por ser ellos tan bárbaros, incultos, y agrestes que apenas merecían el nombre de hombres... De donde podemos tomar el tercer título, y que tampoco es de despreciar en los que se hallasen de condición tan silvestre que no conviniese dejarlos en su libertad por carecer de razón... como realmente se dice que lo eran muchos en muchas partes. Y aún se atrevió á afirmarlo de todos generalmente Fr. Tomás Ortiz, Obispo del Darién, en presencia del Señor Emperador Carlos V. Porque los que llegan á ser tan brutos, y bárbaros, son tenidos por bestias más que por hombres... Porque para hacerlos cristianos, era primero necesario hacerlos hombres, y obligarlos, y enseñarlos á que se tuviesen, y tratasen por tales, y como tales.[68]

Oviedo va un paso más adelante en la deshumanización del indígena, cuando en un famoso pasaje lo demoniza. Mientras Las Casas lamentaba el despoblamiento de la isla La Española, Oviedo afirmó: "Ya se desterró Satanás de esta isla: ya cesó con todo cesar y acabarse la vida á los mas de los indios, y porque los que quedan de ellos son ya muy pocos, y en servicio de los cristianos"[69].

Irónicamente, la subestimación de los indígenas también se descubre en muchos textos de sus protectores. No son pocos quienes, al enfrentarse con valentía a la explotación que sufrían los nativos, asumían una postura claramente paternal, cuyo reverso es la consideración de sus defendidos

[67] *Ibíd.*, 212 (énfasis añadido).

[68] *Política indiana*, l. 1, c. 9, 92-94.

[69] *Historia general y natural de las Indias*, parte 1, l. 5, c. 3, t. 1, 141. Mendieta critica a Oviedo por estas palabras y afirma que, por el contrario, el famoso cronista debió "llorar con lágrimas de sangre, por haber sido parte juntamente con otros en acabar y consumir y quitar de sobre la haz de la tierra tantas millaradas de ánimas criadas á imágen de Dios y capacísimas de redención". *Historia eclesiástica indiana*, l. 1, c. 12, 55.

como unos "niños", unos "desvalidos" que requieren que alguien actúe por ellos y asuma su palabra. En un informe a Felipe II, el Consejo de Indias defiende la perpetua soberanía castellana sobre los pueblos indígenas, pues estos "no son de edad adulta, sino como hijos de menor edad que tienen malas inclinaciones y están con perpetua necesidad de ayos"[70]. Más intenso es el paternalismo amante pero subyugante que refleja el fraile agustino Pedro Xuárez de Escobar.

> Son todos estos aquestos indios como unos pajaritos en los nidos, a quien no les han crecido las alas ni crecerán para saber por sí volar, sino que siempre tienen necesidad que sus padres cuidadosos les acudan con el cebo y alimento a los nidos, porque no mueran de hambre y perezcan... Los religiosos solamente, sepa V. M. [Felipe II], son sus padres y madres, sus letrados y procuradores, sus amparos y defensores... con ellos descansan llorando y quejándose como los niños con sus madres... [Ponga] sus ojos de clemencia sobre aquestos indios míseros, para hacerles tanto bien que no sean desamparados ni privados de los religiosos sus ministros, porque el día que les faltaren ellos, sin duda se acabarán.[71]

Igualmente Mendieta asevera que para lograr la salvación de los aborígenes americanos hay que unir a la predicación persuasiva y a la vida ejemplar la autoridad de los "padres espirituales", a quienes los indígenas "han de temer y tener respeto, como hijos a sus padres, y como los niños que se enseñan en la escuela a sus maestros"[72]. Mendieta, cuya simpatía por los nativos es innegable, defiende la norma eclesiástica de no permitir su ordenación al sacerdocio o a la vida religiosa monacal, pues tienen una característica peculiar, "que no son buenos para mandar ni regir, sino para ser mandados y regidos... no son para maestros sino discípulos, ni

---

[70] Citado por Pereña, "Estudio preliminar", *De regia potestate*, lxxviii.

[71] Reproducido en Cuevas, *Documentos inéditos*, 311-312. Es mérito de Robert Ricard haber llamado la atención, a la vez con tino y delicadeza, a esta actitud paternalista que paradójicamente constituye una subestimación de las capacidades intelectuales y las virtudes de carácter de los indígenas, a quienes afirman amar con pasión. *La conquista espiritual de México: Ensayo sobre el apostolado y los métodos misioneros de las órdenes mendicantes en la Nueva España de 1523-1524 a 1572*. México, D. F.: Fondo de Cultura Económica, 1986, passim. Igual observación podría quizá hacerse, sin deseo de excesivo criticismo, a las famosas "Reglas y ordenanzas de hospitales", de Vasco de Quiroga, en Michoacán. Su protección de los nativos no puede emanciparse de cierta deferencia paternalista. En un informe a la corte, cuando era funcionario oficial, elogia a los nativos porque son "docilísimos y muy blandos, y hechos como de cera para cuanto de ellos se quiera hacer". *Información en derecho*, 198.

[72] *Historia eclesiástica indiana*, l. 1, c. 4, 26.

para prelados sino para... siempre súbditos"[73]. Esta "párvula gente"[74] no está provista de la altura de carácter ni de la autoridad o firmeza necesarias en un sacerdote.

También Acosta, en similar línea de pensamiento, asevera de los indígenas americanos: "No hay nación más dócil y sujeta... tienen avidez por imitar lo que ven; con los que tienen el poder y la autoridad, sumisos al extremo, hacen al punto lo que les mandan"[75]. Era una actitud elogiada frecuentemente por frailes y monjes —constituía la fuente subjetiva de su incuestionada autoridad—. En el fondo persiste un sutil desdén.

La educación de los indígenas

A pesar de *Sublimis Deus*, algunos clérigos se negaron por años a administrar la eucaristía a los indígenas, por considerarlos incapaces de ser verdaderos cristianos. Tampoco, durante el primer siglo de dominio colonial, fueron aceptados al sacerdocio. Varios importantes religiosos dominicos de Nueva España se opusieron, en 1544, a que los indígenas estudiaran para clérigo:

> Ninguno fruto se espera de su estudio... porque no tienen habilidad para entender cierta y rectamente las cosas de la fe ni las razones de ellas, ni su lenguaje es tan copioso que se pueda por él explicar sin grandes impropiedades que fácilmente pueden inducir en errores. Y de aquí se sigue que no deben ser ordenados, porque en ninguna reputación serian tenidos más que si no lo fuesen. Porque aun el sacramento de la Eucaristía no se les administra por muchos motivos, que personas muy doctas é religiosas para ello tienen...[76]

Su tesis no pasó sin controvertirse. Años antes, un grupo de franciscanos misioneros en México, en carta al Emperador, habían articulado una postura opuesta:

---

[73] *Ibíd.*, l. 4, c. 23, 448-449.

[74] *Ibíd.*, c. 46, 563. La historiografía de Mendieta es típica de la época en el protagonismo central que confiere a los frailes mendicantes en la cristianización y pacificación de los nativos. Los "religiosos celosos del servicio de Dios y bien del prójimo" entablan una extraordinaria y trascendental batalla "teniendo por contrarios á todos los demonios del infierno y á todos los hombres hijos del siglo, tratando con gente y por gente que de su parte apenas tienen un soplo de aliento". Es uno de los primeros en racionalizar la visión dicotómica de religiosos abnegados contra seglares codiciosos como la clave hermenéutica principal para entender la presencia ibérica en América durante el siglo dieciséis. Es una visión que no logra librarse de los defectos gemelos del narcisismo y el etnocentrismo. Al margen de la escenografía, como espectadores y pacientes sufridos, quedan los indígenas. *Historia eclesiástica indiana*, l. 4, c. 31, 492.

[75] *Predicación del evangelio en las Indias*, l. 1, c. 17, 126.

[76] D. I. A., Vol. 7, 541-542.

> Digan lo que dicen questos son incapaces, ¿cómo se sufre ser incapaces con tanta suntuosidad de edificios, con tanto primor en obrar de manos cosas sutiles... finalmente, muy hábiles para ser disciplinados en vida ética, política é económica... ¿Que diremos de los hijos de los naturales de esta tierra? Escriben, leen, cantan canto llano e de órgano contrapunto, hacen libros de canto, enseñan a otros, la música e regocijo del canto eclesiástico en ellos está principalmente, e predican al pueblo los sermones que les enseñamos, e dícenlo con muy buen espíritu... Y ese Soberano Dios que obra milagros escondidos en sus corazones, lo sabe e aun en los actos de fuera lo podrán ver aquellos a quien ignorancia o malicia no ciega.[77]

El franciscano Bernardino de Sahagún reafirma lo explicitado anteriormente por sus hermanos frailes. "Es certísimo que estas gentes todas son nuestros hermanos, procedentes del mismo tronco de Adán como nosotros, son nuestros prójimos... Son hábiles para todas las artes mecánicas... son también hábiles para aprender todas las artes liberales, y la santa Teología, como por experiencia se ha visto en aquellos que han sido enseñados en estas ciencias"[78].

Aquí puede verse el efecto humanizante de la doctrina cristiana sobre el origen monogenético de toda la humanidad. Todos los seres humanos, independientemente del desarrollo actual de su cultura, son descendientes de Adán, el protohombre creado por Dios. Todos, por tanto, tienen una finalidad espiritual trascendente idéntica.[79] Todos también pueden educarse para servir en el santo sacerdocio.

---

[77] Citado por Cuevas, *Historia de la iglesia en México*, Vol., I, 262. La misiva es del 6 de mayo de 1533; encabeza las firmas el provincial de los franciscanos en la Nueva España, fray Jacobo de Testera.

[78] *Historia general de las cosas de Nueva España*, "Prólogo", 20.

[79] La doctrina teológica del origen monogenético de toda la humanidad no necesariamente implica el común destino socio-político. No encuentro que haya imperado, sin embargo, en los teólogos españoles del siglo dieciséis, la peculiar teoría, que se popularizó luego en algunos sectores protestantes biblicistas, según la cual los africanos e indoamericanos procederían de Cam, el hijo maldito de Noé, lo que hace que sobre ellos penda inexorablemente el fatal destino de su padre: "Que sea esclavo de los esclavos de sus hermanos" (Génesis 9:25). Quizá cierta ligera alusión a esa teoría se encuentra en López de Gómara, quien, para legitimar el trabajo forzoso impuesto a los indios y su descenso demográfico, afirma: "Dios quizá permitió la servidumbre y trabajo destas gentes de pecados para su castigo, ca menos pecó Can contra su padre Noé que estos indios contra Dios, y fueron sus hijos y descendientes esclavos por maldición". *Historia general de las Indias*, 290. Otra referencia a esa teoría se encuentra en Juan Suárez de Peralta, en una obra escrita alrededor del 1580, pero publicada en 1878. Dice: "Realmente los indios proceden del maldito Chanaan". *Tratado del descubrimiento de las Indias y su conquista*. Reeditado como *Noticias históricas de Nueva España*. México, D. F.: Secretaría de Educación Pública, 1949, 7. En el siglo diecisiete, Alonso de Sandoval, en la más importante obra de teología española sobre los negros, revela conocimiento de esta exégesis esclavista, al afirmar que "los Etiopes... traen su origen de Can, que fue el primer siervo y esclavo que huvo en el mundo". *Naturaleza, policia sagrada i profana, costumbres i ritos, disciplina i catecismo evangelico de todos*

Sahagún relata sus esfuerzos para propiciar la educación liberal de los nativos. Cuando comienzan sus esfuerzos a dar buen fruto, se despierta la oposición firme de muchos peninsulares, "comenzaron así los seglares como los eclesiásticos a contradecir este negocio y a poner muchas objeciones contra él"[80]. La raíz de la contradicción parece filosófica —duda sobre la capacidad racional de los nativos—; en realidad, parte del taimado temor a la erosión de una de las bases de su hegemonía social y económica: el monopolio educativo. ¿Qué necesidad tienen labriegos y obreros de obtener una educación superior? Astutamente asevera Robert Ricard, quien no puede ser acusado de antagonismo contra la obra misionera católica en México: "La causa principal de la vehemente oposición al colegio de Tlatelolco por parte del clero y la opinión general radica precisamente en que la mayoría de los españoles en México no quería ver a los indios formarse para el sacerdocio"[81].

La posibilidad de ingresar al sacerdocio estuvo vedada a los indígenas durante el siglo dieciséis en toda América. En la Nueva España, el Consejo Eclesiástico, en 1555, decidió contra la creación de un clero nativo. En Perú, el Primer Concilio Limeño, de 1552 y el Segundo, de 1567, tomaron determinaciones idénticas. Afirma el Segundo: "Siente el Concilio, y así lo manda guardar, que estos indios... no deben ser iniciados en ningún orden sacro"[82]. Acosta defiende ese estatuto con palabras que, a pesar de su reiterada simpatía hacia los indígenas, no pueden dejar de ser ofensivas. "Es admirable con cuanta severidad reprenden las sagradas Letras los

etiopes. Sevilla, 1627; 2da. ed. revisada, 1647. Reeditado bajo el título *Un tratado sobre la esclavitud* (introducción, transcripción y traducción de Enriqueta Vila Vilar). Madrid: Alianza Editorial, 1987, l. 1, c. 2, 74-75). La idea de que los indios americanos procedían de Cam fue defendida en el mundo anglosajón protestante por William Strachey, *The Historie of Travell into Virginia Britania* (escrita en 1612, publicada en 1849). London: Hakluyt Society, 1953, 54-55. Cf. Don Cameron Allen, *The Legend of Noah: Renaissance Rationalism in Art, Science, and Letters*. Urbana, Illinois: University of Illinois Press, 1949, 113-137. Existía, naturalmente, la posibilidad de postular una teoría poligenética de la humanidad, pero la hegemonía teológica tradicional y la exégesis literal de la Biblia lo impidieron. Aparentemente, el francés Isaac de la Peyrère, en 1655, fue el primero en atreverse a sugerir que los indios americanos, igual que muchos otros pueblos y naciones, tenían una procedencia distinta a la adánica propuesta por la dogmática cristiana. Los ataques y repudios fueron de tal intensidad que le obligaron a retractarse. Lee Eldridge Huddleston, *Origins of the American Indians: European Concepts, 1492-1729*. Austin: University of Texas Press, 1967, 139-143.

[80] "Relación del autor digna de ser notada", *Historia general de las cosas de Nueva España*, 583.

[81] *La conquista espiritual de México*, 347. Sobre la historia del Colegio de Santa Cruz de Santiago de Tlatelolco y su fracaso en la promoción de un sacerdocio nativo, véase Juan B. Olaechea Labayen, "Opinión de los teólogos españoles sobre dar estudios mayores a los indios", 113-200.

[82] Citado por Francisco Mateos, en nota al calce a José de Acosta, *Predicación del evangelio en las Indias*, l. 6, c. 19, 581.

sacerdotes sacados de la hez del pueblo... Consideran gran maldad darles ministros plebeyos y viles"[83].

En 1568, se emite una cédula real reprendiendo al Obispo de Quito por haber "dado órdenes [sacerdotales] a mestizos... lo cual, como podéis considerar, es de gran inconveniente por muchas razones y la principal por... no ser las personas a quien se han de dar las dichas órdenes, recogidas, virtuosas y suficiente... Por agora no las daréis a los dichos mestizos de ninguna manera"[84].

Enterado de la intención de las autoridades eclesiásticas peruanas de ordenar como sacerdotes a mestizos, Felipe II, el 2 de diciembre de 1578, lo prohíbe mediante cédula real, "hasta que habiéndose mirado en ello, se os avise de lo que se ha de hacer"[85]. Ese "mirarse en ello" tardó una década. El 31 de agosto de 1588, el mismo monarca, tras intenso debate en el Consejo de Indias, determinó que podían ordenarse como sacerdotes y monjas a mestizos y mestizas de probada virtud y conocimientos. La cédula no otorga ese mismo derecho a los indígenas de pura sangre, los cuales durante todo el siglo decimosexto quedaron excluidos de los estados religiosos.[86]

De acuerdo a Ricard, la exclusión de los nativos del sacerdocio constituyó un error mayúsculo.

> La Iglesia mexicana, como la del Perú... resultó una fundación incompleta. O, mejor dicho, no se fundó una iglesia mexicana, y apenas se sentaron las bases para una Iglesia criolla; lo que se fundó, ante todo y sobre todo, fue una Iglesia española, organizada conforme al modelo español, dirigida por españoles y donde los fieles indígenas hacían un poco el papel de cristianos de segunda categoría... No fue una Iglesia nacional; fue una Iglesia colonial... Hasta la vida religiosa en su forma más humilde quedó prohibida a los indios... Este error impidió que la Iglesia mexicana arraigara hondamente en la nación y le dio el aspecto de una institución extranjera que se mantenía en estrecha dependencia de la metrópoli.[87]

---

[83] *Ibíd.*, 582. Mateos, reitera: "En una sociedad mixta de blancos e indios, el indio era la hez del pueblo, y hecho sacerdote quedaba en una condición tan abyecta y de nivel social tan despreciable, que no resultaba decoroso ni tolerable para la sociedad admitirlo como sacerdote". *Ibíd.*, 581.

[84] Konetzke, *Colección de Documentos*, Vol. I, 436.

[85] "R. C. que no se dé órdenes a mestizos", en *Ibíd.*, 514.

[86] "R. C. sobre las facultades para dar las órdenes de sacerdote a mestizos y admitir en los monasterios de monjas a mujeres mestizas", *Ibíd.*, 595-596. Sobre la disputa acerca de la ordenación sacerdotal de mestizos en el Perú, cf. Armas Medina, *Cristianización del Perú*, 364-370.

[87] Ricard, *La conquista espiritual de México*, 23, 349, 355. Este mismo asunto lo soslaya sutilmente Lino Gómez Canedo en su estudio sobre la obra misionera franciscana. Sin embargo, en una nota al

La discusión fue, en primera instancia, teológica; pero, si recordamos la indisoluble unidad entre el discurso teológico y el político que postulamos anteriormente como clave hermenéutica fundamental para descifrar los debates sobre la conquista, veremos sus implicaciones extra-eclesiásticas. Si los nativos tienen capacidad para el sacerdocio y la guía espiritual de las almas, ¿no lo tienen también para el gobierno propio y la conducción temporal de sus asuntos? La cuestión de la educación está indisolublemente ligada con el problema de la libertad personal y la autodeterminación de los pueblos. La formación intelectual indispensable para la ordenación sacerdotal hubiese sido el primer paso para asumir plenamente el gobierno propio, primero en asuntos eclesiásticos y posteriormente en los políticos y sociales.[88] Para evitar esta posible consecuencia, se multiplicaron los testimonios sobre los "vicios" inveterados de los nativos: "Falta de autoridad, embriaguez, ineptitud para el trabajo intelectual, para el régimen de las almas y para el celibato"[89].

Solo en las postrimerías del siglo dieciocho, cuando se hacía demasiado tarde para salvar el vasto imperio hispanoamericano, se apresuró la corona a promover la formación de un clero indígena.[90] Las cédulas reales no pudieron contener el inminente descalabro político.

---

calce hace una insólita aseveración: "La tan zarandeada cuestión de si en la América colonial hubo o no 'clero indígena' debiera plantearse en forma algo distinta. Los criollos eran también indígenas, y los tales no tardaron en constituir la mayoría del clero americano". *Evangelización y conquista*, 189, n. 70. Que "los criollos eran también indígenas" es una confusión étnica, que procede de sus intenciones apologéticas. A pesar de su insatisfacción con la crítica de Ricard, Armas Medina se ve obligado a admitir, al respecto del Perú, lo siguiente: "Un indiscutible error cometieron, pues, los misioneros: no ir poco a poco formando un clero indígena". *Cristianización del Perú*, 372.

[88] Sin embargo, el franciscano Alfonso de Castro, en un breve tratado de 1543, que contó con la aprobación de Francisco de Vitoria, esgrimió el argumento contrario, a saber, que el estudio de la teología y las Escrituras promovería la obediencia a las autoridades metropolitanas. "Pues las Sagradas Escrituras y la fe católica enseñan que debe prestarse obediencia a las autoridades, no solo a las buenas y modestas, sino también a las díscolas... Es conveniente, no solo para la preservación de la fe católica, sino también para la conservación de la autoridad real y señorial, instruir a los indígenas en las Sagradas Escrituras y en la verdadera teología". "*Utrum indigenae novi orbis instruendi sint in mysteriis theologicis et artibus liberalibus*", reproducido en Olaechea Labayen, *Ibíd.*, 184 (mi traducción del original latino). No pudo faltar la alusión al decimotercer capítulo de la *Epístola de Pablo a los romanos*, carta magna bíblica de la docilidad política.

[89] Ricard, *La conquista espiritual de México*, 349. La situación de la América hispana no fue excepcional. Ambas naciones ibéricas fracasaron en promover la formación de cleros autóctonos en su vasto imperio ultramarino. En la América hispana se logró un adelanto significativo, al nivel de las ordenanzas reales, a fines del siglo dieciocho. Pero, ya era muy tarde para contener la avalancha secesionista que se avecinaba. C. R. Boxer, *The Church Militant and Iberian Expansion*, 1-30.

[90] Verbigracia, "R. C. para que los indios sean admitidos en las religiones [=órdenes monásticas], educados en los colegios y promovidos, según su mérito y capacidad, a dignidades y oficios públicos" (1766) en Konetzke, *Colección de documentos*, Vol. III, t. 1, 333-334.

8
La lucha de los dioses

> Andan errados y engañados de los demonios enemigos del género humano... por donde se condenan y van a padecer las penas y fuego perdurable del infierno.
>
> Gerónimo de Mendieta

> Pienso que es permisión divina que muera tan gran número por lo mucho malo que cometen contra su divina Majestad... Se debe creer que fuese la voluntad de divina que no escapase gente tan idólatra y perversa, y que quería que en aquella tierra se plantase su santa fe, poblándola gente cristiana y que fuese española.
>
> Bernardo Vargas de Machuca

La idolatría demoníaca

Falta en los colonizadores del siglo dieciséis, conquistadores y frailes, defensores o detractores de la dignidad humana del indígena, el respeto a su diversidad cultural en el área crucial de la religiosidad. Desde el prisma de la catolicidad hispana, las religiones nativas se consideraron infidelidad e idolatría, adoración de falsos dioses inducida por fuerzas satánicas. Se discutió intensamente sobre si la cristianización debía ser pacífica y persuasiva, o si era lícito utilizar la coerción militar. Pero, en general, los distintos interlocutores coincidieron en la falsedad de la adoración autóctona, su carácter demoniaco y la urgencia de abolirla.

Ese menosprecio al culto indígena se encuentra en los textos españoles del inicial siglo de la conquista, desde Ramón Pané, el primero en intentar comprender la mitología y la religiosidad de un pueblo nativo americano, hasta Gerónimo de Mendieta. Al hablar de las creencias de los taínos dice Pané: "Las cuales cosas creen aquellos simples ignorantes que hacen aquellos ídolos [cemíes], o por hablar más propiamente, aquellos demonios"[1]. Pedro Mártir de Anglería resume el perdido tratado de Pané y refleja una opinión similar al referirse a la iconología taína. "Ya están todos sometidos a los cristianos y muertos sin excepción los obstinados, sin que quede memoria de los zemes [cemíes], que han sido transportados a España para que conociésemos sus ludibrios y engaños de sus demonios"[2].

El apoyo de Mártir de Anglería no sorprende a ninguno de sus lectores, pero sí el que también Las Casas, otro que tuvo en sus manos una copia del extraviado escrito, comparta la visión de la religiosidad taína como engaño diabólico. "[Los arauhacos] no tenían ídolos, sino raros, y éstos no para los adorar por dioses, sino por imaginación que les ponían ciertos sacerdotes, y a aquéllos el diablo... No hacían ceremonias exteriores, ni sensibles, sino muy pocas, y éstas se ejercitaban por aquellos sacerdotes que ponía por sus ministros el demonio"[3].

En otro pasaje de la *Apologética historia sumaria*, Las Casas desarrolla una visión más compleja de la idolatría indiana, la cual contiene tres momentos: a) Procede de un impulso a conocer y venerar a Dios inherente al ser humano (la inclinación natural a la latría); b) dicho apetito por la divinidad se distorsiona por la acción perversa de los demonios (convirtiéndose en idolatría); y c) esta parodia de la auténtica adoración se arraiga por medio de la costumbre.[4] En otra sección, Las Casas hace un apunte teológicamente interesante que, sin embargo, no prosigue; a saber, que inicialmente los nativos americanos "tenían conocimiento particular del verdadero Dios", sin aclarar cómo lo habían obtenido, "y a él acudían con sus sacrificios, y culto y veneración", pero "el capital enemigo de los hombres", Satanás, en vínculo fatal con la abundancia de los pecados y la falta de una continuidad doctrinal, los condujo "por los caminos errados que el demonio les mostraba"[5]. No puede Las Casas liberarse de su ortodoxa visión católica y, en última instancia, considera la idolatría "plaga universal del linaje humano", a sus ritos y ceremonias

[1] *Relación acerca de las antigüedades de los indios*, 35. Me parece excesivamente generosa la afirmación de Mercedes López Baralt sobre el supuesto "respeto de Pané por la diversidad cultural". Fray Ramón no intentaba ser un "antropólogo sagaz". Su objetivo era entender la mitología y religiosidad indígenas para combatirlas. Quien indudablemente desarrolla una visión e interpretación sagaz de la cultura taína es la profesora López Baralt en su desafiante exégesis del mito antillano. *El mito taíno: Levi-Strauss en las Antillas*. Río Piedras: Editorial Huracán, 1985.

[2] *Décadas del Nuevo Mundo*, Dec. 1, l. 9, t. 1, 198.

[3] *Apologética historia sumaria*, l. 3, c. 120, t. 1, 632.

[4] *Ibíd.*, l. 3, cs. 71-74, t. 1, 369-387.

[5] *Ibíd.*, l. 3, c. 121, en *Los indios de México y Nueva España*, 47.

tilda de "heces" y a sus mitos de "ficciones y patrañas"[6]. La idolatría debe eliminarse totalmente, en eso concuerda con sus otros colegas misioneros; pero exclusivamente mediante la predicación persuasiva y razonable y el ejemplo paciente de genuina vida cristiana, excluyendo la violencia.

Hernán Cortés relata, como digna de alabanza, su actitud en el panteón azteca: "Los más principales de estos ídolos, y en quien ellos más fe y creencia tenían, derroqué de sus sillas y los hice echar por las escaleras abajo e hice limpiar aquellas capillas donde los tenían... y puse en ellas imágenes de Nuestra Señora y de otros santos, que no poco el dicho Mutezuma y los naturales sintieron; los cuales primero me dijeron que no lo hiciese"[7]. El conquistador no hace caso de las protestas de los señores aztecas, ni, mucho menos, de sus adoloridos sentimientos de desamparo al ver sus deidades y costumbres religiosas escarnecidas sin poder salir eficazmente a su defensa. Procede a seguir una vieja tradición misionera, convirtiendo el templo mayor en lugar de adoración cristiana. Al quebrantamiento político se une el de las tradiciones sagradas indígenas.

Cortés y su acompañante y cronista Bernal Díaz del Castillo difieren sobre las consecuencias de la desacralización que hace el primero en el Templo Mayor. El primero entiende que constituyó un afianzamiento del poder español. Díaz del Castillo, probablemente con mucho mayor tino, lo percibe como un acto que provoca la ira de la jerarquía azteca y acelera la guerra de sublevación. "Fue que como habíamos puesto en... el altar que hicimos la imagen de nuestra Señora y la cruz, y se dijo el santo Evangelio y misa, parece ser que los Uichilobos y el Texcatepuca hablaron con los papas, y les dijeron que... donde están aquellas figuras y cruz que no quieren estar, o que ellos no estarían allí si no nos mataban... y que se lo dijesen a Montezuma y a todos sus capitanes, que luego comenzasen la guerra y nos matasen"[8].

Fray Toribio de Motolinia, por su parte, refleja la opinión mayoritaria entre los españoles católicos al elogiar efusivamente el acto de Cortés y elevarlo a la categoría de una de las acciones de mayor heroicidad en toda la historia de la cristiandad. De acuerdo con este religioso franciscano, defensor a ultranza de Cortés, "muy de notar es la osadía y fuerzas que Dios le dio para destruir y derribar los ídolos principales de México". Es un acto pleno de significado simbólico: el triunfo del cristianismo sobre la adoración idolátrica, que no es sino un servicio a los demonios. "Cuando

---

[6] *Ibíd.*, l. 3, c. 127, t.1, 663; cs. 166-167, t. 2, 176-179.

[7] *Cartas de relación*, 64.

[8] *Historia verdadera*, c. 108, 209.

el Marqués del Valle [Cortés] entró en esta tierra, Dios nuestro Señor era muy ofendido, y los hombres padecían muy cruelísimas muertes [referencia a los sacrificios humanos], y el demonio nuestro adversario era muy servido con las mayores idolatrías"[9].

Una de las estipulaciones de las "Ordenanzas de buen gobierno", promulgadas en 1524 por Cortés, expresión de su proyecto colonizador, era la instrucción de destruir los ídolos y prohibir las prácticas religiosas autóctonas. "Mando que todas las personas que en esta Nueva España tuviesen indios de repartimientos, sean obligados de les quitar todos los ídolos que tuviesen, e amonestarlos que de allí en adelante no los tengan... e les prohíba sus ritos e ceremonias antiguas"[10].

De acuerdo a Mendieta, los misioneros franciscanos que llegaron en 1524 a la Nueva España, los llamados "doce apóstoles", en la primera plática que tuvieron con los sacerdotes y principales aztecas, les endilgaron la teoría de la idolatría como adoración demoniaca: "Andan errados y engañados de los demonios enemigos del género humano, metidos en abominables vicios y pecados, por donde se condenan y van a padecer las penas y fuego perdurable del infierno"[11].

Igual opinión, esta vez al respecto del Perú, refleja Pedro de Cieza de León. Explica la intención de sus crónicas.

> Nosotros y estos indios todos, todos traemos origen de nuestros antiguos padres Adán y Eva, y que por todos los hombres el Hijo de Dios descendió los cielos a la tierra, y vestido de nuestra humanidad, recibió cruel muerte de cruz para nos redimir y hacer libres del poder del demonio, el cual demonio tenía estas gentes, por la permisión de Dios, opresas y cautivas tantos tiempos había; era justo que por el mundo se supiese en que manera tanta multitud de gentes como estos indios había fue reducida al gremio de la santa madre Iglesia... trabajo de españoles.[12]

Se trata de evidenciar, a cada paso significativo de la mitología y la religiosidad nativas, que en ellas "todo va lleno de mentira y ajeno de razón". Debido a que las tradiciones orales míticas señalan hacia un origen autóctono de los pueblos americanos, José de Acosta las considera

[9] "Carta a Carlos V", 205.

[10] D. I. A., Vol. 26, 140, 142.

[11] *Historia eclesiástica indiana*, l. 3, c. 13, 214.

[12] *La crónica del Perú* (1553). Madrid: Espasa Calpe (Colección Austral, no. 507), 1962, "Proemio del autor", 27-28 (énfasis añadido).

falaces, y las abate mediante la referencia al Génesis bíblico, "que nos enseña que todos los hombres proceden de un primer hombre", y que, por consiguiente, los indígenas proceden del "viejo mundo"[13]. Acosta, igual que Las Casas, se preocupa por el origen de la idolatría, la cual, en el siglo dieciséis, se descubre de mayor universalidad y globalidad que la auténtica fe. Este hecho, que en algunos espíritus perspicaces podría conducir a cierto relativismo y escepticismo metafísico, es expresión, según, el teólogo y misionero jesuita, de la lucha trascendental y cósmica entre Dios y Satanás. Este último, por su soberbia y odio homicida, inventa continuamente cultos idolátricos, sátiras falaces de la auténtica latría, que redundan en perdición de los engañados prosélitos. La idolatría es, en el fondo, una "burla pesada" de Lucifer. Los mitos de los nativos no pasan de ser sino "embustes del que ninguna cosa ama más que el daño y perdición de los hombres"[14].

La crítica a la idolatría como demoniaca se acompaña, en muchos textos españoles, de la denuncia al sacrificio humano, la antropofagia y la sodomía.[15] Idolatría, sacrificios humanos, antropofagia y sodomía constituyen la "leyenda negra" contra los indígenas. En el "Memorial" del Bachiller Enciso (1516), la *Historia General* de López de Gómara (1552) y el "Tratado del derecho y la justicia de la guerra que tienen los reyes de España contra las naciones de India Occidental" (1559), del fraile dominico Vicente Palatino de Curzola, entre muchos otros "testimonios" y "pareceres", se reiteran estas "nefastas abominaciones", no solo como pecados mortales de los nativos, sino también y sobre todo como causas legítimas de justa guerra, pérdida de soberanía e, incluso, cautiverio. "Por pecados contra naturaleza y vicios enormes pueden justamente ser castigadas algunas naciones... Así los indios que sacrifican hostias humanas a los demonios... Además en todas partes son sodomitas, comen carne humana... Estos indios son también borrachos, mentirosos, traidores, enemigos de toda virtud y bondad"[16].

Acosta describe en detalle, como reveladores de la esencia diabólica de la idolatría indígena, los sacrificios humanos llevados a cabos por los nativos de México y Perú. Su objetivo fundamental nunca es etnológico o antropológico, sino teológico y, sobre todo, apologético: demostrar "el rabioso odio" que Satanás, "como su tan cruel adversario", tiene por la

[13] *Historia natural y moral de las Indias*, l. 1, c. 25, 64.

[14] *Ibíd.*, l. 5, c. 1, 217-218; c. 10, 234; c. 17, 245.

[15] E.g., *Cartas de relación*, 65.

[16] En Hanke y Millares, *Cuerpo de documentos del siglo XVI*, 22-37. La cita proviene de la 36.

humanidad. Por ello procura "la perdición de los hombres en almas y cuerpos... y así por todas vías era infinita cosa la sangre humana que se vertía en honra de Satanás". Las prácticas homicidas del culto autóctono demuestran el carácter corruptor y degradante de la idolatría, la cual es "un abismo de todos los males"[17]. Por eso se toma en serio el trabajo de relatar las "abusiones y supersticiones" que tuvieron los indios "en el tiempo de su gentilidad", cosa de que los encargados de su instrucción religiosa y cultural puedan reconocerlas y "no se consientan"[18]. Nuevamente asoma la cara la censura inquisitorial.

Por el contrario, Las Casas, en ocasiones llega audazmente a exponer una controvertible defensa de los sacrificios humanos, argumentando que reflejan una alta apreciación de la divinidad por parte de los indígenas, pues en vez de sacrificar animales ofrendan lo más valioso que existe: la persona. "Tuve y probé muchas conclusiones que antes de mí nunca hombre las osó tocar ni escribir, e una de ellas fue no ser contra ley ni razón natural... ofrecer hombres a Dios, falso o verdadero (teniendo el falso por verdadero) en sacrificio"[19]. En su controversia con Sepúlveda, escarba el extraño pasaje del holocausto a Dios que hizo el hebreo Jefté de su hija, para intentar demostrar que los sacrificios humanos realizados por algunas naciones indígenas no eran tan execrables, desde la perspectiva de la razón natural, como algunos alegaban.[20] Como era de esperarse, esta defensa de los sacrificios humanos como acto de religiosidad devota que no necesariamente viola la ley natural o divina lo colocó en posición vulnerable, lo que no dejó pasar Sepúlveda en su violenta réplica, quien acusó al obispo de Chiapas de sostener una posición "*impia et plusquam heretica*"[21]. No queda claro tampoco cómo compagina Las Casas esta arriesgada racionalización de los sacrificios humanos indígenas con su visión del carácter demoniaco de la religiosidad nativa.

La antropofagia es otro de los atributos rituales menospreciados por los hispanos. Los escrúpulos de Cortés contra ella, sin embargo, no son tan grandes cuando se trata de que los indígenas aliados suyos se alimenten de los aztecas vencidos en batalla. "Con el apellido de señor Santiago damos de súbito sobre ellos... de manera que de esta celada se mataron

[17] *Historia natural y moral de las Indias*, l. 5, cs. 19-21, 248-254.

[18] *Ibíd*., l. 5, c. 28, 271.

[19] "Carta a los dominicos de Chiapa y Guatemala acerca de las ventas de las encomiendas del Perú", *De regia potestate*, apéndice X, 238.

[20] "Disputa o controversia", 413-415. A Jefté se refiere la Biblia en Jueces 11:1-12:7 y Hebreos 11:32.

[21] "Proposiciones temerarias, escandalosas y heréticas", en Fabié, *Vida y escritos de Las Casas*, t. 71, 340-345.

más de quinientos, todos los más principales y esforzados y valiente hombres; y aquella noche tuvieron bien que cenar nuestros amigos, porque todos los que se mataron, tomaron y llevaron piezas para comer".

En otra ocasión, enterado Cortés de que los aztecas, asediados en la ciudad y hambrientos ("por las calles hallábamos roídas las raíces y cortezas de los árboles"[22]), salían de noche para pescar y buscar hierbas y raíces que comer, les prepara una celada. Al atacarlos, descubre que los que tal hacían "eran de aquellos más miserables... los más venían desarmados y eran mujeres y muchachos". Su reacción bélica es de intensa crueldad: "E hicimos tanto daño en ellos... mucho estrago". Finalmente señala cómo gracias a esa masacre "nos volvimos a nuestro real con harta presa y manjar para nuestros amigos"[23]. Por su parte, Alvar Núñez Cabeza de Vaca cuenta que un grupo de indios norteamericanos se escandalizaron por el insólito acto de endocanibalismo cometido por varios españoles amenazados de muerte por la terrible hambre que padecían ("cinco cristianos... llegaron a tal extremo que se comieron los unos a los otros"[24]).

Como ejemplo de la "cristiana" reacción de algunos españoles a la sodomía indígena, relata Martín Fernández Enciso que en la expedición conquistadora en Darién, a los jóvenes que, de acuerdo a su versión, los caciques vestían de mujer y utilizaban para su placer, "los tomamos é los quemábamos"[25].

La destrucción de los ídolos

El menosprecio a la religiosidad indiana conllevó una pérdida histórica excepcional, causada por el celo de los cristianos en destruir los lugares de culto indígena y sus objetos de adoración. Quizá el primero en hacerlo fue el doctor Chanca, acompañante de Colón en su segundo viaje. Sobre los nativos de La Española dice: "Verdaderamente son idólatras, porque en sus casas hay figuras de muchas maneras; yo les he preguntado qué es

[22] *Cartas de relación*, 157.

[23] *Ibíd.*, 154-155 (énfasis añadido). Hay que aclarar, empero, que la permisividad de Cortés ante la aparente antropofagia de sus aliados terminó después de la victoria contra los aztecas. Más tarde mandó a quemar a uno de sus indios amigos al descubrir que persistía en el canibalismo, costumbre que Cortés había prohibido. *Cartas de relación*, 228.

[24] "Naufragios", en, del mismo autor, *Naufragios y comentarios*, c. 14, 27.

[25] D. I. A., Vol. 7, 449. La ejecución en la hoguera era la pena que en Castilla generalmente se aplicaba a los sentenciados por homosexualidad y sodomía. Véase Friederici, *El carácter del descubrimiento*, Vol. I, 219-220. Las Casas también insistió en la pena capital como castigo de la sodomía, "vicio abominable", el cual, de no penalizarse, podría provocar la ira divina expresada en plagas, hambrunas y terremotos. Solo que tal sanción legal no es aplicable a los indígenas americanos, infieles fuera de la jurisdicción de la cristiandad. *Apología*, 161-162.

aquello, dícenme que es cosa de Turey, que quiere decir del cielo". Procede a echar los cemíes al fuego; la reacción de dolor de parte de los aborígenes es inmediata: "É hacíaseles de mal que querían llorar"[26].

El primer obispo de México, Juan de Zumárraga calculó con regocijo que para 1531 se habían destruido en la Nueva España más de quinientos templos y de veinte mil ídolos.[27] La destrucción de los antiguos lugares de adoración se defendió por considerárseles "templos de los demonios"[28]. La obsesión por abolir los cultos considerados idolátricos implicó la obliteración consciente y sistemática de creaciones culturales irremplazables y, en muchos casos, irrecuperables.[29]

En América predominó una concepción de evangelización distinta a la practicada posteriormente por los jesuitas en Asia. Mientras estos últimos desarrollaron una teoría y práctica de evangelización integradora[30], descubriendo en las religiones orientales providenciales semillas de la gracia divina, en América se impuso la idea de una radical antítesis entre el cristianismo y la idolatría indígena, "al servicio del demonio". Como afirmaron los primeros obispos de México, Oaxaca y Guatemala, el 30 de noviembre de 1537: "Por el primer mandamiento somos obligados todos a destruir la idolatría"[31]. Esta percepción llevó a una implacable guerra

[26] "Carta del Dr. Chanca", 348.

[27] Höffner, *La ética colonial española*, 500.

[28] Carta del fraile agustino Nicolás de Witte, en Mextitlán, 21 de agosto de 1554, en Cuevas, *Documentos inéditos*, 222.

[29] Sobre esta destrucción de los santuarios paganos, véase la discusión, hecha con inocultable simpatía hacia los misioneros, de Ricard, *La conquista espiritual de México*, 96-108. Gómez Canedo, por su parte, tras relatar la destrucción en 1525 de los grandes templos de Texcoco, México, Tlaxcala y Huejotzingo, utiliza una peregrina argumentación: "En cuanto a que con la destrucción de los templos e ídolos hayan podido perecer grandes obras de arte, sin negar esa posibilidad, me parece que debiera tenerse en cuenta que tal destrucción se hizo principalmente... por medio del fuego.... y por lo tanto, es dudoso que hayan perecido obras de gran solidez". *Evangelización y conquista*, 163. La verdad es que las cosas que se destruyen, generalmente perecen. Además, la candela no era el único método usado. Los lugares de culto y sus ídolos se desmontaban y ocultaban. En ocasiones las piedras de los altares autóctonos se utilizaban para construir los templos cristianos, como explica Motolinia, *Historia de los indios de la Nueva España*, trat. 1, c. 3, 22. La efectividad de esa obra fue muy alta. Buen ejemplo es el templo mayor de la Ciudad de México, que estuvo más de 450 años devastado y oculto, hasta que, en febrero de 1978, en una excavación destinada a ampliar la transportación pública subterránea, se reencontró. Se procedió a excavar y desde 1982 sus ruinas están a la vista de los interesados.

[30] La posterior práctica misionera jesuita ha provocado el replanteo de la universalidad de la gracia divina que incluye la posibilidad de ver las distintas religiones como diversos "caminos de salvación" en vez de considerarlas como "falsedades" a rebatir y erradicar. Véase, por ejemplo, Michael Amaladoss, S. J., "Dialogue and Mission: Conflict or Convergence?", *International Review of Mission*, 1986, Vol. 75, 222-241.

[31] *La conquista espiritual de México*, 165.

contra las religiones autóctonas, una lucha santa, verdadera batalla de dioses y mitos, que culminó con el desarraigo y destrucción de una parte valiosa de la herencia cultural de la humanidad.

Ricard distingue entre dos concepciones de la misión cristiana, la que llama "tabula rasa", que reprueba globalmente las tradiciones religiosas del pueblo a evangelizar y postula una ruptura total con ellas, y la que titula "preparación providencial", que descubre en los cultos autóctonos "partículas de verdad" que deben ser aprovechadas y asumidas teológicamente. Señala que en el trabajo misionero español en América prevaleció la primera concepción.[32] Esto llevó a los misioneros a intentar "destruir no solamente la idolatría en sí misma, sino una gran parte de cuanto podía ser motivo de recordarla. Destruir los templos, acabar con todas las fiestas del paganismo, aniquilar los ídolos, formar niños con el fin preciso de rebuscar ídolos y tener ojo vigilante a todo cuanto en secreto podía ser a los indios motivo de revivir el antiguo paganismo. Así, en el dominio religioso al menos, se proclama la rotura total"[33].

Mendieta narra con mucho placer la destrucción y quema de templos, del 1 de enero de 1525.

> La idolatría permanecía... mientras los templos de los ídolos estuviesen en pie. Porque era cosa clara que los ministros de los demonios habían de acudir allí a ejercitar sus oficios, y convocar y predicar al pueblo, y hacer sus acostumbradas ceremonias. Y atento a esto se concertaron los [frailes]... de comenzar a derrocar y quemar los templos, y no parar hasta tenerlos todos echados por tierra, y los ídolos juntamente con ellos destruidos y asolados... Cumpliéronlo así, comenzando a ponerlo por obra en Texcuco, donde los templos eran muy hermosos y torreados, y esto fue el año de mil quinientos veinticinco, el primer día del año. Y luego tras ellos los de México, Tlaxcala y Guexozingo... Así cayeron los muros de Jericó.[34]

La confrontación entre europeos y americanos se concibió, por los primeros, en el contexto de una lucha divina, trascendental y cósmica, en la que hubo un victorioso, Dios, y un derrotado, Satanás. "Y por mucho que el demonio se esforzó, Jesucristo lo desterró del reino que aquí poseía"[35]. La

[32] *Ibíd.*, 409-417.

[33] *Ibíd.*, 411.

[34] *Historia eclesiástica indiana*, l. 3, c. 20, 227-228.

[35] *Ibíd.*, l. 3, c. 18, 224.

devastación de los templos paganos es la expresión visible y tangible de la victoria de la deidad cristiana sobre su sempiterno adversario.

En Perú, la otra región americana con templos y lugares sagrados que revelaban en su arquitectura y arte un grado avanzado de civilización imperial, Cieza de León se jubila por el progreso acelerado de la política, implantada por los Pizarro, de demoler los templos gentiles y sustituirlos por símbolos religiosos cristianos. "Los templos antiguos que generalmente llaman guacas, todos están ya derribados y profanados, y los ídolos quebrados, y el demonio, como malo, lanzado de aquellos lugares, a donde por los pecados de los hombres era tan estimado y reverenciado; y está puesta la cruz"[36].

Fray Bernardino de Sahagún justifica esta guerra sin cuartel contra la religiosidad nativa. "Necesario fue destruir todas las cosas idolátricas, y todos los edificios idolátricos, y aun las costumbres de la república que estaban mezcladas con ritos de idolatría y acompañadas con ceremonias idolátricas, lo cual había casi en todas las costumbres que tenía la república con que se regía, y por esta causa fue necesario desbaratarlo todo... que no tuviese ningún resabio de cosas de idolatría"[37].

Su extraordinaria obra, rica fuente de conocimiento etnográfico sobre la cultura náhuatl, se enmarca en una perspectiva médica. Estudia los ritos, ceremonias, símbolos y costumbres indígenas como síntomas de una grave enfermedad, titulada idolatría diabólica. "El médico no puede acertadamente aplicar las medicinas al enfermo (sin) que primero conozca de que humor, o de qué causa proceda la enfermedad... los predicadores y confesores médicos son de las ánimas, para curar las enfermedades espirituales conviene (que) tengan experiencia de las medicinas y de las enfermedades espirituales"[38]. Recoge las tradiciones religiosas y culturales de los pueblos mexicanos precolombinos "a propósito que sean curados de su ceguera"[39].

Amonesta a los mexicanos a reconocer que "Huitzilopochtli no es dios... ni ninguno de los otros que adorabais, ni son dioses, todos son demonios". La extensa idolatría que aquejaba a México antes de la llegada de los europeos cristianos "fue la causa de que todos vuestros antepasados tuvieron grandes trabajos... y mortandades". Provocó, además, los castigos

[36] *La crónica del Perú*, c. 57, 179. Sobre la lucha de los españoles contra la idolatría quechua, cf. Armas Medina, *Cristianización del Perú*, 570-576.

[37] *Historia general de las cosas de Nueva España*, l. 10, ("Relación del autor digna de ser notada", después del c. 27), 579.

[38] "Prólogo", en *Ibíd.*, 17.

[39] *Ibíd.*, 429.

con que el único y verdadero Dios les ha azotado, al enviar contra los nativos "a sus siervos los cristianos, que les destruyeron a ellos y a todos sus dioses... porque aborrece Dios a los idólatras sobre todo género de pecadores". Sabe que la idolatría perdura y que los indios se las arreglan para mantener clandestinamente vivas sus tradiciones religiosas. Por eso exhorta a sus lectores a que si ven señales de tales ceremonias las delaten inmediatamente "a los que tienen cargo del regimiento espiritual o temporal, para que con brevedad se remedie". Describe, al mayor detalle posible, los ritos y ceremonias antiguas, cuyos vestigios deben ser detectados por "los diligentes predicadores y confesores... porque son como una sarna que enferma la fe". Hay que mantenerse alerta y en pie de lucha contra la idolatría demoniaca, pues "sé de cierto que el diablo ni duerme ni está olvidado de la honra que le hacían estos naturales, y que está esperando la coyuntura para... volver al señorío que ha tenido... y para entonces bien es que tengamos armas guardadas para salirle al encuentro". En esa batalla sin cuartel contra Satanás y la idolatría, el tierno franciscano adquiere matices de inquisidor: "No se debe tener por buen cristiano el que no es perseguidor de este pecado y de sus autores"[40].

En general, puede decirse sobre la obra de Sahagún lo mismo que sobre casi toda la producción "etnográfica" de los frailes que intentaron preservar literariamente las proscritas costumbres y creencias religiosas de los indígenas. Son obras de batalla ideológica, parte sustancial del arsenal teológico esgrimido contra las convicciones autóctonas. Su objetivo es informar sobre "las crueldades que el demonio en esta tierra usaba, y el trabajo con que les hacía pasar la vida a los pobres indios, y al fin para llevarlos a perpetuas penas"[41]. Es cierto que en estas obras se encuentra información valiosa para la reconstrucción histórica de la vida social de muchas naciones indígenas. Tampoco puede negarse la presencia de la curiosidad intelectual, del deseo de informar "para que se vea y conozca cuán diversos y extraños son los ingenios y industrias de los hombres humanos"[42]. Son materiales claves en el desarrollo de la antropología y la etnografía modernas. En general, sin embargo, impera la noción, al menos al respecto del área crucial de las convicciones

[40] *Ibíd.*, 58-59, 285, 189, 64. Sahagún critica severamente, por ejemplo, a quienes elogian los calendarios astrológicos de los mexicanos. No lo hace, sin embargo, por el desdén que la ciencia moderna tiene hacia la astrología, sino por una peculiar distinción entre la que se estila en la Europa cristiana, "con fundamento en la astrología natural", y la indígena, la cual es un "embuste o embaimiento diabólico". *Ibíd.*, 261.

[41] Motolinia, *Historia de los indios de la Nueva España*, trat. 1, c. 11, 49.

[42] Alvar Núñez Cabeza de Vaca, *Naufragios*, c. 30, 62.

religiosas, filosóficas y morales, de que lo diferente es inferior y que esa distinción debe erradicarse.

Sahagún es lo suficientemente sensitivo para darse cuenta de un efecto nefasto de la erradicación de los valores y convicciones autóctonos: la ruptura de la disciplina ética social, con la consiguiente abundancia de la desidia, el cinismo y el alcoholismo. Al "reducirlos a la manera de vivir de España, así en las cosas divinas como en las humanas... perdióse todo el regimiento que tenían", prevaleciendo "los vicios y la sensualidad". En su *Historia*, subyace un progresivo pesimismo acerca de los frutos de la obra misionera en México ("esto... cada día se empeora") y una creciente visión negativa de los nativos. Su pesimismo se refugia en un clásico fatalismo climatológico ("esto pienso que lo hace el clima, o constelaciones de esta tierra"[43]).

No se da cuenta, sin embargo, del efecto nocivo de una práctica típica de los primeros misioneros: el uso de niños para espiar las costumbres idolátricas de los padres y adultos. Ese fisgoneo infantil precipitó una seria bancarrota de la disciplina social. Sahagún critica el que algunos adultos castigasen a sus hijos, e incluso en ocasiones, los matasen, sin percatarse del quebrantamiento social que han provocado los frailes con la manipulación de los niños como delatores. Su colega Motolinia también elogia a los niños, especialmente los vástagos de los caudillos indígenas, que se dedicaron a espiar y delatar las prácticas religiosas de sus padres. Recoge los relatos del martirologio de algunos de esos chicos.[44] Mendieta coincide en destacar el papel decisivo de los niños convertidos como "ministros de la destrucción de la idolatría"[45]. Ninguno muestra sensibilidad alguna hacia la angustia que esa situación provocó en los padres, ni comprensión cabal del descalabro familiar y social que implicó. Se trataba

[43] *Historia general de las cosas de Nueva España*, "Relación digna de ser notada", 578-585. También Mendieta entiende que la época heroica de la cristianización de los indígenas mexicanos es cosa del pasado y que estos se han enfriado en su devoción a la nueva religión. Se lo atribuye al mal ejemplo de los ibéricos —"por ser la gente española que se mete entre los indios por la mayor parte de poca suerte"—. *Historia eclesiástica indiana*, l. 4, c. 32, 496-501. Las Casas recalca que la conquista provocó una abrupta disolución de la disciplina moral de los nativos. "Fué después de la conquista de los españoles cuando anduvieron las cosas revueltas y desordenadas". *Apologética historia sumaria*, c. 213, en *Los indios de México y Nueva España*, 231-234. En ello sigue de cerca, casi literalmente, a Motolinia. Cf. Motolinia, *Memoriales o libro de las cosas de la Nueva España y de los naturales de ella* (ed. de Edmundo O'Gorman). México, D. F.: UNAM, 1971, parte 2, c. 4, 312. También Mendieta nota que la conquista provocó una seria decadencia moral de la disciplina social de los indígenas mexicanos. *Historia eclesiástica indiana*, 75, 124, 138-140.

[44] *Historia de los indios de la Nueva España*, trat. 3, c. 14, 174-181.

[45] *Historia eclesiástica indiana*, l. 3, c. 17, 221.

de una guerra santa, con dimensiones cósmicas, de la verdadera fe contra la falsa idolatría, de Dios contra Satanás.

Sahagún dedicó arduas décadas a estudiar las costumbres y tradiciones de los aborígenes mexicanos. Su obra permaneció inédita por siglos, víctima de la orden que Felipe II, respaldado por el Santo Oficio, diese en 1577 prohibiendo que se escribiese sobre la cultura i+ndígena. El menosprecio a la religiosidad nativa echó al olvido multisecular su esforzada labor y fue además causa de la desaparición de innumerables obras en lenguas aborígenes escritas por frailes misioneros.[46]

Acosta, al igual que Sahagún, señala la paradoja de que la moral social indígena había decaído marcadamente desde la penetración española, a pesar de que la elevación ética de los nativos era una justificación del dominio ibérico. Le preocupa primordialmente el arraigado vicio del alcoholismo, que afecta al cuerpo, las costumbres y la fe de los nativos. "Mísera servidumbre la de estos infelices, que siendo ellos por su nacimiento poco diferentes de las bestias, con todo esfuerzo y diligencia procuran hacerse peores que ellas". Pero no logra percibir en la expansión incontrolada de ese vicio los efectos denigrantes del asalto a las convicciones autóctonas, sino, por el contrario, la recia resistencia de Satanás a su derrocamiento ("la causa de tan ordinarias borracheras es el demonio"). Se da cuenta de que el indígena no busca en realidad la embriaguez, sino la suspensión del juicio y la conciencia. Está, sin embargo, tan inmerso en su ideología misionera que esa ansia de escapar y huir de la realidad no le enseña nada, solo le confirma lo que sus libros añejos de teología le indican: que el diablo es tenaz en su malicia.[47]

Mendieta también justifica de manera semejante la inclusión en su *Historia eclesiástica indiana* de relatos acerca de las antiguas tradiciones de los aborígenes mexicanos. En ellos, alega, "podemos sacar y notar... á cuanta bajeza viene el entendimiento humano, y cuánto se pervierte su lumbre natural por falta de fe y la gracia, pues viene á creer y tener por ciertos los desatinos y disparates que estos indios, siendo infieles, creían"[48]. Igual que Motolinia y Sahagún, intenta reproducir la mitología mexicana

[46] Sobre la obra de Sahagún, asevera Ricard: "Todos estos libros no solo representan muchos días ingratos de paciente y minuciosa labor, sino muchas veces también largas horas de duda, de tristeza, de amargura y de persecución". *La conquista espiritual de México*, 137. Cierto, pero a Ricard parece dolerle más el sufrimiento de misioneros como Sahagún que el de los indígenas, heridos mortalmente por la minusvaloración de sus tradiciones que implica la orden de Felipe II. Ellos, no los misioneros, son las principales adoloridas víctimas del decreto real.

[47] *Predicación del evangelio*, l. 3, cs. 20-21, 297-306.

[48] *Historia eclesiástica indiana*, l. 2, Prólogo, 75.

sobre el origen del universo y de su sociedad. Su juicio sobre ella no deja duda alguna acerca de su perspectiva ideológica. Son "boberías y mentiras que no llevan camino"[49]. Se une a la reiterada advertencia de vigilar las fiestas y areitos nativos porque sus canciones, que algunos ingenuamente podrían considerar simple música popular, "todas son llenas de memorias idolátricas"[50]. Al famoso calendario indígena, que algunos intentaban valorar como reliquia cultural autóctona, lo considera no solo "tonta ficción", sino, sobre todo, "cosa peligrosa" porque trae a la memoria de los nativos "su infidelidad y idolatría antigua". Por ello es importante que se extirpen todas sus reproducciones y se borre totalmente de la memoria, cosa de que "se rijan los indios solamente por el calendario... que tiene y usa la iglesia católica romana"[51].

En Sahagún, Mendieta y Acosta se expresa una interesante paradoja. Los tres religiosos se empeñan en defender a los indígenas americanos de los infundios que se lanzaban sobre su alegada inferioridad intelectual y poca capacidad para la fe cristiana. No pueden, sin embargo, ocultar su creciente pesimismo sobre la racionalidad y prudencia y, por consiguiente, capacidad para la cristianización pacífica, de los indios americanos en comparación con los pueblos orientales, las grandes culturas y tradiciones asiáticas.[52]

La devastación dirigida contra la cultura religiosa de los indígenas alcanzó también a la amable comunidad maya de Yucatán. Diego de Landa, misionero franciscano relata al respecto de ellos: "Hallamos gran número de libros de estas sus letras, y porque no tenían cosa en que no hubiese superstición y falsedades del demonio, se los quemamos todos, lo cual sintieron a maravilla y les dio mucha pena"[53].

[49] *Ibíd.*, c. 32, 143.

[50] *Ibíd.*, l. 2, c. 3, 80.

[51] *Ibíd.*, l. 2, c. 14, 97-99.

[52] Sahagún, *Historia general de las cosas de Nueva España*, l. 11, 706-708; Mendieta, *Historia eclesiástica indiana*, l. 5, cs. 9-10, 588-592; Acosta, *Predicación del evangelio en las Indias*, 43-49.

[53] *Relación de las cosas de Yucatán*. México, D. F.: Porrúa, 1959, c. 41, 105. La ironía histórica es que una parte valiosa de lo que hoy sabemos sobre los mayas yucatenses se lo debemos a esta obra de fray Diego, quien, dicho sea de paso, no quemó en sagrados autos de fe únicamente papeles. No fue ese el único ni más atroz acto de crueldad inquisitorial de su parte. También Sahagún menciona la destrucción de gran cantidad de documentos pictográficos de los nativos mexicanos: "De estos libros y escrituras los más de ellos se quemaron". *Historia general de las cosas de Nueva España*, "Relación digna de ser notada", 583. Al avanzar los años y adentrarse el motivo adicional de la curiosidad académica (que comienza a reclamar cierto espacio de autonomía y validez), los estudiosos de la cultura autóctona se lamentan del "celo necio" que consideró todo documento tradicional "hechizo y arte

Aunque no hay duda de que objetivos primordialmente religiosos impulsaron los movimientos iconoclastas anti-idolátricos en el Nuevo Mundo, no debe olvidarse otro factor, presente sobre todo en sus protagonistas seglares: el deseo de apoderarse de las riquezas que acompañaban a los ídolos. Ese motivo no escapa a la perspicacia de Motolinia: "Mezclábase con el buen celo que mostraban en buscar ídolos una codicia no pequeña"[54]. No erraba el buen franciscano. La pasión por las riquezas que llevaba en el Perú a la profanación y saqueo de las tumbas de la jerarquía incaica se convertía, en la Nueva España, en interesada búsqueda de imágenes sagradas prehispánicas.

En este contexto, es interesante la crítica que hizo Las Casas a la destrucción iconoclasta anti-idolátrica que en México realizó Hernán Cortés. Estaba de acuerdo en que las religiones indígenas son cautiverios diabólicos y en la erradicación de los cultos autóctonos. Pero, y la diferencia es clave, ya que apunta hacia un tema lascasiano constante —el derecho indígena a la autodeterminación—, deben ser los mismos nativos quienes, después de convertirse sincera y auténticamente, eliminen la idolatría y sus altares. Lo principal es abolir, mediante la persuasión, los ídolos de los corazones de los indígenas y estos mismos, voluntariamente, se encargarían de eliminar las expresiones materiales de la idolatría pagana.[55] "Primero se han de raer de los corazones los ídolos, conviene a saber, el concepto y estima que tienen de ser aquellos Dios los idólatras, por... diligente y continua doctrina, y pintalles en ellos el concepto y verdad del verdadero Dios, y después ellos mismos, viendo su engaño y error, han de derrocar y destruir con sus mismas manos y de toda su voluntad los ídolos que veneraban por Dios o dioses"[56]. Un método y estilo de evangelización, que, obviamente, no compartía el impulsivo Cortés.

Como era de esperarse, hoy, tras el adelanto de las investigaciones antropológicas y etnológicas, incluso los escritores católicos ven con muchas reservas las descripciones peyorativas contra las "nefandas abominaciones" de los indígenas y, en el caso de la antropofagia ritual

mágica, y ... superstición" y, por consiguiente, digno únicamente del fuego. Acosta, *Historia natural y moral de las Indias*, l. 6, c. 7, 288.

[54] *Historia de los indios de la Nueva España*, trat. 3, c. 20, 201. Igual sospecha expresa Mendieta: "También podían ser algunos que del saco de aquellos templos quisieran haber algún aprovechamiento". *Historia eclesiástica indiana*, l. 3, c. 21, 228.

[55] *Apología*, c. 7, 63-70.

[56] H. I., l. 3, c. 97, t. 3, 232.

y los sacrificios humanos, descubren "una disposición profundamente religiosa"[57].

Queda como desafío para los investigadores un asunto que no ha sido analizado como merece: la relación entre el menosprecio de la religiosidad indígena, la erradicación de su compleja visión de valores e ideales, que como toda cosmovisión espiritual otorga sentido al ser y al hacer humanos, y la catástrofe demográfica sufrida por los nativos americanos en el siglo dieciséis. "No solo de pan" vive el ser humano; esa verdad es válida universalmente. Si nuestros dioses han sido derrotados y desterrados, si nuestros mitos se han convertido en objeto de sorna y crítica despiadada, ¿tiene la vida significado y valor? La tristeza de los indígenas, señalada por tantos de sus amigos frailes, ¿no oculta la melancolía incurable de quien ha experimentado la profanación irreversible de sus espacios y tiempos sagrados? Acosta señala cómo los indios "en la tradición... fueron muy diligentes, y como cosa sagrada recibían y guardaban los mozos, lo que sus mayores les referían"[58]. ¿Qué efecto puede tener en el deseo de vivir dignamente el desdén conque los europeos trataron esa "tradición"? La profanación de lo sagrado ha tenido siempre consecuencias nefastas en la conciencia social de los pueblos cuya existencia se arraiga en la preservación de la memoria religiosa colectiva.

La muerte procede no solo del maltrato físico; también la propicia el menosprecio a la cultura y la religiosidad autóctonas, presente tanto en indiófilos como en indófobos. Tiene razón Edmundo O'Gorman: el proceso que él ha bautizado como "invención de América" tuvo un carácter de asimilación cultural que "implicó la necesidad de cancelar, como carente de significación histórica verdadera, el sentido peculiar y propio de la vida cultural autóctona americana... En efecto, no otra cosa significó la interpretación providencialista cristiana de la historia de los indios americanos"[59].

Oviedo y Valdés apunta la relación entre la religiosidad de los indígenas y su muerte, pero utilizando una racionalidad inversa. Los cultos aborígenes son idolatrías diabólicas que, como tales, se acompañaban de "grandes y feos é inormes pecados é abominaçiones destas gentes salvajes

[57] Höffner, *La ética colonial española*, 135.

[58] *Historia natural y moral de las Indias*, l. 6, c. 8, 290. Falta una buena literatura, conjugadora de historia y ficción, sobre la "lucha de los dioses" entre los misioneros cristianos y las religiones aborígenes a la manera que el nigeriano Chinua Achebe ha hecho excelentemente para el encuentro entre los evangelistas ingleses y la tradición africana de los pueblos Ibo. Cf. *Things Fall Apart*, New York: Fawcett Crest, 1984 y *Arrow of God*, New York: Anchor Books, 1974.

[59] "Prólogo" a José de Acosta, *Historia natural y moral*, li.

é bestiales". Su trágica desgracia es retribución celestial: "Los había de castigar é casi assolar Dios en estas islas, siendo tan viciosos é sacrificando al diablo"[60]. La muerte de los indios, por consiguiente, es castigo divino.

Esa visión etnocéntrica caló hondo en amplios círculos providencialistas. La recogen, a principios del siglo diecisiete, Vargas de Machuca y Solórzano. De acuerdo al primero, la sustitución de población ocurrida en las Antillas expresa un doble juicio providencial: Dios ha castigado a los indígenas por sus abominaciones y premiado a los hispanos por sus virtudes. "Pienso que es permisión divina que mueran tan gran número por lo mucho malo que cometen contra su divina Majestad... Se debe creer que fuese la voluntad divina que no escapase gente tan idólatra y perversa, y que quería que en aquella tierra se plantase su santa fe, poblándola gente cristiana y que fuese española... [Dios] favorece los españoles en aquestas partes y desfavorece los indios idólatras"[61]. Según Solórzano, la "catástrofe demográfica" de los nativos se debe a los "secretos juicios" conque Dios "se ha servido de apocarlos... Todo lo cual parece, que más se puede, y debe atribuir á ira, y castigo del cielo... Disponiéndolo Dios así quizá por sus graves pecados, y antiguas, abominables, y pertinaces idolatrías"[62].

A mediados del siglo veinte, todavía prominentes teólogos hispanos católicos defendían a pie juntilla la actividad "civilizadora y cristianizadora" realizada contra la cultura y religiosidad autóctonas americanas en el siglo dieciséis. Verbigracia:

> Nuestra Patria no se contentó con tener un Imperio ni con dominar... fue, ante todo, a civilizar, a cristianizar el Nuevo Mundo, a borrar la diferencia de cultura que naturalmente existía entre el viejo y el nuevo orbe. España, la oficial de la Corte de nuestros Reyes... con la España espiritual y religiosa, vio en los indios a verdaderos hermanos, inferiores, sí, por la cultura y las costumbres,

[60] *Historia general y natural de las Indias*, l. 3, c. 6, t. 1, 69-74.

[61] "Discurssos y apologías", 241, 253-254.

[62] *Política indiana*, l. 1, c. 12, t. 1, 126-127. Era una idea muy difundida entre los colonos hispánicos. A ella se opuso Mendieta, esgrimiendo la hipótesis, en el fondo tan peregrina e improbable como la anterior, de que la muerte acelerada de los nativos por medio de crueles epidemias fue para ellos un favor divino, una gracia providencial que los liberaba de la cruel codicia de los ibéricos. "Muy particular merced que les hace [Dios] en sacarles de tan malo y peligroso mundo... antes que por nuestras codicias y ambiciones y malos ejemplos y olvido de Dios... vengan a perder la fe". *Historia eclesiástica indiana*, l. 4, c. 37, 518.

> pero siempre hombres, seres racionales, a los que era necesario educar, elevar, rescatar para la fe y la civilización.[63]

El autor de estas líneas, Venancio Diego Carro, de cuya pluma salió hace medio siglo la principal obra sobre las ideas de los teólogos católicos hispanos acerca de la conquista de América, no parece darse cuenta de la violencia oculta, pero avasalladora, en esa benévola misión de "borrar la diferencia de cultura" entre europeos e indígenas.

[63] Carro, *La teología y los teólogos-juristas*, Vol. I, 115.

9
Holocausto indígena

> De los esclavos que murieron en las minas fue tanto el hedor, que causó pestilencia, en especial en las minas de Guaxaca, en las cuales media legua a la redonda y mucha parte del camino, apenas se podía pisar sino sobre hombres muertos o sobre huesos; y eran tantas las aves y los cuervos que venían a comer sobre los cuerpos muertos, que hacían gran sombra al sol.
>
> Fray Toribio de Motolinia

> Sus cuerpos son tan maltratados con tanta dureza como el estiércol que se pisa en la tierra.
>
> Dominicos y franciscanos de La Española

Una catástrofe demográfica

La afirmación teórica —teológica y jurídica— de la humanidad de los indígenas americanos no pudo impedir su minusvaloración y expoliación sociales. Tampoco evitó que una enorme cantidad de ellos, incluyendo grupos étnicos enteros, dejasen de existir. Sin pecar de hipérbole, puede afirmarse: "Desde los vencidos, la conquista fue un verdadero cataclismo... El encuentro con los europeos fue sinónimo de muerte"[1]. Algo similar escribió, en 1576, el franciscano Sahagún, quien tras observar que al llegar los españoles a "la India Occidental", encontraron "diversidades de gente... innumerable gente", asevera que de estas, "ya muchas se han acabado y las que restan van en camino de acabarse"[2].

El problema con algunas excelentes obras que estudian la filosofía moral del debate acerca del Nuevo Mundo es que se mantienen al nivel de la abstracción teórica, sin preguntarse por los efectos concretos para la

[1] Alberto Flores Galindo, *Buscando un inca*, 39.

[2] *Historia general de las cosas de Nueva España*, l. 11, cs. 12-13, 706-710.

vida y existencia de los moradores originales. Autores de incisivo sentido crítico, que desmenuzan los tratamientos tendenciosamente apologéticos y panegíricos del imperio hispano, concluyen en última instancia con una elegía al triunfo del espíritu trascendente de libertad y justicia en la teoría española del justo gobierno indiano, sin someter esa visión al crisol de fuego de sus consecuencias históricas para la existencia de los seres a cristianizarse y civilizarse. Estos permanecen siempre como objetos de los debates y disputas, pero no se les permite emerger como sujetos y protagonistas históricos.

Mientras se llevaban a cabo los debates teóricos entre teólogos, juristas, oficiales de la corte y de la iglesia, procedía irreversiblemente el trágico quebrantamiento de las antiguas culturas indígenas y el aniquilamiento de los pobladores autóctonos. Al respecto, me parece acertado el juicio severo de Joseph Höffner, quien, en una obra plena de simpatía por la España del siglo dieciséis, no puede evitar aseverar: "Las civilizaciones azteca e incaica no estaban sino en los comienzos de su desarrollo cuando fueron destruidas sin miramientos por los conquistadores. No podemos adivinar qué valores habrían sido creados todavía por una evolución cultural no interrumpida. Mas hemos de confesar que la destrucción de la cultura india... representa una grave e irreparable pérdida para la humanidad". Sobre su tragedia, añade: "El Nuevo Mundo presenció una esclavización y un exterminio tan espantoso de sus pobladores que la sangre quisiera helarse en las venas". Concluye, a pesar de su catolicismo e hispanofilia: "Por grande que sea el respeto que puedan infundir las osadas hazañas de los conquistadores y las penalidades, punto menos que sobrehumanas, que hubieron de soportar, hemos de reconocer, no obstante, que los indios paganos merecen, ante el tribunal de la humanidad y del cristianismo, un veredicto más favorable que los conquistadores cristianos y su soldadesca"[3].

Punto clave en cualquier apreciación de los intensos debates que acompañaron la conquista de América tiene que ser la experiencia histórica de los vencidos. Es difícil sustentar la peregrina tesis de que los relatos de sus vejaciones no son sino una "leyenda negra" creada por la fantasía e imaginación de Bartolomé de Las Casas. Los testimonios contemporáneos que vinculan estrechamente la muerte de los nativos y la codicia violenta de los recién llegados son innumerables y abrumadores. Reiteran lúgubremente las distintas maneras en las que la sangre de los

[3] Joseph Höffner, *La ética colonial española*, 172-173, xxxiii y 208.

primeros se transformaba en riqueza para los segundos. Reproduzcamos, a manera de ejemplos, fragmentos de algunos de ellos.[4]

No puede acusarse a los padres Jerónimos que visitaron La Española entre 1516 y 1519 de parcialidad anti-española. Su tesitura era diferente de la que animaba a Pedro de Córdoba, Antonio de Montesinos y Las Casas. Por eso su testimonio acerca de la mortandad de los indígenas y la culpabilidad castellana en ella reviste mucho valor. "Vuestra Alteza... ha de saber que al tiempo que los castellanos entraron en esta isla, había muchos millares e aun cientos de miles de indios en ella, é por nuestros pecados se dio en ellos tanta prisa, que al tiempo que llegamos aquí, que ha poco más de un año, los que hallamos eran tan pocos, cuanto es el redrojo que queda en los árboles después de cogida la fruta"[5].

En la década de los treinta, el oficial real Pascual de Andagoya relata la manera como se asolaron los pueblos indígenas en la región entonces llamada Darién (el extremo sureste del istmo centroamericano).

> Los capitanes y los hombres que partían a esas regiones... solían llevar de regreso grandes cantidades de indios encadenados... Los capitanes repartían entre sus soldados los indios aprisionados... Nadie era castigado, aunque hubiera cometido grandes crueldades. De ese modo asolaron la tierra en una extensión de cien leguas desde el Darién. Todos los cautivos que llegaban a esa villa eran destinados al trabajo en las minas de oro... y como habían llegado agotados por el largo camino y las pesadas cargas y la tierra era distinta de la suya y poco saludable, morían todos.[6]

En esos mismos años, el fraile dominico Francisco de Mayorga se quejó en una misiva del abuso sufrido por los nativos de Nueva España y pronosticó la extinción de estos si no cesaba. "Me llora el corazón en ver el perdimiento y destrucción de estos míseros y nuestro poco fruto que en ellos hacemos, con sus muchos trabajos y demasiadas ocupaciones... Es tanto su trabajo y tan débiles que aún para aderezar o remendar sus casas no tienen tiempo, ni para hacer su sementera lugar. Y es tan público y notorio el perdimiento y destrucción de estos... que tienen ya la esperanza perdida"[7].

---

[4] Cf. Juan Comas, "Realidad del trato dado a los indígenas de América entre los siglos xv y xx", *América indígena*, Vol. 11, Núm. 4, octubre de 1951, 323-370.

[5] D. I. A., Vol. 1, 300.

[6] Citado por Sauer, *Descubrimiento y dominación española*, 422.

[7] Carta del 12 de agosto de 1533, reproducida en Cuevas, *Documentos inéditos*, 46-47.

Fray Toribio Motolinia describió los efectos homicidas de los "servicios en minas" a que eran sometidos los indígenas: "De los esclavos que murieron en las minas fue tanto el hedor, que causó pestilencia, en especial en las minas de Guaxaca, en las cuales media legua a la redonda y mucha parte del camino, apenas se podía pisar sino sobre hombres muertos o sobre huesos; y eran tantas las aves y los cuervos que venían a comer sobre los cuerpos muertos, que hacían gran sombra al sol, por lo cual se despoblaron muchos pueblos"[8].

El bachiller Luis Sánchez escribe al Consejo de Indias, el 26 de agosto de 1566:

> La manera como se han despoblado tantas tierras... Lo primero han sido las crueles y injustas guerras que los españoles han hecho y hacen a los indios, matándolos, talando y ahuyentándolos de sus tierras... Lo segundo, que ha destruido las Indias, fueron los esclavos... el repartimiento de los indios, porque no usan los españoles de ellos como vasallos, sino como esclavos y enemigos...
>
> De aquí viene que daré por cuenta, mil y quinientas y algunas más leguas despobladas en las Indias por medios de españoles que estaban llenas de indios; y en las más de ellas no han dejado criatura, y en las otras tan poca gente que se pueden llamar despobladas.
>
> La causa de este mal es, que cuantos pasamos á las Indias, vamos con intención de volver a España muy ricos, lo cual es imposible... sino a costa del sudor y sangre de los indios.[9]

Sobre Nueva España, similar testimonio tenemos del fraile franciscano Luis de Villalpando, en misiva (15 de octubre de 1550) a Carlos V: "Escribo esto con gran amargura de corazón, viendo que tan sin remedio perecen esta mísera gente... que todos son a comerse los indios... y ellos no tienen otro remedio ni otro amparo sino morir... y esta es la causa porque en muchas provincias de esta Nueva España había indios como yerbas y son ya todos muertos y acabados y las provincias están yermas... tan yermas algunas de ellas como las islas de La Española y Cuba"[10].

---

[8] *Historia de los indios de la Nueva España*, trat. 1, c. 1, 17. Sin embargo, en reacción a la publicación por Las Casas en 1552 de varios tratados contra los conquistadores y los encomenderos, Motolinia salió a la defensa de ellos, en una carta a Carlos V, en 1555, en la cual alega "que los indios de esta Nueva España están bien tratados... Y no hay aquel descuido ni tiranías que el de Las Casas dice". Incluso alega que "los indios están ricos y los españoles pobres y muriendo de hambre". "Carta a Carlos V", 216-217.

[9] D. I. A., t. 11, 163-164.

[10] La carta es reproducida por Gómez Canedo, *Evangelización y conquista*, 229-234. La cita procede de la 233.

También en referencia a la mortandad de los nativos, informa algo parecido el funcionario real Alonso de Zorita. "Por los trabajos y crueldades que con ellos se ha usado y por pestilencias que entre ellos ha habido, no hay la tercera parte de la gente que había... Y esto los ha destruido y disminuido en todas partes y los acabará, si en tiempo no se remedia; porque algunos de ellos han cesado en algunas partes... Y yo oí a muchos españoles decir en el nuevo Reino de Nueva Granada que de allí a la gobernación de Popayán no se podía errar el camino, porque los huesos de los hombres muertos los encaminaban"[11].

Zorita se eleva a un tono de exaltación indignada, al contemplar la muerte de los míseros nativos. "¿Quién podrá acabar de referir las miserias y trabajos que aquellas más que miserables y mal aventuradas gentes pasan y sufren, sin tener socorro ni ayuda humana, perseguidos, afligidos y desamparados? ¿Quién hay que no sea contra ellos? ¿Quién que no los persiga y aflija?... Oydor ha habido que, públicamente en estrados, dijo á voces que cuando faltase agua para regar las heredades de los españoles, se habían de regar con la sangre de indios"[12].

Las estadísticas demográficas pierden su frialdad habitual y se tornan pavorosas en la América indígena del siglo dieciséis. De acuerdo a Sherburne Cook y Woodrow Borah, la población indígena mexicana se redujo de aproximadamente 25 200 000, en 1518, a 1 370 000, en 1595.[13] Noble David Cook calcula que el número de habitantes nativos del Perú descendió de 9 000 000, en 1520, a 1 300 000, en 1570.[14]

---

[11] "Breve y sumaria relación de los señores... de la Nueva España", en D. I. A., Vol. 2, 104, 107, 113.

[12] *Ibíd.*, 117-118.

[13] *Essays in Population History: Mexico and the Caribbean*. Berkeley and Los Angeles: University of California Press, 1971, Vol. I, viii. Los trabajos de Cook y Borah han revolucionado la demografía histórica de la conquista de América y provocado intensa controversia. Cf. Ángel Rosenblat, *La población de América en 1492: Viejos y nuevos cálculos*. México, D. F.: Colegio de México, 1967; William T. Sanders, "The Population of the Central Mexican Symbiotic Region, the Basin of Mexico, and the Teotihuacán Valley in the Sixteenth Century", en William M. Denevan, *The Native Population of the Americas in 1492*. Madison: University of Wisconsin Press, 1976, 85- 150; David Henige, "On the Contact Population of Hispaniola: History as Higher Mathematics", *Hispanic American Historical Review*, Vol. 58, No. 2, May, 1978, 217-237; R. A. Zambardino, "Critique of David Henige's 'On the Contact Population of Hispaniola: History as Higher Mathematics'", *Hispanic American Historical Review*, Vol. 58, No. 4, November 1978, 700-708; y, David Henige, "Reply", *Ibíd.*, 709-712. Una excelente síntesis de las disputas al respecto de la historia demográfica de los aborígenes americanos al inicio de la conquista es ofrecida por William M. Denevan, *The Native Population of the Americas*, 1-12. Los estimados sobre la población indígena precolombina total varían enormemente entre 8 400 000 (Alfred L. Kroeber) y más de 100 000 000 (Henry F. Dobyns). Kroeber, *Cultural and Natural Areas of Native North America*. Berkeley: University of California Publications in American Archaeology and Ethnology, Vol. 38, 1939; Dobyns, "Estimating Aboriginal Population: An Appraisal of Techniques with a New Hemispheric Estimate", *Current Anthropology*, Vol. 7, 1966, 395-416.

[14] *Demographic Collapse: Indian Peru, 1520-1620*. Cambridge: Cambridge University Press, 1981, 114.

Grave también fue el despoblamiento antillano. Según Rolando Mellafe, a la llegada de los castellanos, en La Española habrían cerca de 100 000 nativos; en 1570, "apenas llegaban a 500"[15]. En un intento por salvar a los indígenas antillanos, verdadera especie en extinción, la corona emite, como parte de las Leyes Nuevas de 1542, la orden de que se les exima de pagar tributo y se garantice su buen trato:

> Es nuestra voluntad y mandamos que los indios que al presente son vivos en las islas de San Juan y Cuba y La Española, por ahora y el tiempo que fuere nuestra voluntad no sean molestados con tributos ni otros servicios reales ni personales ni mixtos más de como lo son los españoles que en las dichas islas residen y se dejen holgar, para que mejor puedan multiplicar y ser instruidos en las cosas de nuestra santa fe católica.[16]

Resulta un esfuerzo inútil y tardío. Con mayor tino, Oviedo apunta a la cercana extinción de los aborígenes caribeños: "Poco hay que hacer en esta isla [La Española] y en las de San Juan, é Cuba, é Jamaica, que lo mismo ha acaecido en ellas, en la muerte e acabamiento de los indios"[17]. No es algo que le perturbe mucho la conciencia ni le quite el sueño. Los indígenas de Puerto Rico, Santo Domingo y Cuba pasaron a ser curiosidades etnológicas del pasado, piezas de museo. Correctamente enuncia

[15] *La esclavitud en Hispanoamérica*. Buenos Aires: EUDEBA, 1964, 21. Los números de Mellafe proceden de Ángel Rosenblat, *La población indígena y el mestizaje en América* (2 vols.). Buenos Aires: Editorial Nova, 1954. La mayoría de los cronistas del siglo dieciséis estimó alrededor de un millón de pobladores para La Española. Carl Sauer, *Descubrimiento y dominación española*, 105-111. Esa cantidad es apoyada por R. A. Zambardino, "Critique of David Henige", 704. El número de 500 para mediados de siglo en La Española la toman de Oviedo, *Historia general y natural de las Indias*, l. 3, c. 6, t. 1, 72. El debate sobre la población indígena de La Española, centro de operaciones de la colonización hispana durante su primer cuarto de siglo, no es nuevo. En 1517, un grupo de frailes dominicos y franciscanos, en carta a monsieur de Xevres, reprodujeron tres estimados muy distintos que entonces se daban: 600 000, 1 100 000 y 2 000 000. Tienen certeza, sin embargo, sobre los que quedaban: 12 000. La isla está, aseveran con inmensa tristeza, "hecha un desierto". "Carta que escribieron varios padres de las órdenes de Santo Domingo y San Francisco, residentes de la isla Española, a Mr. de Xevres", apéndice IV de Peréz, *¿Éstos no son hombres?*, 142. Según el arzobispo fray Andrés de Carvajal, hacia 1570 quedaban unos "25 vecinos todos viejos y pobres y sin hijos". Citado por Alain Milhou, "Las Casas frente a las reivindicaciones de los colonos de la isla Española", 28. El diferendo continúa. Los cálculos sobre la población precolombina de La Española difieren desde 60 000 (Charles Verlinden) hasta 7 000 000 (Sherburne F. Cook & Woodrow Borah). Cf. Verlinden, "Le 'repartimiento' de Rodrigo de Albuquerque à Española en 1514: Aux origines d'une importante institution économico-sociale de l'empire espagnol", en *Mélanges offerts à G. Jacquemyns*. Bruxelles: Éditions de l'Institut de Sociologie, Université Libre de Bruxelles, 1968, 633-646; Cook y Borah, "The Aboriginal Population of Hispaniola," en *Essays in Populations History*, Vol. I, 376-410.

[16] Konetzke, *Colección de documentos*, Vol. I, 220.

[17] *Historia general y natural de las Indias*, l. 3, c. 6, t. 1, 73.

Zavala el infortunado resultado: "La teoría y las leyes protectoras llegaron tarde para socorrer a los indios de las Antillas. El choque de la raza española con la indígena aniquiló a esta"[18]. Lo tristemente irónico es que tales "teoría[s] y leyes protectoras" surgieron justamente como protesta ante la inclemente condición de los nativos de las ínsulas caribeñas.

El eminente historiador de la cultura latinoamericana, Pedro Henríquez Ureña ha descrito este descenso poblacional drástico como "tragedia étnica"[19]; el historiador cubano Fernando Ortiz de "democidio"[20]. Efrén Córdova habla de un "proceso de genocidio no deliberadamente deseado, pero increíblemente efectivo"[21]. El teólogo peruano Gustavo Gutiérrez lo llama "colapso demográfico"[22]. Nicolás Sánchez Albornoz habla de "desastre demográfico"[23]. El profesor británico R. A. Zambardino lo cataloga como "una de las mayores catástrofes demográficas conocidas"[24]. Aún más categóricamente, el científico norteamericano William M. Denevan afirma: "El descubrimiento de América fue seguido por el posiblemente mayor desastre demográfico en la historia"[25]. Términos similares utiliza el distinguido historiador y economista español, Jaime Vicens Vives: "Catástrofe demográfica... de las peores de la historia de la humanidad"[26].

Vicens Vives no puede evitar que su hispanismo interfiera en sus valoraciones históricas y atribuye la causa principal a una versión indígena de las teorías de Malthus —la población había sobrepasado la cantidad que la tierra podía alimentar a largo plazo— y a las técnicas primitivas de cultivo del suelo, lo que, en su opinión, implica que "antes de la llegada de los españoles, la población aborigen estaba condenada al desastre". Incluso aceptando la hipótesis de que la agricultura mexicana no podía mantener la población indígena de 1518, la pregunta es obvia: ¿sin la irrupción de

[18] *La encomienda indiana*, 39.

[19] *Las corrientes literarias en la América hispánica*. México, D. F.: Fondo de Cultura Económica, 1964, 35.

[20] "La 'leyenda negra' contra fray Bartolomé de las Casas", *Cuadernos americanos*, Vol. 217, No. 2, marzo-abril de 1978, 95.

[21] "La encomienda y la desaparición de los indios en las Antillas Mayores", 27. Tzvetan Todorov: "El siglo XVI habrá visto perpetrarse el mayor genocidio de la historia humana". *La conquista de América*, 14.

[22] *Dios o el oro*, 10.

[23] "Population of Colonial Spanish America", en Leslie Bethell (ed.), *The Cambridge History of Latin America, Vol. II: Colonial Latin America*. Cambridge: Cambridge University Press, (reprinted) 1986, 7.

[24] "Critique of David Henige," 708.

[25] *The Native Population of the Americas*, 7.

[26] *Manual de historia económica*. Barcelona: Editorial Vicens-Vives, 1972, 353.

los invasores, hubiese ocurrido tan grave mortandad o, más bien, una nivelación del crecimiento demográfico?[27]

La disputa sobre las causas de la extinción de los indígenas antillanos y del serio descenso poblacional en otras partes de América, durante el siglo dieciséis, es inacabable, en parte por la incidencia en ella de motivos ideológicos, en parte por la dificultad metodológica de zanjar la cuestión. Lo que, sin embargo, es difícil de negar es la relación inversamente proporcional entre el aumento de la población hispana y la reducción de los habitantes aborígenes. Algo que en 1554 apuntó fray Bernardo de Alburquerque, entonces provincial dominico y luego obispo de Antequera (Oaxaca): "Como los españoles de esta tierra son muchos y se van cada día acreciendo y aumentando, y los indios que cerca de ellos viven reciben grandísimo daño, lo uno porque como los españoles son muchos... y los indios se van cada día menoscabando, porque no hay la décima parte de los que ahora veinte años habían"[28].

Lo recalcó tres décadas después fray Gaspar de Recarte, al aseverar que "aumentándose ellos [los españoles] se aumentan los trabajos de los indios y se van disminuyendo los indígenas"[29]. Un decenio después lo repitió Mendieta: "Se aumentan y multiplican los indios... donde están libres de la polilla de los españoles"[30].

Se trata, por tanto, de un verdadero holocausto indígena.[31]

El derecho a la existencia humana

El principal derecho humano es el derecho a ser, a existir. Cualquier otro derecho presupone la existencia como realidad no arbitrariamente puesta en peligro. Este principio otorga prioridad a los miserables. La existencia del menesteroso se amenaza mediante el hambre, la violencia, las enfermedades mal cuidadas, el maltrato y el exceso de trabajo. El pobre

[27] Es un argumento que probablemente toma Vicens Vives de Borah y Cook, "New Demographic Research on the Sixteenth Century in México," en Howard F. Cline (ed.), *Latin America History: Essays on Its Study and Teachings, 1898-1965*. Austin: University of Texas Press, 1967, 717-722. Por el contrario, Georg Friederici subraya: "En casi todos los lugares a que llegaron los conquistadores españoles... encontraron los graneros abarrotados o, por lo menos, bien abastecidos". *El carácter del descubrimiento*, Vol. I, 236.

[28] Reproducido en Cuevas, *Documentos inéditos*, 180-181.

[29] *Ibíd.*, 385.

[30] *Historia eclesiástica indiana*, l. 1, c. 15, 62-63.

[31] Los que encuentren el término "holocausto" inadecuado, por su apropiación literaria en relación con los esfuerzos genocidas nazis contra los judíos, deben reflexionar sobre lo siguiente: la única masacre que el sobreviviente italiano de Auschwitz, Primo Levi, está dispuesto a considerar a la altura de la sufrida por su pueblo es, justamente, la que afligió a los aborígenes americanos en el siglo dieciséis. *The Drowned and the Saved*. London: Abacus, 1988, 10.

oprimido está desamparado ante la violencia de los poderosos. Su vulnerabilidad y precariedad amenaza su vida, no solo su libertad y felicidad. Su fragilidad y desamparo se convierte en desafío a la conciencia ética y religiosa.[32]

Los múltiples proyectos que trazó Bartolomé de Las Casas para las comunidades a establecerse y legalizarse en el Nuevo Mundo tienen, mas allá de sus múltiples variaciones, algo en común: el respeto al derecho del indígena, encarnación del pobre de los Evangelios, a ser, a existir. Las necesidades vitales, elementales —la alimentación, la salud, la vivienda, el trabajo— adquieren trascendencia teológica. Para el fraile dominico rige el texto veterotestamentario: "El pan de los necesitados es la vida de los pobres, privarlos de su pan es cometer un crimen. Quitar al prójimo su sustento es matarlo" (Eclesiástico 34:22). El hambre que sufren los indígenas conquistados es un crimen, más aún, un pecado contra la ley divina de la solidaridad humana. Por eso, Las Casas insiste: "Porque en el bastimento está su vida, y en la falta de él ha estado su muerte, que coman los dichos indios, así en las estancias como en las minas y en todos los otros trabajos en que trabajaren, de esta manera: que se les dé pan y carne y pescado, y ajes y axí... se les den sendos pedazos de casabe"[33].

También recalca, en este contexto de la defensa del derecho a ser, el problema de la salud. Ante la reiteración de muchos estudiosos de que sustancialmente la principal causa de la "extinción de tantas poblaciones indígenas en los primeros tiempos de la invasión europea en América" fue "la ley biológica de la falta de inmunidad a las infecciones"[34], es importante el esfuerzo que realiza Las Casas para desmitificar la "naturalidad" de esa mortandad. No se trata principalmente de la supuesta debilidad fisiológica de los nativos y su falta de fortaleza inmunológica. Hay varios elementos que son centrales en la magnitud de las muertes por enfermedades. Decisivo es el quebrantamiento de la producción agrícola, por las guerras y la explotación minera. De esta manera, se crea una carestía arbitraria que conlleva el debilitamiento corporal de los indígenas. Otro factor es el descuido de los enfermos, las condiciones poco conducentes a su recuperación y el hacinamiento en los lugares de trabajo y dormitorio, lo que redunda en la multiplicación de los contagios.[35] El testimonio de

[32] Cf. Jon Sobrino, "Lo divino de la lucha por los derechos humanos", *Páginas* (Lima, Perú), Vol. 11, No. 18, Separata No. 78, 1-7.

[33] *Primeros memoriales*, 83.

[34] Richard Konetzke, *América Latina*, 96.

[35] Véase, por ejemplo, su descripción del infortunio de los indígenas enfermos, en su "Octavo remedio", 791. También fray Pedro de Córdoba, líder dominico en La Española recalca ese factor en carta

Las Casas sobre, esto es significativo; lo que él presenció en las Antillas es aterrador:

> Si enfermaban [los indígenas], que era frecuentísimo en ellos, por los muchos y graves y no acostumbrados trabajos y por ser de naturaleza delicadísimos, no los creían, y sin alguna misericordia los llamaban perros, y que de haraganes lo hacían por no trabajar; y con estos ultrajes, no faltaban coces y palos; y desque vían crecer el mal o enfermedad, y que no se podían aprovechar dellos, dábanles licencia para que se fuesen a sus tierras, 20, 30 y 50 leguas distantes, y para el camino, dábanles algunas raíces de ajes y algún casabe. Los tristes íbanse, y al primer arroyo caían, donde morían desesperados; otros iban más adelante, y finalmente, muy pocos, de muchos, a sus tierras llegaban, y yo topé algunos muertos por los caminos, y otros debajo de los árboles boqueando, y otros con el dolor de la muerte dando gemidos, y como podían, diciendo: "¡Hambre! ¡hambre!".[36]

Carl Ortwin Sauer, norteamericano que no puede ser tildado de lascasiano, analiza lo que llama "la destrucción de la estructura social aborigen". Sobre las enfermedades en las minas escribe: "Campamentos mineros que ignoraban cualquier medida sanitaria. Los indios vivían hacinados... de modo que las condiciones eran ideales para la infección constante de la población indígena, que vivía con una dieta inapropiada [los españoles habían restringido la caza y la pesca], deprimida por el exceso de trabajo y desanimada por la pérdida de su forma natural de vida"[37].

Esta explicación no se aparta de muchas crónicas del siglo dieciséis. El franciscano fray Jerónimo de San Miguel escribió al Consejo de Indias el 11 de septiembre de 1551, adolorido por las muertes de los indígenas de Nueva Granada (Colombia), especialmente los encargados de transportar mercadería española por el Río Magdalena. La causa inmediata de la muerte para muchos es la enfermedad, que en tan primitivas condiciones sanitarias fácilmente adquiere visos de epidemia. Fray Jerónimo, sin embargo, rasga el velo encubridor y denuncia como causa última y real del estrago la avaricia que valora más el lucro que la vida de los nativos. "Cierto es lástima ver estos pobrecitos estar todo el día en pie bogando y

a Carlos V: "Matándolos de hambre y de sed, y en sus enfermedades, teniéndolos mucho en menos que bestias suelen ser tenidas, porque aun aquellas suelen ser curadas, más de ellos no". "Carta al rey", apéndice III de Juan Manuel Pérez, *¿Éstos no son hombres?*, 133.

[36] H. I., l. 2, c. 14, t. 2, 255-256.

[37] *Descubrimiento y dominación española*, 307.

muriendo tan largo camino, porque... aunque el trabajo es muy grave, la comida es poca y ruin, porque acontece diversas veces, por meter mucha mercaduría, no dejan meter a los indios la comida necesaria, y de esto se sigue que volviendo los indios a su casa, caen en graves enfermedades y mueren mucho"[38].

A fines de la segunda década del siglo dieciséis, los indios antillanos fueron azotados por una terrible epidemia de viruelas, que dio al traste con algunos esfuerzos tardíos encaminados a evitar su extinción. Las Casas, reconociendo la mortandad fisiológica, insiste en ubicar el problema médico en un contexto de opresión social. "Por este tiempo del año 18 y 19 [1518-1519]... vino una plaga terrible que cuasi todos del todo perecieron, sin quedar sino muy poquitos con vida. Esta fue las viruelas, que dieron en los tristes indios, que alguna persona trujo de Castilla... y así, como pestilencia vastativa, en breve todos morían: allegábase a esto la flaqueza y poca substancia que siempre por la falta de comer y desnudez y dormir en el suelo y sobra de trabajos tenían y el poco y ningún cuidado que de su salud y conservación siempre tuvieron los que de ellos se servían"[39].

Se ha reconocido por médicos y psiquiatras el efecto nefasto que la depresión y la angustia tienen en los debilitados y humillados, siendo la

---

[38] Citado por Gómez Canedo, *Evangelización y conquista*, 135.

[39] H. I., l. 3, c. 128, t. 3, 270. La epidemia parece haberse iniciado en diciembre de 1518 o enero de 1519. Sobre sus efectos y su exportación a otras poblaciones indígenas americanas, véase Alfred W. Crosby, "Conquistador y Pestilencia: The First New World Pandemic and the Fall of the Great Indian Empires", *Hispanic American Historical Review*, Vol. 47, No. 3, August 1967, 321-337. Crosby recalca las enfermedades epidémicas como la causa principal del "periodo espectacular de mortalidad de los indios americanos" en el siglo dieciséis. Sin embargo, tiene que reconocer que al acontecer la primera gran epidemia de viruelas, la mayoría de los indios antillanos ya había perecido. Como parte del proceso de evasión de responsabilidad moral, además de atribuírsele a las viruelas la causalidad principal de la muerte de los nativos, algunos intentan adjudicar a los esclavos negros el inicio de la epidemia. ¡En fin, un asunto entre negros e indios! Véase, por ejemplo, Salvador Arana Soto, *Historia de nuestras calamidades*, San Juan, 1968, 34: "La viruela, terrible epidemia traída de África con los negros"; Loretta Phelps de Córdova, "Some Slaves Had Smallpox Which Spread, Killing Many", *The San Juan Star*, November 21, 1989, 18. Motolinia atribuyó la primera gran epidemia de viruelas en la Nueva España a un negro que vino en 1520 con la expedición de Pánfilo de Narváez. *Historia de los indios de la Nueva España*, trat. 1, c. 1, 13. Sahagún, quien recalca el efecto mortal de las epidemias de viruelas en los nativos mexicanos, es lo suficientemente perspicaz y honesto para darse cuenta de que el factor decisivo en muchos casos fue la falta de atención médica y de cuidado sanitario, no la tan cacareada falta de inmunidad fisiológica. "En la pestilencia de ahora ha treinta años por no haber quien supiese sangrar ni administrar las medicinas como conviene, murieron los más que murieron... y en esta pestilencia acontece lo mismo... y no hay ya quien pueda ni quiera acudir, ni ayudar a los indios pobres, y así se mueren por no tener remedio ni socorro". *Historia general de las cosas de Nueva España*, 585.

melancolía en ocasiones el factor decisivo de la muerte.[40] Las Casas es testigo elocuente de la profunda tristeza y melancolía de los indígenas despojados. "Otros, que de pura tristeza, viendo que jamás su vida, tan amarga y calamitosa, no tiene consuelo ni remedio alguno, se secan y enflaquecen hasta que se caen muertos..."; "cayó en ellos profundísima tristeza... [sin] ninguna esperanza de libertad"[41]. Fray Miguel de Salamanca, en 1520, ante el Consejo de Indias, aseveró que una de las causas de la muerte acelerada de los indígenas era su "descontentamiento... y desesperación"[42]. Esta melancolía llevó a muchos al suicidio colectivo para escapar de una vida marcada irreversiblemente por la desesperación.[43]

El dominico fray Pedro de Córdoba, en carta al rey, probablemente de 1517, describe las consecuencias trágicas de la desesperación india. "Por los cuales males y duros trabajos, los mismos indios escogían y han escogido, de se matar, escogiendo antes la muerte, que tan extraños trabajos, que vez ha venido de matarse cientos juntos por no estar debajo de tan dura servidumbre... Las mujeres fatigadas de los trabajos han huido el concebir y el parir; porque siendo preñadas o paridas, no tuviesen trabajo sobre trabajo, en tanto que muchas, estando preñadas, han tomado cosas para mover e han movido las criaturas, e otras después de paridas, con sus manos han muerto sus propios hijos, por no los poner ni dejar debajo de tan dura servidumbre"[44]. La situación de los nativos es tan lamentable que los dominicos y franciscanos de La Española, en carta colectiva a los

---

[40] Este factor es apuntado por Víctor Frankl como elemento determinante para sobrevir o perecer en los campos de concentración nazi. Véase "Un psicólogo en un campo de concentración", en, del mismo autor, *El hombre en busca de sentido*. Barcelona: Herder, 1986, 11-94.

[41] "Octavo remedio", 755; H. I., l. 1, c. 106, t. 1, 419. Deive llama la atención a un fenómeno similar en los africanos cautivados. Tras ser atrapados se llevaban a unos barcos donde a veces eran retenidos por largo tiempo, antes de zarpar. La pérdida de su libertad y de esperanza para el porvenir y "el continuado encierro de los esclavos hacía que muchos enloquecieran o sufrieran una enfermedad que en esa época se denominaba 'melancolía fija' seguramente provocada por la nostalgia de la tierra y, más que nada, por el ansia de libertad. De ahí los muchos que morían tan solo por falta de deseos de vivir". *La esclavitud del negro*, 688.

[42] H. I., l. 3, c. 136, t. 3, 300.

[43] De acuerdo a Las Casas, siempre presto a descubrir inéditos y profundos significados teológicos en el *via crucis* indiano, los suicidios colectivos demostraban que los nativos "sentían y confesaban la inmortalidad del ánima... lo que muchos filósofos ciegos negaron". *Ibíd.*, l. 3, c. 82, t. 3, 103-104. Friederici piensa que, desprovistos de la prohibición cristiana contra tal acto, el indígena "propendía fácilmente al suicidio". Recoge una amplia colección de testimonios de suicidios colectivos por parte de los nativos, presas de profunda depresión moral. *El carácter del descubrimiento*, Vol. I, 251-252.

[44] "Carta al rey", 133. Algo similar, en fecha concurrente, escribe Pedro Mártir: "Estos sencillos hombres desnudos... hasta tal punto se desesperan, que no pocos llegan a suicidarse sin preocuparse en absoluto de la procreación de los hijos. Las madres encinta, dicen, toman abortivos para dar a luz antes de tiempo, por considerar que el fruto de sus entrañas irá a parar en esclavo de los cristianos". *Décadas del Nuevo Mundo*, Déc. 3, l. 8, t. 1, 363.

padres jerónimos, de 1517, dicen, en expresión de trágico dramatismo: "Sus cuerpos son tan maltratados con tanta dureza como el estiércol que se pisa en la tierra"[45].

Esta postura no fue ni es universalmente compartida. Fray Toribio de Motolinia, en su crítica de 1555 a los tratados publicados tres años antes por Las Casas, sugiere que la despoblación de México era un castigo divino por la idolatría y los pecados de los indígenas. Ocurre así, en la sustitución de población que tenía lugar (españoles por aborígenes), algo similar, en sus manifestaciones y en sus raíces, a lo relatado en el Antiguo Testamento (israelitas por cananeos).[46] Visión similar comparte Oviedo: "Los avía de castigar é casi asolar Dios en estas islas, siendo tan viciosos e sacrificando al diablo..."[47].

Francisco Guerra ha criticado recientemente a Las Casas porque en la "Brevísima relación" recalca las guerras y las servidumbres como las "dos maneras generales y principales" del despoblamiento indígena. En su opinión: "La muerte de epidemias... quedó oculta tras el clamor del 'Defensor de los Indios'". Según Guerra, la verdad es que en el Nuevo Mundo "los cambios demográficos importantes son siempre consecuencias de las epidemias". No se trata, por consiguiente, de un "genocidio", sino de un "desastre sanitario". "Eran tierras nuevas, con hombres nuevos, y el efecto de la enfermedad fue desoladora... Y este panorama de dolor del que fuimos, muy a nuestro pesar, protagonistas con el descubrimiento de América, si prueba una sola cosa es que Las Casas fue injusto con los descubridores. El indígena americano fue victimado por la enfermedad, no por el español"[48].

---

[45] "Carta latina de dominicos y franciscanos de las Indias a los regentes de España", apéndice II en Pérez, *¿Éstos no son hombres?*, 126. La imagen del estiércol la hereda Las Casas: "A las cuales [gentes indianas] no han tenido... más cuenta ni estima... no digo que de bestias... pero como y menos que estiércol de las plazas". "Brevísima relación", 23.

[46] "Carta a Carlos V", 216. En su carta al emperador, Motolinia asume una tónica apologética que en muchos puntos es cuestionada por sus propias crónicas, especialmente su importante relato de las "diez plagas", en su *Historia de los indios de la Nueva España*, tr. 1, c. 1, 13-18. Permite que su hostilidad contra Las Casas obnubile su perspectiva y salte apresuradamente a la palestra en defensa del imperio hispano. Sus diferencias con Las Casas tocan puntos neurálgicos: a) la distinta evaluación de la conquista armada como supuesto de la evangelización; b) la divergente apreciación de la instrucción catecúmena imprescindible para administrar el bautismo a un indígena.

[47] *Historia general y natural de las Indias*, l. 3, c. 6, t. 1, 74.

[48] "El efecto demográfico de las epidemias tras el descubrimiento de América", *Revista de Indias*, Vol. 46, Núm. 177, enero-junio 1986, 41, 42 y 58. Extrañamente, tras enumerar distintos factores cuya correlación sería importante analizar, también Woodrow Borah se refugia en los microbios y gérmenes como principales causantes del "descenso catastrófico de la población aborigen". Son muchos los vericuetos académicos que colaboran para evadir la responsabilidad moral. "¿América como

A fin de cuentas, ¡fue asunto de mosquitos, piojos, pulgas, bacilos, virus y gérmenes! Falta aquí un análisis concreto y crítico del contexto social de las epidemias, su relación con el quebrantamiento del orden social, el descalabro de la producción agrícola, el menosprecio de los valores autóctonos y la instrumentalización de los nativos en función de la avaricia por metales preciosos. Lo extraño es que tales factores son abrumadoramente señalados por innumerables testimonios contemporáneos.

Hay en muchos analistas un excesivo énfasis en las epidemias serias, sobre todo las viruelas, lo que Todorov ha tildado de no intencional "guerra bacteriológica" contra los indígenas.[49] Falta, empero, la atención a las enfermedades simples y comunes, como resfriados y catarros, que bajo un régimen de exceso de trabajo, descuido de la alimentación, exposición continua a la lluvia, cambio de medio ambiente y maltrato, pueden ser fatales. Las Casas sugiere este fenómeno al señalar que "cualquiera enfermedad accidental más presto los adelgaza, enflaquece y los despacha... porque han sido puestos después que acá venimos en grandes y desordenados trabajos"[50].

Esta perspectiva integral sobre la enfermedad de los nativos no es exclusiva a Las Casas. Mendieta, a fines del siglo dieciséis, asume un tono similar. "Yo para mí tengo que todas las pestilencias [epidemias] que vienen sobre estos pobres indios, proceden del negro repartimiento alguna parte, de donde son maltratados... que les cargan excesivos trabajos conque se muelen y quebrantan los cuerpos"[51].

modelo? El impacto demográfico de la expansión europea sobre el mundo no-europeo", *Cuadernos americanos*, noviembre-diciembre 1962, 176-185.

[49] *La conquista de América*, 69.

[50] *Apologética historia sumaria*, l. 2, c. 34, t. 1, 176. Un ejemplo ha sido descubierto por Jalil Sued Badillo en el Archivo de Indias, en Sevilla. En una investigación realizada en 1529 en el área del Toa, en Puerto Rico, sobrevivientes indígenas relatan el sistema de trabajo a que habían sido sometidos: "Dijeron que se murieron muchos y se murieron de los hacer trabajar mucho; y que si alguno estaba malo le decían —anda a trabajar, que no es nada— y los hacían ir y se morían". *La mujer indígena y su sociedad* (2da. ed.). Río Piedras: Editorial Cultural, 1989, 66. Una pertinente crítica al excesivo énfasis en las epidemias y, especialmente, su aislamiento del quebrantamiento violento de la estructura social indiana, se encuentra en Benjamin Keen, "The White Legend Revisited: A Reply to Professor Hanke's 'Modest Proposal'", *Hispanic American Historical Review*, Vol. 51, 1971, 336-355.

[51] *Historia eclesiástica indiana*, l. 4, c. 37, 523.

10
La esclavitud negra

El remedio de los cristianos es este, muy cierto, que S. M. tenga por bien de prestar a cada una de estas islas quinientos o seiscientos negros, o lo que pareciere que al presente bastaren para que se distribuyan por los vecinos, é que hoy no tienen otra cosa sino indios.
Bartolomé de Las Casas (1531)

Este aviso de que se diese licencia para traer esclavos negros a estas tierras dio primero el clérigo Casas, no advirtiendo la injusticia con que los portugueses los toman y hacen esclavos; el cual, después de que cayó en ello, no lo diera por cuanto había en el mundo, porque siempre los tuvo por injusta y tiránicamente hechos esclavos porque la misma razón es de ellos que de los indios.
Bartolomé de Las Casas (¿1560?)

Una "nueva esclavitud"

El colapso demográfico sufrido por el nativo americano planteó la necesidad de sustituir la mano de obra servil. No se puede hablar de la conquista de América ni de la servidumbre de sus aborígenes sin hacer una importante y necesaria digresión, especialmente desde el origen antillano de estas anotaciones: la conquista de América es el punto de arranque del sistema moderno de esclavitud. La introducción de siervos africanos fue consustancial al proceso de la expansión europea en América. Correctamente apunta Rolando Mellafe: "El esclavo negro fue un objeto de comercio que llegó a todas partes con la conquista misma, no después de ella... Hubo dos elementos que nunca faltaron en el bagaje, hueste o pequeño séquito de un conquistador importante: los caballos y los negros esclavos"[1].

---

[1] *La esclavitud en Hispanoamérica*, 23, 26.

La esclavitud africana, surgida en las postrimerías del siglo quince, se distingue significativamente de la servidumbre europea tradicional:[2]

(1) Se particularizó racialmente el sujeto esclavo. Esclavitud y negritud se convirtieron en términos casi sinónimos.[3] Tras la inicial servidumbre de los americanos nativos, se les reconoció, al menos en teoría, como vasallos libres, y comenzó el mercado en gran escala de negros africanos, lo que podría denominarse una "nueva esclavitud". Desde entonces, la esclavitud se unió estrechamente a la negritud en larga historia de opresión y resistencia.

La esclavización de los africanos no fue iniciada por los cristianos. Al arribar los portugueses, a mediados del siglo quince a la costa occidental de África, encontraron un mercado esclavista sustancial. Pero fueron los europeos quienes lo multiplicaron geométricamente y convirtieron en catapulta del desarrollo de un nuevo modo de producción. Para esto se requirió el proceso de dominar y colonizar el Nuevo Mundo.

(2) La esclavitud asumió en América una justificación ideológica nueva y paradójica: civilización y evangelización del africano. Esto, naturalmente, en tratados de intelectuales europeos, blancos y cristianos. El teólogo jesuita español, Luis de Molina, a fines del siglo decimosexto, reproduce esta alegación, poniendo en boca de los europeos involucrados en el mercado esclavista la siguiente apología: "Se admiran si alguien les pone algún reparo, y sostienen que se procede primorosamente con los negros que son vendidos y conducidos a otros lugares. Pues opinan que, de esta manera, entre nosotros se les convierte al cristianismo y se les proporciona también una vida material mucho mejor que la que antes llevaban entre los suyos, donde andaban desnudos y tenían que contentarse con una alimentación miserable"[4].

---

[2] Véase Moses I. Finley, *Ancient Slavery and Modern Ideology*. London: Penguin Books, 1980 y Klein, *African Slavery in Latin America and the Caribbean*, 20. Por "tradicional" me refiero al papel relativamente limitado que la esclavitud ocupó en el modo de producción prevaleciente en Europa desde el declinar del imperio romano hasta fines del siglo quince.

[3] Cf., Frank Tannenbaum, *Slave and the Citizen: The Negro in the Americas*. New York: Vintage Books, 1946, 110-112, n. 236.

[4] Molina no es anti-esclavista. Solo intenta distinguir entre la "justa" y la "injusta" servidumbre. Incluso se apresta a enunciar que "la esclavitud, bajo el dominio de los cristianos, conduce al bien espiritual de los esclavos, constituye una obra de caridad comprar a los negros su libertad para que, de esta manera, se hagan cristianos". *De iustitia et iure*, disps. 34-35, ns. 6, 9-10 (citado por Höffner, *La ética colonial española*, 465, 472). Sin embargo, algunos teólogos españoles, sin llegar a condenar globalmente la esclavitud africana, expresaron algunas importantes reservas. Domingo de Soto asevera acerca del mercado negro lusitano: "Hay, efectivamente, quienes afirman que la gente desgraciada es seducida con mentiras y engaños... y algunas veces obligada por la fuerza y así sin darse cuenta, ni saber lo que se ha de hacer con ella, es embarcada y vendida. Si esto es verdad, ni los que se apoderan

Con ello se trastocó drásticamente el sistema medieval de esclavitud, tal cual había sido diseñado por la cristiandad. El dique a la esclavitud desapareció y se sentaron las bases para su extraordinario incremento. La paradoja de la simultánea evangelización y explotación del africano es bien expresada por Carlos Esteban Deive, en su estudio sobre la historia de la esclavitud negra en Santo Domingo:

> La actitud de la Iglesia frente a la esclavitud se centraba oficialmente en su interés de que los negros idólatras y paganos se acogiesen, en gracia al adoctrinamiento y bautismo previos, a los beneficios y consuelos del catolicismo. La corona compartió esa posición y trató también de que los esclavos negros recibiesen instrucción religiosa. Ahora bien, el interés... porque el esclavo abrazase la doctrina cristiana no obedecía tan solo al celo apostólico... La cristianización del africano persiguió también su más fácil sometimiento y fue... un recurso utilizado para justificar la trata negrera... Se encadenó el cuerpo del esclavo para, en recompensa, ofrecerle un alma que salvar.[5]

(3) El número de esclavos aumentó dramáticamente. Las estadísticas de este mercado literalmente negro son impresionantes. Herbert Klein calcula que de 10 a 15 millones de africanos se importaron al Nuevo Mundo durante el tiempo en que duró el mercado esclavista.[6] En 1589, un informe de la Casa de Contratación de Sevilla señalaba a los esclavos negros como la mercancía más importante de exportación a las Indias y en 1594 el 47.9 por ciento de los barcos que arribaron a América se dedicaban a la trata negrera.[7] Acierta Deive al indicar que durante el siglo quince: "La demanda de esclavos africanos... en gran escala, el que sangraría a África durante varios siglos, comenzó como consecuencia del descubrimiento

de ellos, ni los que los compran, ni los que los poseen pueden tener nunca tranquila su conciencia, mientras no los pongan en libertad, aunque no puedan recuperar su precio". *De la justicia y el derecho*, l. 4, cu. 2, art. 2, t. 2, 289.

[5] Deive, *La esclavitud del negro*, 377. A su parecer, generalmente esta paradoja se resolvía a favor de los intereses crematísticos de los colonos. Indica que en el siglo dieciséis la mayoría de los esclavos negros en La Española morían sin recibir el sacramento del bautismo. *Ibíd.*, 386.

[6] *African Slavery*, 21. A esta cantidad habría que añadir los negros que no sobrevivieron el proceso inicial de esclavización. Woodrow Borah calcula que por cada esclavo que llegó con vida a América, por lo menos dos africanos murieron en la captura o en el traslado oceánico. "¿América como modelo?", 182.

[7] Mellafe, *La esclavitud en Hispanoamérica*, 59-60; Konetzke, *América Latina*, 69.

de América"[8]. Esto configuró decisivamente la historia de algunas partes de América, como el Caribe, Brasil y el Sur de los Estados Unidos.

(4) Se intensificó la explotación del trabajo esclavo. Mientras la esclavitud clásica mantenía en funcionamiento un modo de producción tradicional, la negra americana sienta las bases de acumulación necesarias para uno nuevo, montado sobre una relación distinta de trabajo: el capitalismo. Los sistemas modernos de coloniaje y esclavitud, y sus relaciones con el surgimiento del sistema capitalista, están íntimamente ligados con el dominio de Europa sobre América, iniciado el 12 de octubre de 1492.[9]

La esclavitud africana y la conciencia cristiana

Durante el siglo decimosexto abundaron las defensas teológicas, jurídicas y filosóficas de la libertad de los indígenas, no así, sin embargo, del esclavo negro. La disparidad es contundente. La actitud de Bartolomé de Las Casas al respecto de la esclavitud negra constituye uno de los elementos más controvertidos para sus historiadores, imparciales, apologistas o detractores.[10] En sus primeros memoriales, de 1516 y 1518, en una famosa misiva al Consejo de Indias, redactada en 1531, y en un memorial de 1542, Las Casas sugiere importar esclavos para realizar ciertas labores que entonces se encomendaban a los nativos.[11] Esos textos demuestran, fuera de duda alguna, que, por décadas, Las Casas promovió la esclavitud africana como una de las medidas necesarias para resolver simultáneamente la crisis demográfica de los indígenas y los serios problemas económicos de los colonos. De ahí ha surgido una peculiar "leyenda negra" contra Las Casas, según la cual él sería responsable de la introducción de la esclavitud africana en América. De acuerdo a esta interpretación, su objetivo habría sido traspasar el trabajo productivo de riquezas de unos oprimidos, los indígenas, a otros igualmente expoliados, los africanos.

Hay varios puntos que deben señalarse, en respuesta a tal "leyenda negra" anti-lascasiana. Primeramente, contrario a lo que todavía a veces

[8] *La esclavitud del negro*, 678-679.

[9] El análisis del llamado "comercio triangular" (metales preciados de América, trabajo esclavo de África y mercancías elaboradas y crédito financiero de Europa) ha sido elaborado múltiples veces. Deive resume la literatura, *Ibíd.*, 655-693.

[10] Véase Silvio A. Zavala, "¿Las Casas esclavista?", *Cuadernos americanos*, Año 3, No. 2, 1944, 149-154; Robert L. Brady, "The Role of Las Casas in the Emergence of Negro Slavery in the New World", *Revista de historia de América*, núm. 61-62, enero-diciembre 1966, 43-55; Fernando Ortiz, "La 'leyenda negra'", 84-116; e, Isacio Pérez Fernández, "Estudio preliminar" a Fray Bartolomé de Las Casas, *Brevísima relación de la destrucción de África*.

[11] *Primeros memoriales*, 65, 79, 120-122, 130, 138 y 140; Fabié, *Vida y escritos de Las Casas*, t. 70, 484-485; *Ibíd.*, t. 71, 461.

se afirma, la introducción de esclavos africanos precedió por más de una década las primeras sugerencias de Las Casas. De ninguna manera fueron estas su causa eficiente, ni siquiera circunstancial.[12] Él fue parcialmente responsable de ese error, por aparentemente afirmar en ocasiones algo que llegó a escribir en su *Historia de las Indias*: "Este aviso de que se diese licencia para traer esclavos negros a estas tierras dio primero el clérigo Casas"[13].

Lo cierto es que Las Casas compartió una opinión generalizada entre quienes deseaban evitar la total extinción de los indígenas antillanos. Fray Pedro de Córdoba, junto a sus hermanos dominicos, urgió la introducción de esclavos negros, en opinión presentada a los padres jerónimos que, a mandato del Cardenal Cisneros, visitaron La Española entre 1516 y 1518.[14] En memorial que arde en pasión defensora de los indígenas americanos, aconseja: "Para el remedio temporal de los cristianos é de sus haciendas, que les diese Su Alteza licencia para traer esclavos, y aun los que no tuviesen para ellos de presente, Su Alteza se los enviase é se los vendiese fiados por algún tiempo"[15].

En 1517, el franciscano fray Pedro Mexía reiteró la propuesta de sustituir el trabajo indígena por el negro. "Que a cada persona que tenga indios en encomienda... quitándoselos... les sea dado en remuneración de los indios que le quitan, por cada cinco indios que le quitaren, un esclavo macho o hembra". Mexía cree que con dos mil esclavos en La Española, "la mitad hombres, la mitad mujeres", se solucionaría el doble problema de la rápida extinción de los aborígenes y la crisis económica de la colonia.[16]

A su vez, los padres jerónimos hacen formalmente la recomendación al Cardenal Cisneros, regente de la corona castellana: "Dar licencia general a estas islas, en especial la de San Juan, para que puedan traer a ellas negros bozales porque por experiencia se ve el gran provecho de ellos así como para ayudar a estos indios... como por el gran provecho que a Sus Altezas de ellos vendrá"[17]. Repiten la misma sugerencia el próximo año

---

[12] Fernando Ortiz hace una descripción detallada del trato oficial de esclavos negros a las Indias entre 1500 y 1516. "La 'leyenda negra'", 90-96. Sin embargo, todavía un intelectual de la talla de Nicolás Sánchez Albornoz parece insinuar una responsabilidad especial de Las Casas en el inicio del tráfico negro en América. "Population of Colonial Spanish America", 19.

[13] H. I., l. 3, c. 102, t. 3, 177. La autoconciencia de protagonista privilegiado del drama histórico de las Indias llevó a Las Casas a atribuirse la paternidad, que no le corresponde, de haber sugerido la introducción de esclavos negros a las islas antillanas.

[14] Deive, *La esclavitud del negro*, 31-36.

[15] D. I. A., Vol. 11, 214; apéndice I, Pérez, *¿Éstos no son hombres?*, 121.

[16] Citado por Gómez Canedo como apéndice a *Evangelización y conquista*, 220.

[17] Deive, *La esclavitud del negro*, 36.

(18 de enero de 1518), al respecto de todas las islas antillanas en proceso de colonización, en carta al nuevo monarca, Carlos: "En especial que á ellas se puedan traer negros bozales, y para los traer sean de la calidad que sabemos que para acá conviene"[18].

Alonso de Zuazo, juez de residencia en La Española, nombrado por el Cardenal Cisneros, recomendó el 22 de enero de 1518: "Dar licencia general que se traigan negros, gente recia para el trabajo, al revés de los naturales, tan débiles que solo pueden servir en labores de poca resistencia"[19]. Dos años después, su sucesor insistiría: "Negros son muy deseados"[20]. También en 1520, una encuesta hecha en La Española acerca de la crisis económica que sufría la isla, revela una opinión muy generalizada entre los habitantes castellanos: "Convendría que Su Alteza mandase enviar siete ó ocho mil negros, comprados de sus rentas de estas islas, é los mandase repartir en los vecinos de esta isla... é con esto me parece [opina Francisco de Vallejo] que esta isla se poblaría é seria mas acrecentada la renta de Su Alteza"[21].

La petición de esclavos negros fue constante de parte de colonos y encomendadores, de los cuales era de esperarse, pero también de líderes religiosos, incluso de quienes se distinguieron por su generosidad y solidaridad con los indígenas. El obispo Sebastián Ramírez de Fuenleal, el 11 de agosto de 1531, aseveró: "Toda la población y perpetuidad de esta isla [La Española] y la de San Juan y aun la de Cuba consiste en que tengan negros para sacar oro y beneficiar las otras granjerías"[22].

Deive demuestra a cabalidad la pertinencia fiscal de estas recomendaciones que, independientemente de la solidaridad que expresan con la triste condición indiana, tenían como principal objetivo solucionar el problema de la creciente escasez de mano de obra servil en momentos en que se planeaba aumentar la explotación económica de las posesiones antillanas. La importación de africanos parecía ser el remedio eficaz para el problema ético indiano y para la dificultad mercantil.[23] Acierta Bataillon al aseverar que, al respecto de la entrada de esclavos negros en América, "Las Casas desempeñó un papel poco importante"[24].

[18] D. I. A., Vol. I, 298-299.

[19] *Ibíd.*, 293.

[20] *Ibíd.*, 418.

[21] *Ibíd.*, 406.

[22] Citado por Deive, *La esclavitud del negro*, 84-85.

[23] *Ibíd.*, 27-49.

[24] *Estudios sobre Bartolomé de las Casas*, 134.

Las Casas, en segunda instancia, nunca negó la licitud de ciertos tipos de esclavitud. Aceptaba el concepto tradicional de *ius gentium* que preconizaba la licitud de esclavizar los cautivos en una guerra justa. Esta idea, como hemos visto, tiene orígenes bíblicos (Deuteronomio 20:14) y clásicos (Aristóteles, *La política*, libro 1, capítulos 3-8), y fue modificada por la excepción de no someter a cristianos a la servidumbre forzada. Inicialmente, tampoco cuestionaba el argumento, esgrimido por la corona portuguesa, de que los africanos eran moros y sarracenos y, por ende, susceptibles de lícitamente someterse a servidumbre forzosa.

Sostuvo Las Casas desde temprano en la segunda década del siglo dieciséis que los indígenas del Nuevo Mundo eran esclavizados inicuamente. Su sometimiento a servidumbre faltaba, insiste, a la ética y al derecho. Es la tesis que defiende en su "Tratado sobre la materia de los indios que se han hecho esclavos"[25]. Esa extensa disertación sobre la injusticia e ilegitimidad de la servidumbre de los nativos del Nuevo Mundo supone, sin embargo, como premisa sin la cual la argumentación sería absurda, la licitud y legalidad, de acuerdo al derecho de gentes aceptado por la cristiandad, de la esclavización de otras personas en otras circunstancias. A fines del siglo quince, tres grupos principales eran esclavos en Europa y España: sarracenos, eslavos (tan frecuentemente sometidos a servidumbre forzada que su nombre étnico devendría en concepto general de la institución heril) y negros africanos. En general, Las Casas no cuestionaba la legalidad de su subyugación.

No me parece correcto, sin embargo, afirmar, como hace Deive, que "para Las Casas, la esclavitud del negro era un estado natural... algo lógico y propio de su naturaleza"[26]. Su "estado natural", como para todos los seres humanos es, en la óptica lascasiana, la libertad. La servidumbre de los africanos procede de razones históricas, religiosas y bélicas, que al principio Las Casas admitió y finalmente cuestionó.

Es posible detectar, empero, en contraste con su perspectiva idílica del "noble salvaje" oriundo de América, que su visión del africano no logra liberarse de ciertos matices racistas típicos en la cultura europea blanca (e. g., "otros tan negros como etíopes, tan disformes en las caras y cuerpos"[27]). Con ello demuestra Las Casas ser partícipe del menosprecio

[25] *Tratados*, Vol. I, 500-641.

[26] *La esclavitud del negro*, 57, 59. En general, los teólogos escolásticos hispanos del siglo dieciséis distinguían entre la libertad humana, de acuerdo al derecho natural, y la posibilidad de su esclavización, de acuerdo al derecho de gentes. Es ejemplar, sobre este problema, el tratamiento que hace Domingo de Soto en el cuarto libro de su *De la justicia y del derecho*, al que antes hemos hecho referencia.

[27] H. I., l. 1, c. 24, t. 1, 131.

común de su época a la fisionomía negra.[28] El problema es que en la metafísica occidental, desde Platón hasta Kant, se vinculan tan estrechamente los conceptos de verdad, virtud y belleza que si se cuestiona la participación del negro en una de esas áreas —e. g. la belleza—, es casi imposible evitar su denigración también en las otras dos, con lo que se sientan las bases teóricas legitimadoras del racismo y la esclavitud.

Tercero, Las Casas inicialmente no exclusivizó la esclavitud con la negritud. En algunas de sus recomendaciones sobre la posible importación de mano de obra servil, habló de esclavos "negros o blancos". Todavía en 1531, reitera la necesidad de importar esclavos a las islas antillanas; estos deben ser "negros o moros"[29]. Con la rápida expansión del "mercado negro" africano, sin embargo, la esclavitud blanca se convirtió en especie exótica en proceso de extinción. Además, la corona nunca vio con buenos ojos la importación de esclavos islámicos, por considerarlos elementos de posible contaminación religiosa, y trató de evitarla mediante diversas cédulas y decretos.[30] En 1542, también Las Casas ennegrecería de manera exclusiva la esclavitud americana al recomendar, como remedio para los vecinos ibéricos instalados de manera permanente en el Nuevo Mundo: "Mandalles prestar ó fiar algunos esclavos negros"[31].

Cuarto, él no pudo imaginar la extraordinaria explotación del trabajo negro que redundaría en la mercantilización de millones de seres humanos. La noción que parecía tener era la de esclavos ladinos, no la sistematización de campañas de rapiña diseñadas para capturar masivamente africanos. Las sugerencias que presentó sobre la importación de africanos revelan que los números que tenía en mente eran relativamente pequeños. Según Deive: "Las Casas, que estaba en España [1517-1520], pudo leer cuantos memoriales y peticiones de negros llegaban a la corte y se opuso vehementemente a la introducción de bozales, insistiendo en

[28] Este menosprecio hacia la negritud se encuentra en el parecer que el Consejo de Indias da a Felipe II tras el monarca recomendar, en 1556, que los derechos de los encomenderos puedan legarse a hijos naturales de no haberlos legítimos. "Estos hijos naturales que así han de suceder, no han der ser hijos de negras, porque se refrenen tan feos ayuntamientos, de los cuales no hay ninguna esperanza que pararán en matrimonio, porque ninguno se querrá casar con la negra en que hubiere habido los tales hijos, y también porque estos tales según se tiene por experiencia, son perniciosos en aquellas provincias, por lo cual está proveído por V. M. que mulatos no pasen a las Indias". Por el contrario, a hijos naturales de padre blanco y madre indígena se les debe permitir el derecho de herencia cuando no existan otros legítimos. Konetzke, *Colección de documentos*, Vol. I, 347.

[29] Fabié, *Vida y escritos de Las Casas*, t. 70, 485. El término "blanco" parece referirse a esclavos moros, que abundaban en la península ibérica.

[30] Mellafe, *La esclavitud en Hispanoamérica*, 54.

[31] En Fabié, *Vida y escritos de Las Casas*, t. 71, 461.

que los esclavos fueran ladinos y que la isla se poblase de labradores castellanos"[32].

Sin embargo, Deive no extrae la conclusión obvia; a saber, que el fraile dominico no sugería que los africanos se convirtiesen en nuevos explotados en las posesiones hispanas antillanas, sino en servidores minoritarios de quienes sostendrían sobre sus hombros la principal carga del trabajo productivo: las sociedades conjuntas de labradores castellanos y pueblos indígenas. Predomina en sus recomendaciones de 1516-1518, sobre la importación de esclavos negros, números relativamente pequeños: "dos esclavos negros y dos negras" para las familias instaladas en las islas antillanas, evidentemente para servicio doméstico, y "veinte negros y negras" para quien establezca un ingenio azucarero.[33] En su detallado plan de colonización pacífica de la costa norte de lo que hoy se llama América del Sur, el total de esclavos negros que cree debe autorizarse su importación en diez años son solo 500.[34] En 1542, habla de "algunos esclavos negros"[35]. Comparados con la historia de la masiva importación de mano de obra negra en las Antillas, sus números son ingenuamente ínfimos.

Quinto, Las Casas nunca planteó que los esclavos se convirtieran en la base social principal del trabajo productivo. Por el contrario, sus memoriales expresan un proyecto de trabajo comunal, que recaería, primariamente sobre labradores españoles e indígenas, proyectan una utopía del trabajo compartido, en evangélica hermandad entre españoles y nativos, compartiendo labores y ganancias. En su memorial de 1518, insiste en que la corona "mande luego proveer de labradores... y dar se há un pregon, que todos los hombres de trabajo que quisieren ir, vayan"[36]. Dos años antes había sugerido al Cardenal Cisneros:

> Vuestra reverendísima señoría mande ir á cada villa o ciudad, de las que están y estuvieren en las dichas islas, cuarenta labradores, más o menos según la disposición de cada lugar, con sus mujeres y hijos, de cuantos en estos reinos hay sobrados y por ventura necesitados, para que siempre allá permanezcan. Y que den á cada uno cinco indios con sus mujeres y hijos en compañía para que sean compañeros y trabajen de por medio; y sacada la parte de S. A. lo otro lo partan hermanablemente el tal labrador y los cinco

---

[32] *La esclavitud del negro*, 66.

[33] *Primeros memoriales*, 138, 140; también en Fabié, *Vida y escritos de Las Casas*, t. 70, 458-459.

[34] H. I., l. 3, c. 132, t. 3, 283.

[35] Fabié, *Vida y escritos de Las Casas*, t. 71, 461.

[36] *Primeros memoriales*, 140.

> indios... y ellos [los indígenas] viendo que los cristianos trabajan, ternán mejor gana de hacer lo que vieren, y así mismo se mezclarán casándose los hijos de los unos con las hijas de los otros, etc. Y así multiplicarse ha la tierra de gente y de fruto... y las islas noblecidas, y por consiguiente, las mejores y más ricas del mundo.[37]

Es una visión, utópica si se desea, de una sociedad mestiza labradora, cuyos bienes provienen del trabajo de las manos de sus integrantes, no de la explotación de cautivos esclavos. La base del mestizaje es el compañerismo y hermandad de labores entre indígenas y castellanos. Esa misma idea es reiterada décadas después, en reflexión sobre esos primeros memoriales, en su *Historia de Indias*, al escribir sobre lo que hubiese convenido hacer en esos momentos en que todavía era posible evitar la extinción de los nativos antillanos:

> Enviar verdaderos pobladores, conviene a saber, gente labradora, que viviese de cultivar tierras tan felices como éstas, las cuales de su propia voluntad concedieran los mismos naturales pobladores y dueños de ellas, que eran los indios, y los unos se casaran con los otros y de ambas se hiciera una de las mejores repúblicas y quizá más cristiana y pacífica del mundo, y no enviar indiferentemente de todo género de personas desalmadas, que las robaron, escandalizaron, destruyeron y asolaron y echaron en los infiernos, con increíble infamia de la fe.[38]

Insistió por décadas en el envío a las Antillas de gente labradora, que, como en tantas ocasiones repite, "no viviese de sudores ajenos". En una carta de 1559 asevera que el remedio de La Española "es poblarla de gente labradora y llana, que en estos reinos [España] sobra"[39].

Es cierto, sin embargo, que todavía en 1531 y en 1542, Las Casas se sintió atraído por el espejismo de la esclavitud africana como factor clave en la solución de los problemas económicos de los colonos castellanos en las islas antillanas, que, a su vez, parecía ser elemento indispensable para liberar a los indígenas de su cruenta explotación. En extensa y emotiva carta del 20 de enero de 1531 al Consejo de Indias, retoma, década

---

[37] *Ibíd.*, 61-62 (énfasis añadido).

[38] H. I., l. 3, c. 102, t. 3, 179.

[39] En *Obras escogidas de Fray Bartolomé de las Casas*, Vol. 5 (Biblioteca de Autores Españoles, t. 110), 463.

y media después de sus primeros memoriales, con aún mayor ahínco la sugerencia esclavista.

> El remedio de los cristianos es este, mui cierto, que S. M. tenga por bien de prestar á cada una de estas islas quinientos ó seiscientos negros, ó lo que pareciere que al presente bastaren para que se distribuyan por los vecinos, é que hoy no tienen otra cosa sino indios; é los que más vecinos vinieren, á tres, é á cuatro, é á seis, según que mejor pareciere á la persona que lo iviere de hacer, se los fíen por tres años, apotecados los negros á la misma deuda.

Se preocupa en esta misiva Las Casas por abaratar la adquisición de negros por parte de los colonos, criticando la venta exclusiva de licencias de importación por parte de la corona, cuyo costo a la postre se transfería a los colonos. "Una, Señores, de las causas grandes que han ayudado á perderse esta tierra, é no se poblar más de lo que se han poblado... es no conceder libremente á todos cuantos quisieren traer las licencias de los negros". Alude a sus recomendaciones de 1516 a 1518, que iban dirigidas "para remedio é libertad é resuello de los indios que estaban oprimidos, que saliesen de tal cautiverio" y que incluían, como factor significativo, la importación de esclavos. Refleja nuevamente su intensa autoconciencia mesiánica al lamentarse de que tales planes fracasaron debido a su ausencia, por estar en el convento dominico, del centro de acción. "Pero poco aprovechó... porque no entendí yo más en los negocios, tomándome Dios para mi mayor seguridad"[40].

En uno de sus tratados de 1552, vuelve a su vieja concepción de que la única colonización que podría ser, al mismo tiempo, justa y provechosa, sería la de labradores. "Las tierras de todo aquel orbe son fertilísimas y utilísimas para ser ricos todos los que quisieren ayudarse sin desollar indios. Y la gente provechosa labradora, e no holgazana como la de guerra, es para allá"[41].

Por último, como punto final que debe resaltarse, y que sus críticos descuidan, Las Casas se convenció de que el saqueo de africanos no cumplía con los criterios de guerra justa y, por consiguiente, también su esclavización era ilegítima. En su *Historia de las Indias*, reconoció la cruel violencia que se cometía en la captura y mercantilización de los africanos y condenó severamente estos hechos como "injustos y tiránicos":

---

[40] "Carta al Consejo de Indias", en Fabié, *Vida y escritos de Las Casas*, t. 70, 484-486.

[41] "Disputa o controversia", 449.

> Este aviso de que se diese licencia para traer esclavos negros a estas tierras dio primero el clérigo Casas, no advirtiendo la injusticia con que los portugueses los toman y hacen esclavos; el cual, después de que cayó en ello, no lo diera por cuanto había en el mundo, porque siempre los tuvo por injusta y tiránicamente hechos esclavos porque la misma razón es de ellos [los negros] que de los indios.[42]

Indica que, contrario a sus expectaciones iniciales de que se trataría de unos 4000 negros, se trajeron a las Indias más de 100 000, sin reducirse el mal trato a los indígenas, ni preservarse de la extinción a los nativos antillanos. "Para los indios ningún fruto de ello salió, habiendo sido para su bien y libertad ordenado, porque al fin se quedaron en su cautiverio hasta que no hubo más que matar"[43].

Señala con tristeza e indignación que el aumento de la demanda provocó el incremento de la caza y saqueo de africanos: "Siguióse de aquí también que como los portugueses de muchos años atrás han tenido de robar a Guinea, y hacer esclavos a los negros, harto injustamente, viendo que nosotros... se los comprábamos bien, diéronse y danse cada día priesa a robar y captivar de ellos, por cuantas vías malas e inicuas cautivarlos pueden"[44].

Consciente de que la esclavización de los africanos se había montado sobre la premisa de que eran sarracenos y moros y, por tanto, "enemigos de la cristiandad", Las Casas inicia una distinción entre islamistas, arriesgada para su época, tan marcada por la hostilidad contra los adoradores de Alá, que intenta superar la muy citada clasificación tricotómica del Cardenal Cayetano de los infieles —a saber: los que son de derecho pero no de hecho súbditos de los príncipes cristianos (e. g., turcos), y, por ende, adversarios de la cristiandad; los que de hecho y derecho caen bajo su jurisdicción política (e. g., los judíos) y los que ninguna relación, ni de hecho ni de derecho, tienen con los cristianos (e. g., los indios americanos)—. Aunque los africanos fuesen "moros", no pertenecían a los grupos que asaltaban la Europa cristiana, ninguna injuria cometían contra los países ibéricos y, por tanto, no hay justicia alguna en el acto de guerrearles

[42] H. I., l. 3, c. 102, t. 3, 177.

[43] *Ibíd.*, 178. Tampoco, en su opinión, beneficiaba económicamente el mercado esclavista a España. Los que lucraban verdaderamente eran los extranjeros que dominaban el tráfico de negros. El número de 100 000 lo da en *Ibíd.*, l. 3, c. 129, t. 3, 275. Como todas las matemáticas lascasianas, debe tomarse con cautela.

[44] *Ibíd.*, l. 3, c. 129, t. 3, 275.

ni esclavizarlos. De hecho y de derecho escapan a la jurisdicción de las autoridades europeas cristianas.

> Y esta es la ceguedad... que ha caído en los cristianos mundanos, creer que por ser infieles los que no son bautizados, luego les es lícito saltearlos, robarlos, cautivarlos y matarlos; ciertamente, aunque aquellos [los africanos] eran moros, no los habían de cautivar, ni robar, ni saltear, pues no eran de los que por las partes de la Berbería y Levante infestan y hacen daño a la cristiandad. [45]

Aún peor, la codicia portuguesa por el mercado negro estimulaba a su vez las acciones esclavistas de los moros [árabes] o de los otros negros. "Tampoco miraban los portugueses, que por conocer los moros la codicia suya de haber negros por esclavos, les daban ocasión de que les hiciesen guerra o los salteasen... sin justa causa, para se los vender por esclavos... Como ven los negros que los portugueses tanta ansia tienen por esclavos, por codicia... cuantos pueden roban y cautivan"[46].

Los portugueses tienen la potestad de entablar relaciones comerciales bilateralmente beneficiosas con los africanos infieles; tienen, además, el deber de la acción misionera: "Tratar con ellos pacíficamente, dándoles ejemplo de cristiandad, para que... amasen la religión cristiana y a Jesucristo"[47]. A lo que definitivamente no tiene derecho la corona lusitana es a seguir la secuencia de "violencias y robos y engaños y fraudes, que siempre los portugueses en aquellas tierras y gentes han hecho"[48].

Admite arrepentido su ingenuidad anterior sobre la resistencia física de los negros, en comparación a la de los indígenas. "Antiguamente, antes que hubiese ingenios, teníamos por opinión en esta isla [La Española], que si al negro no acaecía ahorcarle, nunca moría, porque nunca habíamos visto negro de su enfermedad muerto... pero después que los metieron en los ingenios, por los grandes trabajos que padecían y por los brebajes que de las mieles de cañas hacen y beben, hallaron su muerte y pestilencia, y así muchos de ellos cada día mueren"[49].

[45] *Ibíd.*, l. 1, c. 22, t. 1, 120.

[46] *Ibíd.*, 120-121, 144. La intensificación de las guerras de rapiña esclavista en África, a causa de la ampliación del mercado para la fuerza de trabajo forzoso en América ha sido señalada por algunos especialistas de la materia. Cf. Deive, *La esclavitud del negro*, 692-693.

[47] H. I., l. 1, c. 22, t. 1, 120.

[48] *Ibíd.* l. 1, c. 27, t. 1, 141-142.

[49] *Ibíd.*, l. 3, c. 129, t. 3, 275-276. Deive y Sued Badillo señalan la alta tasa de mortalidad de los esclavos negros en las Antillas. Deive, *La esclavitud del negro*, 47, 367-373; Sued Badillo, *Puerto Rico negro*, 156-160.

Esta trágica situación se convierte en conciencia de grave pecado, del que, en esta ocasión, tiene que declararse cómplice. "Deste aviso que dió el clérigo, no poco después se halló arrepentido, juzgándose culpado... porque como después vido y averiguó... ser tan injusto el cautiverio de los negros como el de los indios"[50]. El profeta denunciador vuelve dolorosamente el arma de la crítica hacia su propia persona. No debe haber sido nada fácil, para un ser tan intensamente dotado de conciencia mesiánica y sentido de valía propia providencial, entonar esta *mea culpa*.

Son páginas de fuerza vibrante, únicas en su época. Sobre ellas asevera Fernando Ortiz: "Contra la infamia de la esclavización y trata de negros clamó Las Casas con más prontitud, vigor y penetración certera que ningún otro humanista, ni español ni extranjero, ni clérigo ni laico, hasta los días de la Ilustración"[51]. Y remacha Isacio Pérez Fernández: "El Padre Las Casas es defensor de los negros contra su esclavización en África... Fue el primero que los defendió; y todavía más... fue el único que los defendió hasta finales del siglo XVI"[52]. Quizá no sea incorrecto aseverar que las aludidas aseveraciones de Las Casas en la *Historia de las Indias* constituyeron la crítica más severa de la esclavitud africana hasta la obra, en el siglo diecisiete, del jesuita Alonso de Sandoval.[53]

¿A qué se debe que esta ardiente autocrítica y corrección de sus anteriores sugerencias esclavistas no impidiese el surgimiento de la "leyenda negra" contra Las Casas, la acusación de propiciar entusiastamente el intercambio del trabajo forzado indígena por el negro? En mi opinión, la respuesta se encuentra en que la *Historia de las Indias* quedó inédita durante más de tres siglos. Solo a fines del siglo diecinueve (1875) se publicó y se pudieron leer sus fuertes manifestaciones contra la esclavitud africana.[54]

Con todo, se debe admitir que estas páginas críticas a la esclavitud africana constituyen una minúscula fracción de sus escritos sobre apología

[50] H. I., l. 3, c. 129, t. 3, 275. Según Bataillon, "fue, ciertamente, Las Casas uno de los primeros en tomar conciencia del problema de Derecho que planteaba el comercio de esclavos de los portugueses". *Estudios sobre Bartolomé de las Casas*, 136.

[51] "La 'leyenda negra'", 107.

[52] "Estudio preliminar", 123 (énfasis en el original).

[53] *Naturaleza, policia sagrada i profana, costumbres i ritos, disciplina i catecismo evangelico de todos etiopes*. Sevilla, 1627; 2da. ed. revisada, 1647. Se ha reeditado bajo el título *Un tratado sobre la esclavitud*. Sin embargo, en el momento de su expulsión de América, en 1767, la Sociedad de Jesús era la institución con mayor número de esclavos en el hemisferio occidental. Frederick P. Bowser, "Africans in Spanish American Colonial Society", en Leslie Bethell (ed.), *The Cambridge History of Latin America, Vol. II: Colonial Latin America*, 371.

[54] Sobre las causas de la publicación tardía de esta extensa e importante crónica, véase Lewis Hanke, "Bartolomé de Las Casas, historiador", estudio preliminar a *Historia de las Indias*, xxxviii-xlvi.

indiana. Pocos años antes de añadir estas aclaraciones a su *Historia de las Indias*, imprimía un prolijo y apasionado tratado declarando que "todos los indios que se han hecho esclavos en las Indias del mar Océano... han sido injustamente hecho esclavos..." y deben liberarse.[55] Acerca de los esclavos negros, él ni nadie de los frailes defensores de los nativos americanos redactó algo semejante. Correctamente, llama la atención Deive a que la fuerte polémica de Las Casas contra Sepúlveda, en el famoso debate que ambos sostuvieron en Valladolid (1550-1551), sobre la libertad de los indígenas americanos, tuvo lugar en un momento en que "la esclavitud del hombre negro [¡y la mujer negra!] se hallaba firmemente arraigada en el Nuevo Mundo. Sin embargo, el negro permaneció totalmente al margen de esa disputa". Críticamente añade: "Ciertamente, Las Casas tras abogar por la esclavitud del negro, se confiesa culpable de ello por considerar que esta es tan injusta como la del indio, pero no existe indicación de ninguna clase que permita suponer que el más ferviente defensor del indio condenó públicamente la sujeción del africano"[56].

Me parece, por ende, que Robert L. Brady va demasiado lejos en su apología de Las Casas. Es reclamar demasiado alegar que "el tratamiento humano [¿?] recibido por los negros fue el resultado de que el Defensor de los Indios fuese también el Defensor de los Negros"[57]. Brady comparte la noción, difundida en algunos estudiosos, de que la esclavitud en las colonias ibéricas era menos cruel que en las de otras potencias europeas.[58] De aquí su referencia al "tratamiento humano" supuestamente recibido por los esclavos en territorios españoles. Considera a Las Casas responsable de esa diferencia, pero la evidencia que presenta es escasa y débil. Además, la alegada divergencia en el tratado a los esclavos no puede argumentarse exclusivamente sobre el análisis comparativo de los códigos

[55] "Sobre los indios que se han hecho esclavos", 505.

[56] *La esclavitud del negro*, 714-715. En otro de sus tratados publicados en 1552, titulado corrientemente "Octavo remedio", Las Casas llama la atención a la violencia que sufren los indígenas americanos por parte de los negros. "Y podemos añadir con verdad a cuantos mozos y negros tiene el amo, porque todos no saben sino desollarlos, oprimirlos y robarlos". En *Tratados*, Vol. II, 735. Algo similar refiere tres años después en carta a Bartolomé Carranza de Miranda, reproducida en Fabié, *Vida y escritos de las Casas*, t. 71, 394.

[57] "The Role of Las Casas...", 47.

[58] E. g.: "Los españoles y los portugueses trataban a sus esclavos... mucho mejor que los franceses, los ingleses y los angloamericanos". Friederici, *El carácter del descubrimiento*, Vol. I, 466. El principal exponente de esa teoría lo ha sido Tannenbaum, *Slave and the Citizen*, passim. Una rigurosa crítica a la idea de que la esclavitud angloamericana era cualitativamente más opresiva que otras la desarrolla David Brion Davis, *The Problem of Slavery in Western Culture*, 29-61, 223-261. Cf. Arnold A. Sio, "Interpretations of Slavery: The Slave Status in the Americas", *Comparative Studies in Society and History*, Vol. 7, April, 1965, 289-308.

legales. En el caso de las posesiones de España, nunca debe olvidarse el famoso dicho "obedezco, pero no cumplo".

También me parece que Lewis Hanke va más allá de lo que permiten afirmar los hechos y los textos al aseverar que: "Si bien Las Casas empezó como defensor de los indios solamente, luego se opuso también a la esclavitud de los negros por las mismas razones, trabajó por la libertad de todos los hombres del mundo"[59]. Es cierto que terminó oponiéndose teóricamente a la esclavitud de los africanos y, fundamentalmente, por las mismas razones por las que reclamó la plena libertad de los indígenas americanos. Pero, no cabe duda que no "trabajó por la libertad de todos los hombres del mundo", si por ello se quiere decir que se esforzó por la abolición de la servidumbre africana. Lo extraño es que Hanke escribe esa oración como parte de su prólogo a la moderna edición mexicana de los *Tratados* lascasianos de 1552, todos dedicados a la libertad de los americanos, con escasas, si acaso algunas, líneas en referencia a la trágica situación de los africanos. Desde que regresó a España por ultima vez, en 1547, hasta su muerte, en 1566, dedicó sus apasionados esfuerzos a la bienaventuranza de los primeros, no de los segundos.

Igualmente desorbitada me parece la apreciación de Fernando Ortiz, con la que concluye su excelente ensayo: "Si a Las Casas se le puede llamar 'apóstol de los indios', también fue 'apóstol de los negros'"[60]. Por su parte, Manuel Giménez Fernández, en el segundo prólogo a la edición mexicana de los *Tratados*, se refiere a la "tolerancia de la esclavitud institucionalizada de los negros", por parte de Las Casas, al inicio de su actividad pública, como "disculpable equivocación"[61]. Las Casas la juzgó con mayor severidad: "Se halló arrepiso, juzgándose culpado".

Surge aquí un problema que solo un cuidadoso estudio paleográfico de la *Historia de las Indias* podría solucionar: ¿de cuándo proceden las denuncias de la esclavitud africana de las que escribe Las Casas? Alain Milhou, en sugestivo trabajo, cree que son tardías. "Acaso no antes de 1560, en que redactó los capítulos 102 y 129 del libro tercero de la *Historia*". En su opinión la primera toma de conciencia, todavía no definitiva, procede de la lectura del libro de João de Barros sobre los viajes y conquistas portuguesas (*Dos feitos que os potugueses fizeram no descobrimento e conquista dos mares e terras do Oriente*, más conocida como *Décadas de Asia*), el

[59] "La actualidad de Las Casas", Prólogo a *Tratados*, Vol. I, xviii.

[60] "La 'leyenda negra'", 116.

[61] "Bartolomé de las Casas en 1552", *Tratados*, Vol. I, lxxxvii.

cual se publicó en 1552.[62] Igualmente Isacio Pérez Fernández entiende que los capítulos 22 al 27 del primer libro de la *Historia de las Indias*, en los que Las Casas critica la conquista violenta de los africanos por los portugueses, deben haber sido redactados tardíamente, "hacia 1558 o en el mismo 1559"[63]. En ese caso, sería imprecisa la afirmación de Hanke, y de la legión que le sigue, de que en el debate de Valladolid el eje teórico y dogmático fundamental de Las Casas sería "la humanidad [toda] es una".

¿Por qué el relativo silencio de Las Casas sobre la esclavitud africana ("relativo" en comparación con el caudaloso volumen de sus apasionados escritos en favor de la libertad indiana)? Las Casas era español y católico. El saqueo de los africanos era prioritariamente pecado de Portugal; la explotación de los indígenas constituía, por el contrario, violación de la ley divina y natural por parte de España. Las Casas tiene hacia su patria el mismo apego que los profetas del Antiguo Testamento hacia el Israel bíblico. De ser esto cierto, en vez de ser un acérrimo anti-hispanista, como tantas veces han afirmado sus detractores, sus denuncias provendrían de apasionado y fogoso nacionalismo.

En la "Brevísima relación", tras relatar la interminable y lúgubre secuencia de "crueldades y tiranías" cometidas por los españoles en el Nuevo Mundo, afirma su función providencial de apelar a la conciencia cristiana y ética de su patria. "Fui inducido yo, fray Bartolomé de Las Casas o Casaus, fraile de Sancto Domingo... por la misericordia de Dios... y por compasión que he de mi patria, que es Castilla, no la destruya Dios por tan grandes pecados contra su fe y honra cometidos y en los prójimos"[64].

Le interesa denunciar la "destrucción de las Indias" por ser el pecado de España. Se considera profeta de Dios, escogido para atalaya de la conciencia de la nación hispana, que, en su opinión, es la vanguardia misionera de la fe católica. El pecado contra los africanos, por el contrario, es transgresión portuguesa y asunto prioritario, por consiguiente, de profetas lusitanos. No tiene problema alguno en calificarlo de "execrabilísima tiranía"[65], pero no cree que su función providencial sea insistir en esa denuncia.

Las Casas, además, intentó siempre caminar sobre sólidos senderos de ortodoxia eclesiástica. En la España del siglo dieciséis, en la que tantas figuras insignes pasaron malos ratos con la severa Inquisición, eso

[62] "Las Casas frente a las reivindicaciones de los colonos", 63.

[63] "Estudio preliminar", 35.

[64] "Brevísima relación", 193-195.

[65] H. I., l. 1, c. 150, t. 2, 73.

conllevaba evitar enfrentarse a declaraciones papales autorizadas. Sobre la esclavitud de negros africanos e indígenas americanos es significativa una marcada diferencia en las declaraciones papales. En el siglo quince, diversas bulas y decretos papales —*Dudum cum ad nos* (1436) y *Rex Regum* (1443), de Eugenio IV; *Divino amore communiti* (1452) y *Romanus Pontifex* (1455), de Nicolás V; *Inter caetera* (1456) de Calixto III; *Aeterni Regis* (1481) de Sixto IV— avalaron la servidumbre forzada de los africanos negros llevada a cabo por la corona portuguesa.[66] Por el contrario, la bula *Inter caetera* (1493) de Alejandro VI insiste en la conversión de los nativos americanos, suponiendo su libertad, y la *Sublimis Deus* (1537), de Pablo III, proclama esa condición y amenaza con la excomunión a quien los esclavice.

Como español y hombre de iglesia, por consiguiente, Las Casas se sentía firmemente compelido a protestar a *viva voce* contra la esclavitud indígena. Llegó a cuestionar la africana en su *Historia de las Indias*, pero sin la misma dedicación ni intensidad.[67]

Fueron muchos los clérigos cuya marcada sensibilidad hacia el dolor indígena no fue acompañada por sentimiento similar al respecto de los negros. Difiero, por tanto, de Silvio Zavala cuando alega, a pesar de la escasa evidencia que proporciona, que "no faltó... el análisis justo que de las premisas cristianas se atrevió a sacar conclusiones liberales a favor del negro, como antes había ocurrido con respecto al indio... la palabra de los

[66] Las Casas evita emitir juicios directos negativos sobre las bulas papales que autorizaban la servidumbre de los africanos.

[67] José Martí, en una de las páginas más bellas de su famoso libro para niños, *La edad de oro*, al describir la confrontación entre Las Casas y los airados colonos en Chiapas, afirma: "Él venía a pie, con su bastón, y con dos españoles buenos, y un negro que lo quería como a padre suyo: porque es verdad que Las Casas, por el amor de los indios, aconsejó al principio de la conquista que se siguiese trayendo esclavos negros, que resistían mejor el calor; pero luego que los vio padecer, se golpeaba el pecho, y decía: '¡Con mi sangre quisiera pagar el pecado de aquel consejo que di por mi amor a los indios!'". Quizá, pero en las dos décadas que vivió después de ese incidente que novela Martí, publicó mucho sobre la libertad natural de los indígenas y nada, a excepción de sus apuntes en la inédita *Historia de las Indias*, sobre la de los africanos. *La edad de oro*. La Habana: Gente Nueva, 1981, 170. Jalil Sued Badillo ha encontrado en el Archivo General de Indias el expediente de un pleito que Pedro de Carmona, "de color prieto", entabla en 1547 ante el Consejo de Indias, reclamando que, de acuerdo al testamento de su amo original, Juan de Almodóvar, "vecino de la ciudad de Puerto Rico", debía reconocérsele la manumisión, supuestamente concedida siete años antes. Según Sued Badillo, Carmona llega a España y logra que el Consejo de Indias preste atención a su reclamación gracias a la intervención de Las Casas, quien lo encuentra en Honduras, lo lleva consigo en su viaje de retorno final a la península ibérica y le ayuda a redactar el alegato. Sued Badillo, *Puerto Rico negro*, 57-62. Este excepcional hallazgo altera de forma importante el recuento que de las acciones de Las Casas en 1547 hace Isacio Pérez Fernández, *Cronología documentada de los viajes, estancias y actuaciones de Fray Bartolomé de las Casas*. Bayamón, Puerto Rico: CEDOC, 1984, 711-721.

teólogos y juristas que llegaron a ver con claridad el problema"[68]. Tiene, por el contrario, razón Fernando Mires al aseverar críticamente que "si en algunas ocasiones la Iglesia se comprometió en la defensa de algunos intereses de los indios, ello no ocurrió en el caso de los negros. En otros términos: no fue política oficial de la Iglesia la defensa de los negros"[69].

---

[68] *La filosofía política en la conquista de América*, 102-103. En un ensayo anterior indica que "la defensa legal del negro no surgió tan pronto como la relativa al indio". "Los trabajadores antillanos en el siglo XVI", 114. Habría que decir, con mayor énfasis, que la abolición de la esclavitud negra en el mundo hispanoamericano se proclamó más de tres siglos después que las Leyes Nuevas.

[69] *La colonización de las almas*, 219. Cf., del mismo autor, *En nombre de la cruz*, 131-138. En opinión de Mires, esta divergencia se debió al interés político de la corona y la iglesia de evitar que los colonos adquirieran excesivo poder mediante las encomiendas indianas, factor ausente en la relación esclavista con el africano, que no conllevaba los desafiantes problemas de soberanía política ni dominio de tierras con ricos recursos naturales. Eso no quiere decir que no se encuentren significativas observaciones críticas sobre las violencias e injusticias cometidas en la esclavización de los africanos. Tomás de Mercado, Bartolomé de Albornoz y Alonso de Sandoval contribuyeron al desarrollo incipiente de un pensamiento potencialmente abolicionista. Pero, a diferencia de lo que sucedió con el indoamericano, ni el estado ni la iglesia proclamaron oficialmente en Hispanoamérica la ilegitimidad de la esclavización negra hasta el siglo diecinueve. Sobre Mercado, Albornoz y Sandoval, véase David B. Davis, *The Problem of Slavery in Western Culture*, 187-196.

TERCERA PARTE

Hacia una crítica teológica de la conquista

11
El debate teológico-jurídico

> Venimos a conquistar esta tierra, porque todos vengáis en conocimiento de Dios y de su santa fe católica... y porque lo conozcáis y salgáis de la bestialidad y vida diabólica en que vivís.
>
> Francisco Pizarro

> La justísima causa, y causas muchas llenas de toda justicia, que los indios tienen por ley natural, divina y humana de los hacer pedazos, si fuerzas y armas tuviesen, y echarlos de sus tierras.
>
> Bartolomé de Las Casas

Teoría y realidad

El dominio español sobre las "islas y tierra firme del mar Océano" provocó candentes cuestionamientos y acucientes interrogantes sobre la justicia de la conquista armada y la cristianización de sus pobladores. Los debates se mantuvieron vivos e intensos durante todo el siglo dieciséis por teólogos y juristas españoles, quienes disputaron con pasión e ingenio.

Las preguntas fueron múltiples, como hemos visto a lo largo de este libro. ¿Tienen derecho los europeos a tomar posesión y conquistar las tierras y habitantes del Nuevo Mundo? ¿Son justas las guerras contra las naciones indígenas que no acepten la soberanía temporal y espiritual de España? ¿Pueden los colonos obligar a los indios a trabajar en la extracción de riquezas minerales? ¿Refleja la diferencia entre la vida cultural española y la indígena distinciones relativas y condicionadas históricamente o, por el contrario, expresan una desigualdad esencial "casi cuanto los hombres de las bestias"[1]? ¿Son los indígenas por naturaleza libres o siervos? ¿Son salvajes nobles o idólatras viciosos? ¿Tienen cultura o son

[1] Sepúlveda, *Demócrates segundo*, 38.

incivilizados? ¿Tienen o no derecho a la soberanía sobre sus tierras y posesiones? ¿Debe predicárseles la fe cristiana pacíficamente, respetando su derecho a rechazarla, o debe imponérseles, compeliéndolos al bautismo? ¿Precede la conversión a la colonización o la colonización a la conversión?

La discusión teológico-jurídica fue ejemplar y se revistió de excepcional intensidad intelectual y afectiva. Si los escritos denunciatorios de Bartolomé de Las Casas han provisto municiones abundantes a la famosa "leyenda negra", también es cierto que la cordial y atenta recepción que recibieron de la casa real y del Consejo de Indias refleja el interés de conjugar la expansión política y material con el bienestar espiritual de peninsulares y americanos. Tiene razón el norteamericano Carl Ortwin Sauer cuando asevera que "los españoles fueron los más severos e insistentes críticos del triste estado de sus propias colonias"[2]. Mientras los flagelantes tratados de Las Casas se imprimieron y difundieron ampliamente, el principal escrito anti-indiano de su rival, Sepúlveda, solo pudo publicarse cuatro siglos después de redactado.[3] Es difícil negar la tajante afirmación del historiador norteamericano Lewis Hanke:

> La conquista española de América fue mucho más que una extraordinaria hazaña militar y política... fue también uno de los mayores intentos que ha presenciado el mundo para que prevalezcan los preceptos cristianos en las relaciones entre las gentes. Este intento se convirtió fundamentalmente en una fogosa defensa de los derechos de los indios, que descansaba en dos de las presunciones básicas que puede hacer un cristiano, a saber: que todos los hombres son iguales ante Dios, y que un cristiano es responsable del bienestar de sus hermanos, a pesar de lo ajenos o humildes que sean.[4]

El carácter confesional del estado español, que convirtió la conquista en acción misionera, y la subordinación de la iglesia a la corona, que, a su vez, hizo de la propagación de la fe una empresa estatal, confirió a los intensos debates una fisonomía propia, inigualada en la historia. Toda

---

[2] *Descubrimiento y dominación española*, 10.

[3] Aunque Sepúlveda culpó sobre todo a Las Casas de la prohibición contra su *Demócrates segundo*, el cuadro de oposición fue más amplio. El teólogo de la Universidad de Salamanca, Melchor Cano, le escribió en 1548: "Vuestra doctrina no puede admitirse de un modo tan indubitable como para no poder ponerla en tela de juicio con toda justicia y muy buenas razones. Este criterio lo siguen las escuelas de Salamanca y Alcalá, que unánimemente se han negado a conceder licencia para la impresión de vuestro libro". Citado por Höffner, *La ética colonial española*, 323.

[4] *La lucha española por la justicia*, 15.

disputa teológica sobre el Nuevo Mundo y sus habitantes cobraba un carácter político y, viceversa, todo diferendo político sobre la relación entre España y los nativos se transmutaba en debate teológico. Este fenómeno explica la prominencia pública de los escritos y ponencias de teólogos como Las Casas, Sepúlveda y Vitoria, y el cariz religioso de muchos decretos políticos del Consejo de Indias.

Los debates teóricos, procedentes de un peculiar tiempo y espacio, tocaron fondo, sin embargo, en problemas perennes: ¿es la humanidad una o diversa? ¿Son algunos seres humanos superiores, en inteligencia y prudencia, a otros y, por tanto, tienen privilegios especiales y responsabilidades particulares? ¿Se justifica el dominio de unas naciones por otras mediante sus desigualdades naturales o históricas? ¿Los recursos minerales valiosos pertenecen a los moradores del territorio en el que se hallan o a quienes pueden invertir en su desarrollo?

De esos interrogantes, por conducto de Francisco de Vitoria, nació el derecho internacional moderno. Es necesario aclarar, sin embargo, que es un derecho internacional concebido desde la perspectiva de los conquistadores, que sirvió, en última instancia, para legitimar la conquista bélica. Muchas veces se olvida el carácter pronunciadamente guerrero del derecho de gentes en Vitoria. Por algo, sus dos conferencias sobre los indios giran alrededor de la licitud de los objetivos y métodos de las guerras contra los "bárbaros del Nuevo Mundo". Se incurre en una seria contradicción histórica entre la promulgación teórica de la dignidad humana del nativo americano y su desplazamiento y violenta opresión. Esta ubicación, desde la perspectiva del poderío imperial, es lo que otorga un carácter abstracto a la igualdad teórica de las soberanías nacionales propugnada por Vitoria.[5] No se devela la profunda desigualdad en poder económico, social y militar, entre el imperio y el país ocupado, que hace añicos la igualdad y reciprocidad del esquema teórico. En general, no sería equivocado aseverar que los promotores de los derechos humanos de los nativos se imponen al nivel de la teoría; pero quedan vencidos en la práctica histórica de la conquista.

La bula *Sublimis Deus* (2 de junio de 1537) del papa Pablo III consigna la humanidad, racionalidad y libertad de los indígenas. El decreto papal, contra la opinión promovida por "el enemigo del mismo género humano", asevera que "los indios son verdaderos hombres... de ningún modo se

[5] Esta falta de criticidad se observa en los intentos por destacar la importancia histórica de Vitoria. Vicia el, por otro lado, muy fértil, análisis de Fernando de los Ríos en su obra *Religión y estado en la España del siglo XVI*. Algo similar podría decirse de James Brown Scott, *The Spanish Origin of International Law*.

les podrá privar de su libertad". Por su parte, Las Leyes Nuevas de 1542 reconocen la autonomía individual de los indígenas y consignan oficial y formalmente la voluntad benefactora del imperio: "Porque nuestro principal intento y voluntad siempre ha sido y es de conservación y aumento de los indios y que sean... tratados como personas libres".

Santo y bueno, pero la experiencia concreta predominante es la guerra, la derrota, el sufrimiento, el despoblamiento y el avasallamiento. Juan Friede ha enunciado juicio similar de manera más enfática: "A una distancia de varios miles de millas del poder central... ninguna disposición real era capaz de abolir como por encanto [los] intereses creados que llevaban a la 'destrucción' de la población indígena. América vivía su propia vida casi, puede decirse, al margen de las disposiciones legales... Estructuraba su sociedad de hecho y no de derecho"[6].

Esto no resta valor al titánico esfuerzo de Las Casas y otros juristas y religiosos por promover legislación justa y humana para los nativos del Nuevo Mundo. Refleja una idea importante, que Marcel Bataillon capta bien: "A través de la sempiterna inejecución de las Leyes de Indias subsistía la exigencia de una ley"[7]. La aspiración por crear un sistema de derecho justo y razonable se revela en obras como *De indis* de Vitoria y *De los tesoros del Perú*, de Las Casas, quien, sorprendentemente, alega que solo un remedio tienen los oprimidos indígenas ante la cruel explotación a la que, en su opinión, están sometidos: propulsar porque se reconozca la nulidad jurídica de todo lo acontecido ["no les queda ningún remedio ni se puede pensar otro sino el que en realidad existe, es decir, que todas las acciones realizadas cerca de y contra ellos, se tengan como... nulas de derecho (*nulla de iure*)]"[8].

Tiene razón Silvio Zavala al aseverar que estos intensos debates teóricos no fueron "alarde académico u ornato jurídico; antes bien, suministraron las bases espirituales a un régimen administrativo que, ante los hechos, probaría a diario sus virtudes y sus frustraciones". Pero es un *non sequitur* deducir de ese correcto enunciado la peregrina tesis de que "aquella realidad histórica, dominada por la codicia, quedó sujeta a la atracción de principios superiores de dignidad humana"[9]. La pugna entre la codicia y la dignidad constituye una extraordinaria contienda; eso es

[6] *Bartolomé de Las Casas*, 59.

[7] *Estudios sobre Bartolomé de Las Casas*, 41 (énfasis del autor).

[8] *De los tesoros del Perú*, 337-341. Hay muchas páginas de Las Casas en las que se impone esta conciencia jurídica, profundamente humanista, a la vez que idealista y utópica.

[9] *La filosofía política en la conquista de América*, 96-97. Para una atinada crítica de los intentos de describir la realidad social de la colonización española mediante el falso atajo de la lectura de los códigos

indudable. También conllevó un excepcional costo humano, cuyo precio lo pagaron principalmente el indígena americano y el negro africano.

Peca igualmente de excesivo entusiasmo teórico y legalista Juan Manzano al decir que el esfuerzo colectivo de gran número de frailes a favor de los indígenas "se verá coronado por el éxito más completo", sobre todo gracias a las acciones legislativas de 1542.[10] De haber sido esto cierto, los nativos americanos no se hubiesen visto marginados de las estructuras de mando en sus propias tierras, ni los escritos de las últimas dos décadas de Las Casas tuviesen el tono amargo y denunciatorio que los caracteriza.

> Publicadas estas leyes... Los que allá tenían cargo... no han querido cumplir las leyes... Porque se les hace mal dejar los estados y haciendas usurpadas que tienen, e abrir mano de los indios que tienen en perpetuo cautiverio. Donde han cesado de matar con espadas de presto, los matan con servicios personales e otras ve-

legales contemporáneos, véase James Lockhart, "The Social History of Colonial Spanish America: Evolution and Potential", *Latin-American Research Review*, Vol. 7, No. 1, Spring 1972, 36-37.

[10] *La incorporación de la Indias*, 62. La tesis del "éxito más completo" explica la oposición de Manzano a la publicación de parte de los *Tratados* de Las Casas ("Brevísima relación", "Octavo remedio", etc.) en 1552. En su opinión, fue un acto innecesario, pues los dominicos ganaban la pelea contra los encomenderos y colonos, e imprudente, "cuyas consecuencias habrían de resultar a la larga funestas a la causa nacional"; i. e., darían base a la "leyenda negra anti-española... la más horrenda patraña que registran los anales de la Humanidad". Con ello lo único que conseguía "era asestar un golpe mortal al buen nombre de la nación española tan pronto cayesen en manos de extranjeros, sobre todo de los herejes". *Ibíd.*, 229-233, 250. Parece una crítica táctica, pero pronto Manzano revela la más profunda razón de su repudio a los *Tratados*, al tildarlos de obras "plagadas de graves y peligrosos errores". *Ibíd.*, 248. En el fondo, a pesar de sus múltiples elogios a Las Casas, discrepa hondamente al respecto de la visión que el Obispo de Chiapas tenía sobre la relación entre españoles e indígenas. En opinión de Manzano, esta era, a pesar de algunos abusos de cierta consideración, fundamentalmente benéfica. Esta percepción no era compartida por Las Casas. La crítica de Manzano no es original. Ya la había formulado, en 1555, con no menor animosidad, Motolinia, para quien el fraile dominico a "los españoles... los deshonra por escrito". "Carta a Carlos V", 211. La repitió el "anónimo de Yucay, desde el Perú, en 1571, para quien los libros de Las Casas "infamaron á la nación cristiana, y entre cristianos a los españoles...", ayudando con esto "a los herejes luteranos ingleses y franceses... que dicen que el Rey de España es tirano... que somos ladrones de las Indias..." y que proceden, llevados de "la codicia de oro y plata", a confrontar con las armas al imperio ultramarino castellano. "Anónimo de Yucay", 439-443. La idea de que la "leyenda negra" no hubiese existido de no haber sido por los *Tratados* de Las Casas es muy discutible. Probablemente tiene razón Friederici al aseverar que "en sus páginas no se contiene, sustancialmente y en cuanto al carácter, nada que no podamos leer en otras obras". *El carácter del descubrimiento*, Vol. I, 393. Además, se equivocan quienes afirman que Las Casas, sobre todo su *Brevísima relación*, es responsable principal de la "leyenda negra". En realidad, fueron otros los factores que en Inglaterra y los Países Bajos provocaron los estereotipos antihispanos. Predominó más bien, el antagonismo religioso y la amenaza que los calvinistas holandeses y los protestantes ingleses sintieron ante el fervor feroz con que Felipe II asumió el papel de azote de las "herejías". Más influyente, entre el público protestante europeo, que la *Brevísima relación* fueron los múltiples relatos que pintaron un tétrico cuadro de la Inquisición española. Cf. William S. Maltby, *La leyenda negra en Inglaterra: Desarrollo del sentimiento antihispánico, 1558-1660*. México, D. F.: Fondo de Cultura Económica, 1982.

> jaciones injustas e intolerables poco a poco. Y hasta ahora no es poderoso el rey para lo estorbar.[11]

Más adelante, Manzano admite que "ese éxito atribuido a los teólogos de la Orden de Santo Domingo, aunque considerable, no llegó a resultar absoluto, completo"[12]. El problema es que ambas afirmaciones, además de ser mutuamente incompatibles, se mueven al nivel de la abstracción teórica teológica y jurídica. Para Las Casas lo prioritario y crucial no era la diatriba teórica, sino la acción histórica, la vida concreta de los habitantes del Nuevo Mundo.

También Venancio Carro, en su importante obra sobre la teología jurídica española del siglo dieciséis, incurre en el error de confundir la teoría prevaleciente en las escuelas teológicas, sobre todo en Salamanca, con la realidad histórica de la conquista y la colonización. Afirma que se propone dedicar las más de novecientas páginas de su extenso trabajo a "examinar la conquista y colonización del Nuevo Mundo tal cual fue en la realidad". Es una promesa a la que, a decir verdad, no dedica una sola cuartilla. Tras analizar una impresionante cantidad de escritos de los teólogos peninsulares, sobre todo los dominicos, examen que se monta sobre la premisa teórica de que "la defensa verdadera de las libertades y derechos humanos solo es posible dentro de los principios de la ciencia teológico-jurídica cristiana", llega a la impresionante y triunfalista conclusión de "que la conquista y colonización del mundo hispanoamericano fue la más humana y cristiana que se ha dado en la historia de todos los pueblos". En todo ese voluminoso relato de "la conquista y colonización del Nuevo Mundo tal cual fue en la realidad" no aparece un indígena muerto, hambriento ni maltratado. ¡Gracias sean dadas a Francisco de Vitoria, Domingo de Soto y Domingo Bañez![13]

En línea triunfalista similar se ubica Antonio Ybot León cuando en un estudio sobre las juntas teológicas asesoras de la corona hispánica llega a la conclusión de que estas, partiendo "de los más puros principios del Derecho de Gentes según el origen divino del hombre", produjeron "todo un cuerpo de doctrina operante y normativo", "norma imperativa de gobierno" que imprimió al régimen español en las Indias "su inconfundible estilo, singular y exclusivo en la historia de todos los imperios". "Se

---

[11] "Brevísima relación", 197-199.

[12] *La incorporación de la Indias*, 191. Para una crítica sagaz de la común afirmación de que las Leyes Nuevas representaron una victoria total de Las Casas, puede consultarse a Juan Pérez de Tudela Bueso, "La gran reforma carolina de 1542", passim.

[13] *La teología y los teólogos-juristas españoles*, Vol. 2, 309, 317 y 321.

trata de un deliberado propósito de gobernar conforme a los preceptos de la Justicia y el Derecho cristianos, de los que los teólogos eran los naturales definidores". La relación parece sencilla y lineal: principios teológicos sobre la dignidad humana del indio — legislación humanista — gobierno benefactor. Ybot León no se inclina, empero, a estudiar la posible relación empírica entre "la teoría que mantuvo en trance de misión la gran tarea española" y la realidad del *via crucis* indígena.[14]

La contradicción entre los decretos legales y la experiencia de ilegalidad, amén del sentido de impotencia de las autoridades peninsulares, se muestra con toda claridad en una comunicación que el 3 de julio de 1549 remite el Consejo de Indias al Emperador, en la que afirma su frustración ya que "de ninguna instrucción que se les dé [a conquistadores y colonos] tenemos seguridad se guarde... porque no llevan consigo los que van a estas conquistas quien les resista en hacer lo que quieren ni quien los acuse de lo que mal hicieren, porque es tanta la codicia de los que van a estas conquistas y la gente a quien van tan humilde y temerosa que de ninguna instrucción que se les de tenemos seguridad se guarde"[15].

Nada muy distinto había aseverado el doctor Montano, en 1547, al indicar que a pesar de la benevolente legislación indiana aprobada por la corte castellana, "se pasa todo debajo de disimulación por manera que se están los indios de la condición de servidumbre que han estado siempre"[16]. Similar testimonio presenta Pedro Mártir de Anglería, quien, tras recalcar la labor concienzuda que realizaba el Consejo de Indias para redactar legislación indiana benéfica, concluye amargamente: "¿Mas qué sucede? Los nuestros, transportados a mundos tan extraños, peregrinos y distantes, a través de un océano... y lejos de las autoridades, se dejan arrastrar por la ciega codicia del oro, y los que de aquí parten más mansos que corderos, se convierten, así que llegan allá, en lobos feroces, olvidándose de todos los regios mandatos"[17].

Desde su profunda solidaridad con los indígenas antillanos oprimidos, los frailes dominicos de La Española acusan a los colonos hispanos de

---

[14] "Juntas de teólogos asesoras del estado para Indias 1512-1550", *Anuario de estudios americanos*, Vol. 5, 1948, 397-438.

[15] Citada por Jaime González Rodríguez, "La Junta de Valladolid convocada por el Emperador", en Demetrio Ramos et al., *La ética de la conquista de América*, 216.

[16] En Alain Milhou, "Las Casas frente a las reivindicaciones de los colonos de la isla Española", 30.

[17] *Décadas del Nuevo Mundo*, Dec. 7, l. 4, t. 2, 607. Alberto Salas, en su estudio sobre Mártir de Anglería ve en estas palabras del humanista italiano "todo el drama de una sabia y cristiana legislación [que] fracasa en la distancia, la ambición y la codicia humanas que se derraman incontenibles en las recién descubiertas tierras... creando rudamente un modo de vida... una realidad que en muchos aspectos nada tuvo que ver con las Leyes de Indias". *Tres cronistas de Indias*, 59.

hacer "burla de las provisiones, que sobre esto [el buen trato a los nativos] se proveen en el Consejo". Reconocen que no se puede "domar la rabia y codicia desordenada, de quinientos o mil hombres, que van, que no conocen, estando allá, sujeción a Dios, cuanto más a Vuestra Majestad... por ir a venir cargados de oro"[18]. Igualmente, Las Casas, en su carta al Consejo de Indias de 1531, denuncia la pronta corrupción que aqueja a casi todos los funcionarios reales que pasan al Nuevo Mundo con el encargo oficial de hacer realidad las leyes. "Los que acá vienen a mandar luego se hacen atrevidos y pierden el temor a Dios y la fe y fidelidad a su Rey, y la vergüenza a las gentes, y luego hacen pacto con el diablo á quien dan luego el alma porque les deje robar... porque ven que el Rey está lejos y su Consejo"[19].

La contradicción entre la abundancia de decretos y leyes que la corona y el Consejo de Indias aprobaban en beneficio y protección de los indios y la aguda e intensa injusticia que estos sufrían, fue apuntada elocuentemente, en la segunda mitad del siglo dieciséis, por Alonso de Zorita, quien señaló de pasada la consigna que al correr del tiempo se hizo famosa: "acato, pero no cumplo".

> Sábese claro la voluntad de V. M. y de su Real Consejo, y se conoce y entiende por las provisiones que cada día se envían en favor de aquellos pobres naturales, y para su aumento y conservación. Pero son obedecidas y no cumplidas, a cuya causa no cesa su perdición, ni hay quien tenga en cuenta con saber qué es lo que V. M. tiene proveído. ¡Qué de provisiones, qué de cédulas, qué de cartas envió el Emperador nuestro señor [Carlos V], que está en gloria! ¡Y cuántas y cuán necesarias envía cada día V. M. [Felipe II] y cuan poco les vale!... Cierto me parece que cuadra muy bien lo que un filósofo solía decir: que así como donde hay muchos médicos y

[18] "Representaciones de los primeros religiosos de Santo Domingo, que fueron á la América, sobre las cosas que allí hay, y sobre su remedio" (1516), en D. I. A., Vol. 11, 245.

[19] Fabié, *Vida y escritos de Las Casas*, t. 70, 482. Se ha especulado mucho sobre este quebrantamiento de la moralidad al pasar de Europa a América, durante el período inicial de conquista y colonización, acuñándose incluso el preñado concepto de "tropicalización del blanco". Aunque Bataillon prefiere la expresión "criollización" para indicar que se trata de un proceso social más que climatológico, me parece más pertinente el primero. Apunta a la disolución, señalada múltiples veces en la literatura latinoamericana, de las siempre frágiles y precarias inhibiciones éticas ante el influjo seductor de la vegetación y flora selvática americana. Bataillon, *Estudios sobre Bartolomé de las Casas*, 364.

> medicinas, hay falta de salud, así donde hay muchas leyes, hay falta de justicia.[20]

Mendieta, en las postrimerías de la misma centuria, lanzaría la misma queja, censurando la colosal discrepancia entre la justicia legislativa y el abuso socioeconómico, a la vez que señalaría los "temporales aprovechamientos" que sirven de clave hermenéutica para entender tal divorcio.

> Con haber provisto nuestros católicos reyes de España innumerables cédulas, mandatos y ordenanzas en pro y favor de los indios... por maravilla ha habido hombre, de los que en Indias han gobernado en su real nombre, que haya tenido ojo, ni puesto las mentes principalmente en este obligación... sino solo en aquello conque pudiesen cargar la mano á los miserables que poco pueden, ni saben ni osan hablar ni volver por sí; y esto por respeto de sus propios intereses y temporales aprovechamientos.[21]

Como señala Ots Capdequí, se llegó al punto de formalizar una breve ceremonia para la acción, por parte de un funcionario oficial en las Indias, de "acatar, pero no cumplir". "Recibida la Real Cédula, cuya ejecución no se consideraba pertinente, el virrey, presidente o gobernador, la colocaba solemnemente sobre su cabeza, en señal de acatamiento y reverencia, al propio tiempo que declaraba que su cumplimiento quedaba en suspenso"[22].

Los debates teológico-jurídicos fueron excepcionalmente intensos en la España del "siglo de oro". Fueron misioneros y teólogos quienes los iniciaron y, finalmente, quienes los silenciaron. Si Montesinos, Las Casas y Vitoria reflejan la frescura y energía de un debate en sus candentes comienzos, ya en Acosta, en las postrimerías del siglo, se muestra la fatiga y el agotamiento del impulso polémico. Se impone el pragmatismo oportunista, escudado de una piadosa intencionalidad evangelista. "Ya sea que el dominio de las Indias haya sido usurpado injustamente, ya sea, lo que hay más bien que creer y proclamar... con derecho y debidamente, de ninguna manera es conveniente poner en duda el derecho de los príncipes

[20] "Breve y sumaria relación de los señores... de la Nueva España", D. I. A., Vol. 2, 117-118 (énfasis añadido).

[21] *Historia eclesiástica indiana*, l. 1, c. 16, 66.

[22] José María Ots Capdequí, *El estado español en las Indias* (7ma reimpresión). México, D. F.: Fondo de Cultura Económica, 1986, 14.

cristianos a la gobernación de las Indias, que por lo demás es utilísima a los naturales para su salvación eterna".

Acosta promulga una política de mano fuerte contra los que cuestionen la justicia de la conquista. "Si... no se reprimen con mano fuerte, no se pueden decir los males y ruina universal que se seguirá, y la gravísima perturbación y desorden de todas las cosas"[23]. La época del debate y la polémica viva, candente y estimuladora a la mentalidad jurídica y teológica quedó atrás. Bajo la mirada severa de la Inquisición y la burocracia se coartó el choque de ideas y dificultó la publicación de opiniones divergentes.[24]

La cruz y la espada

En todo el proceso de conquista y evangelización de América, la relación entre la cruz y la espada fue problemática y compleja. La espada, superior tecnología militar, determinó el desenlace. La cruz representó el objetivo final que los protagonistas hispanos aceptaron, al menos en la teoría jurídica y teológica. Sin embargo, la espada tuvo también finalidad religiosa y espiritual, mientras la cruz poseyó carácter político y temporal.

Es significativo señalar que antes de que Ginés de Sepúlveda escribiera su apología de las guerras españolas contra los indios —*Democrates secundus*—, había redactado un tratado defendiendo teológicamente, contra el pacifismo inicial de algunos reformadores protestantes, la guerra como posible acción justa para los cristianos (por ejemplo, contra los turcos) —*Democrates primus* (1535)—. Así también Vitoria, inmediatamente después de sus relecciones teológicas sobre la justicia del dominio español en el Nuevo Mundo —*De indis* (1538)—, compuso otras sobre la guerra justa —*De iure belli* (1539)—. El vínculo entre la cruz y la espada se expresa nuevamente en el ropaje agustino de la guerra justa, pero sin poder liberarse de la mentalidad de la guerra santa, cultivada por siglos de cruzadas contra los infieles.

La ligazón entre ambas se muestra ejemplarmente en el relato que los mayas chontales hicieron de la ejecución de Cuauhtémoc.[25] Los españoles se convencieron de que su sometimiento era fingido y que planeaba una revuelta armada. Decidieron, por tanto, darle muerte. Pero antes de

---

[23] *Predicación del evangelio*, l. 2, c. 11, 186-187.

[24] Me parece hiperbólico el panegírico que hace Lewis Hanke a la "libertad de palabra en España" durante el siglo dieciséis. Por algo, muchas obras escritas durante la segunda mitad de ese siglo permanecieron inéditas por varias centurias. *La lucha española por la justicia*, 28-32.

[25] Miguel León Portilla, *El reverso de la conquista*, 93-95.

hacerlo, tomaron la precaución religiosa de bautizar al monarca azteca. De esta manera, el sacramento cristiano se unió a la violencia conquistadora. Se mató el cuerpo del caudillo al mismo tiempo que se intentaba redimir su alma.

Al rey inca, Atahualpa, también se lo bautizó antes de su ejecución; en su caso, el sacramento sirvió para moderarle el suplicio, de la hoguera al garrote. Tras su ejecución, fue enterrado como cristiano, con las ceremonias litúrgicas apropiadas ("el Gobernador, con los otros españoles, lo llevaron a enterrar á la iglesia con mucha solemnidad, con toda la mas honra que se le pudo hacer"[26]). El bautismo sirvió de irónico intercambio: la salvación eterna del alma a cambio de la muerte del cuerpo. En el caso de Atahualpa, se unió la adoración a Mammón: como rescate inútil de su vida, el monarca indígena entregó a Francisco Pizarro una enorme cantidad de oro, trágico anticipo de las riquezas que podrían adquirir los españoles si doblegaban y avasallaban a los nativos.[27]

Atahualpa y los suyos fueron atrapados sorpresivamente, tras haber rehusado el monarca la exhortación a aceptar la fe cristiana hecha por el fraile Vicente de Valverde. Según un relato quechua:

> Entra... fray Vicente, llevando en la mano derecha una cruz y en la izquierda el breviario. Y le dice al dicho Atahualpa Inca que también es embajador y mensajero de otro señor, muy grande amigo de Dios y que fuese su amigo y que adorase la cruz y creyese el evangelio de Dios y que no adorase en nada, que todo lo demás era cosa de burla.
>
> Responde Atahualpa Inca y dice que no tiene que adorar a nadie sino al sol que nunca muere... y dioses [que] también tienen su ley... Fray Vicente dio voces y dijo: ¡Aquí, caballeros, con estos indios gentiles son contra nuestra fe! Y don Francisco Pizarro y don Diego de Almagro, de la suya, dieron voces y dijo: ¡Salgan, caballeros, contra estos infieles que son contra nuestra cristiandad![28]

[26] Francisco de Jerez, *Verdadera relación de la conquista del Perú y provincia del Cuzco, llamada la Nueva Castilla, conquistada por Francisco Pizarro, capitán de la sacra católica real majestad del Emperador nuestro señor* (1534). Madrid: Biblioteca de Autores Españoles, 1947, t. 26, Ediciones Atlas, 344-345.

[27] Los cronistas y teólogos españoles disputaron, con su intensidad acostumbrada, la justicia y legitimidad de la ejecución de Atahualpa. Acosta la censura, no por razones de derecho sino de conveniencia misionera. Hubiese sido preferible, alega, lograr su colaboración para evangelizar a los nativos. "Erraron gravemente los nuestros en la muerte de Atabalipa [Atahualpa], príncipe inca... que si se hubiesen conquistado la voluntad del príncipe, en breve hubiera recibido la fe muy fácilmente todo el imperio de los Incas". *Predicación del evangelio,* l. 2, c. 18, 211.

[28] León Portilla, *El reverso de la conquista,* 144.

El cronista español de la conquista del Perú y secretario personal de Francisco Pizarro, Francisco de Jerez, relata esta escena de forma diferente en sus detalles; admite, sin embargo, que la orden de atacar a Atahualpa y a sus guerreros se dio después de que Valverde comunicara a Pizarro que el cacique inca "había echado por tierra la sagrada Escritura". Al grito mesiánico de "Santiago", la caballería y artillería castellanas atacaron sorpresivamente y lograron ahuyentar a los guerreros y aprisionar al monarca indígena. Pizarro entonces le explicó la causa providencial y religiosa de su victoria:

> Venimos a conquistar esta tierra, porque todos vengáis en conocimiento de Dios y de su santa fe católica... y porque lo conozcáis y salgáis de la bestialidad y vida diabólica en que vivís... Y si tú fuiste preso, y tu gente desbaratada y muerta, fue porque... echaste en tierra el libro donde estaban las palabras de Dios, por esto permitió nuestro Señor que fuese abajada tu soberbia, y que ningún indio pudiese ofender a ningún cristiano.[29]

El que porta la cruz se transforma en legitimador del que usa la espada; el requerimiento a la conversión, en sentencia de muerte.

Sintomática del íntimo vínculo entre lo religioso y lo militar en la conquista de América es la descripción que Robert Ricard hace de los conventos y monasterios que los frailes edificaron en Nueva España, durante los primeros años de su evangelización. "El convento del siglo XVI, aparte de su fin primario, tenía otros dos propósitos: servir de fortaleza en caso dado, y de refugio para españoles, en el no remoto caso de un levantamiento de los indios. De este modo se aliaban y fortalecían mutuamente las dos conquistas: la espiritual y la militar. Y esto nos explica, igualmente, el valor militar de muchos conventos... verdaderos castillos fortificados"[30].

Por ello, cuando el doctor Luis de Anguis, profesor de la cátedra de Decretos de la Universidad de México, protestó por las magnitudes, en su opinión excesivas, de los monasterios y casas de frailes, recibió una

[29] Francisco de Jerez, *Verdadera relación de la conquista del Perú*, 332-333. Oviedo relata que Valverde fue matado por indígenas de la isla de Puná. Es interesante el matiz de represalia divina en la narración: "Permitió Dios que no faltasen tiempo ni indios que vengasen la prisión e muerte del príncipe Atabaliba [Atahualpa], en que tal intercesor había sido este prelado fray Vicente". *Historia general y natural*, 3, l. 48, c. 6, t. 4, 373. Carlos V lo había nombrado en 1536 Obispo de Cuzco, "protector e defensor de los indios de la dicha provincia [del Perú]". En Armas Medina, *Cristianización del Perú*, 122, n. 51.

[30] *La conquista espiritual de México*, 265-266.

réplica de naturaleza más castrense que religiosa: "Me respondían que las hacían así porque cuando fuese menester sirviesen a V. M. de fortaleza"[31].

Alonso de Ercilla relata, en su famoso poema épico *La araucana* (1569-1589), la conversión y suplicio final de Caupolicán, último de los grandes caudillos araucanos sublevados contra España. Su súbita aceptación de la fe católica, tras ser derrotado y arrestado, causa enorme alegría entre los españoles, quienes, tras instruirle en su nueva religión, bautizarle y celebrar su conversión, proceden, no obstante, a ejecutarle de manera atroz: empalamiento y asaetamiento.

> Pero mudóle Dios en un momento
> obrando en él su poderosa mano,
> pues con lumbre de fe y conocimiento
> se quiso bautizar y ser cristiano;
> causó lástima y junto gran contento
> al circundante pueblo castellano,
> con grande admiración de todas gentes
> y espanto de los bárbaros presentes.
>
> Luego, aquel triste, aunque felice día
> que con solemnidad le bautizaron
> y en lo que el tiempo escaso permitía
> en la fe verdadera le informaron
> cercado de una gruesa compañía
> de bien armada gente le sacaron
> a padecer la muerte consentida
> con esperanza ya de mejor vida.[32]

Por otro, lado la pugna entre la cruz (frailes y eclesiásticos defensores de los indios) y la espada (conquistadores y colonos) constituye uno de los capítulos más interesantes en la larga y laberíntica relación entre la iglesia y el estado, el poder espiritual y el terrenal. Fueron múltiples las ocasiones en que los evangelizadores trataron de redimir el alma del americano nativo sin recurrir al encadenamiento de su cuerpo.

En 1526, la corona española trató de que la violencia de la espada fuese controlada y moderada por la cruz. Toda expedición debía "llevar a lo menos dos religiosos o clérigos de misa en su compañía, los cuales nombren ante los del nuestro Consejo de las Indias, habida información de

[31] Cuevas, *Documentos inéditos*, 262. Es parte de una carta que Anguis remitió a Felipe II el 20 de febrero de 1561.

[32] *La araucana*, canto 34, 582-583.

su vida, doctrina y ejemplo, sean aprobados por tales que les conviene al servicio de Dios... Otrosí ordenamos y mandamos que los dichos religiosos o clérigos tengan muy gran cuidado y diligencia en procurar que los dichos indios sean bien tratados como prójimos mirados y favorecidos"[33].

Las acciones bélicas contra los nativos requerían la autorización previa de los religiosos "firmándolo de sus nombres"[34]. Demetrio Ramos ha evaluado el resultado de la siguiente manera: "Fracasó el sistema de 1526... El poder moral de los dos 'religiosos o clérigos' en los que se descargaba la responsabilidad de conciencia no tuvo la menor eficacia"[35].

La idea teológico-jurídica de la guerra justa, impulsada por San Agustín, intentó la doble y difícil tarea de moderar la crueldad bélica, a la vez que admitía que había ocasiones en que una nación o pueblo podía o incluso debía acudir a las armas para responder a una injuria grave.[36] Los teólogos y juristas españoles intentaron demostrar que los conflictos armados contra los indígenas llenaban los criterios de guerra justa. Sepúlveda fue un caso extremo, pero también lo hizo, definiendo y restringiendo las razones y causas, Vitoria. En general, los estudiosos hispanos hicieron del concepto de la guerra justa un eje conceptual fundamental de su análisis de la doble confrontación contemporánea de las armas católicas: contra turcos e islamistas, por un lado, y contra los pueblos indígenas, por el otro. Desde Vitoria hasta Suárez, el problema de la legitimidad de la guerra contra los "infieles" ocupa lugar central en la escolástica castellana.

Aunque para estos pensadores el criterio central para determinar la licitud de un conflicto militar estribaba en la injuria recibida y no reivindicada[37], es muy fácil caer en la depreciación de infieles y gentiles por motivos religiosos, en la virulencia de la guerra santa. En ese caso, los teólogos hispanos llegaron en ocasiones a extremos de pavorosa crueldad. El jesuita Luis de Molina recomienda la matanza de los enemigos infieles.

> Si de ello resulta alguna utilidad para la Iglesia e, incluso, para los propios culpables. Así, por ejemplo, si se tratase de gentiles, de los que apenas pudiera esperarse que vayan a convertirse o desistir

[33] "Ordenanzas sobre el buen tratamiento de los indios" en Konetzke, *Colección de documentos*, Vol. I, 92.

[34] *Ibíd.*, 94.

[35] Demetrio Ramos, "La solución de la Corona al problema de la conquista en la crisis de 1568: Las dos fórmulas derivadas", en Demetrio Ramos et al., *La ética en la conquista de América*, 716.

[36] Véase Frederick H. Russell, *The Just War in the Middle Ages*. Cambridge: Cambridge University Press, 1975.

[37] "La única y sola causa justa de hacer la guerra es la injuria recibida". *Obras de Francisco de Vitoria*, 825

> de su vida de pecado. En este caso sería, sin duda, santo y lícito matarlos a todos o, por los menos, a tantos como se considere necesario para lograr ese fin. Pues semejante ejecución sería, por una parte, justa en sí misma, pero por otra, además, una manifestación de amor a Dios y al prójimo. Serviría al bien de la Iglesia y de los ejecutores de la sentencia, y hasta al de los propios ajusticiados, a quienes la muerte impediría de este modo seguir acumulando pecado sobre pecado. Sufrirían, por tanto, menos castigo en las llamas eternas que si hubiesen continuado viviendo por más tiempo en este mundo.[38]

Esta referencia muestra la tenue línea que separa la guerra justa de la santa, con la ferocidad y violencia que siempre acompañan a esta última.

Bartolomé de Las Casas adoptó la postura opuesta: son justas las guerras que los indígenas hacen contra los españoles. Faltan, en las guerras de los españoles, dos factores imprescindibles para clasificarlas de lícitas: la causa justa ("ninguna guerra es justa si no hay alguna causa para declararla... Pero el pueblo infiel [indígena]... no le ha hecho al pueblo cristiano ninguna injuria por la cual merezca ser atacado con la guerra"[39]) y la verdadera autoridad (los ataques de los conquistadores, según Las Casas, se han llevado a cabo sin genuino consentimiento real). Las guerras indias cumplen, por el contrario, con los criterios formales que permite considerarlas como justas: están declaradas por la genuina autoridad de los territorios en cuestión, son defensivas y responden a injurias de mucha monta no reivindicadas. Están obcecados los españoles al no ver cuán:

> Injustas e inicuas y tiránicas y detestables fueron, son y serán [las guerras], dondequiera que por tal causa y con tal título [i.e., no acceder al Requerimiento], a... los vecinos y moradores de estas Indias, se hicieron o hicieren, condenadas por toda ley natural, humana y divina; luego justísima será la guerra de estos y de los tales infieles contra todo español y contra todo cristiano que tal guerra moviere.[40]
>
> La justísima causa, y causas muchas llenas de toda justicia, que los indios tienen por ley natural, divina y humana de los hacer pedazos, si fuerzas e armas tuviesen, y echarlos de sus tierras.[41]

---

[38] *De iustitia et iure*, tr. 2, disp. 122, n. 4. Citado por Hoffner, *La ética colonial española*, 455.

[39] *Del único modo*, 515.

[40] H. I., l. 3, c. 58, t. 3, 30.

[41] "Brevísima relación", 101.

Las guerras de los españoles violan los derechos naturales de las naciones indígenas y constituyen, además, un procedimiento que repugna al modo que debe seguirse en la conversión de los nativos, el cual, de acuerdo a Las Casas, debe caracterizarse por ser persuasivo al entendimiento y atractivo a la voluntad, elementos ausentes de los conflictos bélicos. Ante la opinión de quienes alegaban que por medio de la guerra podrían lograrse más convenientemente fines positivos, como extirpar la antropofagia y el sacrificio humano idolátrico, replicaba que generalmente las víctimas resultan más numerosas en las contiendas armadas que los salvados del canibalismo o de los sacrificios litúrgicos y que, por otro lado, el querer imponer la fe mediante la fuerza es más propio de los seguidores de Mahoma que de cristianos.

Es erróneo, sin embargo, catalogar la postura de Las Casas como "pacifismo a ultranza", como hacen algunos críticos.[42] Aunque considera la violencia bélica "el peor de los males", "una plaga del cuerpo y el alma"[43], es una distorsión de su posición el clasificarla de pacifista, si por dicho término se entiende el rechazo incondicional a toda acción militar. Hay aquí que hacer dos anotaciones.

Primeramente, Las Casas distingue entre el uso de las armas para defender el estado y la nación de agresiones externas, lo que considera válido, y esa misma acción para extender bélicamente la fe evangélica, lo que estima ilegítimo. "Pero no por eso vaya creer alguno que las armas bélicas les están prohibidas a los príncipes cristianos, cuando sean necesarias para la defensa de sus repúblicas. Porque una cosa es hablar del modo de predicar la ley de Jesucristo, y por tanto, de congregar, propagar y conservar la cristiandad donde reina espiritualmente, y otra cosa es hablar del modo de conservar la república humana de acuerdo con el recto juicio de la razón, que nos dice que algunas veces es necesario emprender la guerra para defenderla y librarla de la tiranía"[44].

En segunda instancia, estima que hay ocasiones que podrían llevar a un príncipe a defender la fe o la predicación cristiana por las armas. Tres ejemplos tradicionales que apoya son: a) el proyecto de rescatar la tierra santa —motivo de las cruzadas—; b) la reconquista de la península ibérica de manos moras; y, c) en general, la lucha contra los musulmanes,

[42] Verbigracia, Urdanoz, *Obras de Francisco de Vitoria*, 629, n. 269.

[43] *Apología*, 298 y 360.

[44] *Del único modo*, 491.

"enemigos de la fe, usurpadores de los reinos cristianos"[45]. Estas son, en su opinión, acciones defensivas contra las ofensas que por lo general infieren los islámicos a la cristiandad. Incluso en momentos en que pueda existir cierta tregua con, por ejemplo, los turcos otomanos, esta no altera el que contra ellos "tenemos guerra justa, no solo cuando actualmente nos la mueven, pero aun cuando cesan de hacerlo, porque nos consta ya por larguísima experiencia su intención de nos dañar, y esta guerra nuestra contra ellos no se puede guerra llamar, sino legítima defensión"[46].

Las Casas está dispuesto a ir más lejos y justificar las acciones bélicas realizadas en defensa de la predicación y los misioneros, ante acciones agresivas de infieles hostiles. "Puede ser justa nuestra guerra contra ellos si persiguen o estorban o impiden maliciosamente nuestra fe y religión cristiana, o matando los cultores y predicadores de ella, sin causa legítima"[47]. Pero tiene que demostrarse que no existe, para la acción violenta de los infieles, genuina "causa legítima", que la resistencia a la predicación es hecha "maliciosamente", y no en respuesta a previas injusticias cometidas por españoles cristianos.[48]

En su extensa apología contra Sepúlveda, Las Casas acepta, además, en principio, el postulado de Vitoria sobre la licitud de utilizar las armas en defensa de los inocentes sacrificados por infieles en el altar de sus dioses y de los ejecutados con fines de canibalismo. Solo que, en su opinión, la realidad niega la conveniencia de tal intervención bélica, ya que esta conllevaría más daño a más inocentes que las pocas instancias, de acuerdo a su peculiar contabilidad, de sacrificados y engullidos por los pueblos indígenas americanos.[49] Fiel a su habitual estilo, acumula citas de extensas autoridades teológicas y jurídicas para demostrar la injusticia de tal aventura militar.

También está dispuesto a validar las guerras contra herejes (de estas se habían dado pocos siglos antes algunas famosas, como las llevadas a cabo

---

[45] "Tratado comprobatorio", 1037. Pero, como en un capítulo anterior hemos indicado, en reflexiones posteriores sobre la esclavitud africana llegó a la importante conclusión de que no todos los islamistas son necesariamente "enemigos de la fe, usurpadores de los reinos cristianos".

[46] H. I., l. 1, c. 25, t. 1, 134.

[47] *Ibíd.*

[48] Desarrolla esta distinción en el capítulo 25 de su apología contra Sepúlveda. *Apología*, 168-175.

[49] *Ibíd.*, 185-194. Contrario a su hiperbólica aritmética de las crueldades hispanas, Las Casas entiende que los aborígenes no sacrificaban más de "treinta, un centenar o un millar" de personas al año, no todas ellas necesariamente "inocentes". *Ibíd.*, 205. Debe notarse que Motolinia, de manera alguna un lascasiano, reconoce que "más bastante fue la avaricia de nuestros españoles para destruir y despoblar esta tierra, que todos los sacrificios y guerras y homicidios que en ella hubo en tiempo de su infidelidad". *Historia de los indios de la Nueva España*, trat. 3, c. 11, 167.

contra albigenses y husitas). "Puede la Sede Apostólica donar y conceder los reinos de los herejes a Reyes Católicos cristianos... y ponerles precepto que los guerreen y extirpen". Claro que con una condición, "cuando se puede hacer sin gravísimas... matanzas y daños", que se remite al criterio bélico de proporcionalidad.[50]

Establece Las Casas una distinción de trato al respecto de los herejes y los indígenas infieles. Los primeros pueden ser compelidos por la fuerza eclesiástica y estatal, por haber desobedecido su voto bautismal. Los segundos no. Intenta así evadir la pertinencia de las citas que Ginés de Sepúlveda hace de las epístolas en que San Agustín defiende la represión estatal contra los herejes. "Poco vale al doctor [Sepúlveda] traer contra los indios lo que San Agustín trae de los herejes, pues los herejes pueden ser por fuerza reducidos a la fe que por el bautismo prometieron, como ya sean súbditos de la Iglesia; los indios no, porque no son súbditos, en tanto que el bautismo no recibieren"[51].

Sobre la base de esta distinción clave entre infiel y hereje, en mi opinión, debe modificarse el juicio de John L. Phelan de que Las Casas intentaba "reemplazar una idea agustiniana por una idea tomista", insistiendo en que la pertenencia a la cristiandad no es requisito indispensable para la validez de los derechos políticos y personales, "idea por largo tiempo identificada con San Agustín"[52]. Más precisamente, lo que plantea Las Casas es que la tesis agustiniana es válida al respecto de los herejes, no de los infieles, cuyo alejamiento de la fe cristiana procede de la "ignorancia invencible".

Las Casas recorre senderos ortodoxos. La categoría de infiel con ignorancia invencible y, por consiguiente, no culpable de su paganismo, es expuesta por el Cardenal Cayetano (Tomás de Vio Caiteano); la distinción entre hereje e infiel, por Santo Tomás de Aquino. Las distinciones del primero se constituyeron en un dique contra las concepciones teocráticas universalistas que abogaban por la guerra santa contra la infidelidad por

---

[50] "Tratado comprobatorio", 1037. En otra ocasión menciona la posible legitimidad de la guerra contra los príncipes infieles que sean tiranos y crueles soberanos. En ese caso, el Sumo Pontífice puede amonestarles a que cambien su conducta despótica. De no ser atendido ese requerimiento, "puede el Sumo Vicario de Cristo, a los que no se emendasen y resistiesen por guerra mandar compeler", lo que recuerda uno de los títulos legítimos de Vitoria para la guerra de españoles contra los indígenas, la defensa de los inocentes. Este es un planteamiento que lo acercaría a los escolásticos dominicos hispanos del siglo dieciséis —el imperialismo cristiano humanitario—, pero que no llega a desarrollar a cabalidad. *Ibíd.*, 1009.

[51] "Disputa o controversia", 381.

[52] "El imperio cristiano de Las Casas, el imperio español de Sepúlveda y el imperio milenario de Mendieta", 298.

constituir esta una alegada ofensa intolerable contra Dios.[53] En un pasaje clave, Cayetano distingue entre los infieles que de derecho y de hecho (*de iure et de facto*) están bajo la jurisdicción de la cristiandad, aquellos que de derecho pero no de hecho lo están y quienes ni de derecho ni de hecho son sus legítimos súbditos. Los indígenas del Nuevo Mundo pertenecen a esta tercera categoría:

> Los poseedores de estas tierras, aunque infieles [los que no han cometido injuria alguna contra la cristiandad], son legítimos dueños de ellas... ni su infidelidad les priva del dominio, pues el dominio emana del derecho positivo y la infidelidad del derecho divino, el cual no destruye el derecho positivo... Ningún rey ni emperador ni la misma iglesia romana pueden mover guerra contra ellos para ocuparles sus tierras y dominarles en lo temporal, porque no existe causa de guerra justa... De donde pecaríamos gravísimamente si quisiéramos extender la fe de Jesucristo por este camino, ni conseguiríamos sobre ellos jurisdicción legítima, sino que cometeríamos grandísimo latrocinio y estaríamos obligados a la restitución de impugnadores y poseedores injustos. A estos infieles se han de mandar varones buenos que con su predicación y ejemplo los conviertan a Dios, y no quienes los opriman, despojen, escandalicen, sometan y los hagan dos veces hijos del infierno, al estilo de los fariseos.[54]

Al mismo tiempo, sin embargo, se propugna la cruenta persecución contra los herejes. Santo Tomás, tras insistir en que los infieles no deben ser obligados a convertirse, "porque el acto de creer es propio de la voluntad"

---

[53] Véase su obra clave *Secunda secundae partis summae totius theologiae d. Thomae Aquinatis, Thomae a Vio Cajetani commentariis illustrata.* Impresa por primera vez en 1517, se conoció extensamente por las copias manuscritas que circularon y las múltiples referencias a ella. La distinción entre infieles se encuentra en el comentario a la parte 2-2, cuestión 66, artículo 8.

[54] *Ibíd.* Se reproduce en Leturia, *Relaciones entre la Santa Sede e Hispanoamérica*, Vol. I, 164, y Silvio Zavala, en su introducción a los tratados de Palacios Rubios y Paz, lxxxv-lxxxvi. En latín lo cita Las Casas en su "Tratado de las doce dudas", 490 y en *De los tesoros del Perú*, 260. Aunque en este pasaje Cayetano no hace alusión explícita a las controversias sobre las Indias, Las Casas alega que lo escribió tras ser informado por el monje dominico Hierónimo de Peñafiel acerca de los abusos cometidos contra los indígenas. H. I., l. 3, c. 38, t. 2, 563. Este texto fue muy influyente en otros teólogos dominicos, entre ellos, Vitoria, quien elabora la misma idea en la sección de *De indis* (1538), dedicada a discutir los títulos ilegítimos para el dominio español sobre "los bárbaros del Nuevo Mundo"; Bartolomé Carranza, en su relección *An infideles possint habere dominium super fideles* (1539); Melchor Cano, en su tratado *De dominio indiorum* (1546) (reproducidos estos dos últimos en Luciano Pereña, *Misión de España en América*, 38-57 y 90-147, respectivamente); y fray Miguel de Benavides, en su parecer "Ynstrucción para el govierno de las Filipinas", en Hanke y Millares, *Cuerpo de documentos del siglo XVI*, 241. Sobre Cayetano, véase Carro, *La teología y los teólogos-juristas españoles*, Vol. I, 397-408.

("*quia credere voluntatis est*"), dice sobre los herejes y apóstatas que estos "deben ser aún por la fuerza física, compelidos a cumplir lo que han prometido y mantener lo que una vez han aceptado... Los herejes deben ser forzados a mantener la fe"[55].

De esa intolerancia contra la heterodoxia teológica no se aparta Las Casas. Tras reiterar la dogmática consigna "*extra ecclesiam [catholicam] nulla sallus*" ("fuera de la iglesia [católica] no hay salvación"), advierte que, a diferencia de los infieles americanos, "los herejes deben expulsarse de la iglesia por una penalidad espiritual, la excomunión. Si obstinadamente persisten en su error, deben ser consumidos por las llamas", ya que "no puede haber salvación por la carencia de la sancta fe católica"[56]. Fue doctrina común de los teólogos hispanos. También Domingo de Soto, crítico de los intentos de forzar por las armas la conversión de los indígenas, establece la distinción entre los infieles que nunca oyeron predicar la fe cristiana y los herejes. Contra estos últimos es lícito el castigo, incluso la pena capital: "Ciertamente contra los segundos [herejes] es lícito no solo la amenaza y el terror; también puede aplicárseles como castigo el suplicio capital... No, empero a los primeros [infieles]"[57].

Sin embargo, las guerras contra los indígenas no caen dentro de ninguna de las categorías antes delineadas. Los nativos americanos "no eran moros ni turcos que nos infestan y maltratan"[58]. Tampoco son herejes. Las normas de guerra justa no aplican contra infieles que no injurien la cristiandad. Tras largo tiempo de enfrentamiento hostil y antagónico entre la Europa cristiana y los "infieles" no europeos islamistas, muchos han cometido el error de identificar la infidelidad como causa bélica lícita. "De donde ha procedido la confusión que ahora ocurre y algunos siembran ampliando lo que los doctores afirman de los moros e turcos, perseguidores del nombre cristiano e violentos poseedores de los reinos de la cristiandad, a los infieles que nunca supieron que hubiese en el mundo

---

[55] *Suma teológica*, 2-2, cu. 10, art. 8, Vol. 7, 375-376.

[56] *Historia apologética sumaria*, l. 3, c. 45, t. 1, 238; *Apología*, 163-164, también *Ibíd.*, 304-312. En su apología contra Sepúlveda, Las Casas indica que trató en detalle la distinción entre los herejes, a los que puede compelerse a cumplir sus votos bautismales, y los infieles ignorantes del cristianismo, a los que no puede obligarse a obedecer los preceptos eclesiásticos, en el, hasta ahora perdido, primer libro de su obra *Del único modo de atraer a todos los pueblos a la verdadera religión*. *Ibíd.*, 312.

[57] "Et quidem hos secundos non solum minis et terroribus cogere licet, verum... capitis suplicio plecter. Priores autem non item". *In quartum sententiarum Commentari*. Salmanticae, 1570, t. I, 271 (mi traducción). Citado en latín por Paulino Castañeda, "Los métodos misionales en América", 137. Höffner muestra la unanimidad entre los grandes teólogos escolásticos españoles del siglo de oro (Vitoria, Soto, Bañez, Suárez) en favor de la persecución y ajusticiamiento de los herejes. *La ética colonial española*, 114-11.

[58] H. I., l. 3, c. 120, t. 3, 241.

gente cristiana, ni eran obligados a lo saber, y por consiguiente que nunca la ofendieron"[59].

Opinión crítica contra las invasiones armadas de pueblos indígenas expresó también Juan de Zumárraga, obispo de México, quien en carta del 4 de abril de 1537, insiste, tras escuchar el informe que un fraile le dio sobre la situación en el Perú, "que se quiten estas conquistas... son oprobiosas injurias de nuestra cristiandad y fe católica; en toda esta tierra no han sido sino carnicerías cuantas se ha hecho"[60].

Un seguidor franciscano de Las Casas, fray Gaspar de Recarte, recalcó en un parecer del 24 de noviembre de 1584 la injusticia de las guerras castellanas de conquista y, por el contrario, la justicia de las luchas de resistencia y defensa por parte de los indígenas.

> Porque los indios infieles, de derecho natural y de las gentes, son legítimos y verdaderos señores de sus tierras y reino. Justamente pueden *manu armata* impedir la entrada a sus tierras a todo y cualquier que quisiese entrar en ellas contra la voluntad expresa o tácita de los tales indios, y proceder contra ellos como contra enemigos y violadores del derecho natural y de las gentes, hasta si fuera menester matarlos... Y los españoles no les podrán resistir *manu armata*, aunque sea por título de defensa.[61]

La opinión de Las Casas fue minoritaria. Otro obispo español, Vasco de Quiroga, expresó la opinión predominante favorable sobre el entrecruzamiento de espada y cruz para constituir un *imperium fidei* en el "testimonio de erección de la Catedral de Michoacán", su diócesis: "Plugo a la divina Voluntad, poner al frente de los Reinos de las Españas a héroes tan célebres, que no solo vencieron a las espadas y máquinas de guerra de los bárbaros, sino que, pródigos de su vida y de su patrimonio penetraron... por regiones incógnitas y remotísimas y, vencido el monstruo de la idolatría, plantaron por todas partes, entre los aplausos y felices augurios de la religión cristiana, el Evangelio de vida, haciendo triunfar universalmente la bandera de la Cruz"[62].

---

[59] "Tratado comprobatorio", 1039.

[60] En Cuevas, *Documentos inéditos*, 83. Citada también por Isacio Pérez, "Análisis extrauniversitario de la conquista de América en los años 1534-1549", en Ramos et al., *La ética en la conquista de América*, 132-133.

[61] El parecer de fray Gaspar de Recarte se reproduce en Gómez Canedo, *Evangelización y conquista*, 266-288. Lo citado proviene de la 282.

[62] Citado por Silvio Zavala, *Instituciones jurídicas*, 263-264 y 448. Vasco de Quiroga, por otra parte, parece haber sido un obispo consagrado al bienestar de sus fieles nativos. Sobre él escribió al Consejo

Es la espada de los conquistadores lo que permite "triunfar universalmente la bandera de la Cruz" que portan los religiosos. El *imperium fidei* se extiende mediante la fuerza y violencia de la guerra. El Papa Clemente VIII, al cumplirse el primer centenario del inicial viaje colombino, en la bula *Excelsia divinae potentiae*, celebra:

> La conversión de un número tan extraordinario de países del Nuevo Mundo... Nueva España, América, Brasil, Perú y todas las inmensas tierras adyacentes.
>
> Bendigamos a Dios por todo esto, pues, en su gran misericordia ha querido, por nuevas maneras, llamar a los hombres, también en estos últimos tiempos, para que dejen de ser hijos de ira y así puedan ser conducidos a la esperanza viva y al conocimiento de su Hijo Jesucristo, Señor Nuestro.

No podía faltar la unidad de la fe y la nación. El Papa exhorta a los residentes en las tierras conquistadas a dar lealtad plena a la corona española.

> Para terminar, os encomendamos vivamente en el Señor fidelidad y obediencia a nuestro carísimo hijo en Cristo Felipe, el Católico Rey de las Españas y de las Indias, vuestro Príncipe, a quien la Sede Apostólica entregó el cargo de su potestad y de su misión a fin de que procurara la salvación de esas naciones.[63]

de Indias (8 de febrero de 1537) fray Juan de Zumárraga, obispo de México: "El amor visceral que este buen hombre les muestra, el cual prueba bien con las obras y beneficios que de continuo les hace y con tanto ánimo y perseverancia". Cuevas, *Documentos inéditos*, 76.

[63] Dada el 21 de marzo de 1592, en Roma. Reproducida por Terradas Soler, *Una epopeya misionera*, 118-120.

12
Evangelización y violencia

> Confiamos en que todo el tiempo que estéis sobre la tierra, obligaréis y emplearéis todo vuestro celo en hacer que los pueblos bárbaros lleguen al conocimiento de Dios... no solo mediante edictos y amonestaciones, sino también por la fuerza y las armas si fuese necesario para que sus almas puedan compartir el reino de los cielos.
>
> Papa Clemente VII

> Es indudable, y lo confirma la experiencia, que la índole de los bárbaros es servil, y si no se hace uso del miedo y se les obliga con fuerza... rehúsan obedecer. ¿Qué hacer, pues?... Hay que usar del azote... De esta manera se les fuerza a entrar a la salvación aún contra su voluntad.
>
> José de Acosta

¿Acción misionera o conquista evangelizadora?

Si la finalidad del imperio español es la salvación eterna y espiritual de los indígenas, ¿tiene autoridad legítima para imponerles su religiosidad? El problema toca, en un punto neurálgico, la tarea que todos los protagonistas europeos consideraban esencial: expandir la fe cristiana. Como bien ha aseverado Giménez Fernández, no siempre "se ha estimado suficientemente la trascendencia del problema que sobre el hecho nuevo de la evangelización de las masas amerindias se presentó en la primera mitad del siglo XVI a los hombres de Iglesia"[1]. Se trata de uno de los momentos cruciales en la expansión de la cristiandad. Es gracias a la evangelización del Nuevo Mundo que la religión cristiana dejó de ser una confesión provinciana europea y aspiró a ser un culto global.

[1] "Bartolomé de las Casas en 1552", Prólogo a *Tratados*, Vol. I, lviii.

La primera impresión que registra Cristóbal Colón, al ser amistosamente recibido por los nativos, es que podrían convertirse sin violencia. "Conocí que era gente que mejor se libraría y convertiría a nuestra sancta fe con amor que no por fuerza... creo que ligeramente se harían cristianos"[2]. El único problema que percibe es el lingüístico, pero lo considera fácilmente soluble. Es solo cuestión de que algunos frailes aprendan el idioma nativo y pronto los aborígenes se convertirán. "Tengo por dicho... que sabiendo la lengua dispuesta suya personas devotas religiossas, que luego todos se tornarían cristianos"[3].

Es muy cuestionable, sin embargo, la solidez de ese juicio emitido a pocas horas de entablar contacto con gente extraña y con la cual, en ese momento, no había posibilidad alguna de adecuada comunicación. Tampoco excluye ese dictamen precipitado la vía alterna; a saber, que de no aceptar los nativos la invitación a convertirse al catolicismo, además de la toma de posesión de sus tierras y la compulsión al trabajo fuerte y riguroso, se impondría el predominio de la fuerza sobre el amor (el Almirante anota con cuidado el carácter primitivo de los pertrechos militares de los aborígenes). Lo que no se puso en duda fue la ilegalización y destrucción de los cultos autóctonos y su sustitución por el cristianismo, sea mediante el amor o la violencia.

También es evidente en los textos colombinos el íntimo vínculo entre la evangelización de los nativos y el enriquecimiento de los españoles. "Esta gente no tiene secta ninguna ni son idólatras... y crédulos y cognoscedores que hay Dios en el cielo e firmes que nosotros habemos venido del cielo... Así que deben Vuestras Altezas determinarse a los hacer cristianos, que creo que si comienzan, en poco tiempo acabarán de haber convertido a nuestra santa fe multidumbre de pueblos, y cobrado grandes señoríos y riquezas... Porque sin duda es en estas tierras grandísima suma de oro"[4].

Un alto número de europeos, entre ellos muchos frailes y sacerdotes, adoptaron la norma que expresa fray Toribio de Motolinia: "Conviene de oficio que se predique el santo Evangelio por todas estas tierras, y los que no quisieren oír de grado el santo Evangelio de Jesucristo, sea por fuerza; que aquí tiene lugar aquel proverbio 'más vale bueno por fuerza que malo por grado'"[5].

---

[2] *Los cuatro viajes*, 62-63.

[3] *Ibíd.* 92.

[4] *Ibíd.*, 94.

[5] "Carta a Carlos V", 211 (énfasis añadido). Sin embargo, Motolinia, en fiel expresión de la dualidad ambigua que caracterizó la misión franciscana en la Nueva España, reconoce con nostalgia que, en cierta ocasión (1532-1533), desearon infructuosamente estos seguidores de San Francisco lanzarse a

Fue también la visión que sobre esta cuestión tuvo el primer fraile en intentar compenetrar el mundo mítico y religioso de los indígenas. Ramón Pané, "pobre ermitaño de la Orden de San Jerónimo"[6], acompañó a Cristóbal Colón en el segundo viaje que este hizo a América. Allí el Almirante lo comisionó para que estudiase la lengua y las costumbres de los taínos de La Española. De esta manera, nació el breve relato que ha sido calificado como "el primer libro escrito en el Nuevo Mundo en un idioma europeo"[7]. Al final, ofrece el siguiente consejo acerca de la evangelización de los nativos: "[Algunos] eran propensos a creer fácilmente. Pero con los otros hay necesidad de fuerza y de ingenio, porque no todos somos de una misma naturaleza. Como aquellos [sus primeros conversos] tuvieron buen principio y mejor fin, habrá otros que comenzarán bien y se reirán después de lo que se les ha enseñado; con los cuales hay necesidad de fuerza y castigo"[8].

Este problema ocupó sobre todo a Sepúlveda, quien propuso un alto grado de fuerza externa bajo el argumento de que: "Cuantos vagan fuera de la Religión Cristiana andan errantes y caminan hacia un precipicio seguro, a no ser que aún contra su voluntad los apartemos de cualquier modo que nos sea posible... Así, pues, afirmo que estos bárbaros no solo deben ser invitados, sino también compelidos al bien, esto es, a la justicia y a la religión"[9].

Transforma así la justificación que hace San Agustín de la compulsión estatal contra los herejes en un arma para vincular la predicación con el terror.

> Digo que han de ser dominados los bárbaros no solo para que escuchen a los predicadores, sino también para que a la doctrina y

descubrir nuevas tierras, por el Mar del Sur, "para que allí predicasen el Evangelio y palabra de Dios, sin que precediese conquista de armas". Para ello solicitaron ayuda de su protector Hernán Cortés, el más afamado de todos los violentos conquistadores. *Historia de los indios de la Nueva España*, trat. 3, c. 5, 137.

[6] Fray Ramón Pané, *Relación acerca de las antigüedades de los indios*, 21.

[7] José Juan Arrom, en "Estudio preliminar, *Ibíd.*, 1.

[8] *Ibíd.*, 55 (énfasis añadido). Aunque todo juicio sobre Pané permanece condicionado a revisarse si algún día se encuentra la versión original de su tratado, parece que consideró correcta la acción de Bartolomé Colón de castigar a seis indígenas, súbditos del cacique Guarionex, por haber enterrado algunas imágenes cristianas en un campo de labranza. Los españoles consideraron el acto como un "vituperio" y les aplicaron la pena decretada en las leyes castellanas para tal "blasfemia": los quemaron públicamente. Según Arrom, todo el incidente fue un lamentable error. Era costumbre taína enterrar sus cemíes en los sembradíos para lograr una buena cosecha. Aparentemente quisieron hacer lo mismo con los "cemíes" católicos. *Ibíd.*, 52-54.

[9] *Demócrates segundo*, 64-65 y 71.

> a los consejos se unan además las amenazas y se infunda el terror... Cuando se añade, pues, al terror útil la doctrina saludable para que no solo la luz de la verdad ahuyente las tinieblas del error, sino también la fuerza del temor rompa los vínculos de la mala costumbre, entonces, como dije, nos alegramos de la salvación de muchos.[10]

La salvación de los bárbaros sería extremadamente difícil y ardua si se confiara únicamente en la persuasión racional y afectiva. El arraigo de viejas tradiciones y la barbarie de los hábitos conspirarían contra la aceptación de la fe cristiana. Sepúlveda desconfía de la capacidad de los indígenas para entender la espiritualidad europea. A diferencia de otros paganos, los indígenas del Nuevo Mundo no han podido desarrollar una idea monoteísta y espiritual de Dios, ni superar la salvaje costumbre del sacrificio humano. No tienen la capacidad racional necesaria para dejarse un asunto tan crucial como la religión a su exclusivo arbitrio y deliberación. Para lograr su conversión se requiere la fuerza compulsoria. Transpone, como es su costumbre, un argumento aristotélico al asunto en cuestión: "Gran parte de los hombres obedece más por la fuerza que por las palabras y el razonamiento y se siente más obligada por los castigos que guiada por la honestidad"[11].

El uso de la fuerza militar para propósitos misioneros no fue original de Sepúlveda. El Papa Clemente VII escribe a Carlos V, el 8 de mayo de 1529: "Confiamos en que todo el tiempo que estéis sobre la tierra, obligaréis y emplearéis todo vuestro celo en hacer que los pueblos bárbaros lleguen al conocimiento de Dios... no solo mediante edictos y amonestaciones, sino también por la fuerza y las armas si fuese necesario para que sus almas puedan compartir el reino de los cielos"[12].

Acosta recogió la experiencia de la conquista evangelizadora en su obra *De procuranda indorum salute* (1588). Tras elogiar "la manera antigua y apostólica de predicar el evangelio entre los bárbaros... sin ningún aparato militar", insiste en que, al respecto de la mayoría de los indígenas

---

[10] *Ibíd.*, 73.

[11] *Ibíd.*, 74. Sepúlveda está citando a Aristóteles, en la *Ética a Nicómaco*, libro 10, capítulo 9 (1180a). El filósofo ateniense, sin embargo, trata ahí de la relación entre legislación y virtud social, no de conversión religiosa forzada.

[12] Citada por Zavala, *Instituciones jurídicas*, 349 y Hanke, "Pope Paul III and the American Indians", 77. Sobre Clemente VII, escribe el erudito católico Höffner, lo siguiente: "Su pontificado, funesto para la Iglesia, presenció el saco de Roma, la apostasía de una tercera parte de Europa, la lucha contra Carlos V, con sus intrigas, así como la continuación del nepotismo y de los abusos en el régimen de los beneficios". *La ética colonial española*, 344.

americanos, tal proceder es una "extrema insensatez". "Así que el modo y orden de los apóstoles, donde se puede guardar cómodamente, es el mejor y más preferible; pero donde no se puede, como es por lo común entre los bárbaros, no es prudente ponerse a riesgo, bajo especie de mayor santidad, de perder la propia vida y no ganar de modo alguno la ajena".

En el caso de los salvajes que habitan muchas comarcas americanas, se requiere cierto grado de compulsión estatal para que se acojan a la vida civilizada y cultural, factor indispensable para la genuina existencia cristiana. "Estas gentes hechas a vivir como bestias, dan muy poco lugar a costumbres humanas". Es verdad que en el tiempo apostólico los predicadores del evangelio fueron muchas veces martirizados. Pero quienes así los ejecutaban "eran hombres de razón". Intentar el camino pacífico de llevar la fe a los bárbaros de las Indias, libre de todo auxilio militar, "será como pretender entablar amistad con jabalíes o cocodrilos". Ese martirio no tiene nada que ver con discrepancias religiosas; su única finalidad sería "darles con la propia carne un manjar más sabroso a su paladar". En el caso de la evangelización de las Indias, es necesario que el soldado acompañe al sacerdote.[13]

El tratado de Acosta pretende ser una especie de manual para los misioneros. Su concepción de la estrategia misionera se enmarca dentro de una sofisticada taxonomía de los pueblos "bárbaros". Hay, en su opinión, tres categorías de bárbaros. La primera es la de aquellos "que no se apartan demasiado de la recta razón". Tienen leyes, magistrados e instituciones civiles estables y razonables. Sobre todo, tienen cultura literaria. A estos puede y debe predicársele la fe a la manera apostólica. Sin embargo, Acosta no logra dar un solo ejemplo de algún pueblo del Nuevo Mundo que pueda ubicarse en esta categoría. Todas las instancias que adelanta son naciones del Asia Oriental —chinos, japoneses e hindúes—.[14]

[13] *Predicación del evangelio*, l. 2, c. 8, 169-172.

[14] Acosta escribe en un tiempo en que la iglesia católica aspiraba a evangelizar a las grandes culturas orientales. No escapa de este movimiento misionero cierta fatiga y desilusión al respecto de las "Indias Occidentales". Esta actitud se nota en Sahagún, quien, en uno de sus peculiares apuntes personales, tras hablar sobre los "caminos" en América, cambia súbitamente de tema para atender a un tema de crucial importancia: el destino de la iglesia, tan en crisis por el crecimiento del protestantismo. En espíritu pesimista, apunta cómo en Palestina, Asia y África se ha eliminado el cristianismo y en Europa, a excepción de Italia y la península ibérica, "no se obedece a la Iglesia". ¿Qué de las Indias Occidentales? Ahí ya quedan poquísimos habitantes nativos y estos quizás serían exterminados. Además, la conversión de los sobrevivientes ha sido superficial e insegura, "por la dureza de esta gente", de manera que si los españoles se retirasen "no habría rastro de la predicación que se les ha hecho". ¿Cuál es, pues, la esperanza del catolicismo? La evangelización del Asia Oriental, comenzando por China, "donde hay gente habilísma, de gran policía y de gran saber". En la Nueva España y el Perú, por el contrario, la iglesia "no ha hecho más de pasar de camino, y aun hacer camino para poder

La segunda categoría corresponde a aquellos que también tienen instituciones sociales razonables, pero que no han alcanzado el nivel de la cultura literaria ni los conocimientos filosóficos o civiles profundos. Adolecen, además, de "tanta monstruosidad de ritos, costumbres y leyes... que si no son constreñidos por un poder superior, con dificultad recibirán la luz del evangelio, y tomarán costumbres dignas de hombres". A esta categoría pertenecen los pueblos más "avanzados" del Nuevo Mundo: los aztecas y los incas. Su evangelización y civilización requieren la conquista y el previo dominio político, aunque deben mantenerse en lo posible sus "leyes y usos que no sean contrarios a la razón o al Evangelio".

Por último, una enorme cantidad de pueblos americanos ("en el Nuevo Mundo hay de ellos infinitas manada") cae en la tercera categoría de bárbaros, descritos como "salvajes semejantes a fieras, que apenas tienen sentimiento humano; sin ley, sin pactos, sin magistrados ni república"[15]. El misionero jesuita no escatima negatividad en su juicio. "Sería largo enumerar todas sus abominaciones... en todo iguales a bestias feroces"[16]. Su conversión requiere que previamente sean dominados y subyugados. "De este género de bárbaros trató Aristóteles, cuando dijo que podían ser cazados como bestias y domados por la fuerza". La sensibilidad cristiana de Acosta le lleva a cambiar la analogía, de la bestialidad al infantilismo: "A todos éstos que apenas son hombres, o son hombres a medias, convienen enseñarles que aprendan a ser hombres e instruirles como a niños". Pero la pedagogía tradicional nunca ha descartado la disciplina física para lograr sus fines: "Hay que contenerlos con fuerza y poder convenientes, y obligarles a que dejen la selva y se reúnan en poblaciones, y aún contra su voluntad en cierto modo, hacerle fuerza para que entren en el reino de los cielos"[17]. Acosta es un misionero que no está interesado en grandes proezas martirológicas, sino en lograr la máxima efectividad posible en el proceso trascendente de evangelizar los aborígenes. Y no cree que ello pueda prescindir de cierta compulsión militar. Remite a la experiencia: donde se ha dejado a los nativos a su libre albedrío, "poca firmeza y seguridad ha

conversar con aquellas gentes de las partes de China". *Historia general de las cosas de Nueva España*, l. 11, cs. 12-13, 706-710.

[15] "Proemio", *Predicación del evangelio*, 46-48.

[16] *Ibíd.*, l. 2, c. 3, 145.

[17] *Ibíd.* 46-48. La interpretación que Lewis Hanke hace de Acosta lo acerca excesivamente a Las Casas, mutilando sus ideas distintivas. Cae así en la seductora y difícil de evadir tentación que aguarda a todos los que se acercan a la conquista española de América, de la que quizás tampoco se hayan librado estas reflexiones críticas: ver todo el proceso desde la perspectiva dominante de Bartolomé de Las Casas. *Aristotle and the American Indians*, 89-90.

habido en la fe y religión cristiana... va decayendo y amenazando ruina", mientras que "en los indios sujetos, la cristiandad va sin duda creciendo y mejorando"[18]. Por más que insista en su amor a los indoamericanos, no puede evitar un serio menosprecio de su cultura y hábitos, comparándolos continuamente con seres de inferior racionalidad, como lo son, desde su perspectiva tradicional, el niño, la mujer y la bestia. "Porque siendo los indios de ingenio corto y pueril, como niños o mujeres, o mejor aún como bestias"[19].

El caso de los nativos americanos es excepcional, ya que exige una peculiar conjunción de "dos cosas entre sí tan dispares como son evangelio y guerra". Si se insiste en la predicación estrictamente apostólica y pacífica, se terminará impidiendo la cristianización de los aborígenes. La condición de los "bárbaros en este Nuevo Mundo" es tal que, "como fieras", si no se utiliza la "fuerza conveniente" o "voluntaria violencia", "nunca llegarán a vestirse de la libertad y naturaleza de hijos de Dios". En América es factible "conciliar cosas entre sí tan contrarias como son violencia y libertad"[20].

Aunque Acosta insiste en que la barbarie de los indoamericanos no significa que sean infrahumanos, sino que el hábito salvaje ha asfixiado su inherente racionalidad ("los bárbaros no son tales por naturaleza, sino por gusto y hábito; son niños y dementes por afición, no por su ser natural"[21]), no tiene ilusión alguna en proseguir un método misionero pacífico y libre. Su pragmatismo exige severidad y coerción. "Es indudable, y lo confirma la experiencia, que la índole de los bárbaros es servil, y si no se hace uso del miedo y se les obliga con fuerza... rehúsan obedecer. ¿Qué hacer, pues?... Hay que usar del azote... De esta manera se les fuerza a entrar a la salvación aún contra su voluntad"[22].

El misionero y teólogo jesuita está dispuesto a considerar la posibilidad de que la conversión de comunidades indígenas no conlleve necesariamente la deposición de sus príncipes paganos. Pero es una alternativa abstracta, a la que no concede mucha probabilidad. No tiene muchas ilusiones de que los evangelizados, si no se les ubica en un contexto de compulsión estatal, preserven su cristiandad. Pues, "en medio de una nación mala y perversa, ¿qué esperanza puede haber que unos hombres

[18] *Historia natural y moral*, l. 7, c. 28, 377.

[19] *Predicación del evangelio*, l. 2, c. 15, 199.

[20] *Ibíd.*, l. 2, c. 1, 137.

[21] *Ibíd.*, l. 2, c. 5, 161.

[22] *Ibíd.*, l. 1, c. 7, 85-89.

débiles, pobres de inteligencia, de costumbres perdidas y por naturaleza inconstantes perseveren en la fe, si no los reciben en sus brazos nuestros reyes?". Es poco probable que los príncipes paganos e infieles, "estando principalmente el demonio enfurecido", permitan el libre ejercicio de la fe cristiana, la única verdadera y auténtica religiosidad. Por eso puede tenerse, en concordancia con el prudente pragmatismo que asume Acosta, "como regla común y canon inviolable" que deben derrocarse, incluso *manu militari*, las autoridades aborígenes que persistan en su paganismo y convicciones idolátricas.[23]

Acosta no puede escapar de cierta desilusión, similar a la que se encuentra en otros misioneros indiófilos como Sahagún y Mendieta, al respecto de la evangelización forzada que se ha impuesto a los nativos americanos. "He aquí la Samaria de nuestros tiempos", es su juicio severo acerca de la superficial cristiandad indiana. "Adoran a Cristo y dan culto a sus dioses... Le temen de palabra, mientras insta el juez o el sacerdote; le temen mostrando una apariencia fingida de cristiandad; pero no le temen en su corazón, no le adoran de verdad, ni creen con su entendimiento como es necesario para justicia"[24]. Después de estos comentarios críticos, tan llenos de la amargura de un misionero que, en el fondo, hubiese preferido predicarle a comunidades étnico-nacionales menos "bárbaras", queda, empero, la esperanza de que, después de inculcados, mediante la severa disciplina y rigurosa coerción, los valores y las concepciones cristianas, "serán los hijos mejores que sus padres... más idóneos para la fe"[25].

Es la fórmula que Lino Gómez Canedo ha catalogado de "evangelización protegida"[26], y que con mayor ironía y menor caridad, reitera Bernardo de Vargas Machuca:

> Si acuden [los indios] á la obediencia y doctrina del santo Evangelio, es mirando la fuerza de soldados a la vista, que hasta hoy no se ha entendido en las Indias occidentales haber hecho efecto religioso

[23] *Ibíd.*, l. 3, c. 2, 217-221.

[24] *Ibíd.*, l. 1, cs. 14-15, 113-115.

[25] Esta esperanza parece haberla perdido el moderno editor de Acosta, quien se permite un juicio que es ejemplo maravilloso del pedante etnocentrismo que caracteriza mucha de la literatura española católica sobre la cristianización de América. Según Francisco Mateos: "Este cristianismo rudimentario de los indios peruanos, aun hoy día [1952] es dado observarlo: su fe es probablemente poco parecida a la de un blanco, y está llena de supersticiones... Esto se debe a la cortedad de su razón, y a su ingenio refractario a toda la cultura de los blancos... El indio siguió y está hoy tan apegado a sus creencias y costumbres semibárbaras... en los alrededores de Quito, La Paz o Sucre, junto a las casas de los europeos [¿europeos?], no se les ocurre usar luz eléctrica... ni aun siquiera comer o vestir o calzar o hacer sus viviendas al modo de los blancos". *Ibíd.*, 114, 294. ¡Ejemplar espécimen de racismo social!

[26] *Evangelización y conquista*, xvii.

> en ellos, entrando solos sin... los soldados que están mostrándose con las armas... para que se conviertan conviene que entren á la par los religiosos y la gente de guerra, porque será más breve la conversión.[27]

Las Casas escribe su voluminoso tratado, *Del único modo de atraer a todos los pueblos a la verdadera religión* para impugnar los argumentos de la compulsión armada a la cristianización. Detrás de un extenso y exhaustivo tratamiento teórico acerca de la relación intrínseca entre la fe cristiana, la libertad y la predicación en paz, pleno de citas bíblicas, patrísticas, canónicas, filosóficas y teológicas (su pasión tiene escaso respeto por la brevedad y la moderación[28], además de poca atención crítica a la inautenticidad de algunos documentos que cita con ingenuidad, e. g., los *Testamentos de los doce patriarcas*), se expresa una y otra vez su tesis de que la conversión es genuina y verdadera solo si está desprovista de toda coerción, si se logra mediante "la persuasión del entendimiento por medio de razones y la invitación y suave moción de la voluntad"[29]. La violencia corrompe la libertad y, por consiguiente, deforma la fe. "Porque para recibir nuestra sancta fe requierese... libertad de voluntad"[30]. En su disputa en Valladolid con Sepúlveda, resume su tesis: "Si la fe se ha de predicar con tanta mansedumbre [como ordena Jesucristo], inicuo es enviar primero gente de guerra a sujetar las gentes"[31].

¿Cómo ordena Jesucristo que se predique el evangelio? "Cristo concedió a los apóstoles solamente la licencia y autoridad de predicar el

[27] "Apologías y discurssos", 224.

[28] En su *Apologética historia sumaria* incluye 2673 citas de 453 obras de 225 autores, de acuerdo a Manuel M. Martínez, "Las Casas-Vitoria y la bula *Sublimis Deus*", 31. Hanke se refiere a "la prosa torrencial de Las Casas... esa mezcla extraña de pasión y erudición". *La humanidad es una*, 109. Por su parte, Edmundo O'Gorman se divierte irónicamente de la "erudición... indigesta" y "asombrosa credulidad" ante textos apócrifos del fraile dominico. *La idea del descubrimiento de América*, 131, 142. Las Casas mismo alude a su voracidad en las lecturas y como las utilizaba para apertrecharse de argumentos en favor de la causa indigenista: "Nunca leyó [se refiere a sí mismo en tercera persona] en libro de latín o de romance, que fueron en cuarenta y cuatro años infinitos, en que no hallase o razón o autoridad para probar y corrobar la justicia de aquestas indianas gentes, y para condenación de las injusticias que se les han hecho y males y daños". H. I., l. 3, c. 79, t. 3, 93. Luciano Pereña somete a severa crítica la manera lascasiana de citar y muestra cómo "su manía por el argumento de autoridad para alcanzar objetivos políticos" le lleva a distorsionar autores y obras. "Estudio preliminar", *De regia potestate*, cxlvii-cxlix.

[29] *Del único modo*, 7.

[30] "Octavo remedio", 745. Las Casas sigue de cerca la clásica fórmula tomista sobre la correlación necesaria entre fe y libre albedrío: "*Nullo modo sunt ad fidem compellendi ut ipsi credant: quia credere voluntatis est*" ("De ningún modo deben ser compelidos a creer, pues la fe es un acto de la voluntad"). *Suma teológica*, 2-2, cu. 10, art. 8, Vol. 7, 375 (mi traducción).

[31] "Disputa o controversia", 263 y 267.

evangelio a los que voluntariamente quisieran oírlo, pero no las de forzar o inferir alguna molestia, o desagrado a los que no quisieren escucharlos. No autorizó a los apóstoles o predicadores de la fe para que obligaran a oír a quienes se negaran a ello, ni los autorizó tampoco para castigar a quienes los desecharan de sus ciudades... Quienes obran de manera contraria se convierten en ... transgresores del precepto divino"[32].

La evangelización se corrompe y echa a perder si se utiliza como pretexto para el deseo de poder y dominio o la avaricia de riquezas. Es necesario garantizar, de palabra y de hecho, "que los oyentes, y muy especialmente los infieles, comprendan que los predicadores de la fe no tienen ninguna intención de adquirir dominio sobre ellos con su predicación" y que "entiendan que no los mueve a predicar la ambición de riquezas"[33]. La metodología misionera pacífica y persuasiva es sobre todo eficaz con los moradores del Nuevo Mundo, cuyo carácter, recalca Las Casas innumerables veces, es de tal "mansedumbre, simplicidad, bondad y docilidad natural" que se podría decir que "aparejadas estaban por Dios para poderse trasplantar y transformar, de ramos de acebuche y silvestres amargos de la selva de su gentilidad, en olivas o vides dulcísimas de su carísima y preciosísima viña". Esta conversión de dóciles gentiles en devotos cristianos hubiese sido harto fácil si "estas gentes... por amor y mansedumbre fueran en los principios tratadas"[34].

Si se utiliza la religión para legitimar una guerra santa, se sigue "el camino de Mahoma" o "la ley de Mahoma", "que el diablo inventó e su imitador e apóstol Mahoma con tantos latrocinios y derramamiento de sangre siguió". Compeler a escuchar la predicación tras conquistar a los infieles mediante las armas es hacerse "verdaderos imitadores de aquel notable y asquerosísimo seudoprofeta y seductor de los hombres, de aquel que mancilló todo el mundo, de Mahoma"[35].

Idea semejante, con mayor concisión en la escritura, pero similar solidez teórica, arguye el franciscano fray Gaspar de Recarte, en un parecer del 24 de noviembre de 1584. Considera que el acompañamiento militar para la protección de la predicación misionera contradice la ley natural y la evangélica. Afirmar su necesidad, por consiguiente, es incurrir en proposición herética, temeraria, escandalosa. La costumbre de enviar

---

[32] *Del único modo*, 177, 183.

[33] *Ibíd.*, 249.

[34] H. I., l. 1, c. 45, t. 1, 226.

[35] Véase "Disputa o controversia", 357, 445, 455; *Del único modo*, 459; H. I., l. 1, c. 25, t. 1, 134-136. Las Casas apunta así a un tema interesante que no llega a profundizar: hasta qué punto los cristianos anti-islamistas han adoptado la metodología misionera bélica de sus acérrimos adversarios.

destacamentos armados para asistir en las penetraciones evangelizadoras, "ha sido causa eficacísima y total de la desolación y perdición de las Indias, y de los grandes males y pecados que en ellas los nuestros han cometido contra los indios, que como corderos venían y vinieran a la fe, si la ferocidad de los españoles, con que los sujetan y ponen en grandísimos trabajos, no lo estorbara. Visto pues... la sobredicha proposición ser herética, temeraria y escandalosa"[36]. Recarte contrasta el evangelio pacífico de Cristo y los apóstoles con el "Evangelio armado, feroz y artillado... Evangelio de minas y de grandes intereses temporales..." que se predica a los nativos americanos.[37]

Una severa crítica a dicha evangelización la hizo, con mordacidad y evidente influencia de Las Casas, el franciscano Juan de Silva, a principios del siglo diecisiete. Divide el modo de la conquista evangelizadora en dos, de acuerdo a la primera o la segunda fase del proceso de adquirir dominio sobre las naciones y pueblos del Nuevo Mundo, para censurar ambas por no ajustarse a las normas apostólicas de predicar. A flor de piel, se palpa una implícita crítica a Acosta.

> Dos modos pues se han hallado los sobre dichos de predicar el Evangelio en las Indias, el uno es el que guardaron los primeros conquistadores, que todo lo llevaron por armas, por asperezas y crueldades pareciéndoles ser justo, que la espada fuese abriendo primero el camino al Evangelio. Modo tan contrario a la suavidad y blandura, que Cristo nuestro Redentor guardó, enseñó y mandó... Otro y algo diferente modo han hallado los españoles que ahora son y pretenden las entradas y nuevos descubrimientos de las tierras que están por conquistar y convertir... es a saber, que la espada no vaya delante del Evangelio, sino que le vaya siguiendo, esto es que vayan los predicadores a predicarlo, y que para su seguridad lleven consigo soldados y gente de guerra. Y no faltan letrados de diferentes profesiones que afirman ser este modo seguro, justo y conveniente, diciendo que son ya otros tiempos y que no se puede con gentes tan bárbaras llevar la forma y rigor, que Cristo nuestro Redentor enseña.

Por oponerse a las enseñanzas de Cristo y sus apóstoles, "sin alegar para ello texto sagrado, ni haber autoridad suficiente del testamento viejo o nuevo, ni de la Iglesia", estos dos modos de unir la fuerza de la espada a la

[36] En Gómez Canedo, *Evangelización y conquista*, 274.

[37] *Ibíd.*, 280.

predicación evangélica "téngolo sin alguna duda por cosa más que temeraria, y por proposición escandalosa"[38]. Los indígenas deben convertirse a la fe cristiana "*non coactione sed persuasione*".

Silva considera indispensables las siguientes medidas para que proceda eficaz y evangélicamente la conversión de los nativos: 1) quitar los servicios personales "por el cual tantas y tan grandes ofensas se hacen a nuestro Señor"; 2) cesar "todas las entradas y conquistas, que con tantas ofensas contra Dios se hacen"; 3) mostrar los predicadores "con obras y palabras, la blandura y suavidad de la ley de Cristo"; 4) prometérseles "que por hacerse cristianos y recibir nuestra fe, no perderán su libertad, ni les quitarán sus señoríos, ni vasallos, ni sus mujeres, ni hijas, ni los apremiarán ni forzarán a servicios personales, y que, finalmente, por ninguna vía se consentir á que españoles les hagan ningún agravio"[39].

Hay, por consiguiente, dos perspectivas distintas acerca de los medios lícitos para obtener la conversión de los indígenas. La primera puede titularse *conquista evangelizadora* y propugna la obtención, por la fuerza de ser necesario, de la soberanía sobre los aborígenes como condición facilitadora de su evangelización. La segunda puede nominarse *acción misional* y consiste en la persuasión de la razón y la adhesión de la voluntad mediante argumentos convincentes a la primera y atractivos a la segunda.

La acción misional, desprovista de agresividad bélica, tuvo vigorosos promotores. La primera sugerencia al respecto procedió aparentemente de fray Pedro de Córdoba, líder de los dominicos en La Española, al recomendar a Carlos V, a principios del reinado de este, que el primer acercamiento a los indígenas debía ser hecho por los religiosos, sin la compañía de hombres armados. "Siendo ellas por otra parte, gentes tan mansas, tan obedientes y tan buenas, que si entre ellos entraran predicadores solos, sin las fuerzas e violencias de estos malaventurados cristianos, pienso que se pudiera en ellos fundar quasi tan excelente iglesia como fue la primitiva".

Esta sugerencia parte de la trágica experiencia de los antillanos, "porque estas islas é tierras nuevamente descubiertas y halladas tan llenas de gentes... han sido y son hoy destruidas y despobladas por las grandes cruedades que en ellas los cristianos han hecho". Típico de la mentalidad imbuida de imágenes bíblicas, utiliza la analogía faraónica para expresar

---

[38] Zavala, *Instituciones jurídicas*, 405-406. Silva escribió un tratado que presentó a la corona, en la que recoge sus experiencias y reflexiones de varias décadas de trabajo misionero en América. Se titula *Advertencias importantes acerca del buen gobierno y administración de las Indias, así en lo espiritual como en lo temporal*. Madrid, 1621.

[39] Citado por Castañeda, "Los métodos misionales en América", 165.

la opresión a que han sido sometidos los nativos. "Faraón y los egipcios aun no cometieron tanta crueldad contra el pueblo de Israel"[40].

Los dominicos de La Española insisten en la acción misional desprovista de toda coacción violenta y cautiverio forzoso.

> No hubo, ni hay, ni habrá tierra tan mal aventurada, ni tan tiranizada, como que lo descubierto de las Indias... y así corre la destrucción y disipación... Que por codicia de sacar oro los españoles... han despoblado la isla Española... y la isla de Cuba, y Sant Juan y Jamaica... Ya V. M. sabe que a aquellas gentes no se les pueden tomar las cosas por la fuerza, y mucho menos matarles para sacar oro... Se podrán traer las gentes de aquel Nuevo Mundo que Dios dio a V. M., al yugo suave de Cristo y su fe... y todos a la obediencia de V. M., sin que tomen sus cosas por fuerza, y les conserven sus señoríos, excepto la suprema jurisdicción que es de V. M., ni los asuelen... y no de presto como ahora se hace hasta verlos matar.

En caso de que la corona y sus consejeros no consideren factible la evangelización de los indígenas sin mediar acciones bélicas, los dominicos proponen una sugerencia radical, que no sería atendida: dejarlos quietos en su infidelidad y aislamiento. "Si... lo tienen por imposible... desde ahora suplicamos a V. M., por el bien que queremos a su real conciencia y ánima, que V. M. los mande dejar, que mucho mejor es que ellos solos se vayan al infierno, como antes, que no que los nuestros y ellos, y el nombre de Cristo sea blasfemado entre aquellas gentes por el mal ejemplo de los nuestros y que el ánima de V. M., que vale más que todo el mundo, padezca detrimento"[41]. En otro memorial, redactado a petición de los padres jerónimos, reiteran la sugerencia. "Antes los deben dexar ir á sus yucayeques; que encomendarlos como los encomiendan á los cristianos; porque aunque no ganasen nada en las almas, á lo menos ganarían en la vida é multiplicación temporal, que es menos mal que perderlo todo"[42].

Gaspar de Recarte retomaría la idea de la exclusión de los castellanos seglares en la penetración misionera de los territorios indígenas.

> Podemos decir que así como entre lobos y ovejas no puede haber buen modo de república y amistad, así entre indios y españoles no

[40] D. I. A., Vol. 11, 217-218. La misiva es del 28 de mayo de 1517. Se reproduce en Fray Pedro de Córdoba, *Doctrina cristiana y cartas* (Biblioteca de Clásicos Dominicanos, Vol. 3). Santo Domingo: Fundación Corripio, 1988, 157-163, y en Pérez, *¿Éstos no son hombres?*, 131-137.

[41] D. I. A., Vol. 11, 243-249.

[42] *Ibíd.*, 212.

> puede haber buen modo de república, confederación y liga, por ser de diferentísimos humores y condiciones: los españoles, insolentes y superbísimos... los indios, al revés, encogidos y miserables... Es tan poco provecho que los malos cristianos españoles hacen en estas Indias en comparación de los grandísimos daños que a los indios hacen con su vida y abominables ejemplos, que se perdiera poco en que nunca hubieran aportado a estas tierras, y se perdería menos en que las dejasen.[43]

El Obispo Zumárraga, de México, recomienda que en adelante todo avance de la penetración en el Nuevo Mundo se haga: "Apostólicamente o cristianamente... mandando a los españoles, so pena de muerte, no entren en pueblo ni casa de indios sino que los religiosos entren por los pueblos y los españoles sin armas comiencen [a] entender en rescates y cosillas... sin hacer mal a indio, ni muestren armas, pues ellos los reciben de paz"[44].

Paulino Castañeda ha demostrado que, en la conversión y sujeción de los diversos pueblos indígenas del Nuevo Mundo, la corona española intentó varios procedimientos, pero nunca tomó en serio las escasas propuestas de suspender la expansión imperial en las tierras del Nuevo Mundo.[45] La llamada "duda de Carlos V" sobre el Perú ha sido, como en capítulo anterior hemos discutido, indebidamente inflada.

Tampoco parece haber tenido consecuencia ni eco alguno significativo la sugerencia del teólogo dominico Bartolomé de Carranza, incluida en una conferencia académica dictada en 1540, en el Colegio San Gregorio, en Valladolid, de que España fuese tutora a título provisional de las naciones indígenas que aceptasen la fe y la cultura cristianas, de manera que "cuando estuviere esto hecho por 16 o 18 años y estuviere la tierra llana, porque ya no hay peligro de que vuelvan a su método de vida (*ad suam sectam*), deben ser dejados en su primera y propia libertad, porque ya no necesitan tutor"[46].

Tiene razón Antonio Rumeu de Armas cuando dictamina: "En América la conquista evangelizadora prevaleció sobre la acción misional"[47]. El principio de afianzar primero el señorío civil y político, mediante

---

[43] En Cuevas, *Documentos inéditos*, 358, 367.

[44] *Ibíd.*, 84.

[45] "Los métodos misionales en América", 177-189.

[46] Publicada y traducida por primera vez en Luciano Pereña, *Misión de España en América*, 43. Carranza se distinguió por sus posturas iconoclastas. Su promoción al cargo de arzobispo de Toledo no le libró de las garras de la Inquisición española, en cuyas prisiones pasó buen número de años.

[47] "Esclavitud del infiel", 61.

acciones militares como primer recurso, para luego entonces proceder a la cristianización, más o menos voluntaria, más o menos compelida, fue la estrategia más popular. La conquista evangelizadora pareció ser la forma más conveniente, ciertamente la más usual, de llevar a cabo la "reducción" del Nuevo Mundo, en beneficio de la salvación espiritual de los indígenas, los intereses políticos del imperio y los económicos de los colonizadores.

Lo político del bautismo

La conversión pacífica y la violenta desembocan en un mismo sacramento: el bautismo. En un capítulo anterior reprodujimos una cita de Francisco de Vitoria sobre las implicaciones de este sacramento en la evangelización de los indígenas. Volvamos a ella.

> Si una buena parte de los bárbaros se hubieran convertido a la fe de Cristo, ya sea por las buenas ya por las malas, esto es, por amenazas o terrores, o de otro modo injusto, con tal de que de hecho sean verdaderamente cristianos, el Papa puede, pídanlo ellos o no, habiendo causa razonable, darles un príncipe cristiano y quitarles los otros señores infieles.[48]

La frase "con tal de que de hecho sean verdaderamente cristianos" no alude a cualidad alguna de las creencias de los indígenas, sino a su bautismo, el que se concibe con validez sacramental objetiva, independiente de la subjetividad. En general, los intérpretes de Vitoria —tanto los teólogos hispanos, a la manera de Urdanoz, o los juristas anglosajones, como Brown Scott— dedican poco espacio a este controvertible "título legítimo". Ramón Hernández, por ejemplo, discute qué significa para Vitoria "una buena parte de los indios", pero evade el problema principal: ¿qué significa el concepto de "verdaderamente cristiano" en referencia a la conversión lograda mediante la ignorancia o el temor? Estos factores viciarían, de acuerdo a Vitoria, una determinación política, pero no parecen tener efecto similar al respecto del bautismo.[49]

La independencia del carácter sacramental del bautismo de la posible coerción que lo precedía era norma canónica, forjada a lo largo de siglos de cristianización parcialmente compelida de moros y judíos, sobre todo de sus niños. Aun cuando Vitoria en otro contexto recalca la importancia de la debida catequesis de los nativos del Nuevo Mundo, en este crucial

---

[48] *Obras de Francisco de Vitoria*, 719 (énfasis añadido).

[49] "La hipótesis de Francisco de Vitoria", 372-373.

texto acepta la validez sacramental de los bautismos forzados o inducidos mediante distintas estrategias de presión y compulsión. La licencia implícita está dada, por consiguiente, en la lógica del texto de Vitoria, para los bautismos en masa mediante la fuerza, la intimidación o la manipulación psicológica.[50]

El bautismo en masa se convirtió en práctica misionera común. Motolinia reclamó que él y sus colegas franciscanos habían "bautizado más de cada [uno] trescientas mil ánimas" en México.[51] Mendieta, por su parte, después de afirmar que para 1540 se habían bautizado "más de seis millones" de nativos, alegó que no hay en toda la historia de la iglesia precedente similar: "A la conversión y bautismo de esta Nueva España, tanto por tanto comparando los tiempos, pienso que ninguna le ha llegado desde el principio de la primitiva iglesia hasta este tiempo que nosotros estamos. Por todo esto sea alabado y bendito el nombre de Nuestro Señor"[52].

Las noticias de bautismos masivos de indígenas se repetían, sin aparentemente prestarse mucha consideración a su educación en la fe cristiana. En general, se les bautizaba si podían recitar, en latín, plegarias como el *Pater noster*, *Ave Maria*, *Credo* o *Salve Regina*.[53] El historiador chileno Fernando Mires no parece notar que buena parte de la disputa sobre los bautismos en masa tiene que ver con la forma de llevar a cabo el acto sacramental, no con la comprensión que sobre su significado tenían los neófitos.[54] La disputa surgió porque no siempre se administraba el sacramento siguiendo todas las estipulaciones litúrgicas canónicas. "Afirmando algunos que el sacramento del bautismo no se debía dar a

---

[50] Domingo de Soto sacaría otra obvia conclusión, implícita en la lógica de Vitoria, su maestro y amigo: si los indígenas bautizados, independientemente del procedimiento seguido para aplicarse el sacramento, se desviasen del catolicismo ortodoxo, quedarían sujetos al rigor de la legislación eclesiástica contra la herejía y la apostasía. *In quartum sententiarum comentarii*, t. 1 dist, 5, cuestión única, art. 10 (citado por Höffner, *La ética colonial española*, 429).

[51] "Carta a Carlos V", 207.

[52] *Historia eclesiástica indiana*, l. 3, c. 38, 275.

[53] Se les hacía repetir, según Las Casas, "el Paternóster o Ave María o el Credo en latín... como quien lo enseña a papagayos...". H. I., l. 3, c. 14, t. 1, 480. Mendieta escribe que los nativos: "Decían allí las oraciones en latín... Era esta doctrina de muy poco fructo, pues ni los indios entendían lo que se decía en latín, ni cesaban sus idolatrías". *Historia eclesiástica indiana*, l. 3, c. 16, 219.

[54] *La colonización de las almas*, 144-145. Un resumen preciso de la controversia, en la que dominicos se enfrentaron a franciscanos, lo da Robert Ricard, *La conquista espiritual de México*, 164-180. Ricard asume una postura quizás demasiado solidaria con "la conquista espiritual de México". En descargo de los misioneros españoles del siglo dieciséis, asevera que la institución del catecumenado ha estado ausente en la mayor parte de la historia de la expansión del cristianismo. *Ibíd.*, 164. Otra síntesis de la disputa, aún más apologética de los misioneros, es provista por Gómez Canedo, *Evangelización y conquista*, 172-180.

los indios sino con toda la solemnidad y ceremonias que la Iglesia tiene ordenadas"[55].

Para contestar las críticas, el Papa Pablo III emitió el 1 de junio de 1537 la bula *Altitudo divini consili*, en la que, tras insistir en que se siguiera al máximo posible el rito occidental prescrito por las ordenanzas canónicas, reafirmó la validez de los bautismos administrados, en el contexto del objetivismo sacramental propio del catolicismo desde San Agustín. "Con la autoridad apostólica, que nos ha sido conferida por Nuestro Señor Jesucristo, a través del beato Pedro y sus sucesores... declaramos: Quienes, viniendo los indios a la fe de Cristo, sin adherirse a las ceremonias y solemnidades que observa la Iglesia, los bautizaron en nombre de la Santísima Trinidad, no pecaron porque con justa causa les pareció que convenía hacerlo así"[56].

El bautismo de los nativos era válido y ellos, por tanto, se transformaron en genuinos cristianos, y, por consiguiente, súbditos espirituales del Sumo Pontífice; solo se debía asegurar que en su sacramento el sacerdote oficiante hubiera debidamente consagrado el acto con la referencia litúrgica a la Trinidad. La subjetividad, intención o entendimiento del bautizado resultaba ser de escasa importancia para la legitimidad sacramental.

El bautismo como sacramento de entrada a la iglesia se convierte en rito político, en afirmación de la soberanía imperial española. Volvamos a Vitoria: "Si una buena parte de los bárbaros se hubieran convertido a la fe de Cristo... el Papa puede, pídanlo ellos o no, habiendo causa razonable, darles un príncipe cristiano y quitarles los otros señores infieles". Del bautismo eclesiástico a la subyugación política. Pedro Borges ha señalado que, por lo general, los pueblos indígenas se bautizaban tras hacerlo sus caciques y autoridades; otra indicación más de la ligazón entre la servidumbre política y la conversión religiosa.[57] Una vez más se muestra la indisoluble unidad entre factores teológicos y políticos, como consecuencia inevitable de una expansión imperial efectuada en nombre de la cristiandad.[58]

[55] Mendieta, *Historia eclesiástica indiana*, l. 3, c. 36, 267. Véase también, Motolinia, *Historia de los indios de la Nueva España*, trat. 2, c. 4, 86-90.

[56] Hernáez, *Colección de bulas*, tomo I, 66. Mi traducción del original latino. Se encuentra una traducción al castellano de todo el texto, por Mariano Cuevas, S. J., reproducida en la versión de la obra de Mendieta, *Historia eclesiástica indiana*, publicada en 1973, en Madrid, por la Biblioteca de Autores Españoles (ts. 260-261), Ediciones Atlas, Vol. I, l. 3, c. 37, 162-163 (con una errata: atribuye la bula al año de 1587. Debe decir 1537). Véase, Tobar, *Compendio bulario índico*, 210-216.

[57] Pedro Borges, "Observaciones sobre la reacción al cristianismo de los aztecas, mayas e incas", *Estudios sobre política indigenista española en América*, 71-83.

[58] Esta doble dimensión del bautismo —sacramento religioso y símbolo de transculturación— está presente siempre que el cristianismo, como la fe de una cultura específica —la occidental—, recla-

Al respecto de los bautismos compelidos, Las Casas afirma severamente que quienes los practicaban cometían "contra Dios gran ofensa"; "haciendo esto contra el texto expreso del Evangelio y contra los santos cánones y la doctrina de todos los santos"[59]. Recalca también sus efectos nocivos en los nativos.

> Los indios están dominados por un odio y rencor perpetuos contra sus opresores... Y por eso, aun cuando alguna vez digan que quieren convertirse a la fe cristiana y exteriormente se vea que así es verdad por los signos exteriores con que manifiestan su voluntad; sin embargo, siempre debe sospecharse razonablemente que tal conversión no proceda de su intención sincera ni de su libre voluntad, sino que se trata de una conversión que fingen, o para evitar algún mal futuro que temen que les sobrevenga nuevamente, o para alcanzar algún alivio en medio de las miserias que padecen en la servidumbre.[60]

Para el "procurador de los indios", el libre consentimiento de los indígenas es factor clave en todo momento del proceso, y no puede subordinarse a concepciones objetivistas del sacramento bautismal. Bautizar a indígenas que no han sido debidamente catequizados y que, de alguna forma u otra, son forzados al sacramento constituye un sacrilegio. "Era gran sacrilegio dar el bautismo a quien no sabía lo que recebía"[61]. Al respecto del bautismo que hacen las tropas de Pedrarias de un cacique centroamericano, asevera que se hizo: "Siguiendo el error que los españoles y aun clérigos y frailes algunos siempre tuvieron, bautizando a estos infieles sin darles doctrina alguna, ni de Dios tener chico ni grande conocimiento... y esta injuria e irreverencia que se hace al Sacramento, no a los indios sino a los bautizantes, la pedirá y castigará Dios"[62].

La agria y resonada disputa entre Motolinia y Las Casas se inició cuando, según cuenta el primero, el segundo se negó a bautizar a un indígena mexicano que deseaba el sacramento. La razón parece ser la duda

---

ma la conversión de los adeptos de otra cosmovisión histórico-cultural-religiosa. En esa instancia, como asevera el teólogo jesuita de India, Michael Amaladoss, el bautismo no es solo "un acto puramente espiritual; es también un evento socio-político". "Dialogue and Mission: Conflict or Convergence?", 238.

[59] H. I., l. 1, c. 165, t. 2, 127; "Memorial de fray Bartolomé de las Casas y fray Rodrigo de Andrada al rey", 202.

[60] *Del único modo*, 465.

[61] H. I., l. 1, c. 179, t. 2, 186.

[62] *Ibíd.*, l. 3, c. 65, t. 3, 51.

que tenía sobre la instrucción catequética del nativo. El incidente provocó un amargo y permanente resentimiento del franciscano.[63] Las diferencias entre ambos se extendieron a otros puntos cruciales. Las Casas rechazó enérgicamente este tipo de razonamiento esbozado por Motolinia: "No miran los españoles que si por los frailes no fuera ya no tuvieran de quién se servir, ni en casa ni en las estancias, que todos [los indios] los hubieran ya acabado"; "si nosotros [los frailes franciscanos] no defendiésemos los indios, ya vosotros no tendríades quién os sirviese... Si nosotros los favorecemos, es... para que tengáis quién os sirva"[64]. La protección de los nativos se convierte en la preservación de los sirvientes, mediada por los agraciados frailes.[65]

Respondiendo a una consulta de Carlos V, inspirada por Las Casas, la escuela de teología de Salamanca, el 1 de julio de 1541, insistió, como era de esperarse en personas de dicha profesión académica, que el bautismo de los indígenas se precediese de una formación adecuada en la fe y la moral cristianas. "Peligroso y temerario es, a la ligera y sin la debida diligencia y examen, bautizar a los bárbaros... De donde tenemos muchos festinadamente bautizados, pocos, sin embargo, cristianos verdaderos"[66].

El Sínodo Episcopal de Lima, de 1550, haciendo suya esta crítica, intentó poner coto a la práctica de los bautismos masivos sin auténtica conversión ni voluntad. Decretó "que ninguno sea bautizado contra su voluntad... Por cuanto conforme a la doctrina de nuestro Maestro y redentor Jesucristo, ninguno ha de ser compelido a recibir nuestra santa fe católica, sino persuadido y atraído con la verdad y libertad... y en el premio de la bienaventuranza". Esta, admiten los prelados, no siempre ha sido la costumbre misionera, para detrimento del genuino cristianismo. "Algunos, inconsideradamente, bautizan indios que tienen ya uso de razón sin examinar primero si vienen de su voluntad o por temor o por contentar a sus encomenderos o caciques, y así mismo a otros que

[63] "Carta a Carlos V", 208.

[64] *Historia de los indios de la Nueva España*, trat. 3, c. 1, 116; trat. 3, c. 4, 135.

[65] Fue una línea de pensamiento que Mendieta, colega y discípulo de Motolinia, reitera con mayor énfasis. En su opinión, si la conquista de México se debió a Hernán Cortés, su preservación fue logro de los frailes franciscanos, quienes aplacaron y contuvieron diversas conspiraciones indígenas. *Historia eclesiástica indiana*, l. 3, c. 22, 230-231.

[66] D. I. A., Vol. 3, 552 (mi traducción del latín). Entre los firmantes estaban Francisco de Vitoria y Domingo de Soto. Las Casas dice que la consulta fue a Vitoria y que él había sido el promotor de ella, seguramente previendo la respuesta de los escolásticos salmatinos. "Memorial de fray Bartolomé de las Casas y fray Rodrigo de Andrada al rey", 203 y D. I. U., Vol. 14, 114. Gómez Canedo la llama "fórmula de gabinete universitario". No se opone a ella, pero insiste en que la práctica misionera requería mayor flexibilidad. *Evangelización y conquista*, 174.

no tienen uso de razón e son niños, sin saber si los padres se huelgan de ello, de los cuales viene que después, en menosprecio del santísimo Sacramento del bautismo, se vuelven a sus dioses y ceremonias"[67].

El jesuita Acosta se une a esa severa crítica a la práctica bautismal franciscana e insiste en que se regule al menos un año de catecumenado antes de impartir el sacramento al neófito. Está consciente de que la realidad contradice sus exigentes normas. "¿Quién no se dolerá de que se haya dado el bautismo en los primeros tiempos a muchos, y aun ahora a no pocos, antes de que sepan medianamente la doctrina cristiana... y ni siquiera de que desean recibir el bautismo?"[68]. Esa, en su opinión, es una de las causas de la fragilidad de la cristiandad indígena.

Por otro lado, los franciscanos de la Nueva España, principales promotores del bautismo masivo, acusaron a sus críticos de asemejarse al sacerdote y al levita que, en la parábola evangélica del buen samaritano, prosiguieron su camino y se negaron a "compadecerse del caído en manos de ladrones, y herido gravemente, con el vino de la caridad y el olio de la misericordia"[69]. Al aferrarse a formalismos eclesiásticos, sean los relativos a la profundidad del catecismo o a las normas ceremoniales, descuidaban, alegaron los hijos de san Francisco, el bien espiritual de la redención de las ánimas, objetivo primario de todo auténtico esfuerzo misionero.

Las Casas trató, por ejemplo en sus "Treinta proposiciones muy jurídicas" (1552) y luego en *De los tesoros del Perú* (1563), de ir un paso más adelante en su dirección crítica y desligar el bautismo de sus implícitas dimensiones de subyugación política. Desde esa perspectiva, el sacramento de entrada a la iglesia sería un evento de afirmación espiritual, de aceptación de la fe cristiana como expresión absoluta de la gracia divina. Pero no necesariamente conlleva, como dimensión indisoluble de su naturaleza, la aceptación de la hegemonía política castellana. Este segundo paso, de naturaleza política, que según Las Casas debía tomarse por las naciones indígenas para el bienestar de la permanencia de la fe católica en el Nuevo Mundo, sería objeto propio de un acto posterior de autodeterminación por parte de los pueblos indígenas, libres de toda coerción militar.

La segunda obra lascasiana antes citada acentúa el carácter espiritual del bautismo de los indígenas, lo cual no le reduce un ápice su autonomía e independencia políticas. El bautismo no conlleva automáticamente el

---

[67] Paulino Castañeda Delgado, "Los métodos misionales en América", 156-157.

[68] *Predicación del evangelio*, l. 6, c. 2, 524.

[69] *Historia eclesiástica indiana*, l. 3, c. 36, 267-268.

avasallamiento civil. Los pueblos convertidos retienen plenamente su facultad de libremente consentir o denegar la autoridad suprema de la corona castellana.[70] "Aquellos pueblos y naciones, aun después de recibida la Fe... pueden no tener por válida y no aceptar la dicha institución" [se refiere a las bulas alejandrinas de 1493].[71]

Fue una propuesta audaz, que se adelantaba creadoramente a los hábitos y usos de su tiempo. Pero, como otras ideas de Las Casas, se enmarcaba en el contexto de una visión utópica sobre la posibilidad de erigir un imperio cristiano emancipador, idea que fue atrozmente apabullada por groseros intereses políticos y económicos.

[70] *De los tesoros del Perú*, 227-269.

[71] *Ibíd.*, 243.

13
Profecía y opresión

Todos estáis en pecado mortal y en él vivís y morís por la crueldad y tiranía que usáis con estas inocentes gentes. Decid, ¿con qué derecho y con qué justicia tenéis en tan cruel y horrible servidumbre a estos indios?... Éstos, ¿no son hombres? ¿No tienen ánimas racionales? ¿No sois obligados a amarlos como a vosotros mismos?... Tened por cierto que, en el estado en que estáis, no os podéis más salvar que los moros o turcos que carecen y no quieren la fe de Jesucristo.

Fray Antonio de Montesinos

Vi así mismo el sermón que descis que hizo un fraile dominico que se llama Antonio Montesinó, e... me ha mucho maravillado en gran manera, de decir lo que dijo, porque para decirlo, ningún buen fundamento de teología ni cánones ni leyes tenía, según dicen todos los letrados... teólogos e canonistas, e vista la gracia e donación que Nuestro Muy Santo Padre Alexandro sexto nos hizo... por cierto que fuera razón que usáredes así con el que predicó... de algún rigor porque un error fue muy grande.

Fernando V, el Católico

Hermenéutica bíblica y palabra profética

Como era de esperarse en una disputa en la que los teólogos jugaron un papel predominante, las escrituras hebreo-cristianas fueron objeto de enconadas y antagónicas interpretaciones. Según Colón y Las Casas, el descubrimiento de América por España había sido pronosticado por el profeta Isaías.[1] La búsqueda insaciable del oro se transforma, en la mentalidad biblicista de Cristóbal Colón, en el esfuerzo de encontrar las minas

[1] Colón, *Cuatro viajes*, 226; Las Casas, H. I., l. 1, c. 127, t. 1, 486. La referencia es a Isaías 60:9.

de oro del rey Salomón, ubicadas en la legendaria Ofir, que menciona el Antiguo Testamento (I Reyes 9:28; I Crónicas 29:4; II Crónicas 8:18). Al oír relatos indígenas sobre unas minas, se convence el Almirante de que es el lugar donde "a Salomón llevaron de un camino seiscientos y sesenta y seis quintales de oro... Salomón compró todo aquello, oro, piedras y plata"[2].

Fueron múltiples las referencias al código deuteronómico de las guerras santas de Israel en la ocupación de Canaán. La disputa entre Sepúlveda y Las Casas gira en parte sobre su exégesis y pertinencia.[3] Según Sepúlveda, el código deuteronómico de la guerra ilumina el significado trascendente y justifica la conquista armada española de América. De acuerdo a Las Casas, Sepúlveda "no ha investigado las Escrituras con suficiente determinación", pues se obstina "en esta era de gracia y piedad" en aplicar inflexiblemente "los preceptos rígidos del Viejo Testamento". Ese error hermenéutico tiene una trágica consecuencia: "Allana para los tiranos y saqueadores el camino para la invasión cruel, opresión, explotación y esclavitud de naciones inocentes"[4].

El bachiller Martín Fernández de Enciso defendió la guerra de exterminio contra los indios, citando la conducta de Josué contra Jericó (Josué, capítulo 6).[5] Los textos proféticos contra la idolatría, incluyendo la ejecución de sacerdotes baalistas por Elías, se usaron en la erradicación de las religiones indígenas. El décimo capítulo de Mateo se empleó para intentar probar la tesis de la evangelización pacífica y voluntaria. A su vez, los promotores de la conversión *manu militari* utilizaron reiteradamente a Lucas 14:23 ("Anda por los caminos y por los límites de las propiedades y obliga a la gente a entrar [Vulgata: *compelle eos intrare*], de modo que mi casa se llene")[6].

---

[2] *Los cuatro viajes*, 292-293. En otra ocasión, alega, en relato que hace a los Reyes Católicos, que seguramente "las minas del rey Salomón" se encontraban en La Española. *Ibíd*., 227. La búsqueda de tales "minas" no era fantasía exclusiva de Colón. El hijo de Martín Alonso Pinzón, Arias Pérez, en el juicio que entabló contra el Almirante, en 1508, reclamó que su padre había poseído unas escrituras "del tiempo de Salomón", supuestamente conseguidas en el Vaticano, y que indicaban la ruta para llegar a las famosas islas llenas de oro, perlas y piedras preciosas. H. I., l. 1, c. 34, t. 1, 177.

[3] Sepúlveda, *Demócrates segundo*, 117. Las Casas, "Disputa o controversia", 337-349.

[4] *Apología*, 110.

[5] "Memorial que dió el bachiller Enciso de lo ejecutado por él en defensa de los Reales derechos, en la materia de los indios" (sf., Juan Manzano estima que procede de alrededor de 1525 [*La incorporación de la Indias*, 37]), en D. I. A., Vol. 1, 441-450.

[6] Sepúlveda, *Demócrates segundo*, 22 y 75-76. El *compelle eos intrare* de Lucas 14:23 fue uno de los textos evangélicos más discutidos por defensores y adversarios de la compulsión estatal a la conversión. Quizá el primero en usarlo, contra los herejes, fue San Agustín en su epístola 93, *Ad Vincentium* (408 d.C.). Lo cita como base escrituraria del derecho de la iglesia y el estado para emitir leyes contra

Los frailes y eclesiásticos defensores de los indios también se apoyaban en las escrituras. Fray Gaspar de Recarte utiliza la analogía bíblica de la esclavitud faraónica para describir la servidumbre forzada indígena, a la vez que como amenaza apocalíptica contra la nación castellana si no se arrepiente de su injusto proceder. "Ciertamente ver la vida que dan a los indios no es otra cosa sino un perfectísimo retrato y traslado de la vida que los hijos de Israel pasaban con los de Egipto"[7]. Las Casas asemeja la actitud de los conquistadores a la de los pastores que recrimina el profeta Zacarías ("Así me habló Yavé, mi Dios: 'Encárgate de esas ovejas que van al matadero. Sus compradores las matan sin ser castigados, y los que las venden dicen: ¡Gracias a Dios, ahora soy rico!'").[8]

Harto famosa, es la base bíblica de la "conversión" de Las Casas, Eclesiástico 34:18-22:

> Quien ofrece en sacrificio algo mal obtenido, su ofrenda es culpable; los dones de los malvados no son agradables a Dios. Al Altísimo no le agradan las ofrendas de los impíos, ni por los muchos sacrificios perdona los pecados. Ofrecer un sacrificio con lo que pertenecía a los pobres es lo mismo que matar al hijo en presencia del padre. El pan de los necesitados es la vida de los pobres, privarlos de su pan es cometer un crimen. Quitar al prójimo

la herejía. Véase *Obras de San Agustín*, Vol. 8, 596-597. Al texto bíblico y la epístola de Agustín alude, en sentido similar, Santo Tomás de Aquino. Véase, *Suma teológica*, 2-2, cu. 10, art. 8, Vol. 7, 374-377. Diego de Covarrubias también lo aplicó a la compulsión, pero rechazó su pertinencia al respecto de la conversión forzada de los infieles. *De iustitia belli adversus indos*, 227. José de Acosta lo utilizó para legitimar la "fuerza conveniente" o "voluntaria violencia" en la conversión de los nativos americanos. *Predicación del evangelio*, l. 2, c. 1, 137. El fraile agustino Juan de Vascones lo usó en 1599 para defender la justicia de la guerra contra los indios araucanos y su esclavización. "Petición en derecho para el rey... para que los rebeldes enemigos del reino de Chile sean declarados por esclavos", en Hanke y Millares, *Cuerpo de documentos del siglo XVI*, 307. Todavía a principios del siglo diecisiete, se utilizó el *compelle eos intrare* como base escrituraria para justificar la conquista armada de los pueblos indígenas. Véase la introducción que hace Zoyl Diez Flores a la obra anti-lascasiana de Benardo de Vargas Machuca, "Apología y discursos de las conquistas occidentales", en Fabié, *Vida y escritos de Las Casas*, t. 71, 213-214. Algunos misioneros utilizaron el *compelle eos intrare* como justificación bíblica para la asistencia compulsoria a la liturgia y la instrucción catequética posbautismal. La violación de esta norma conllevaba frecuentemente fuertes castigos físicos, sobre todo azotes públicos. Véase Gómez Canedo, *Evangelización y conquista*, 177-180. Típico de su actitud apologética, Gómez Canedo censura a los que critican esa compulsión, por sostener sueños de "misionólogos en sus gabinetes de estudio", inaceptables para "los veteranos, los experimentados en la obra apostólica".

[7] En Cuevas, *Documentos inéditos*, 378.

[8] "Brevísima relación", 101. La cita es de Zacarías 11:5. La versión usada por Las Casas es la Vulgata latina; la aquí reproducida proviene de *La nueva Biblia latinoamericana*. Madrid: Ediciones Paulinas Verbo Divino, 1977, 722.

su sustento es matarlo, privarlo del salario que le corresponde es derramar su sangre.[9]

El texto de la biblia latina, usado por Las Casas, es de mayor fuerza profética. "Ofrecer un sacrificio con lo que pertenecía a los pobres es lo mismo que matar al hijo en presencia del padre" lee, en la versión medieval: "*Qui offert sacrificium ex substantia pauperum, quasi qui victimat filium in conspectu patris sui*". La expresión *ex substantia pauperum* —"de la sustancia de los pobres"— implica que lo robado tiene carácter decisivo para el ser y la existencia de los pobres despojados; su expropiación conlleva la muerte de los oprimidos.

La analogía constante que usan los frailes críticos de la crueldad de los conquistadores es la antítesis evangélica entre ovejas y lobos. Jesús, en su mandato misionero a sus discípulos, resume los peligros de este: "Fíjense que los envío como ovejas en medio de lobos" (Mateo 10:16). Ese pasaje fue recordado por la iglesia cristiana con mucha intensidad en diversos periodos de persecución y martirio sufridos bajo emperadores romanos paganos. Para Las Casas, representa una característica central y evangélica de la predicación misionera.[10] Al describir, sin embargo, la relación entre cristianos e indígenas en el Nuevo Mundo, la analogía se invierte: los infieles son las dóciles ovejas y los cristianos los feroces lobos. "En estas ovejas mansas... entraron los españoles desde luego que las conocieron como lobos"[11]. Esta inversión de la analogía bíblica se propone ilustrar la transferencia de la relación entre cristianos y gentiles: de la mansa y amante caridad a la violencia y crueldad.

La analogía bíblica "ovejas-lobos" se popularizó entre los críticos de la conversión forzada militarmente. Un ejemplo distinguido es el tratado del franciscano fray Gaspar de Recarte contra el acompañamiento de misioneros por soldados, que, en su opinión, viola el mandato de Jesús que envió a sus apóstoles "como corderos y como ovejas entre lobos. No como lobos entre ovejas, como van los soldados"[12]. Esta analogía bíblica es relacionada también por Las Casas con otro de los textos más

[9] *Ibíd.*, 918. Las Casas relata su conversión en crítico acérrimo de las conquistas y encomiendas, que tuvo lugar en 1514 en Cuba, en su H. I., l. 3, c. 79, t. 3, 92-95. Demetrio Ramos escrutiniza ese testimonio en "La 'conversión' de Las Casas en Cuba: El clérigo y Diego Velázquez", en André Saint-Lu et al., *Estudios sobre Fray Bartolomé de Las Casas*, 247-257. Las Casas alude al mismo texto de Eclesiástico 34 en su crítica mordaz a la captura de esclavos africanos por los portugueses en H. I., l. 1, c. 24, t. 1, 130.

[10] *Del único modo*, 190-200.

[11] "Brevísima relación", 19.

[12] Apéndice en Gómez Canedo, *Evangelización y conquista*, 270.

interpretados y discutidos dentro de la tradición hermenéutica católica: la triple amonestación que Jesús hace a Pedro, en el último capítulo del cuarto Evangelio: "Apacienta mis ovejas" (Juan 21:15-17). La responsabilidad eclesiástica y papal consiste en "cuidar de las ovejas". Esta tradición hermenéutica es utilizada para insistir en que los prelados eclesiásticos que ofician en las Indias tienen el deber primario y fundamental, parte sustancial de su labor pastoral, de defender las ovejas de Cristo —los indígenas pobres y oprimidos— de los lobos —los conquistadores, colonos y encomenderos— que las explotan y esclavizan.

> Los prelados... están mucho más obligados, que los demás hombres, a la defensa de los pobres y de los oprimidos... Luego los Obispos del orbe océano de las Indias están obligados con derecho divino y por necesidad de salud [salvación] a insistir ante el Rey y el Consejo Real, hasta que los oprimidos ya nombrados [los indios], a los cuales los españoles retienen injustamente en la dicha servidumbre, a menudo horribles, se restituyan cabalmente a su prístina libertad, de la que fueron inicuamente despojados.[13]

Critica a los tres primeros prelados en ser nombrados obispos de las Antillas por capitular con la corona castellana el promover el trabajo indígena en las minas de oro. Accedieron los obispos Pedro de Deza, fray García de Padilla y Alonso Manso que "no apartarán los indios de aquello que agora hacían para sacar oro, antes los animarán y aconsejarán que sirvan mejor que hasta aquí en el sacar del oro"[14]. Tal consentimiento, piensa Las Casas, es convenir en el proceso que lleva a la muerte de los antillanos. Con ello violan el principio cardinal que debe regir la acción y el pensamiento de la iglesia.

Más crítico todavía se muestra con el primer obispo de la tierra firme, fray Juan de Quevedo, franciscano, prelado de Santa María de la Antigua del Darién, quien faltó a la norma episcopal "que había de poner la vida por defensión de aquellos sus ovejas" y participó activamente en el reparto de esclavos indígenas que Pedrarias y sus oficiales hicieron en el istmo centroamericano.[15] En su famosa confrontación en la corte castellana, en 1519, lo censura con palabras de extrema indignación profética: "Habéis pecado mil veces y mil muchas más por no haber puesto vuestra ánima por vuestras ovejas, para liballas de las manos de aquellos tiranos que os

[13] "Sobre los indios que se han hecho esclavos", 619 y 623; 1319 y 1320.

[14] H. I., l. 3, c. 2, t. 2, 436-437.

[15] *Ibíd.*, l. 3, c. 64, t. 3, 46-47.

la destruyen... Coméis y bebéis sangre de vuestras propias ovejas... Si no restituís todo cuanto traéis de allá, hasta el último cuadrante, no os podéis más que Judas salvar"[16].

Se percibe un dramático renacer profético en los debates sobre la evangelización y la conquista de América. Son muchas las fuentes del siglo dieciséis —homilías, memoriales, tratados, historias, epístolas— en las que se destaca el exaltado tono profético, con sus denuncias y evocaciones éticas. Las Casas, por ejemplo, destaca continuamente la tradición profética que vincula y entrecruza la paz y la justicia, que se expresa, *inter alia*, en el texto de Isaías 32:17: "El fruto de la justicia será la paz".[17]

En medio de una disquisición teórica sobre la licitud, en derecho divino, natural y de gentes, de la autoridad política de los príncipes infieles, Las Casas distingue entre rey y tirano. Para ilustrar el carácter de este último, acude a un importante texto profético veterotestamentario, Ezequiel 34:2-4: "*Vae pastoribus Israel qui pascebant semet ipsos*". "Pobres de ustedes, pastores de Israel, que se apacientan a sí mismos. ¿No deberían los pastores dar de comer al rebaño? Ustedes se han tomado la leche, se han vestido con la lana y se comieron las ovejas más gordas. Pero no se preocuparon por el rebaño. No han fortalecido a las débiles, ni atendido a las enfermas, ni vendado a las heridas. Al contrario, ustedes las han maltratado con violencia y dureza".

No es el primero en citarlo. El fraile Antonio de Montesinos lo utilizó en la corte castellana como texto bíblico fundamental en un memorial que presentó en defensa de los nativos del Nuevo Mundo. Lo peculiar, sin embargo, de la comprensión lascasiana del carácter profético de la palabra de Dios estriba en su autocomprensión como elegido divino para ser profeta. En muchas ocasiones alude a esa función providencial denunciatoria que, según entiende, le toca cumplir en la conquista de América, "para mostrar al mundo con el dedo, como el sol, el estado peligroso en que muchos vivían... en no tener por pecados los que nunca otros tan graves ni tantos se cometieron, después que los hombres comenzaron y supieron pecar"[18].

Con frecuencia alude Las Casas, directa o indirectamente, a la tradición bíblica de que Dios escucha el clamor de los pobres. Recalca, por ejemplo, el denunciante quinto capítulo de la Epístola de Santiago, uno de los textos de mayor fuerza profética en el Nuevo Testamento. En este

[16] *Ibíd.*, l. 3, c. 47, t. 3, 338.

[17] "Sobre los indios que se han hecho esclavos", 599 y 627.

[18] H. I., l. 3, c. 160, t. 3, 387.

pasaje se articula una condena de los ricos según la cual las ganancias excesivas tienen como reverso la explotación del pobre. Pero este clama a Dios y su gemido no será en vano. El texto ilumina, de acuerdo a Las Casas, el destino de la esclavitud que los españoles hacen de los indígenas: será ocasión de la ira divina: "Ya llegan al cielo los alaridos de tanta sangre humana derramada"; "porque uno de los pecados que noches y días claman y llegan sus clamores hasta los oídos de Dios, es la opresión de los pobres desfavorecidos y miserables"[19].

Marcado profundamente por la influencia lascasiana, el franciscano Gaspar de Recarte retomaría en 1584 este tema bíblico: "Entiendan que Dios no es ciego ni sordo, y que suben a sus divinos oídos los clamores y opresiones desta pobre gente, y que cuando no se cataren, verán sobre sí la ira de Dios y su severísima justicia"[20]. A pesar de sus posteriores amargas disputas con Las Casas, Motolinia retoma la concepción bíblica del clamor de los pobres a Dios y advierte a los españoles responsables de la agonía indígena que "la sangre y la muerte de éstos que tan poco estimáis clamará delante de Dios, así de la tierra del Perú como de las Islas y Tierra Firme"[21].

Las Casas estaba plenamente imbuido en las tradiciones bíblicas proféticas y evangélicas favorables a los pobres y denunciatorias del poder opresor. El sendero de las acciones divinas es percibido en la disyuntiva histórica que plantea la violencia sufrida por los oprimidos y los menesterosos. La solidaridad con los miserables y la censura de los poderosos, tan presente en los textos proféticos y en los recuerdos evangélicos de Jesús, nutren la pasión del fogoso dominico. Un ejemplo notable viene del siguiente pasaje que cita, atribuyéndolo, como era entonces costumbre, a San Agustín:

> ¿Acaso tienes por cristiano al que oprime al miserable, al que grava al pobre, al que codicia las cosas ajenas, al hombre que, para enriquecerse, reduce a muchos a la indigencia, al que se goza con ganancias ilícitas, al que tiene sus alimentos a costa de los trabajos de otros, al que se enriquece con la ruina de los miserables?
>
> Sé que hay hombres a quienes de tal manera ha cegado la profunda oscuridad de la maldad y la avaricia, que cuando... han logrado encadenar al pobre con su poder, o dominar con su poder

---

[19] "Carta al Consejo de Indias", en Fabié, *Vida y escritos de Las Casas*, t. 70, 473; "Sobre los indios que se han hecho esclavos", 597.

[20] En Cuevas, *Documentos inéditos*, 367.

[21] *Historia de los indios de la Nueva España*, trat. 3, c. 11, 167.

> al débil o aplastar al inocente con falsos testimonios... dan gracias a Dios con cuyo favor piensan que han llevado a cabo tales maldades...
>
> Y otros piensan que se justifican dando una exigua limosna tomada de los bienes de los pobres, y dándole a uno solo una parte mínima de lo que arrebataron a muchos. Uno solo se alimenta de aquello por cuya falta muchos están hambrientos; y con los despojos de muchos apenas se cubren unos cuantos...
>
> ¿Puedes tener por cristiano al hombre cuyo pan no ha saciado a ningún hambriento?, ¿cuya bebida no ha extinguido la sed de nadie?, ¿cuya mesa no es conocida de ningún pobre?...
>
> Es cristiano el que es misericordioso con todos; el que se conmueve con las injurias que a cualquiera se hacen; el que, estando presente, no permite que se oprima al pobre; el que ayuda a los miserables; el que con frecuencia socorre a los indigentes; el que se aflige con los afligidos; el que siente el dolor ajeno como el suyo propio.[22]

Se da aquí una identificación vicaria entre el pobre de los Evangelios, aquel que recibe prioritariamente la misericordia divina, Jesucristo y el indígena americano. Los indios "oprimidos injustamente por una durísima servidumbre... son los más pobres de todos los hombres"[23]. La carencia de bienes materiales y de aspiraciones adquisitivas, que a los ojos de la Europa en los albores del capitalismo parece ser un grave defecto, se transfigura, para Las Casas, en señal de apertura a la fe. "Son también gentes paupérrimas y que menos poseen ni quieren poseer de bienes temporales; e por esto no soberbias, no ambiciosas, no cubdiciosas... aptísim[a]s para recebir nuestra sancta fe católica e ser dotad[a]s de virtuosas costumbres"[24].

Esa identificación vicaria que reconoce Las Casas entre los indígenas y los pobres del evangelio lo distingue, según François Malley, de la consideración teórica abstracta que hacen otros juristas y teólogos españoles contemporáneos sobre los derechos de los indios: "No se trata, como hace Vitoria, de considerar el indio como depositario de derechos formalmente iguales a todos los hombres. Para Las Casas los indios son ante todo 'nuestros hermanos y Cristo ha dado su vida por ellos'... Aquí está el

[22] *Del único modo*, 443-451 citando el tratado *Sobre la vida cristiana* (*De vita christiana*), hoy considerado por la mayoría de los estudiosos como producto de un autor con tendencias pelagianas del siglo quinto. J. P. Migne, *Patrología latina*. París, 1887, Vol. 40, 1039-1041.

[23] *De los tesoros del Perú*, 53.

[24] "Brevísima relación", 17.

punto central de la teología de Las Casas y que la distingue de los grandes teólogos del siglo XVI. Ellos permanecen en un nivel filosófico y jurídico, o quizá jurídico-teológico... La experiencia de Las Casas le ha llevado a considerar el indio como el pobre del que habla la Biblia"[25].

Similar observación hace Gustavo Gutiérrez, en referencia generalizadora a muchos religiosos, "hermanos de los pobres". "Ciertamente hay en la protesta de los frailes la afirmación de la igualdad fundamental de todos los seres humanos... pero más allá de esto y más profundamente está la percepción del indio, o más exactamente todavía de esas naciones indias, como un oprimido, como un pobre, como el prójimo por excelencia al que hay que amar. En una palabra, derechos humanos sin duda, pero no en una perspectiva liberal y formalmente igualitaria, sino en la línea del derecho de los pobres... Estamos ante un derecho nuevo, de profunda raigambre no solo teológica sino bíblica"[26].

No fue Las Casas el único en afirmar tal identificación vicaria. Fray Juan de Ramírez, religioso dominico, escribió décadas después (1595): "Ellos [los indígenas] son los pobres oprimidos y los humildes abyectos y abatidos", en explícita referencia a textos bíblicos proféticos como Isaías 10:1-2, Habacuc 2:12 y Miqueas 3.[27]

¿Podría dudarse la pertinencia teológica y política, de la profética homilía del fraile dominico Antonio de Montesinos en el cuarto domingo de adviento de 1511, sobre la base del texto bíblico *ego vox clamantis in deserto* ("voz que clama en el desierto") —Mateo 3:3, a su vez cita de Isaías 40:3—, que Lewis Hanke ha catalogado como "el primer clamor por la justicia en América"[28]?

> Todos estáis en pecado mortal y en él vivís y morís por la crueldad y tiranía que usáis con estas inocentes gentes. Decid, ¿con qué derecho y con qué justicia tenéis en tan cruel y horrible servidumbre a estos indios? ¿Con qué autoridad habéis hecho tan detestables guerras a estas gentes...? ¿Cómo los tenéis tan opresos... que de los

[25] "Las Casas y las teologías de la liberación", *Selecciones de teología*, Vol. 25, No. 100, octubre--diciembre 1986, 263.

[26] "En busca de los pobres de Jesucristo: evangelización y teología en el siglo XVI", en Pablo Richard (ed.), *Historia de la teología en América Latina*, 159, 146.

[27] "Advertencias sobre el servicio personal al cual son forzados y compelidos los indios de las Nueva España..." y "Parecer sobre el servicio personal de los indios", en Hanke y Millares Carlo, *Cuerpo de documentos del siglo XVI*, 278-279 y 290-291.

[28] Hanke, *La lucha española por la justicia*, 40. Tal juicio, naturalmente, peca de cierto etnocentrismo. Los primeros clamores por la justicia salieron de las gargantas de los indígenas atropellados por la codicia europea.

> excesivos trabajos que les dais... los matáis para sacar y adquirir oro cada día?... Éstos, ¿no son hombres? ¿No tienen ánimas racionales? ¿No sois obligados a amarlos como a vosotros mismos?... Tened por cierto que, en el estado en que estáis, no os podéis más salvar que los moros o turcos que carecen y no quieren la fe de Jesucristo.[29]

Como era de esperarse, la homilía despertó una furiosa reacción de parte de colonos y encomenderos. Creó una verdadera conmoción, pues en la iglesia ese día se encontraban las principales autoridades coloniales. No era para menos. A tales líderes de la fe católica en las Indias los ubica Montesinos en la misma categoría espiritual que moros o turcos, en ese momento los peores adversarios de la Europa cristiana. Por eso lo catalogan de "hombre escandaloso, sembrador de doctrina nueva... en deservicio del rey y daño de todos los vecinos"[30].

El rey Fernando obtiene copia del sermón y expresa a Diego Colón su perturbación, incluyendo su licencia para el severo castigo al rebelde dominico: "Vi así mismo el sermón que descis que hizo un fraile dominico que se llama Antonio Montesino, e... me ha mucho maravillado en gran manera, de decir lo que dijo, porque para decirlo, ningún buen fundamento de teología ni cánones ni leyes tenía, según dicen todos los letrados... teólogos e canonistas, e vista la gracia e donación que Nuestro Muy Santo Padre Alexandro sexto nos hizo... por cierto que fuera razón que usáredes así con el que predicó... de algún rigor porque un error fue muy grande"[31].

Los "letrados teólogos e canonistas" aludidos serían pronto confrontados por el surgimiento, iniciado justamente en el sermón de Montesinos, de una teología libertaria que cuestionaría de raíz las legitimaciones ideológicas de la subyugación de los indígenas. Mientras tanto, el rey ordena que Montesinos y sus colegas dominicos guarden absoluto silencio sobre el asunto. "Que no hablen en púlpito ni fuera dél directa ni indirectamente más en esta materia, ni en otras semejantes... en público ni en secreto"[32].

---

[29] Esta versión del sermón de Montesinos procede de Bartolomé de Las Casas, H. I., l. 3, c. 4, t. 2, 441-442. Sobre la controversia que provocó, puede consultarse Juan Manuel Pérez, *¿Éstos no son hombres?*, passim.

[30] H. I., l. 3, c. 4, t. 2, 442.

[31] D. I. A., Vol. 32, 375-376.

[32] *Ibíd.*, 377-378. La carta del monarca es reproducida también, modernizando la ortografía, por Carro, *La teología y los teólogos-juristas*, Vol. I, 58-61.

El provincial dominico en España, fray Alfonso de Loaysa, añadió su reprimenda a la del rey. Tras aludir a las bulas alejandrinas y, sorprendentemente, a la adquisición ibérica del Nuevo Mundo mediante "derecho de guerra" (*iure belli*), para afincar los derechos soberanos de la monarquía castellana sobre las tierras americanas y sus habitantes, además de advertir sobre las posibles consecuencias subversivas de sus homilías ("y que toda la India, por vuestra predicación, esté para rebelarse"), exhortó a sus hermanos de orden en La Española a "*submittere intellectum vestrum*" ("subyugar vuestro intelecto"), argumento innumerables veces esgrimido en beneficio del autoritarismo eclesiástico y político.[33]

El pecado de los conquistadores

Hay varios temas teológicos centrales que se esgrimen durante los debates del siglo dieciséis. Uno de ellos es la designación de la explotación del indígena como pecado. "Todos estáis en pecado mortal... por la crueldad y tiranía que usáis con estas inocentes gentes", asevera Montesinos en el sermón antes referido. No menor fuerza tiene el memorial (1541) de Juan Fernández Angulo, obispo de Santa Marta, al Consejo de Indias, que cataloga de satánica la conducta de los católicos españoles.

> En esta parte no hay cristianos, sino demonios, ni hay servidores de Dios ni del Rey, sino traidores a su ley... El mayor inconveniente que yo hallo para traer los indios de guerra y hacellos de paz... es el áspero e cruel tratamiento que los de paz reciben de los cristianos. Por lo cual están escabrosos e tan avispados que ninguna cosa les puede ser más odiosa y aborrecible que el nombre de cristianos. A los cuales ellos, en toda esta tierra llaman en sus lenguas *yares* que quiere decir: demonios... Porque las obras que acá obran ni son de cristianos, ni de hombres que tienen uso de razón, sino de demonios.[34]

Igualmente cataloga Las Casas la conducta de los conquistadores como "abominables pecados... menguando y matando los vasallos de S. A., no mirando ni teniendo fin sino a su propio interés"[35]. "Inexpiables pecados" es frase común para su apreciación de las conquistas y las encomiendas.[36]

[33] En *Ibíd.*, 62-63.

[34] Citado por Las Casas, "Brevísima relación", 119-121.

[35] *Los primeros memoriales*, 61.

[36] E.g., "octavo remedio", 843.

Son hechos "dignos de damnación eterna"[37] y merecen ser juzgados como diabólicos. Los que oprimen a los indígenas, a pesar de llamarse cristianos, son, en realidad, "propugnadores del reino satánico e impugnadores de la santa Iglesia de Cristo... precursores no de Cristo, sino del Anticristo"[38].

Las Casas, en uno de sus últimos tratados, enviado en 1565, a manera de codicilo, al Consejo de Indias, resume con ardor e indignación profética, su cáustica denuncia del "inexpiable pecado mortal" que cometen los castellanos en las Indias:

> 1.º, todas las conquistas fueron injustísimas y de propios tiranos; 2.º, todos los reinos y señoríos de las Indias tenemos usurpados; 3.º, las encomiendas son iniquísimas y malas per se; 4.º, tanto los que las dan como los que la tienen pecan mortalmente; 5.º, el rey no tiene, para justificar las conquistas y encomiendas, más poder que para justificar las guerras y robos que hacen los turcos al pueblo cristiano; 6.º, todos los tesoros habidos en las Indias han sido robados; 7.º, si los culpados no los restituyen, no podrán salvarse; 8.º, la gente indiana tiene derecho que le durará hasta el día del juicio, a hacernos guerra justísima y raernos de la haz de la tierra.[39]

Este juicio sobre el carácter pecaminoso de la acción de los europeos en América procede de una afirmación teológica que todavía provoca disputas encarnizadas entre eclesiásticos de distintas tendencias: "La tiranía es pecado mortal"[40]. El pecado es, por tanto, una categoría que incluye dimensiones políticas y sociales. Existe un íntimo vínculo entre la denuncia profética de los actos violentos de los conquistadores como pecado y el providencialismo lascasiano. Si el descubrimiento del Nuevo Mundo procede de la dispensación divina de propiciar entre los indígenas el conocimiento y la participación en la redención del género humano efectuada por Jesucristo, como parte del cumplimiento del mandato misionero evangélico ("Vayan por todo el mundo y anuncien la Buena Nueva a toda la creación" [Marcos 16:15]), las acciones de los creyentes que desprestigian la fe cristiana e impiden el cumplimiento de ese mandato adquieren un cariz eternamente sombrío.

---

[37] *Ibíd.*

[38] *Del único modo*, 454, 459.

[39] Citado por Pérez de Tudela, "Estudio crítico preliminar", clxxxii. La misiva, con ortografía modernizada, se reproduce íntegra en *De regia potestate*, 282-283.

[40] "Tratado de las doce dudas", 501, 508.

El pecado del conquistador es gravísimo, ya que además de asesinar y esclavizar el cuerpo del indígena y despojarlo de sus bienes y mujeres, pone obstáculos insalvables para la salvación de su alma. Primeramente, por el descrédito de la religión cristiana. La conducta violenta de los cristianos repercute en la desconfianza de los nativos hacia la predicación de la fe, se convierte en una traba para su evangelización. En segunda instancia, son muchos los aborígenes que mueren sin convertirse ni bautizarse, maltratados en las guerras o servidumbres que les imponen los españoles. Así se "echa[n] inmensas gentes... a los infiernos"[41]. Los españoles "andan por allí... infernando las ánimas que el Hijo de Dios redimió con su sangre", "porque mueren sin fe e sin sacramentos"[42].

La opresión de los indígenas se convierte, para la mentalidad evangélica de Las Casas, en violencia contra Jesucristo.[43] Resuena en algunas de sus páginas la identificación vicaria entre Jesús y los pobres, tal cual se expresa en la famosa parábola de las ovejas y los cabritos (Mateo 25:31-46). "Por la codicia que tienen de oro, han vendido y venden hoy en este día e niegan y reniegan a Jesucristo"[44]. La ofensa a los nativos es ofensa contra Jesús. Asume carácter de nueva crucifixión del Nazareno.

La sangre de Cristo y la de los indígenas son ambas derramadas a causa de la injusticia y la opresión, según una homilía del dominico fray Bernardo de Santo Domingo, predicada en Cuba, en presencia de encomenderos y colonos. Transpira fuerte tono de condenación profética.

> Ya os habemos predicado, después que vinimos, el estado malo en que estáis, por oprimir y fatigar y matar estas gentes; no solo no os habéis querido enmendar, pero, según tenemos entendido, cada día lo hacéis peor, derramando la sangre de tantas gentes sin haberos hecho mal; yo pido a Dios que la sangre que por ellos derramó

---

[41] "Brevísima relación", 49.

[42] *Ibíd.*, 141, 139 (énfasis añadido).

[43] Además de las denuncias del profetismo bíblico contra la monarquía hebrea, es probable que tras el concepto de "tiranía" que tanto reitera Las Casas, al caracterizar el régimen impuesto en las Indias, se encuentre también la tradición que, de acuerdo a Fernando de los Ríos, era propia del realismo español, según la cual "el que tenga título y poder del rey, pero no realice la justicia, es tirano". *Religión y estado en la España del siglo XVI*, 84-85. Esta tradición se revela, por ejemplo, en la "razón décima" del "Octavo remedio", según la cual las encomiendas son tiránicas porque violan "las leyes de Castilla" que preconizan una relación entre gobernante y súbditos que sea beneficiosa para los segundos y se funde sobre su consentimiento. "Octavo remedio", 761-763. También en *Del único modo* (493), Las Casas distingue entre rey y tirano. El primero, a diferencia del segundo, gobierna con el consentimiento popular y en aras del bien común.

[44] "Brevísima relación", 113.

sea juez y testigo contra vuestra crueldad el día del juicio, donde no tenéis excusa alguna.[45]

Inicialmente el asunto es la sangre de los nativos, injustamente derramada, pero el sermón toma un inesperado giro cristológico al mencionar la sangre de Jesús como testigo de condenación, en el juicio final, contra conquistadores y encomenderos. La sangre del Redentor crucificado se identifica vicariamente con la de los indígenas. La crucifixión se lleva a cabo nuevamente en la muerte de los nativos.

Algunos textos lascasianos expresan una sombría visión de la providencia divina, lo que tampoco es extraño para la mentalidad profética bíblica. Por algo existe una línea de continuidad entre el profetismo y el apocalipticismo. Ya hemos visto que algunos escritores del siglo dieciséis entienden la catástrofe demográfica indígena como castigo divino, en cuyo caso España sería la nación escogida como instrumento de la cólera de Dios contra la idolatría y las "abominaciones" de los nativos. A pesar de su oposición a la dicotomía maniquea (y maquiavélica) de las virtudes hispanas y los vicios indígenas, Las Casas, en ocasiones, se enfrenta al enigma de la muerte indígena desde la perspectiva providencial. ¿Por qué Dios permite el holocausto que padecen los aborígenes? ¿No será su muerte parte del incógnito diseño divino para la historia? Quizá "por el divino juicio estaba determinado que aquestas humildes gentes así padeciesen". Pero, ¿no son acaso inocentes? Lo son, pero solo "cuanto a nosotros", en el derecho de gentes, pero no lo son "ni jamás hombre alguno lo fué", "cuanto a Dios"[46]. Por eso, en enigmático y trágico triunfo de esta peculiar teodicea, su padecimiento abona la justicia divina. Ello, empero, no debe redundar en falsa alegría de los ibéricos. Porque si terrible ha sido el castigo divino de los pecados indígenas, más tenebroso será el que aguarda a sus verdugos. "Después que por nuestras manos crueles a estas gentes hubiere Dios acabado, derramará sobre nosotros, por nuestras violencias y tiranía, su ira... y podrá ser que se hallen, de aquestos que en tanto menosprecio tuvimos, más que nosotros a la mano derecha el día del juicio; y esta consideración debería tenernos con grande temor noches y días"[47].

Es una esplendorosa visión trágica de la historia, producto de una perspectiva providencialista que, al exaltar las demandas éticas del

[45] Reproducida por Las Casas en H. I., l. 3, c. 81, t. 3, 100-101 (énfasis añadido).

[46] *Ibíd.*, l. 3, c. 17, t. 2, 492.

[47] *Ibíd.*, l. 3, c. 145, t. 3, 332.

Creador, no puede sino subrayar la profundidad insondable del pecado de sus criaturas. Lo peculiar estriba en la ironía final: en los tiempos escatológicos, cuando los seres humanos y los pueblos sean pesados en la balanza, es muy posible que los infieles y bárbaros indígenas estén más representados entre las ovejas bendecidas por la diestra divina, que los cristianos españoles, a quienes maldecirá la siniestra de Dios.

La ira de Dios y el sacramento de la penitencia

Desde la perspectiva profética, la conquista violenta se convierte en fuente de condenación escatológica. La censura profética expresa la ira divina. "Las dichas conquistas... [son] gravísimos pecados mortales, dignos de terribles y eternos suplicios"[48]. "El día del juicio será más claro, cuando Dios tomare venganza de tan horribles e abominables insultos como hacen en las Indias los que tienen nombre de cristianos"[49].

En su carta del 20 de enero de 1531, al Consejo de Indias, Las Casas confronta a sus miembros con la tenebrosa perspectiva, que en el siglo dieciséis no se consideraba metáfora literaria, de padecer eternamente las penas del infierno a causa de la devastación sufrida por los indígenas del Nuevo Mundo. "Miren, pues, V. S. mercedes, miren por sus ánimas; porque en verdad, yo mucho temo é mucho dudo de vuestra salvación". Es una apelación plena de fervor religioso. Recuerda a los concejales que, de acuerdo a San Agustín, un imperio administrado injustamente no es sino "grandes latrocinios", les trae a la memoria la bula alejandrina, en la que el Papa otorga jurisdicción sobre las tierras descubiertas para el beneficio de sus nativos, cita la cláusula del codicilo de la reina Isabel, con su amonestación al buen trato que debe darse a los nativos, y concluye con un brutal cuestionamiento a sus conciencias, que los sitúa en el instante crucial, decisivo para todo auténtico creyente tradicional, del juicio divino de sus hechuras y andanzas: "¿Qué terneis respuesta ó alguna excusa?". Él mismo contesta esa interrogante negativamente y les advierte sobre el horrendo castigo divino que les sobrevendrá, segundo únicamente al que se dará a los responsables de la crucifixión de Jesús.[50]

En la amenaza creciente del imperio otomano ve el posible juicio condenatorio de Dios. Análogo a la suerte del pueblo israelita en el

[48] "Brevísima relación", 13.

[49] *Ibíd.*, 133.

[50] Fabié, *Vida y escritos de Las Casas*, t. 70, 477-478. En carta de agosto de 1555 a Bartolomé Carranza de Miranda, confesor espiritual de la corona, asevera Las Casas que Dios nada tiene "más cercana a sus ojos" que la causa de las Indias. La actuación del monarca al respecto de ella determinará su felicidad o desdicha eterna. *Ibid.*, t. 71, 384.

Antiguo Testamento, asolado y llevado en cautiverio debido a sus muchas injusticias y opresiones, puede ser el destino de España, de continuar en sus mortales pecados de aniquilar tantos seres "formados a la imagen y semejanza de la altísima Trinidad, todos vasallos de Dios y redimidos con su preciosa sangre, y que tiene cuenta y no se olvida de uno ni ninguno dellos"[51]. A conquistadores y encomenderos dedica Las Casas esta indignada profecía condenatoria:

> ¡Oh miserables, oh ciegos e insensible!, ¡oh hombres que os habéis hecho peores que los sarracenos e infieles! ¿Quién os librará de la ira que ha de venir, el día de la miseria y de la mayor calamidad? Indudablemente que de vosotros se entienden estas palabras: "Habéis justificado a Sodoma"; esto es, se ha justificado Sodoma al compararla con vuestra conducta... Así vosotros váis siempre llenando la medida de vuestros pecados, por lo que la ira de Dios ha caído sobre vosotros hasta el fin. Porque no solo sois enemigos de vuestra salvación, sino que también impedís que crean tantos miles de pueblos y que se salven... Por tanto habéis de sufrir gravísimos suplicios.[52]

Se hicieron diversos intentos de restringir la absolución, parte del sacramento de la penitencia, a los conquistadores y encomenderos que expoliaban y despojaban a los indígenas. Las Casas hizo de la liberación de los nativos y de la restitución y satisfacción de los daños inferidos a estos condiciones indispensables para que el confesante recibiese el *Ego te absolvo*, incluso al tratarse de algún moribundo (en cuyo caso, exigía un testamento notarizado a los efectos mencionados). "Son todos *in solidum* a restitución obligados. Y no se pueden salvar si en cuanto les fuere posible no los restituyen, y satisfacen"[53]. Con esa consecuencia penitencial culmina su extenso tratado *Del único modo*: "Todos los hombres que son o sean causa de la mencionada guerra mediante algunos de los referidos modos de cooperación, están obligados, con necesidad de medio para su salvación, a restituirles a los mismos infieles damnificados, todo lo que les

[51] "Octavo remedio", 813.

[52] *Del único modo*, 471.

[53] "Disputa o controversia", 439. La frase *in solidum*, que Las Casas repite continuamente, significa que la obligación de restitución se refiere no solo al provecho privado que cada conquistador, colono o encomendero obtiene, sino a los beneficios adquiridos por todos. Como puede verse, la idea tiene un filo agudísimo.

hayan arrebatados... y a satisfacerles solidariamente, es decir, en total, los daños que les hayan hecho"[54].

Los "avisos a los confesionarios" que redactó como Obispo de Chiapas revelan su proyecto de utilizar la autoridad religiosa sacramental para la liberación de los oprimidos.

> Cerca de los indios que se tienen por esclavos... mande el confesor al penitente que luego incontinente los ponga en libertad por acto público ante escribano y que les pague todo lo que cada año, o cada mes, merescieron sus servicios e trabajos, y esto antes que entren en la confesión. Y asimismo les pida perdón de la injuria que les hizo... porque téngase por muy cierto y averiguado... que en todas las Indias desde que se descubrieron hasta hoy, no ha habido ni hay uno ni ninguno indio que justamente haya sido esclavo.[55]

Había un precedente reciente. Desiderio Erasmo, en su popular tratado, *Querela pacis* (1517), había sugerido que los sacerdotes no asistiesen a los guerreros moribundos ni permitiesen que fuesen enterrados en los cementerios eclesiásticos. "Conténtense los heridos en acción de guerra con recibir sepultura profana... Los sacerdotes consagrados a Dios no asistan en lugares donde se haga la guerra, sino en lugares donde la guerra se dirima"[56].

Las Casas no cita a Erasmo, pero esta omisión puede deberse a la campaña que contra el gran renacentista se desataba en España. Es muy probable que haya leído la *Querela pacis*, de la que se imprimieron diez ediciones en su primer año de publicada y se tradujo prontamente a varios idiomas, entre ellos, en 1520, al español; son evidentes las cercanías teóricas, sobre todo el énfasis en la naturaleza pacífica del evangelio.[57]

La negativa de Las Casas, como obispo de Chiapas, a conceder absolución de pecados a quienes estuviesen involucrados en las guerras o las encomiendas no era algo nuevo en su pensamiento. Tampoco afirmaba cosa alguna que no hubiese aseverado antes pública y oficialmente. De

---

[54] *Del único modo*, 541.

[55] Estos "avisos y reglas para los confesores", redactados probablemente en 1546 y publicados en 1552, se reproducen en *Tratados*, Vol. II, 852-913. Cito de la 879.

[56] Erasmo, "Querella de la paz", en *Obras escogidas* (ed. Lorenzo Riber). Madrid: Aguilar, 1964, 986-987.

[57] Es difícil evitar la impresión de una probable influencia en Las Casas de otro escrito de Erasmo, su *Ecclesiastes sive... evangelicus* (1535), en el que propugna el método apostólico y pacífico de evangelizar. Véase la excelente obra de Marcel Bataillon, *Erasmo y España: Estudios sobre la historia espiritual de siglo XVI*. México, D. F.: Fondo de Cultura Económica, 1966.

acuerdo a sus propias reflexiones autobiográficas, a raíz de su "conversión", dejó libre los indígenas que tenía encomendados y afirmó categóricamente, en un sermón predicado el día de la Asunción de Nuestra Señora (15 de agosto de 1514), "su ceguedad, injusticias y tiranías y crueldades que cometían en aquellas gentes inocentes y mansísimas; cómo no podían salvarse teniéndolos repartidos ellos y... la obligación a restitución a que estaban ligados"[58].

En 1531, después de pasar varios años enclaustrado en un monasterio dominico en La Española, escribió al Consejo de Indias:

> Porque aún os hago saber que estas naciones, todas cuantas acá hay, tienen justa guerra desde el principio de su descubrimiento, é cada día han crecido más é más en derecho é justicia hasta hoy, contra los cristianos... E sepan más que no ha habido guerra justa ninguna hasta hoy de parte de los cristianos, hablando en universal... é aquí se sigue que ni el Rey ni ninguno de cuantos acá han venido ni pasado han llevado cosa justa ni bien ganada, é son obligados a restitución... Y es tan verdad, que no dudo más de ella que del Santo Evangelio.

Es de fijarse que, en esta epístola, de carácter oficial y formal, la iniquidad de lo adquirido y la obligación de plena restitución cubre también a la casa real. Las autoridades españolas, por su jurisdicción en la administración de las Indias, son responsables de restituir lo mal ganado, aun de no haber participado en tales ganancias ilícitas. "Sois obligados a restitución de todos los bienes é riquezas que los otros á estas gentes roban, aunque á vuestro poder no llegue una blanca"[59]. Las Casas no abandonará esa idea. La reiterará a Bartolomé Carranza en 1555 ("a esto, en razón y fuerza de necesaria restitución y satisfacción, son los reyes de Castilla constreñidos"[60]) y en su misiva final al Consejo de Indias (1565): "Todos los pecados que se cometen tocante a esto en todas aquellas Indias, y daños e inconvenientes infinitos que de allí se siguen, y la obligación a restituir de ellos, resulte sobre la conciencia de S. M. y deste Real Consejo, y que

---

[58] H. I., l. 3, c. 79, t. 3, 95. Algo similar plantearon en 1518 los frailes dominicos de La Española a los padres jerónimos: "Porque los cargos de los cristianos, han sido é son grandes, y los bienes que por el trabajo de los indios han avido, creemos que son obnoxios; y restitución nos parece que deben". D. I. A., Vol. 26, 213.

[59] Fabié, *Vida y escritos de Las Casas*, t. 70, 483, 478.

[60] *Ibíd.*, t. 71, 418.

no puedan llevar un solo maravedí de provecho de aquellos reinos, sin obligación de restituir"[61].

El confesionario de Las Casas fue objeto de intensa controversia y censurado acremente por personas tan disímiles como Toribio de Motolinia[62] y Juan Ginés de Sepúlveda, quien se agenció para que Las Casas fuese acusado de traición ante el Consejo Real y de herejía ante la Inquisición.[63] En especial se atacó la "séptima regla", la cual afirmaba: "Todas las cosas que se han hecho en todas estas Indias, así en la entrada de los españoles en cada provincia de ella como la sujeción y servidumbre en que pusieron estas gentes... ha sido contra todo derecho natural y derecho de las gentes, y también contra derecho divino; y por tanto es todo injusto, inicuo, tiránico y digno de todo fuego infernal y, por consiguiente, nulo, inválido y sin algún valor y momento de derecho"[64].

Aunque fue un momento nada agradable para el fraile dominico, ninguna de las dos acusaciones prosperó. No pudo evitar Las Casas, sin embargo, que el 28 de noviembre de 1548 se emitiese una cédula Real a la Audiencia de Nueva España mandando a recoger todas las copias del confesionario.[65] Nunca durante su vida estuvo en situación tan delicada. Hasta el final de su vida, sin embargo, mantuvo sin claudicar la corrección teológica y moral de su doctrina de restitución.[66]

Las Casas hace de la restitución obligada de todo lo habido por hurto, despojo o saqueo, la norma crucial para la acción sacramental de la iglesia en América.[67] En su "Tratado de las doce dudas", desarrolla con vigor la tesis de que la postura de la iglesia debe juzgarse primariamente en

---

[61] *De regia potestate*, 280-281.

[62] Sin embargo, en una obra anterior a su amarga epístola contra Las Casas, Motolinia había recalcado, en tono intenso, la obligación en que estaban los conquistadores y colonos de restituir lo que con mala conciencia habían obtenido del sudor y sangre de los indígenas "porque todas estas cosas serán traídas y presentadas en el día de la muerte, si acá primero no se restituyen". *Historia de los indios de la Nueva España*, trat. 3, c. 11, 167.

[63] Véase el tratado antilascasiano de Sepúlveda, "Proposiciones temerarias, escandalosas y heréticas", en Fabié, *Vida y escritos de Las Casas*, t. 71, 335-351.

[64] "Avisos y reglas para los confesores", 873.

[65] La reproduce íntegramente Juan Manzano, *La incorporación de la Indias*, 166, n. 25. Al respecto dice escuetamente Bataillon: "En esta cuestión del *Confesionario*, el obispo de Chiapas fue vencido". *Estudios sobre Bartolomé de Las Casas*, 30.

[66] La reitera, por ejemplo, en su "Carta a los dominicos de Chiapa y Guatemala", *De regia potestate*, 235-250.

[67] No fue el único teólogo español del siglo dieciséis en interesarse en la doctrina de la restitución. Véase, por ejemplo, la extensa sección que Domingo de Soto dedica al tema. *De la justicia y del derecho*, l. 4, cues. 6-7, t. 2, 327-381. Su conclusión principal es que: "La restitución de lo robado es de tal manera necesaria, que sin ella nadie puede perseverar en la gracia de Dios, ni recuperarla". *Ibíd.*, 331.

referencia a ese asunto: si "los religiosos y predicadores amonestan en sus sermones a los que tienen lo ajeno, que restituyan y hagan penitencia, y lo mismo en las confesiones y pláticas familiares" y si condicionan la participación en la eucaristía y la sepultura cristiana a esa misma norma.[68]

Encontramos en este punto el eje temático central que imparte unidad a la actividad pastoral lascasiana. Desde su sermón ante Diego Velázquez, el "día de la Asunción de Nuestra Señora" (15 de agosto de 1514), en Cuba, hasta su petición al Papa Pío V, en 1566, la restitución se presenta como requisito indispensable para la consecución de la justicia terrenal y la salvación espiritual. En el sermón insiste en "la obligación a restitución en que estaban ligados" sus oyentes[69]; en la petición solicita que el Sumo Pontífice recuerde a los "obispos, y frailes y clérigos", enriquecidos en América, "ser obligados por ley natural y divina... a restituir todo el oro, plata y piedras preciosas que han adquirido"[70].

Las Casas trató infructuosamente de persuadir al Papa de utilizar la poderosa arma de la excomunión contra los opresores de los nativos americanos y sus legitimadores teóricos. "A V. B. humildemente suplico que haga un decreto en que declare por descomulgado y anatemizado cualquiera que dijere que es justa la guerra que se hace a los infieles, solamente por causa de la idolatría, o para que el Evangelio sea mejor predicado, especialmente a aquellos gentiles que en ningún tiempo nos han hecho ni hacen injuria. O al que dijere que los gentiles no son verdaderos señores de lo que poseen"[71].

El intento de Las Casas de condicionar la absolución de los pecados a la restitución de las iniquidades cometidas contra los indígenas nos parece hoy anacrónico e ineficaz. No puede olvidarse, sin embargo, que en el siglo dieciséis se consideraba la absolución una misericordia eclesiástica imprescindible en el instante inminente de la muerte. Era común

[68] "Tratado de las doce dudas", 517-522.

[69] H. I., l. l. 3, c. 79, t. 3, 95.

[70] La petición al Papa se reproduce en Agustín Yañez, *Fray Bartolomé de Las Casas*, 161-163 y como apéndice XV en *De regia potestate*, 284-286. Las Casas agudiza al extremo un principio que postulaba Santo Tomás de Aquino, a saber, que el saqueo en una guerra injusta o, incluso, la rapiña maliciosa en una contienda justa, constituye un pecado grave que obliga a la restitución de lo hurtado. Véase *Suma teológica*, 2-2, cu. 66, art. 8, ad 1, Vol. 8, 508-509.

[71] En Yáñez, *Fray Bartolomé de Las Casas*, 161-162 y el apéndice XV en *De regia potestate*, 284-286. Luciano Pereña considera que una carta de fines de 1566 de Pío V, escrita en italiano y enviada al nuncio papal en Madrid, Juan Bautista Castagna, arzobispo de Rosario, en la que el Sumo Pontífice insiste en el buen trato a los nativos americanos es una posible respuesta al planteamiento lascasiano. La reproduce como apéndice XVI en *Ibíd.*, 287-292. Información útil sobre la petición de Las Casas y la carta de Pío V es ofrecida por Isacio Pérez Fernández, O. P. *Inventario documentado de los escritos de Fray Bartolomé de las Casas*. Bayamón, Puerto Rico: CEDOC, 1981, 762-776.

en el populacho católico la creencia de que, si antes de fenecer se confesaban los pecados, incluyendo los más espantosos, y se lograba el perdón sacramental, el alma podría evadir los tormentos perpetuos del infierno o reducir la estadía en el purgatorio. Lo que estaba en juego, de acuerdo a la mentalidad religiosa contemporánea, revestía trascendental significado para el destino eterno personal.

La restricción de la absolución a conquistadores y encomenderos conlleva una idea básica y central, tanto en múltiples textos bíblicos como en las reflexiones críticas de toda teología que se ubique en el horizonte de la emancipación de los expoliados: la incompatibilidad entre la opresión del pobre y la participación en los sacramentos. Se retoma, por parte de Las Casas y otros frailes, la idea tan evangélica como profética de "misericordia quiero, y no sacrificio" (Oseas 6:6 y Mateo 9:13). La práctica de la opresión contradice el objetivo soteriológico testimoniado por el culto. Sobre este punto darían los frailes una batalla destinada a la derrota, pero que sirve de memorial dramático e indeleble de solidaridad evangélica.

La prohibición del confesionario de Las Casas no disipó la idea de utilizar el poder sacramental contra conquistadores, encomenderos y colonos. Marcel Bataillon encontró en el Archivo Histórico Nacional de España una carta que un fraile dominico, Bartolomé de la Vega, escribió al responsable interino del episcopado de Cuzco, fray Pedro de Toro, el 3 de julio de 1565. Vega retoma con fuerza la idea de prohibir la absolución no mediada por la penitencia y restitución de quienes han participado en la opresión de los indígenas del Perú.

> A ninguno de los nombrados es lícito absolver más que a Judas... *Omnes praefati indigni sunt absolutione*... ["todos los susodichos son indignos de absolución"] De manera que en manos de Vuestra Paternidad está... remediar el Perú con no dar licencia a ningún clérigo ni fraile para que absuelva a alguna de las dichas personas... La razón es porque sin causa han tomado la hacienda y señorío y libertad de los indios.[72]

[72] *Estudios sobre Las Casas*, 311-314 (mi traducción de la frase latina). Se ha constatado la enorme influencia que la postura lascasiana sobre la obligación de restitución como condición indispensable para obtener la absolución sacramental tuvo en muchos sectores de la iglesia hispanoamericana. Cf. Guillermo Lohmann Villena, "La restitución por conquistadores y encomenderos: Un aspecto de la incidencia lascasiana en el Perú", *Anuario de estudios americanos*, Vol. 23, 1966, 21-89. Me parece que Lohmann exagera la "pulcritud ética" y la "virtud eximia" de los "caballeros cristianos" que, al acercarse la hora de su muerte, penaban sus malandanzas mediante actos de restitución, reparación y composición. No toma en cuenta, por un lado, el carácter formulista, vacuamente reiterativo, de las expresiones de contrición, todas sospechosamente similares; ni, por el otro, se toma la molestia, cosa que admito sería extremadamente fatigosa, pero metodológicamente esencial, de investigar si tales

De no menor profundidad dramática y trágica son las condenaciones escatológicas de las crueldades cometidas por los cristianos, dispersas en textos de indígenas convertidos, quienes vuelcan contra la cristiandad las airadas escrituras proféticas bíblicas. Ejemplo es el siguiente texto maya, oriundo al parecer de nativos convertidos, que presagia, en palabras que recuerdan tanto el relato veterotestamentario del éxodo como el neotestamentario del apocalipsis, el castigo divino de los conquistadores. "¡Infelices los pobrecitos! Los pobrecitos no protestaban contra el que a su sabor los esclavizaba, el Anticristo sobre la tierra, tigre de los pueblos, gato montés de los pueblos, chupador del pobre indio. Pero llegará hasta Dios las lágrimas de sus ojos y baje la justicia de Dios de un golpe sobre el mundo"[73].

Profetismo y patriotismo

Se ha mantenido por siglos una intensa disputa sobre el "patriotismo" de Las Casas. Después de su muerte, sus escritos se utilizaron para mantener vivas las llagas y cicatrices de la conquista española de América. En sus obras late una profunda tensión entre su conciencia religiosa y su identidad nacional. Es un dilema propio de la mentalidad providencialista.

Las Casas percibe la conquista de América desde una hermenéutica teológica paradójica. El encuentro de los indios por los españoles es un evento decisivo, "la hora undécima del mundo", en el cumplimiento de la encomienda misionera evangélica. Es oportunidad única otorgada por Dios a los ibéricos para jugar un papel crucial en la expansión de la cristiandad y en la preparación del *kairós* apocalíptico, los tiempos escatológicos. De aquí su excepcional naturaleza providencial. Por otro lado, es un colosal pecado por parte del "pueblo escogido", España. La acción de los cristianos se convierte irónicamente en la principal barrera para la redención de los nativos.

En esa dialéctica lascasiana entre providencialismo y pecado reencontramos la lógica profética bíblica. También para los profetas del Antiguo Testamento, el pueblo escogido transgrede su misión y se convierte en escarnio de la divinidad. De ahí su terrible condena por Dios. La insondable tragedia del profetismo, el bíblico y el lascasiano, es la amargura de

promesas se cumplían al pie de la letra por los albaceas y sucesores. No estoy muy seguro tampoco de que esas fórmulas sean expresivas de la "sensibilidad ética" que en ellas encuentra Lohmann. Hay otra posible perspectiva algo más escéptica, o quizá cínica: quienes no tuvieron muchos escrúpulos en hacer lo que fuese necesario para alcanzar en el reino terrenal celebridad y riquezas, en su postrer momento pugnan por ganar también los bienes del reino celestial.

[73] Miguel León Portilla, *El reverso de la conquista*, 86.

pertenecer al pueblo escogido que transforma su elección divina en blasfemia sacrílega. Por ello Las Casas, al final de su vida, en su "Testamento", frustrado por la imposibilidad de proteger a los nativos, retoma la tradición veterotestamentaria de la maldición divina a la nación elegida/inicua.

> Dios ha de derramar sobre España su furor e ira, porque toda ella ha comunicado y participado poco que mucho en las sangrientas riquezas robadas e acabamientos de aquellas gentes, si gran penitencia no hiciere... que desde setenta años ha que comenzaron a escandalizar, robar y extirpar aquellas naciones, no se haya hasta hoy advertido que tantos escándalos y infamias de nuestra sancta fe, tantos robos, tantas injusticias... hayan sido pecados... Si Dios determinare destruir a España, se vea que es por las destrucciones que habemos hechos en las Indias.[74]

Esta clase de maldición profética a la patria ibérica ha sido la causa de que, durante más de cuatro siglos, muchos acusen a Las Casas de hispanofobia. Sería igual que acusar a Jeremías o Isaías de aborrecer o menospreciar a Israel, de antisemitismo. Las severas denuncias de los profetas bíblicos proceden de su elevada concepción de la misión ética y religiosa que constituye el núcleo de la identidad nacional del pueblo veterotestamentario. Igualmente acontece en Las Casas. También, dicho sea de paso, los profetas del Antiguo Testamento podrían ser acusados de exageración e hipérbole en el recuento de los pecados de Israel.

Fueron muchos los colonizadores y encomenderos que atacaron duramente al fraile defensor de los indios aseverando "que este clérigo es una persona liviana, de poca autoridad é crédito"[75]. Sepúlveda se refirió a una obra de Las Casas como "libelo infamatorio de nuestros reyes y nación", y sobre toda su actividad, aseveró: "Toda su intención ha sido dar a entender a todo el mundo que los reyes de Castilla contra toda justicia y tiránicamente tienen el imperio de las Indias"[76]. En carta al príncipe Felipe, del 23 de septiembre de 1549, escribe sobre su acérrimo adversario, en deliciosa mezcolanza de castellano y latín:

> Lo que toca al confesionario del Obispo de Chiapa [Las Casas] y a mi libro [*Demócrates segundo*] que todo viene a ser un negocio

[74] "Testamento", en Yañez, *Fray Bartolomé de Las Casas*, 167-168.

[75] "Informe de los procuradores de la isla de Cuba, Pánfilo de Narvaez y Antonio Velázquez", en *Los primeros memoriales*, 55.

[76] "Disputa o controversia", 327.

> de dos partes contrarias: la una es los Reyes de España, cuya causa justísima sustenta mi libro, la otra los hombres apasionados en este negocio cuyo caudillo es el Obispo de Chiapa como lo ha sido en otras negociaciones semejantes, *ut est homo natura factiosus, et turbulentus* ["porque es hombre de naturaleza facciosa y turbulenta"].[77]

Motolinia escribió en 1555 otra fuerte censura a Las Casas:

> Muy grande su desorden y poca su humildad... Yo me maravillo cómo V. M. y los de vuestros Consejos han podido sufrir tanto tiempo a un hombre tan pesado, inquieto e importuno... tan injuriador y perjudicial... en sus bullicios y desasosiegos, y siempre... buscando los males y delitos que por toda esta tierra habían cometido los españoles... Él no procuró de saber sino lo malo y no lo bueno. Su oficio fue escribir procesos y pecados que por todas partes han hechos los españoles... y ciertamente solo este oficio no lo llevará al cielo.

La veta nacionalista de Motolinia se ofende ante las críticas de Las Casas. "Pues, ¿cómo? ¿Así se ha de infamar por un atrevido una nación española con su príncipe, que mañana lo leerán los indios y las otras naciones?"[78].

Pero, también tuvo sus acérrimos defensores. Sobre Las Casas, escribió a Carlos V el Vice-provincial de los dominicos ubicados en la isla Española, fray Pedro de Córdoba, de la siguiente manera: "Dios Nuestro Señor ha despertado el espíritu de un clérigo llamado Bartolomé de Las Casas... a él me remito porque es persona de virtud é verdad... Vuestra Real Alteza le puede justamente dar crédito en todo lo que le dijere, como a verdadero ministro de Dios, que para atajo de tantos daños, creo que le ha escogido la mano de Dios"[79].

Años más tarde, el primer obispo y arzobispo de México, fray Juan de Zumárraga, lo llamó, en otra carta al emperador, "religioso muy aprobado, de gran celo a las ánimas... Ha servido mucho a Dios y a V. M."[80]. Mendieta, discípulo de Motolinia, es otro de los que no escatima palabras en su elogio a Las Casas, redactado décadas después de la muerte del dominico. "Tengo para mí, sin alguna duda, que es muy particular la

---

[77] Losada, *Juan Ginés de Sepúlveda a través de su "Epistolario"*, 202. Mi traducción de la frase latina.

[78] "Carta a Carlos V", 207-211.

[79] D. I. A., Vol. 11, 221 y apéndice III, en Pérez, *¿Éstos no son hombres?*, 135.

[80] Misiva del 17 de abril de 1540, en Cuevas, *Documentos inéditos*, 108.

gloria que goza en el cielo, y honrosísima la corona de que está coronado por la hambre y sed de justicia y santísimo celo que con perseverancia prosiguió hasta la muerte, de padecer por amor de Dios, volviendo por los pobres y miserables destituidos de todo favor y ayuda"[81].

La controversia sobre Las Casas se reanimó tras la dura crítica a que lo sometió el adalid de los intelectuales, historiadores y filólogos españoles, don Ramón Menéndez Pidal, en su libro *El padre Las Casas, su doble personalidad*. La valoración central de Menéndez Pidal, que procede de una apreciación pseudo-psiquiátrica ("ni era santo, ni era impostor, ni malévolo, ni loco; era sencillamente un paranoico... Para exculpar la total falta de caridad, la falsedad monstruosa y contumaz en un hombre de vida ascética... hay que recurrir a la única explicación posible, la enfermedad mental"[82]), es un intento de descalificar la crítica lascasiana. Tal valoración recuerda demasiado los abusos que ciertos regímenes han hecho de la psiquiatría para reprimir disidentes. A ese juicio subjetivista se une un arraigado etnocentrismo, que hoy, época de mayor ecumenicidad cultural, luce obsoleto. Por ejemplo: "Hermosa fantasía [la de Las Casas] la de la igualdad absoluta de todos los pueblos, pero, también, engañosa fantasía... Todos los pueblos son iguales en cuanto a los derechos sagrados de su personal dignidad, pero son muy desiguales en cuanto a su capacidad mental, y los pueblos más inventivos, que impulsan la civilización, son muy distintos de los que la reciben, y muy distintos también los derechos y los deberes de los unos y los otros"[83].

Contrario a lo que ciertos círculos nacionalistas imputan, el objetivo central de Las Casas era salvar a España de la condenación divina. Aunque su *Historia de las Indias* se ha catalogado como "antinacionalista"[84], en realidad, en toda ella late un profundo afecto a su patria. Es un amor,

---

[81] *Historia eclesiástica indiana*, l. 4, c. 1, 366. Mendieta parece desconocer la vitriólica epístola de Motolinia.

[82] *El padre Las Casas, su doble personalidad*. Madrid: Espasa Calpe, 1963, xiv.

[83] *Ibíd.*, 385. Como crítica a la crítica se destacan Lewis Hanke, "More Heat and Some Light on the Spanish Struggle for Justice in the Conquest of America", *The Hispanic American Historical Review*, Vol. XLIV, No. 3, August 1964, 293-340; Manuel Giménez Fernández, "Sobre Bartolomé de Las Casas", *Anales de la Universidad Hispalense*, XXIV, Sevilla, 1964, 1-65; y, Marcel Bataillon, *Estudios sobre Bartolomé de Las Casas*, 5-42. Juan Pérez de Tudela Bueso, por su parte, evalúa a Las Casas como expresión paradigmática de las mejores virtudes del alma española, al ensalzar "la integridad con que el sevillano hizo brillar las diamantinas facetas del más puro arquetipo del alma de la antigua España: el idealismo racionalista, la sobriedad estoica, el culto al valor, la pasión intransigente por la verdad y la justicia, la exaltación de la persona en una ofrenda sin tasa a la causa altruista; la irrealizable locura, en suma, que sintió y universalizó Don Quijote". "Estudio crítico preliminar", xlvii.

[84] Alberto M. Salas, *Tres cronistas de Indias*, 10.

sin embargo, a la manera de los profetas veterotestamentarios, pleno de exigencias de justicia y solidaridad. Su colérica denuncia profética aspira al arrepentimiento de sus compatriotas, "para impedir los azotes que Dios da e más crueles que ha de dar por ellos [los eventos en el Nuevo Mundo] a toda España"[85].

[85] "Disputa o controversia", 457-459.

14
El Dios de los conquistadores

> El oro es excelentíssimo; del oro se haçe tesoro, y con él, quien lo tiene, haçe cuanto quiere en el mundo, y llega a que echa las ánimas al Paraíso.
>
> Cristóbal Colón

> Tenía [Hatuey] … una cestilla llena de oro en joyas e dijo: "Véis aquí el dios de los cristianos".
>
> Bartolomé de Las Casas

¿Cristo o Mammón?

En este contexto se plantea el problema teológico cardinal sobre el verdadero dios de los conquistadores. Los conquistadores, asevera Las Casas, hacen la guerra a los indígenas y los esclavizan "por conseguir el fin que tienen por dios, que es el oro"[1], "para que de su sangre sacasen las riquezas que tienen por su dios"[2]. A este su Dios-oro, continúa, "sacrificaban los indios matándolos en las minas"[3]. Por ello, el oro es "sangriento e inicuo"[4]. La idolatría de Mammón se oculta tras la pleitesía retórica al Cristo crucificado.

El oro que obtienen los españoles procede de la sangre de los indígenas. Es "precio de sangre y digno de fuego eternal"; "el oro... con muerte de la gente [indiana] se sacaba"; "parece que de naturaleza le debe ser al

---

[1] "Brevísima relación", 99. En ese mismo sentido, *Apología*, 291.

[2] "Octavo remedio", 673.

[3] H. I., l. 3, c. 36, t. 2, 558.

[4] *Ibíd.*, c. 68, t. 3, 61. Sobre la disyuntiva lascasiana entre la adoración al Dios auténtico y la idolatría a Mammón, es útil el bello texto de Gustavo Gutiérrez, *Dios o el oro en las Indias*, especialmente su último capítulo, 135-172.

oro apropiado morir los hombres del trabajo que generalmente hay en sacallo"[5]. No serían palabras olvidadas. En 1704, el arzobispo de Lima y virrey interino del Perú, Melchor de Liñán, se refirió a la extracción de la plata y el oro en las minas del altiplano peruano de la siguiente manera: "Que tenía por cierto que aquellos minerales estaban tan bañados de la sangre de indios, que si exprimiese el dinero que de ellos se sacaba, había de brotar más sangre que plata"[6].

La frase no es original. Ya en 1517, unos frailes dominicos y franciscanos, en carta a un consejero del joven monarca Carlos V, la anticipan al hablar de la aspiración de los hispanos de "vestir de seda": "Para andar ellos vestidos de seda hasta los zapatos, y no solamente ellos, pero sus mulas, la cual seda pensamos que si fuese bien exprimida, sangre de indios manaría, porque todos los gastos y excesos muy superfluos que acá se hacen, todos les salen a estos miserables indios de las entrañas"[7].

Uno de los relatos más famosos de Las Casas es el de la trágica suerte del cacique Hatuey, caudillo indígena dominicano huido a Cuba. Reproduce el siguiente diálogo de Hatuey con sus subalternos sobre el motivo de la persecución de que eran objeto por los españoles.

> "¿Sabéis quizá por qué lo hacen?" Dijeron: "No; sino porque son de su natura crueles e malos". Dice él: "No lo hacen solo por eso, sino porque tienen un dios a quien ellos adoran e quieren mucho y por habello de nosotros para lo adorar, nos trabajan de sojuzgar e nos matan". Tenía cabe sí una cestilla llena de oro en joyas e dijo: "Véis aquí el dios de los cristianos".[8]

---

[5] "Octavo remedio", 809; H. I., l. 2, c. 11, t. 2, 244; *Ibíd.*, l. 2, c. 13, t. 2, 253.

[6] Citado en una "consulta del Consejo de Indias" sobre "la mita de indios forzados" en las minas de Potosí, en Konetzke, *Colección de documentos*, Vol. III, 146. Un historiador social tan prudente en sus juicios como James Lockhart no tiene reparos en afirmar, sobre la explotación aurífera peruana: "Las fiebres de oro de Carabaya y de Quito eran meros episodios de mortalidad particularmente espantosos". *El mundo hispanoperuano*, 265.

[7] "Carta que escribieron varios padres de las Ordenes de Santo Domingo y San Francisco, residentes en la isla Española, a Mr. de Xevres", apéndice IV, en Pérez, *¿Éstos no son hombres?*, 153.

[8] "Brevísima relación", 43. La historia de Hatuey es relatada por Las Casas en H. I., l. 3, cs. 21 y 25, t. 2, 505-508, 522-524. No puede olvidarse el carácter ético y profético de la historiografía lascasiana, que no excluye el recurso clásico de insertar discursos y diálogos, cuya intención es ilustrar la idea que se expone y defiende, pero de cuya veracidad hay escasa evidencia. Esta anécdota sobre el oro como el "dios de los cristianos" no es original de Las Casas. En 1517, en referencia a un cacique cuyo nombre no mencionan, la relata un grupo de frailes en carta a uno de los consejeros de Carlos V. "Carta que escribieron varios padres de las Ordenes de Santo Domingo y San Francisco, residentes en la isla Española, a Mr. de Xevres", apéndice IV, en Pérez, *¿Éstos no son hombres?*, 156-157.

Hatuey es capturado y poco antes de ser quemado en la hoguera, un fraile franciscano intenta convertirlo, utilizando la promesa del cielo y la amenaza del infierno. Las Casas narra la orgullosa reacción del infortunado cacique: "Él [Hatuey], pensando un poco, preguntó al religioso si iban los cristianos al cielo. El religioso le respondió que sí... Dijo luego el cacique, sin más pensar, que no quería él ir allá, sino al infierno, por no estar donde estuviesen y por no ver tan cruel gente. Esta es la fama y honra que Dios e nuestra fe ha ganado"[9].

Mammón parece ser el verdadero dios de los conquistadores. Algo similar había expresado años antes Fray Tomás Ortiz. "Vi que el Dios y la administración que le enseñan y predican es: 'Dame oro, dame oro'"[10]. Fray Toribio de Motolinia, en su exposición de las "diez plagas" que han asolado y exterminado a buena parte de la población indígena, afirma el mismo tema de la idolatría aurífera: "La sexta plaga fue las minas del oro... que los esclavos indios que hasta hoy en ellas han muerto no se podrían contar; y fue el oro de esta tierra como otro becerro por dios adorado, porque desde Castilla le vienen a adorar"[11]. La práctica de la conquista revela el oro como el verdadero dios, el ídolo que motiva el tratamiento que reciben los habitantes del Nuevo Mundo de manos de sus conquistadores. Tal es la avaricia de estos que, "por la codicia que tienen de oro, han vendido y venden hoy en este día e niegan y reniegan a Jesucristo"[12]. En referencia a las minas peruanas del Potosí, el dominico fray Domingo de Santo Tomás asevera: "Habrá cuatro años que para acabarse de perder esta tierra, se descubrió una boca de infierno por la cual entran cada año... gran cantidad de gente que la codicia de los españoles sacrifica a su dios"[13]. La contradicción entre la teoría teológica y la práctica codiciosa revela el carácter idolátrico de la religión de los conquistadores.

Una justificación que diversos conquistadores, amén de los teólogos y juristas que les apoyaban, esgrimían para validar sus contiendas armadas contra los indígenas era el sacrificio humano que algunos de estos

[9] "Brevísima relación", 45. Un cuarto de siglo antes de la redacción de este relato, Las Casas narra algo similar sobre la generalidad de los indígenas: "Les es tan aborrecible el nombre de cristiano, que tienen por mejor ir al infierno, creyendo carecer de la conversación de los cristianos, que al paraíso, habiendo de estar con ellos". *Los primeros memoriales*, 54.

[10] Citado por Juan Friede, "Fray Bartolomé de las Casas, exponente del movimiento indigenista español del siglo XVI", Revista de Indias, LI, 1953, 43-44.

[11] *Historia de los indios de Nueva España*, 16 (énfasis añadido).

[12] "Brevísima relación", 113.

[13] Citado en Armas Medina, *Cristianización del Perú*, 467; y, Paulino Castañeda Delgado, "Un capítulo de ética indiana española: Los trabajos forzados en las minas", *Anuario de estudios americanos*, Vol. 27, 1970, 837.

hacían a sus dioses. Sepúlveda, probablemente por influencia de Hernán Cortés[14], calculaba que los aztecas hacían 20 000 sacrificios humanos anuales. La cifra de 20 000 pegó hasta convertirse en un estereotipo. Uno de sus iniciadores fue el primer obispo y arzobispo de México, Juan de Zumárraga, en carta a una congregación de franciscanos europeos, reunida en 1532 en Tolosa, Francia ("tenían por costumbre en esta ciudad de México cada año sacrificar á sus ídolos más de veinte mil corazones"[15]). Zoyl Diez Flores, en su introducción a la apología de Vargas Machuca (1612), alega que "se diçe en la ysla Española que se sacrificaban cada año más de veinte mil"[16].

Además de considerar esas cifras enormes exageraciones, Las Casas compara los sacrificios humanos que hacían los españoles a su ídolo, la codicia. "Más con verdad podemos y muy mejor decir que han sacrificado los españoles a su diosa muy amada y adorada dellos, la codicia, en cada un año de los que han estado en las Indias... que en cien años los indios a sus dioses en todas las Indias sacrificaban"[17].

La contradicción entre la adoración a Jesucristo y a Mammón se desvanece artificialmente si se menosprecia la teoría teológica como "mero montaje ideológico creado posteriormente... [por] quienes vinieron solo en busca de oro y enriquecimiento personal"[18]. Se trataría entonces de un mero engaño ideologizado. La intensidad del catolicismo hispano y misionero indica una situación más compleja, un conflicto entre finalidades opuestas, válidas todas ellas en los diversos niveles de objetivos históricos que constituye el abigarrado proceso de conquista y colonización.

En julio de 1503, varado en Jamaica, Cristóbal Colón escribe una larga carta-relación a los reyes españoles, en la que recalca, contra el escepticismo de algunos críticos, la riqueza de las tierras descubiertas. Es en extremo instructivo, y no mera retórica, la conjunción en ella entre el dominio temporal, el apetito por el oro y la finalidad espiritual de la salvación. "Cuando yo descubrí las Indias, dije que eran el mayor señorío rico que hay en el mundo... Todo esto es seguridad de los cristianos y

---

[14] Véase, Ángel Losada, "Hernán Cortés en la obra del cronista Sepúlveda", *Revista de Indias*, Núm. 31-32, 1948, 127-169.

[15] La reproduce Mendieta, *Historia eclesiástica indiana*, l. 4, c. 30, 637.

[16] Fabié, *Vida y escritos de Las Casas*, t. 71, 213. Ya que nadie más tuvo la audacia de repetir tal absurda acusación contra los arahuacos antillanos, me inclino a pensar que se trata de una errata y que Diez Flores quiso escribir Nueva España, en vez de "ysla Española".

[17] "Disputa o controversia", 397.

[18] Ramón Nenadich Deglans, "La ideología de la conquista y colonización de América", *Método y Sentido* (Universidad de Puerto Rico, Colegio Regional de Aguadilla), Nos. 6/7, junio 1986-1987, 22, 26.

certeza de señorío, son grande esperanza de la honra y acrecentamiento de la religión cristiana... El oro es excelentísimo; del oro se hace tesoro, y con él, quien lo tiene, hace cuanto quiere en el mundo, y llega a que echa las ánimas al Paraíso"[19].

Aquí se combinan estrechamente la "certeza de señorío" político, la posibilidad de adquirir extraodinaria riqueza prontamente y el "acrecentamiento de la religión cristiana". Es peculiar la alusión que Colón hace de una extraña potestad del oro: "Llega a que echa las ánimas al Paraíso". Martín Fernández Navarrete entiende que esta es una alusión a la posibilidad de ganarse méritos redentores mediante las obras pías y caritativas que pueden hacerse gracias a las riquezas.[20] Es posible, sin embargo, que Colón esté más bien pensando en una práctica entonces común, que tendría no muchos años después unas colosales consecuencias: la venta de indulgencias.

Ejemplar es la expresión de Hernán Cortés al exhortar a sus hombres, al iniciar la guerra contra la capital azteca, según la relata López de Gómara: "La causa principal á que venimos á estas partes es por ensalzar y predicar la fe de Cristo, aunque juntamente se nos sigue honra y provecho, que pocas veces caben en un saco... Vamos ya, sirvamos á Dios, honremos nuestra nación, engrandezcamos nuestro rey, y enriquezcamos nosotros; que para todo es la empresa de Méjico"[21]. Celo misionero, patriotismo, búsqueda de honra y gloria, codicia y deseo de enriquecerse prontamente: se trata de una convergencia ecléctica de múltiples motivos que desembocan en conquista, cristianización, dominio político y expropiación de minerales preciosos.

Menos compleja, pero más poética, es una versión náhuatl de la codicia española por el oro. Relatan los informantes anónimos de Sahagún la reacción entusiasta de Cortés y sus hombres a los presentes dorados que el caudillo azteca les envió, cuando supo de su cercanía a su ciudad. Moctezuma cometía un serio error: cultivar y estimular la avaricia del conquistador. "Se les puso risueña la cara, se alegraron mucho, estaban deleitándose. Como si fueran monos levantaban el oro... y se les iluminaba el corazón... Eso anhelan con gran sed... tienen hambre furiosa de eso. Como unos puercos hambrientos ansían el oro"[22].

---

[19] Cristóbal Colón, *Los cuatro viajes*, 292.

[20] *Colección de los viages*, Vol. I, 428, nota (1). J. S. Cummins descubre en el Almirante un "culto místico por el oro". "Christopher Columbus: Crusader, Visionary, *Servus Dei*," 47.

[21] *Conquista de Méjico*, 375.

[22] *Historia general de las cosas de Nueva España*, l. 12, c. 12, 770.

El obispo de Tlaxcala, Julián Garcés, en carta antes citada al Papa Pablo III, redactada probablemente en 1535, da otro argumento para transformar el oro de objeto de vanidad y codicia en instrumento de promoción de fines religiosos. Con el oro extraído de las minas del Nuevo Mundo, sugiere, pueden subsidiarse las campañas armadas contra los mahometanos y turcos en Europa.[23] La popularidad de esta idea, que revela cuán arraigada permanecía la aspiración de "rescatar" la tierra santa de manos islámicas, se muestra en que aun Las Casas en cierta ocasión asevera que las "riquezas y tesoros temporales" de las Indias, en vez de malgastarse por la codicia individualista de conquistadores y encomenderos, debía utilizarse en fortalecer los ejércitos cristianos "para que los enemigos de nuestra santa fe católica no como de antes se osasen atrever a cada paso a la impugnar"[24].

La idea de que el oro y la plata indianos podían utilizarse en aras de la finalidad tradicional más cara a la cristiandad, la recuperación de la tierra santa y la derrota de los islamistas, animó las ambiciones de Colón, quien pretendía ser el gestor, mediante el control unipersonal del oro americano, de una futura cruzada victoriosa. En su diario colombino, expresa el Almirante su vana ilusión de que los hombres del fuerte Navidad encuentren grandes filones auríferos. "Y aquello en tanta cantidad que los Reyes antes de tres años emprendiesen y adereçasen para ir a conquistar la Casa Sancta... Protesté a Vuestras Altezas que toda la ganançia d'esta mi empresa se gastase en la conquista de Hierusalem"[25].

La Capitulación de Burgos, del 8 de mayo de 1512, entre Fernando V, el rey católico, y los tres primeros obispos de América, García Padilla, Pedro Suárez de Deza y Alonso Manso, es verdadero monumento a la habilidad de la corona española para utilizar la religión cristiana en beneficio de sus objetivos políticos y económicos. Los prelados se comprometen formalmente a propiciar que los nativos antillanos trabajen laboriosamente en las minas de oro. La beneficiaria directa es, naturalmente, la corte castellana; la indirecta, al menos ideológicamente, la cristiandad. El texto muestra, además, la cautela del astuto monarca, quien desea evitar que los jerarcas asuman el sendero iniciado por los dominicos de La Española, que tanto escándalo provocó en el sermón de Montesinos, y comprende muy bien la posibilidad de emplear provechosamente las motivaciones religiosas.

---

[23] Hernáez, *Colección de bulas*, Vol. I, 61 (mi traducción del latín).

[24] H. I., l. 1, c. 76, t. 1, 330. Me parece que la referencia principal es a turcos y moros, no a protestantes.

[25] Cristóbal Colón, *Los cuatro viajes*, 155.

> Y que por esta causa no por otra alguna no apartaran los Indios directe ni indirecte de aquello que agora hacen para sacar el oro, antes los animaran y aconsejaran que sirvan mejor que hasta aquí en el sacar del oro diciéndoles, que es para hacer guerra a los infieles y las otras cosas que ellos vieren que podran aprovechar para que trabajen bien.[26]

Esa idea es reiterada por el virrey peruano, Luis Velasco, a fines de 1594, cuando, al consultar a las órdenes religiosas sobre la licitud de hacer repartimientos adicionales de indígenas para trabajos en yacimientos de metales preciosos recientemente descubiertos, adelanta como premisa aparentemente incuestionable que el oro y la plata de las Indias eran indispensables para la "defensa de la cristiandad" y que si se paralizase su explotación, so color de ser perjudicial para el bienestar de los nativos, "irreparable sería el daño que los enemigos de nuestra santa fe podrían hacer en los reinos de Su Majestad y ultramarinos"[27].

José de Acosta, al evaluar la conquista y evangelización del Nuevo Mundo, insiste en que la codicia española tuvo irónicamente una función providencial positiva. Ni el celo misionero ni el amor al prójimo hubiesen sido suficientes para impulsar a los castellanos a superar el proceloso océano y lanzarse a la peligrosa aventura de la conquista, en la cual muchos perderían la vida. El oro sirvió de incentivo para la expansión de la cristiandad. Repudia por eso los intentos de algunos religiosos defensores de los indígenas de proscribir o mitigar el trabajo minero. Sería eliminar el cebo que atrae a los españoles, entre ellos los misioneros, los predicadores del Evangelio de Cristo.

> Si se abandona el beneficio de las minas... [y] se descuida el laboreo de los metales, se han acabado las Indias, perecieron la república y los indios. Porque los españoles eso es lo que buscan con tan larga navegación del océano, por los metales negocian los mercaderes, presiden los jueces y aun no pocas veces los sacerdotes predican el evangelio; el día que faltasen el oro y la plata, desaparecería todo el concurso y afluencia, y la muchedumbre de hombres civilizados y de sacerdotes pronto se desvanecería.

[26] En Hernáez, *Colección de bulas*, Vol. I, 23. La motivación ideológica va principalmente dirigida a mitigar los posibles escrúpulos éticos de los prelados. Es muy dudoso que los arahuacos antillanos estuviesen interesados en contribuir a la guerra de la Europa católica contra moros y otomanos.

[27] Citado por Castañeda, "Un capítulo de ética indiana española", 908.

Acosta reconoce que los indígenas solo contra su voluntad trabajaban en las minas y que, además, es una faena agotadora y peligrosísima en extremo.

> Duro parece el mandamiento que obliga a los indios a trabajar en las minas... Forzar, pues, a hombres libres y que ningún mal han hecho a estos trabajos parece inhumano e inicuo. Además, está averiguado que muchos en ese trabajo mueren o consumidos por la fatiga o en los varios accidentes. Horror da referir cuál es el aspecto de los socavones de las minas en las entrañas de la tierra... noche perpetua y horrenda, aire espeso y subterráneo.

Pero este es un mal temporal que se ha intercambiado por un beneficio espiritual y eterno: la salvación de las almas. La búsqueda codiciosa española por metales preciosos trajo al Nuevo Mundo y a sus bárbaros las buenas nuevas de redención.

> La salvación de tantos millares de almas no despierta en nuestra alma la codicia y el celo, si no van con ella juntamente el oro y la plata; y si no hay ganancia el bien espiritual se tiene en poco... ¿Quién, pues, no mirará con espanto y asombro los secretos de la sabiduría del Señor, que supo hacer que la plata y el oro, peste de los mortales, fuesen la salvación para los indios?

Advierte, empero, que quienes exploten inmisericordemente a los nativos, sin considerar su salud física ni su salvación espiritual, "vean ellos la cuenta que habrán de dar a Dios, que es padre de los pobres y juez de los huérfanos". Cree, aparentemente, que los encargados de los servicios compulsorios en las minas tomarían muy en serio esta advertencia sobre su posible juicio divino post mortem.[28]

Acosta no escapa del providencialismo hispanófilo y nacionalista típico del siglo dieciséis en los círculos teológicos ibéricos. La explotación de las minas americanas de oro y plata es un "especial favor del cielo". Dios había ocultado las minas de Potosí hasta que reinase "el Emperador Carlos Quinto, de glorioso nombre" y se uniesen, bajo Felipe II, los reinos de España, y las Indias Occidentales y Orientales [se refiere a la unión panibérica de España y Portugal, que incorporó, bajo un solo monarca

---

[28] *Predicación del evangelio*, l. 3, c. 18, 287-291. En línea semejante a Acosta (si se elimina el trabajo indígena en las minas se pierde el sustrato económico del cultivo espiritual de los nativos), pero sin la sensibilidad del jesuita, se ubica Solórzano y Pereyra. Cf. *Política indiana*, l. 2, c. 15, 261-272.

enormes extensiones de dominios ultramarinos]. A esta dación providencial a España de tan grandes riquezas no podía faltar una dimensión antiprotestante: "También para la defensa de la misma fe Católica e Iglesia Romana... opugnada y perseguida de los herejes". "El celo tan pío del Rey Católico [Felipe II] gasta, por tanto, las riquezas americanas en causas dignas de la fe católica"[29]. Ciertamente, la codicia y avaricia dominan a muchos conquistadores, pero, por la frialdad del celo misionero, son justamente esos impulsos mundanos, esos "medios humanos y terrenos de hombres que más se buscan a sí que a Jesucristo", los que paradójicamente, y gracias a la secreta dialéctica divina, permiten la transferencia a las Indias de la cristiandad y, con ella, por la "gran providencia del Señor", de la salvífica predicación de la verdadera fe.[30]

La valoración teológica del oro como cebo para el afán misionero no fue original de Acosta. Se encuentra ya en el virrey Francisco de Toledo, quien adelanta, en un comunicado a la corte de 1570, una justificación religiosa del trabajo minero indiano: "Los comercios desos reinos les trae la plata y oro de las minas destas, y mientras éstas no se beneficiasen y conservasen se entiende que los españoles que acá están no sustentarían la tierra ni faltando ellos no se conseguirían la conversión de los nativos"[31]. Además, la ociosidad, asevera el virrey, solo los conduciría a los vicios y la idolatría.

También el enigmático "Anónimo de Yucay", que tan bien refleja las visiones comunes de los colonos castellanos en Perú, elabora una similiar teologización de las minas peruanas. Se adorna mediante una analogía casera: un padre, que desea casar bien a una hija fea y grotesca, la acompaña de una dote cuantiosa y atractiva; así Dios a estas gentes indígenas, "tan inhábiles y bestiales... feas, rústicas, tontas... y viciosas", las ha dotado de extraordinarias riquezas para atraer un conyugue noble y cristiano. Las grandes riquezas de plata y oro del Perú son la dote que Dios confiere para estimular el afán misionero.

> Y así les dió hasta las montañas de oro y plata, tierras fértiles y deleitosas, porque á este olor hubiese gentes que por Dios quisiesen ir á esta predicación evangélica y los bautizasen, y quedasen

[29] *Historia natural y moral*, l. 4, cs.1-8. 140-154.

[30] *Ibíd.*, l. 7, c. 28, 373-377. Felipe II obtuvo fuerte apoyo de Acosta en sus intentos de controlar la Compañía de Jesús española, la cual, por su constitución, parecía subordinarse exclusivamente a Roma y al Sumo Pontífice. Cf., John Lynch, *España bajo los Austrias*, Vol. I, 335.

[31] En Roberto Levillier, *Gobernantes del Perú, cartas y papeles. Documentos del Archivo de Indias* (14 vols.). Madrid: Sucesores de Rivadeneyra, 1921-1926, Vol. 3, 327.

> estas almas esposas de Jesucristo... Ansí digo de estos indios, que uno de los medios de su conversión... fueron estas minas y tesoros y riquezas, porque vemos claramente que donde las hay va el Evangelio volando.

La explotación de las minas de oro es, por consiguiente, algo "moralmente necesario". De no hacerse, perdería la corona castellana el interés en Perú y "cesando el Rey, claro está que se acabaría en estos reinos la fe católica... Luego santas y buenas son"[32]. No olvida tampoco el "Anónimo" añadir otro argumento muy popular en esos días: las minas peruanas contribuyen decisiva y providencialmente a la fortaleza militar de la alianza de príncipes cristianos en la guerra contra el imperio otomano.

Por el contrario, fray Domingo de San Pedro, al despedir en 1544 a un grupo de misioneros dominicos que partían para las Indias, les advierte que preserven "la santa pobreza", una clara advertencia de que no se dejen seducir por la codicia, pues, sobre todo en el Nuevo Mundo, "el oro y la plata trastornan el sentido y embriagan el alma"[33]. Y Mendieta, profundamente decepcionado por la decadencia y corrupción de la cristiandad indiana, llega a la conclusión de que la causa ha sido "esta mala bestia y fiera pésima... de la codicia, que ha devastado y exterminado la viña, haciéndose adorar (como la bestia del Apocallipsis) por universal señora, por poner los hombres ciegos toda su felicidad y esperanza en el negro dinero, como si no hubiera otro Dios en quien esperar y confiar"[34].

A diferencia de Acosta, Mendieta ora a la "divina clemencia" de que se sirva "hundir en los abismos todas las minas", a fin de que únicamente los frailes y religiosos, libres de la codicia por el oro y la plata, se encaminen a las Indias.[35]

---

[32] "Anónimo de Yucay", 461-464. Acosta alude, sin nominarla, a esta analogía del autor del parecer de Yucay: "Cerca de esto decía un hombre sabio, que lo que hace un padre con una hija fea para casarla, que es darle mucha dote, eso había hecho Dios con aquella tierra tan trabajosa, de darle mucha riqueza de minas para que con este medio hallase quien la quisiese". *Historia natural y moral*, l. 4, c. 2, 143. A pesar de sus elogios a la racionalidad indígena, Acosta no escapa al etnocentrismo europeo típico de la época, ni a cierta visión denigrante de los nativos americanos. Cuando hace exégesis de la famosa visión del apóstol Pedro sobre los animales inmundos (Hechos de los apóstoles 11:1-18), entiende que los reptiles, los animales más repugnantes de la visión, constituyen una referencia profética a los indios. *Predicación del evangelio*, l. 1, cs., 1 y 6, 54, 79-80.

[33] Citado por Manzano, *La incorporación de las Indias*, 225, n. 4.

[34] *Historia eclesiástica indiana*, l. 4, c. 46, 555-563.

[35] *Ibíd.*, c. 37, 523.

El surgimiento de una teología de liberación

El teólogo e historiador Enrique Dussel ha afirmado que la "conversión profética" de Las Casas "podría considerarse como el nacimiento de la teología de la liberación latinoamericana"[36]. Gustavo Gutiérrez, al analizar las ideas teológicas liberadoras de los clérigos defensores de los derechos de los indios en el siglo decimosexto, encuentra una analogía crucial entre entonces y ahora: "La contradicción que existe entre la situación del pobre en América Latina y la voluntad de justicia y de amor del Padre"[37]. Esta percepción dialéctica y agónica es el punto de partida para una nueva reflexión teológica acompañada por una práctica de denuncia, solidaridad y liberación.

Aquí puede encontrarse una profunda línea de continuidad teológica en América Latina, la cual surge cuando el cristianismo, trasplantado por conquistadores, frailes y colonos, se bifurca en religión de los vencedores y fe de los vencidos. En esa doble función de legitimación y denuncia se da la matriz histórica de los debates teológicos latinoamericanos, siempre provistos de una urgencia vital que falta en las abstracciones teóricas de otras latitudes.

Asume Las Casas la defensa protagónica de los indefensos; su voz se convierte en la protesta y denuncia de aquellos cuyo testimonio de sufrimiento y opresión ignoran las autoridades. Al recordar tristemente la manera en que, tras los primeros conflictos violentos entre los indígenas y los españoles, los Reyes Católicos prestaron atención exclusiva (1496-1497) a la versión del Almirante, siente y expresa la profunda indefensión de los primeros. "Como no hubiese quien hablase por los indios ni su derecho y justicia propusiese, defendiese y alegase... quedaron juzgados y olvidados por delincuentes, desde el principio de su destrucción hasta que se acabaron, sin que nadie sintiese su muerte y perdición ni la tuviese por agravio"[38].

En medio de las difíciles e importantes conversaciones, negociaciones y disputas que tuvieron lugar acerca del destino de "las Indias", cruciales para el destino de sus moradores, nadie escuchó con atención y respeto la palabra de estos, los principales protagonistas de su propia tragedia. Nadie prestó cuidado a su voz angustiada. La contradicción entre la abundancia

[36] "Hipótesis para una historia de la teología en América Latina", 406.

[37] "En busca de los pobres de Jesucristo", 159. Cf. Mario A. Rodríguez León, O. P. *Fray Bartolomé de las Casas y la teología de la liberación: Entrevista a Gustavo Gutiérrez*. Toa Alta, Puerto Rico: Convento Santo Domingo de Guzmán, 1989.

[38] H. I., l. 1, c. 113, t. 1, 439.

de textos europeos y la escasez de consideración a la palabra indígena determinó la sustancia y el contenido de la voz de muchos religiosos, como Las Casas, acérrimos defensores de los menesterosos y oprimidos.

¿Cómo distinguir una teología en la perspectiva de la liberación de reflexiones religiosas legitimadoras de la servidumbre humana, en este caso, indiana? Las Casas, en una carta de 1549, da una profunda clave hermenéutica: "Para discernir, Padre, entre diversas relaciones, y todas de religiosos a quien se deba creer, *opus est solertissima spirituum probare*". ¿Cuál es el factor decisivo en ese "discernimiento de espíritus"? "Cuál es la causa por que los mueven: si por librar cautivos... o por desollar pellejos"[39].

La visión de los vencidos

Si intensas fueron las disputas jurídicas y teológicas entre los vencedores y conquistadores, trágica y dolorosa fue la reacción de los vencidos y conquistados.

Tenemos relativamente pocos testimonios autóctonos de los angustiosos cuestionamientos de los nativos americanos, pero los que perduraron reflejan la tribulación de los derrotados con una elegancia poética, dramática y trágica que nada tiene que envidiar a, digamos, *Las troyanas*, de Eurípides:

> En los caminos yacen dardos rotos;
> los cabellos están esparcidos.
> Destechadas están las casas,
> enrojecidos tienen sus muros.
> Gusanos pululan por calles y plazas,
> y están las paredes manchadas de sesos.
> Rojas están las aguas, cual si las hubieran teñido,
> y si las bebíamos, eran agua de salitre.
> Golpeábamos los muros de adobe en nuestra ansiedad
> y nos quedaba por herencia una red de agujeros.
> En los escudos estuvo nuestro resguardo,
> pero los escudos no detienen la desolación.
>
> Ellos enseñaron el miedo,
> vinieron a marchitar las flores.

[39] La misiva fue descubierta y publicada por Marcel Bataillon, *Estudios sobre Bartolomé de las Casas*, 261-265; es reproducida por Pereña, modernizando su ortografía, en *De regia potestate*, primer apéndice, 119-124.

Para que su flor viviese,
dañaron y sorbieron la flor de nosotros...
Llegaron los extranjeros de barbas rubicundas,
los hijos del sol,
los hombres de color claro.
¡Ay! ¡Entristezcámonos porque llegaron!...

Nos cristianizaron,
pero nos hacen pasar de unos a otros como animales.

Déjennos pues ya morir,
déjennos ya perecer,
puesto que ya nuestros dioses han muerto.[40]

El inca Atahualpa lamenta, de acuerdo a un relato quechua, su aprisionamiento y derrota:

Un guerrero perverso
nos ha aprisionado, oh Colla,
ha saqueádonos, Reina,
ahora moriremos;
que nuestro infortunio no sea
como una lluvia de lágrimas
que por sí sola cae;
así tendría que suceder.[41]

Desafío a la reflexión

La reflexión crítica sobre la conquista de América, desde una perspectiva que vincule la honestidad académica y la entereza moral, lleva irremediablemente a recordar los mártires que ofrendaron sus vidas en aras de la emancipación de los pobres y oprimidos de nuestro continente. En nuestro contexto geopolítico, es pertinente recordar a un gran mártir eclesiástico en territorio americano: Antonio de Valdivieso, obispo de Nicaragua, asesinado en 1550 por su prédica a favor de los indígenas.

Sucedió que predicando en favor de la libertad de los indios, reprendió a los conquistadores y gobernadores, por los malos tratamientos que hacían a los indios. Indignáronse tanto contra él, que se lo dieron a entender con obras y con palabras... Entre los

[40] *El reverso de la conquista*, 53, 78, 80, 84 y 25.

[41] *Ibíd.*, 146.

> soldados que habían venido del Perú, a esta tierra mal contentos, fue un Juan Bermejo, hombre de mala intención. Este se hizo de parte de los hermanos Conteras, Gobernador de Nicaragua... Salió acompañado de algunos... y se fue a casa del obispo, que le halló acompañado de su compañero fray Alonso, y de un buen clérigo, y perdiendo el respeto a lo sagrado, le dio de puñaladas.[42]

La reflexión escrupulosa sobre esta historia es de mayor provecho que celebrar la conquista armada de unos poderosos sobre unos débiles. Lo propio, para cristianos fieles al crucificado, es develar la sangre de Cristo derramada en los cuerpos de los americanos nativos y de los negros maltratados y sufridos, sacrificados en el altar dorado de Mammón. Esto conlleva escuchar con atención la voz de los martirizados, articulada magistralmente en el mensaje que 2500 aborígenes entregaron al Papa Juan Pablo II, el 8 de abril de 1987, en Salta, Argentina.

> Bienvenido seas Juan Pablo II a estas tierras que en los orígenes pertenecieron a nuestros antepasados y que ya hoy no poseemos. En nombre de ellos y de nosotros que hemos sobrevivido a la masacre y al genocidio... te declaramos huésped y hermano...
>
> Éramos libres y la tierra, es decir la madre del indio, era de nosotros. Vivíamos de lo que ella nos daba con generosidad y todos comíamos en abundancia. A nadie faltaba el alimento... Con ella alabamos a nuestro Dios en nuestro idioma, con nuestros gestos y danzas, con instrumentos hechos por nosotros. Hasta que un día llegó la civilización europea. Plantó la espada, el idioma y la cruz e hicieron de nosotros pueblos crucificados. Sangre india de ayer martirizada por defender lo suyo, semilla de mártires del silencio de hoy, que con paso lento, llevamos la cruz de cinco siglos. En esa cruz que trajeron a América cambiaron el Cristo de Judea por el Cristo Indígena...
>
> Ojalá que tanta sangre derramada por el etnocidio y genocidio que las naciones aborígenes hemos sufrido, sirva para la conciencia de la humanidad y para nuevas relaciones basadas en la justicia y la hermandad de los pueblos.[43]

---

[42] Gil Gonzalez Dávila, *Teatro eclesiástico de la primitiva iglesia de las Indias Occidentales, vidas de sus arzobispos, obispos y cosas memorables de sus sedes* (ed. por Diego Díaz de la Carrera). Madrid, 1649, Vol. I, 235-236; citado por Enrique Dussel, *El episcopado latinoamericano y la liberación de los pobres (1504-1620)*. México, D. F.: Centro de Reflexión Teológica, 1979, 335-336.

[43] Movimiento Ecuménico por los Derechos Humanos [Buenos Aires], INFORMEDH, No. 56, octubre de 1987, 8.